Die Republik Österreich stellt Ihnen dieses Buch und SbX für Ihre Ausbildung zur Verfügung.
Ihre Professorinnen und Professoren helfen Ihnen, den Stoff zu erlernen und so eine gute Basis für Ihr späteres Berufsleben oder Ihr Studium zu legen. Übernehmen Sie aber auch selbst Verantwortung für Ihren Lernerfolg und nutzen Sie die vielfältigen Möglichkeiten, die Ihnen dieses Buch und das zugehörige SbX zum Lernen, Üben, Sichern und Wissen bieten.

Buch-Nr. 170464


**Autorinnen und Autoren:**

**ao. Univ.-Prof.**
**Dr. Bettina Greimel-Fuhrmann**
Institut für Wirtschaftspädagogik an der WU Wien

**Prof. Mag. Dr. Gerhard Geissler, MSc.**
Institut für Wirtschaftspädagogik an der WU Wien
Vienna Business School Wien 1

**Prof. Mag. Gabriele Andre**
International Business College Wien 12

**Prof. Mag. Elisabeth Scheicher-Gálffy**
HLA Baden

**MMag. Dr. Stefan Grbenic, StB, CVA**
Fachhochschule Burgenland

**Dir. HR Dkfm. Mag. Stefan A. Grbenic (†)**


Wien 2015

Dieses Arbeitsbuch wurde vom Bundesministerium für Bildung und Frauen mit Bescheid vom 22. Oktober 2014, Geschäftszahl 5.025/0030-B/8/2013, für den Unterricht im I. Jahrgang an Handelsakademien im Unterrichtsgegenstand Betriebswirtschaft für geeignet erklärt.


Printed in the EU, ISBN 978-3-7068-4581-6

Das vorliegende Buch wurde auf chlorfrei gebleichtem Papier gedruckt.

Umschlaggestaltung: buero8, Wien

MANZ

# Herzlich willkommen im neuen Schuljahr!

## Das innovative MANZ Lernpaket

Als führender Verlag im berufsbildenden Schulwesen wissen wir, dass Sie Lernpakete benötigen, die Sie zielgerecht zum Lernerfolg – zu Wissen und Kompetenz – führen. Wir wollen, dass Sie nach Abschluss Ihrer Ausbildung Ihre persönlichen Chancen am Arbeitsmarkt bestmöglich wahrnehmen können. Deshalb arbeiten wir täglich mit erfahrenen Schulbuchautorinnen und Schulbuchautoren sowie Wissenschaftlerinnen und Wissenschaftlern an der Produktion zeitgemäßer Lernpakete.

Ihr Lernpaket besteht aus einem übersichtlich gegliederten Schülerbuch und abwechslungsreichen Online-Ergänzungen inklusive des MANZ Lernraums im Rahmen von SbX-Schulbuch*Extra*.

Alle Teile des Lernpakets sind aufeinander abgestimmt und folgen dem MANZ 4-Schritte-Lernmodell.

## Das MANZ 4-Schritte-Lernmodell

Dieses Buch ist ein speziell für Sie gestaltetes, modernes Lern- und Arbeitsbuch. Der Lernstoff ist in diesem Buch in Kapitel und innerhalb der Kapitel in Lerneinheiten gegliedert. Die Lerneinheiten sind nach dem MANZ 4-Schritte-Lernmodell aufgebaut und ein spezielles Leitsystem erleichtert die „Navigation" im Buch.

**LERNEN (Input)**
Information aufnehmen, Zusammenhänge erkennen, Theorie erfassen

**ÜBEN (Anwendung)**
Routine erwerben, Zusammenhänge verstehen, Erfahrung sammeln

**SICHERN (Festigung)**
Gelerntes zusammenfassen, Übersicht gewinnen, Inhalte wiederholen

**WISSEN (Kontrolle)**
Wissen testen, Kompetenz überprüfen, Können beweisen

SbX Zu diesem Lern- und Arbeitsbuch gibt es im Rahmen von SbX (Schulbuch*Extra*) unter **www.wissenistmanz.at** vielfältige Online-Ergänzungen sowie ein Lernmanagementsystem, den **MANZ Lernraum.** Auch die Online-Ergänzungen sind nach dem MANZ 4-Schritte-Lernmodell aufgebaut und ermöglichen Ihnen zusammen mit dem Buch abwechslungsreiches und nachhaltiges Lernen.

**Dem Verlag MANZ ist es ein grundlegendes Anliegen, ...**

... Chancengleichheit wo immer möglich zu fördern. Frauen und Männer werden in den Texten und Beispielen dieses Buches gleichberechtigt behandelt. Um den Lesefluss nicht zu stören, wird aber – wo nötig – auf das Nebeneinander weiblicher und männlicher Formen verzichtet.

# Das Schülerbuch

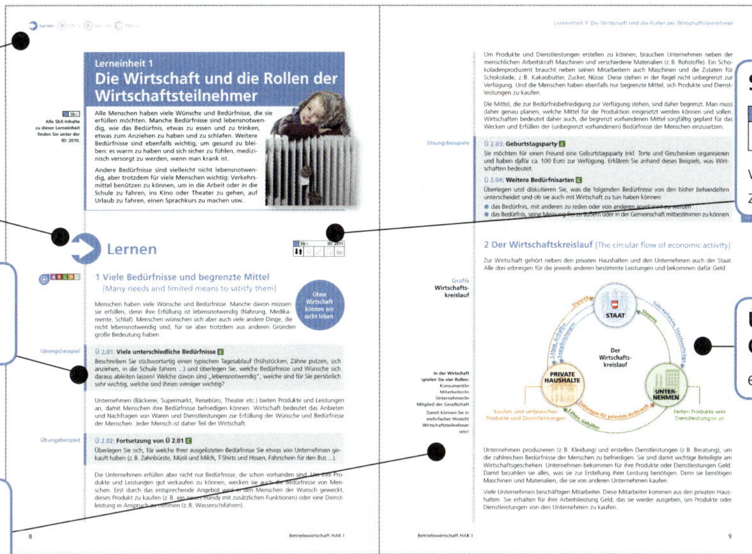

**Lerneinheiten**
führen Sie Schritt für Schritt durch den Lernstoff.

**Übungsbeispiele**
fördern den kompetenzorientierten Unterricht.

**Marginalspalte**
enthält Zusatzinformationen und Hinweise.

**SbX-Leiste und SbX-ID**
verweisen auf die SbX-Inhalte zu jedem Arbeitsschritt.

**Übersichtliche Grafiken**
erleichtern das Lernen.

# SbX – Schulbuch*Extra*

**ID-Eingabe**
führt direkt zu den passenden Online-Inhalten.

**Inhaltsverzeichnis**
übersichtliche Darstellung der Inhalte

**MANZ Lernraum**
effiziente Kommunikation in der virtuellen Klasse

**Aufbau**
SbX und Buch folgen demselben Aufbau.

**Online-Ergänzungen**
abwechslungsreiche Aufgaben und Tests sowie aktuelle Zusatzinformationen

## SbX-Inhalte finden Sie online unter:

➜ **www.wissenistmanz.at**

➜ **Startcode: 00254581**

## Inhaltsverzeichnis

# Betriebswirtschaft HAK I

Zu allen Lerneinheiten des Buchs gibt es ergänzende SbX-Inhalte. Die SbX-Leiste zeigt Ihnen bei jedem Abschnitt, welche Inhalte zur Verfügung stehen.

# 1 EINFÜHRUNG

## Worum geht's in diesem Kapitel?

Betriebswirtschaft – so heißt der Gegenstand. Aber was ist das? Was lerne ich hier? Und wozu brauche ich das?

Nach dem erfolgreichen Abschluss der Handelsakademie stehen Ihnen viele Wege offen. Sie können einen Beruf ergreifen und gleich nach der Schule eigenes Geld verdienen. Natürlich können Sie nach der Reife- und Diplomprüfung auch ein Studium beginnen. Oder Sie haben eine zündende Idee, eröffnen ein eigenes Geschäft und gründen ein eigenes kleines Unternehmen.

Alles, was Sie in der Betriebswirtschaft lernen, hilft Ihnen später, auf eigenen Beinen zu stehen und sich eine gesicherte Existenz aufzubauen.

**Wenn Sie dieses Kapitel bearbeitet haben, können Sie**

- erklären, was Sie im Gegenstand Betriebswirtschaft lernen,
- erklären, was Wirtschaftskompetenz ist und wozu man sie braucht und
- die Faktoren der Wirtschaftskompetenz unterscheiden und diese anhand von Beispielen erläutern.

A B C D E

In diesem Kapitel finden Sie Übungsaufgaben, praxisbezogene Fallbeispiele und Aufgaben zur Lernkontrolle zur Überprüfung Ihrer Kompetenzen auf den Handlungsebenen A **Wiedergeben,** B **Verstehen,** C **Anwenden** und D **Analysieren & Interpretieren.**

**Dieses Kapitel besteht aus einer Lerneinheit:**

Die Wirtschaft und Sie

Lerneinheit

# Die Wirtschaft und Sie

SbX
Alle SbX-Inhalte zu dieser Lerneinheit finden Sie unter der ID: 1010.

Sie besitzen ein Handy? Welche Marke hat es? Und wo haben Sie es gekauft? Warum haben Ihre Erziehungsberechtigten den Handyvertrag abgeschlossen und nicht Sie selbst? Ist Ihr Tarif im Vergleich zu anderen günstig oder teuer? Wo wurde das Handy hergestellt?

Mit diesen Fragen sind wir schon mitten im Thema Wirtschaft.

## Lernen

SbX ID: 1011

A B C D E

### 1 Betriebswirtschaft [Business Studies]

Unternehmen stellen Produkte her oder kaufen und verkaufen Waren, z. B. Handys. Viele Anbieter ringen mit verschiedenen Angeboten um Kunden, um ihre Produkte verkaufen zu können.

Übungsbeispiel

**Ü 1.01: Handyhersteller** C

Vergleichen Sie die Handys und Smartphones in Ihrer Klasse und stellen Sie fest, von wie vielen verschiedenen Herstellern sie stammen.

Kennen Sie weitere Hersteller von Handys und Smartphones?

Warum hat niemand von Ihnen ein Handy von Emporia?

Es gibt auch Unternehmen, die Dienstleistungen anbieten, wie z. B. Mobilfunkbetreiber.

Übungsbeispiel

**Ü 1.02: Handytarife** D

Vergleichen Sie Ihren Handytarif mit dem von Mitschülerinnen und Mitschülern.

Was ist in den verschiedenen Tarifen inbegriffen (z. B. wie viele SMS pro Monat)?

Erstellen Sie eine Tabelle, in der Sie die enthaltenen Leistungen und die Preise gegenüberstellen.

Welcher Tarif ist für Ihre Bedürfnisse der günstigste?

Mit der Produktion oder dem Handel mit Waren bzw. mit dem Verkaufen von Dienstleistungen verdienen Unternehmen Geld. Mit dem verdienten Geld kaufen sie neue Waren oder Maschinen, zahlen Steuern an den Staat und bezahlen ihre Mitarbeiter.

**Unternehmen verdienen ihr Geld mit dem Verkauf von Waren und Dienstleistungen.**

Damit ein Unternehmen funktioniert, müssen täglich viele Entscheidungen getroffen und Aufgaben erledigt werden. Es müssen Waren eingekauft und verkauft werden, es müssen Angebote eingeholt, Verträge abgeschlossen und alle Arbeiten organisiert werden.

Betriebswirtschaft

Die Betriebswirtschaft beschäftigt sich mit der Frage, wie **unternehmerische Entscheidungen getroffen** und wie **unternehmerische Aufgaben am besten erledigt** werden können.

## 2 Ziele des Unterrichtsgegenstands Betriebswirtschaft

[The goals of the subject Business Studies]

Im Unterrichtsgegenstand Betriebswirtschaft lernen Sie, wie Sie aktiv am Wirtschaftsleben teilnehmen können. Dafür lernen Sie das Wirtschaftsleben aus vier Sichtweisen kennen: als Konsument bzw. Konsumentin, als Mitarbeiter bzw. Mitarbeiterin in einem Unternehmen, als Unternehmer bzw. Unternehmerin selbst und schließlich als Mitglied der Gesellschaft.

**Aktive Teilnahme am Wirtschaftsleben!**

**Grafik**
**Meine Rollen in der Wirtschaft**

Sie lernen, wie die Wirtschaft funktioniert, wie Sie eigenständig und verantwortlich als Wirtschaftsteilnehmer handeln können. Außerdem lernen Sie, wie Sie Aufgaben, die im Wirtschaftsleben anfallen, übernehmen und verantwortlich ausführen können.

Kurz: Im Unterrichtsgegenstand Betriebswirtschaft entwickeln Sie Wirtschaftskompetenz.

## 3 Was ist eigentlich Wirtschaftskompetenz?

[What is business competence actually?]

In Ihrem zukünftigen Berufsleben, aber auch in Ihrem privaten Alltag werden Sie vor unterschiedliche Aufgaben des Wirtschaftslebens gestellt. Zu Ihrem Arbeitsbereich könnten ganz einfache Routinetätigkeiten, wie beispielsweise Telefonate annehmen und weiterleiten, gehören. Aber auch anspruchsvolle Tätigkeiten, wie ein umfangreiches Projekt leiten oder ein neues Produkt vermarkten, könnten Sie ausführen. Solche Aufgaben erfolgreich zu lösen, erfordert sowohl Wissen aus dem Bereich Wirtschaft als auch die Fähigkeit, selbständig und verantwortlich zu handeln. Genau das ist Wirtschaftskompetenz.

**Wirtschaftskompetenz als Basis!**

**Wirtschaftskompetenz**

Wirtschaftskompetenz umfasst das **Wissen und alle Fähigkeiten,** die man benötigt, um die Anforderungen des Wirtschaftslebens bewältigen zu können.

Was jemanden befähigt, wirtschaftlich verantwortlich zu handeln, wird neben den persönlichen Eigenschaften der handelnden Person vor allem von zwei Faktoren beeinflusst: der Inhaltskompetenz und der Handlungskompetenz.

**Grafik**
**Faktoren der Wirtschaftskompetenz**

Natürlich sind für wirtschaftlich kompetentes Handeln neben der inhaltlichen Kompetenz und der Handlungskompetenz auch andere Faktoren wie eigene Erfahrungen, Motivation und persönliche Begabungen notwendig.

**Einführungsbeispiel**

## Wirtschaftskompetenz

Auf Ihrem Schulweg haben Sie sich bei einem Obsthändler einen Becher frisch geschnittenes Obst als gesunden Snack gekauft. Als Sie dieses Obst in der Mittagspause genießen wollen, schmeckt es leicht verdorben. Nun tut es Ihnen wahrscheinlich leid, Geld für eine nicht genießbare Jause ausgegeben zu haben. Vielleicht gehen Ihnen auch folgende Fragen durch den Kopf:

**Um Antworten auf diese Fragen zu finden und lösungsorientiert vorgehen zu können, ist es notwendig,**

einerseits zu wissen, welche Rechte Sie haben und wo diese festgeschrieben stehen (Inhaltskompetenz).

andererseits die erforderlichen Schritte setzen zu können, um diese Rechte durchzusetzen (Handlungskompetenz).

**Lösung:**

- Was Sie wissen müssen (Inhaltskompetenz):
  Der Verkäufer muss – je nach Mangel – die Ware reparieren oder austauschen oder – wenn das nicht möglich ist – Ihnen das Geld dafür zurückgeben.
- Was Sie tun können (Handlungskompetenz):
  Sobald Sie einen Mangel bei einer Ware entdecken, die Sie gekauft haben, sollten Sie diesen Mangel sofort beim Verkäufer melden und beanstanden.

In diesem konkreten Fall muss Ihnen der Verkäufer entweder einen frischen Obstsalat geben oder – wenn dieser bereits ausverkauft ist – den Geldbetrag, den Sie bezahlt haben, zurückgeben.

Bei manchen Aufgaben kann es ausreichen, vorhandenes Wissen einfach wiederzugeben. Bei anspruchsvolleren Aufgaben muss man sein vorhandenes Wissen nicht nur wiedergeben, sondern auch situationsbezogen anwenden oder sogar neues Wissen entwickeln.

## 4 Auf welchen Ebenen kann man kompetent sein? [On what levels can you be competent?]

Um eine gestellte Aufgabe des Wirtschaftsalltags zu bearbeiten, ist es notwendig, über wirtschaftliches Fachwissen zu verfügen, aber auch zu wissen, welche Vorgehensweise zu wählen ist, um zu einem bestimmten Ergebnis zu kommen.

Abhängig von der Art und Weise, **wie man** das gelernte **wirtschaftliche Fachwissen** einsetzt, spricht man von unterschiedlichen **Handlungsebenen.** Diese werden zur leichteren Unterscheidung mit Buchstaben versehen.

Grafik **Handlungsebenen**

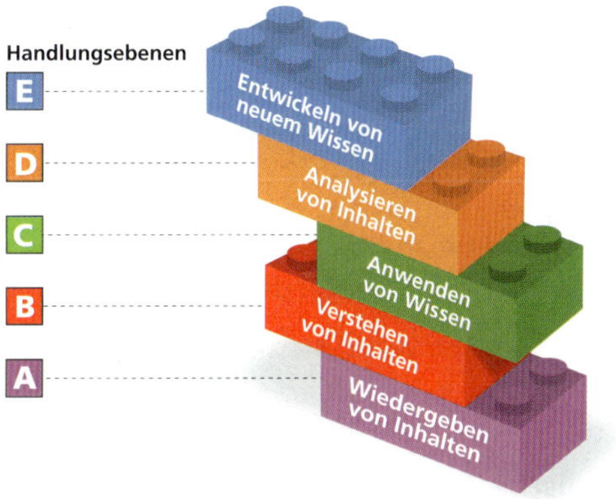


SbX
**Lehrbeispiel Handlungsebenen im Wirtschaftsalltag: ID: 1011**

Im SbX zu diesem Buch finden Sie ein grafisch aufbereitetes Lehrbeispiel, das die Bedeutung der Handlungsebenen anhand von fünf Arbeitssituationen erläutert. Ferner sind in diesem Buch alle Übungsbeispiele (praxisbezogene Aufgaben und Fallbeispiele) und alle Aufgaben zur Lernkontrolle mit dem Buchstaben gekennzeichnet, der die erforderliche Handlungskompetenz anzeigt.

## 5 Kompetenzen, die Sie erwerben [Competencies you acquire]

Am Anfang jedes Kapitels gibt es einen Hinweis auf die Bildungs- und Lehraufgabe aus dem Lehrplan und die darin angeführten Kompetenzen, die Sie bei der Bearbeitung dieses Kapitels erwerben. Das nebenstehende Symbol „Kompetenzorientierung" macht darauf aufmerksam.

# Üben – Anwenden

A B C D E

### Ü 1.03: Outfit C

Viele Geschäfte bieten Ihnen modernes Outfit an. Wie versuchen diese Geschäfte, Sie als Kundin oder Kunden zu gewinnen?

### Ü 1.04: Schnäppchenjagd C

Jedes Jahr gibt es in vielen Geschäften einen Sommerschlussverkauf. Die Verkaufspreise von Gartenmöbeln, Sommermode und anderen Artikeln werden stark gesenkt.

Warum bieten die Geschäfte die Artikel so stark reduziert an?

# Sichern

SbX ID: 1013

**Betriebswirtschaft**
business

Die Betriebswirtschaft beschäftigt sich mit der Frage, wie ein Unternehmen funktioniert.

Business looks at how a business works.

**Unterrichtsgegenstand „Betriebswirtschaft"**

Im Unterrichtsgegenstand „Betriebswirtschaft" wird Wirtschaftskompetenz entwickelt.

*the subject "Business Studies"*

The subject "Business Studies" helps develop business competence.

**Wirtschaftskompetenz**

Wirtschaftskompetenz umfasst das Wissen und alle Fähigkeiten, die jemand benötigt, um die Anforderungen des Wirtschaftslebens bewältigen zu können.

*business competence*

Business competence includes the knowledge and skills required to deal with everyday business situations.

**Inhaltskompetenz**

Unter Inhaltskompetenz versteht man die Fähigkeit, über das notwendige Fachwissen zu verfügen, um eine Aufgabe bewältigen zu können.

*theoretical competence*

Theoretical competence means you have the knowledge necessary to complete a task.

**Handlungskompetenz**

Unter Handlungskompetenz versteht man die Fähigkeit, die notwendigen Schritte setzen zu können, um eine Aufgabe zu bewältigen. Diese setzt die entsprechende Inhaltskompetenz voraus.

*practical competence*

Practical competence means you know which steps to take to complete a task. For this you first need theoretical competence.

SbX ID: 1013

**Im SbX finden Sie die englische Zusammenfassung als Audio-Wiederholung sowie eine Bildschirmpräsentation mit den Grafiken dieser Lerneinheit.**

# Wissen

SbX ID: 1014

A B C D E

SbX W 1.01–W 1.03 mit automatischer Aufgabenkontrolle ID: 1014

**W 1.01: Betriebswirtschaft** A

Womit beschäftigt sich die Betriebswirtschaft?

**W 1.02: Meine Rollen in der Wirtschaft** A

Welche vier Rollen haben Sie im Wirtschaftsleben?

**W 1.03: Wirtschaftskompetenz** A

Was versteht man unter Wirtschaftskompetenz?

*English questions*

**E 1.01: What does Business Studies cover?**

**E 1.02: What is practical competence? Choose the correct answer.**

a) It is knowing the theory of how to complete a task.
b) It is knowing which steps to take to complete a task.
c) It is knowing how to use a computer.

## Kompetenz-Check

*Ein kurzer Kompetenz-Check, bevor's weitergeht!*

| | ☺ | 😐 | ☹ |
|---|---|---|---|
| Ich kann erklären, womit sich die Betriebswirtschaft beschäftigt. | | | |
| Ich kann erklären, welche 4 Rollen ich in der Wirtschaft einnehme. | | | |
| Ich kann erklären, was Wirtschaftskompetenz bedeutet. | | | |
| Ich kann zwischen Inhaltskompetenz und Handlungskompetenz unterscheiden und dafür Beispiele nennen. | | | |

# 2 DIE WIRTSCHAFT

## Worum geht's in diesem Kapitel?

Sie kaufen sich vor der Schule eine Jause, gehen mit Freunden ins Kino, fahren mit dem Bus nach Hause usw. Wie alle anderen Menschen haben Sie viele Wünsche und Bedürfnisse: nach Nahrung, Kleidung und Transport, aber auch nach Unterhaltung, Bildung und Gesundheit.

Unternehmen bieten Produkte und Leistungen an, um diese Bedürfnisse von Menschen zu erfüllen. Sie produzieren entweder selbst (so wie zum Beispiel eine Bäckerei) oder sie kaufen und verkaufen wieder, d. h., sie handeln mit Waren, die ein anderes Unternehmen erzeugt hat (wie zum Beispiel ein Lebensmittelgeschäft, ein Supermarkt). Außerdem gibt es Unternehmen, die keine Waren, sondern Dienstleistungen anbieten, wie Friseure, Banken, Nachhilfeinstitute oder Steuerberater.

Wenn ein Unternehmen langfristig bestehen will, muss es seine Ziele genau kennen und laufend Entscheidungen treffen, wie es diese Ziele am besten erreichen kann. Welche Überlegungen dazu notwendig sind und wie ein Unternehmen diese Aufgaben erfüllen kann, ist Gegenstand der Betriebswirtschaft.

**Wenn Sie dieses Kapitel bearbeiten, erwerben Sie die folgenden in der Bildungs- und Lehraufgabe des Lehrplans angeführten Kompetenzen:**

Sie können aus dem Bereich Wirtschaft und Gesellschaft

- **Wirtschaftssektoren und Betriebsarten unterscheiden,**
- **die Wechselwirkungen zwischen Betrieb und Umfeld interpretieren und Konsequenzen daraus ableiten,**
- **unternehmerische, ökonomische, ökologische und soziale Wechselwirkungen darstellen,**
- **Sachverhalte aus unterschiedlichen Perspektiven (Arbeitnehmerin und Arbeitnehmer, Unternehmerin und Unternehmer, Konsumentin und Konsument) bewerten.**

Sie können durch den Einsatz von Fallstudien

- **Ihre erworbenen Fach-, Methoden-, Sozial- und Selbstkompetenzen vernetzt anwenden.**

A B C D E

In diesem Kapitel finden Sie Übungsaufgaben, praxisbezogene Fallbeispiele und Aufgaben zur Lernkontrolle zur Überprüfung Ihrer Kompetenzen auf den Handlungsebenen A **Wiedergeben,** B **Verstehen,** C **Anwenden** und D **Analysieren & Interpretieren.**

**Dieses Kapitel umfasst folgende Lerneinheiten:**

Lerneinheit 1

# Die Wirtschaft und die Rollen der Wirtschaftsteilnehmer

SbX
**Alle SbX-Inhalte zu dieser Lerneinheit finden Sie unter der ID: 2010.**

Alle Menschen haben viele Wünsche und Bedürfnisse, die sie erfüllen möchten. Manche Bedürfnisse sind lebensnotwendig, wie das Bedürfnis, etwas zu essen und zu trinken, etwas zum Anziehen zu haben und zu schlafen. Weitere Bedürfnisse sind ebenfalls wichtig, um gesund zu bleiben: es warm zu haben und sich sicher zu fühlen, medizinisch versorgt zu werden, wenn man krank ist.

Andere Bedürfnisse sind vielleicht nicht lebensnotwendig, aber trotzdem für viele Menschen wichtig: Verkehrsmittel benützen zu können, um in die Arbeit oder in die Schule zu fahren, ins Kino oder Theater zu gehen, auf Urlaub zu fahren, einen Sprachkurs zu machen usw.

## Lernen

SbX ID: 2011

Bedarf begrenzt - Bedürfnisse unbegrenzt

A B C D E

### 1 Viele Bedürfnisse und begrenzte Mittel

[Many needs and limited means to satisfy them]

**Ohne Wirtschaft können wir nicht leben.**

Menschen haben viele Wünsche und Bedürfnisse. Manche davon müssen sie erfüllen, denn ihre Erfüllung ist lebensnotwendig (Nahrung, Medikamente, Schlaf). Menschen wünschen sich aber auch viele andere Dinge, die nicht lebensnotwendig sind, für sie aber trotzdem aus anderen Gründen große Bedeutung haben.

Übungsbeispiel

**Ü 2.01: Viele unterschiedliche Bedürfnisse** C

Beschreiben Sie stichwortartig einen typischen Tagesablauf (frühstücken, Zähne putzen, sich anziehen, in die Schule fahren ...) und überlegen Sie, welche Bedürfnisse und Wünsche sich daraus ableiten lassen! Welche davon sind „lebensnotwendig", welche sind für Sie persönlich sehr wichtig, welche sind Ihnen weniger wichtig?

Unternehmen (Bäckerei, Supermarkt, Reisebüro, Theater etc.) bieten Produkte und Leistungen an, damit Menschen ihre Bedürfnisse befriedigen können. Wirtschaft bedeutet das Anbieten und Nachfragen von Waren und Dienstleistungen zur Erfüllung der Wünsche und Bedürfnisse der Menschen. Jeder Mensch ist daher Teil der Wirtschaft.

Übungsbeispiel

**Ü 2.02: Fortsetzung von Ü 2.01** C

Überlegen Sie sich, für welche Ihrer ausgelisteten Bedürfnisse Sie etwas von Unternehmen gekauft haben (z. B. Zahnbürste, Müsli und Milch, T-Shirts und Hosen, Fahrschein für den Bus ...).

Die Unternehmen erfüllen aber nicht nur Bedürfnisse, die schon vorhanden sind. Um ihre Produkte und Leistungen gut verkaufen zu können, wecken sie auch die Bedürfnisse von Menschen. Erst durch das entsprechende Angebot wird in den Menschen der Wunsch geweckt, dieses Produkt zu kaufen (z. B. ein neues Handy mit zusätzlichen Funktionen) oder eine Dienstleistung in Anspruch zu nehmen (z. B. Wasserschifahren).

Um Produkte und Dienstleistungen erstellen zu können, brauchen Unternehmen neben der menschlichen Arbeitskraft Maschinen und verschiedene Materialien (z. B. Rohstoffe). Ein Schokoladenproduzent braucht neben seinen Mitarbeitern auch Maschinen und die Zutaten für Schokolade, z. B. Kakaobutter, Zucker, Nüsse. Diese stehen in der Regel nicht unbegrenzt zur Verfügung. Und die Menschen haben ebenfalls nur begrenzte Mittel, sich Produkte und Dienstleistungen zu kaufen.

Die Mittel, die zur Bedürfnisbefriedigung zur Verfügung stehen, sind daher begrenzt. Man muss daher genau planen, welche Mittel für die Produktion eingesetzt werden können und sollen. Wirtschaften bedeutet daher auch, die begrenzt vorhandenen Mittel sorgfältig geplant für das Wecken und Erfüllen der (unbegrenzt vorhandenen) Bedürfnisse der Menschen einzusetzen.



Übungsbeispiele

**Ü 2.03: Geburtstagsparty** C

Sie möchten für einen Freund eine Geburtstagsparty inkl. Torte und Geschenken organisieren und haben dafür ca. 100 Euro zur Verfügung. Erklären Sie anhand dieses Beispiels, was Wirtschaften bedeutet.

**Ü 2.04: Weitere Bedürfnisarten** C

Überlegen und diskutieren Sie, was die folgenden Bedürfnisse von den bisher behandelten unterscheidet und ob sie auch mit Wirtschaft zu tun haben können:

- das Bedürfnis, mit anderen zu reden oder von anderen anerkannt zu werden
- das Bedürfnis, seine Meinung frei zu äußern oder in der Gemeinschaft mitbestimmen zu können

## 2 Der Wirtschaftskreislauf [The circular flow of economic activity]

Zur Wirtschaft gehört neben den privaten Haushalten und den Unternehmen auch der Staat. Alle drei erbringen für die jeweils anderen bestimmte Leistungen und bekommen dafür Geld.

Grafik
**Wirtschaftskreislauf**

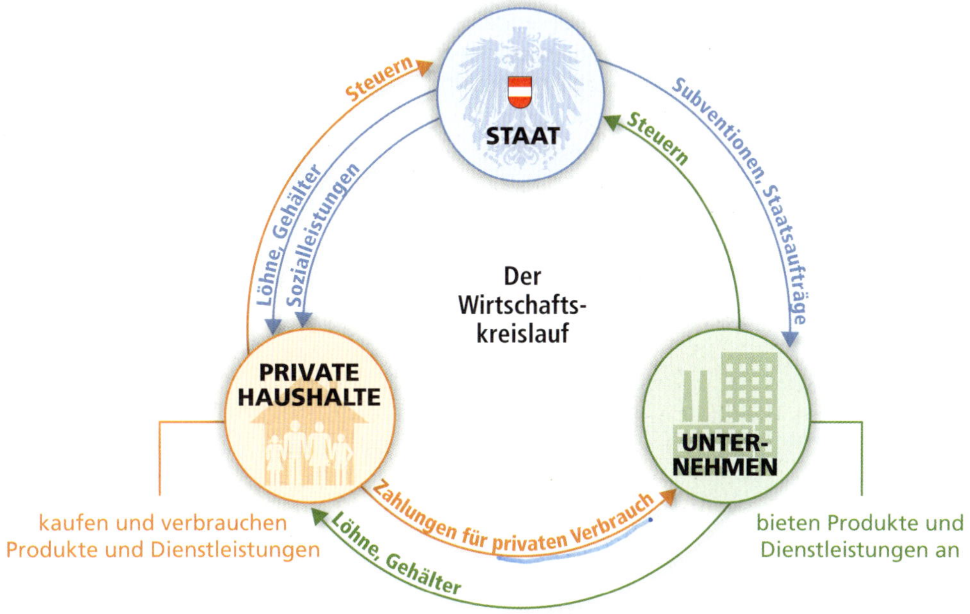


**In der Wirtschaft spielen Sie vier Rollen:**
Konsument/in
Mitarbeiter/in
Unternehmer/in
Mitglied der Gesellschaft

Damit können Sie in mehrfacher Hinsicht Wirtschaftsteilnehmer sein!

Unternehmen produzieren (z. B. Kleidung) und erstellen Dienstleistungen (z. B. Beratung), um die zahlreichen Bedürfnisse der Menschen zu befriedigen. Sie sind damit wichtige Beteiligte am Wirtschaftsgeschehen. Unternehmen bekommen für ihre Produkte oder Dienstleistungen Geld. Damit bezahlen sie alles, was sie zur Erstellung ihrer Leistung benötigen. Denn sie benötigen Maschinen und Materialien, die sie von anderen Unternehmen kaufen.

Viele Unternehmen beschäftigen Mitarbeiter. Diese Mitarbeiter kommen aus den privaten Haushalten. Sie erhalten für ihre Arbeitsleistung Geld, das sie wieder ausgeben, um Produkte oder Dienstleistungen von den Unternehmen zu kaufen.

Da Geld von den Unternehmen zu anderen Unternehmen und zu den privaten Haushalten fließt und das Geld dann von den privaten Haushalten wieder zu den Unternehmen zurückfließt, spricht man auch von einem Kreislauf, dem **Wirtschaftskreislauf.** Damit dieser Kreislauf reibungslos funktionieren kann, sorgt der Staat für die Gesetze und die Einhaltung der Gesetze. Für diese Leistung erhält er Geld in der Form von Steuern und Abgaben. Außerdem erhält der Staat die Steuern für die Bereitstellung von Verkehrswegen (Infrastruktur), Bildungseinrichtungen (Schulen, Universitäten etc.), Krankenhäusern und vieles mehr.

## 3 Warum macht nicht jeder alles selbst?
[Why doesn't everyone do everything themselves?]

### Die Entwicklung der Arbeitsteilung und die Entstehung von Märkten
[How division of labour and markets developed]

Der einzelne Mensch ist kaum in der Lage, alle seine lebensnotwendigen Bedürfnisse durch eigene Arbeit zu befriedigen. Schon zu Beginn der Geschichte der Menschheit begann die Spezialisierung in Ackerbauern und Jäger. Später entstanden neben den Ackerbauern vor allem Viehzüchter und im Weiteren verschiedene „Handwerksberufe". Diese Spezialisierung schritt rasch voran.

**Arbeitsteilung ist die Voraussetzung der modernen Wirtschaft.**

Je stärker die Arbeit geteilt wurde, desto komplizierter wurde das Austauschen der Güter (Eier gegen Schuhe, Vieh gegen Ackergerät). Bald führte man daher das „Geld" ein – zunächst als Warengeld (Muscheln, Tabakziegel), bald aber als Münzgeld (Gold, Silber, andere Metalle) und dann auch als Papiergeld.

Ein Gut kann ein Produkt, eine Ware oder eine Dienstleistung sein.

Der Tausch zerfiel in zwei Teile:

- in einen Verkauf (Gut gegen Geld) und
- in einen Kauf (Geld gegen Gut).

Es entstand unser modernes Wirtschaftssystem. Ein vielfältiges Angebot von materiellen Gütern und Dienstleistungen trifft auf die Nachfrage von Haushalten und Unternehmen. Dieses Zusammentreffen von Angebot und Nachfrage bezeichnet man als **Markt.**

**Grafik**
**Der Markt (vereinfacht)**

Damit die Arbeitsteilung gut funktioniert, muss viel kommuniziert werden!

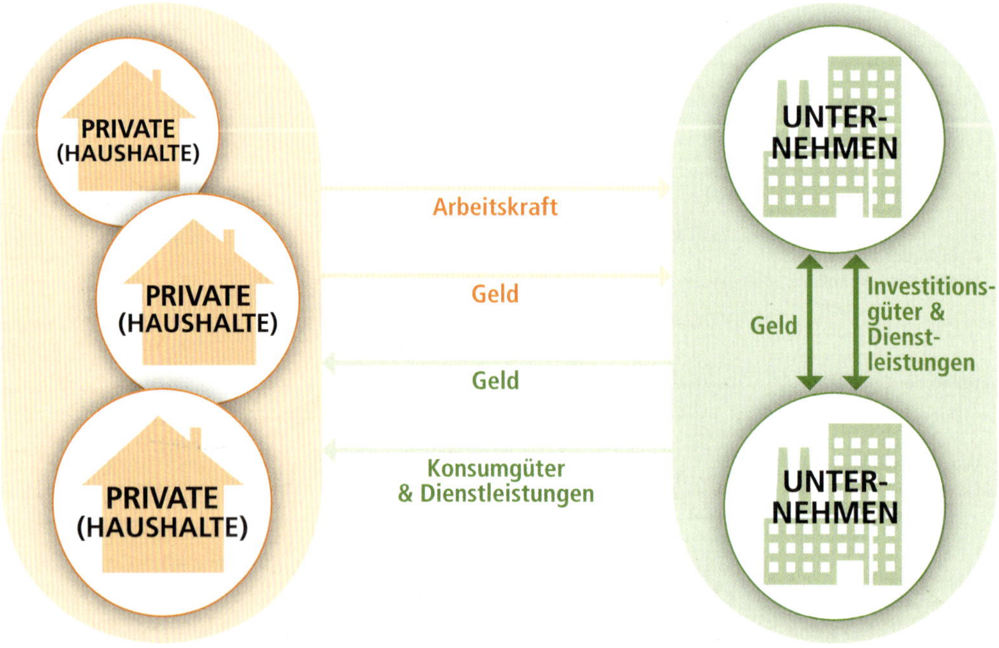


- Haushalte und Unternehmen sind Anbieter und Nachfrager.
- Investitionsgüter und Dienstleistungen werden von Unternehmen nachgefragt und für die eigene Produktion verwendet (z. B. Waschmaschinen in einer Wäscherei).
- Konsumgüter und Dienstleistungen werden von Haushalten nachgefragt und für den eigenen Gebrauch (z. B. eine Haushaltswaschmaschine) oder den eigenen Verbrauch (z. B. Nahrungsmittel) verwendet.

Wie die Grafik zeigt, werden am Markt aber nicht nur Waren und Dienstleistungen gegen Geld getauscht. Zum Beispiel bieten private Haushalte den Unternehmen auch ihre Arbeitskraft an und es entsteht ein Arbeitsmarkt. Somit bildet jedes Zusammentreffen von Angebot und Nachfrage einen Markt.

Übungsbeispiele

**Ü 2.05: Unterschiedliche Märkte** C

Sie alle kennen Obst- und Gemüsemärkte. Welchen Unterschied sehen Sie zwischen einem Obst- und Gemüsemarkt und einem „internationalen Markt für Baumaschinen"?

**Ü 2.06: Weitere Märkte (Arten von Märkten)** C

Überlegen Sie, welche Märkte Sie sonst noch kennen und welches Angebot und welche Nachfrage dort zusammentreffen.



## Arten der Arbeitsteilung [Types of division of labour]

Grafik
**Arten der Arbeitsteilung**

Der „Betrieb" ist der Ort der Leistungserstellung. Zur genauen Unterscheidung von „Unternehmen" und „Betrieb" siehe Lerneinheit 2.

### Innerbetriebliche Arbeitsteilung

Bereits innerhalb der „Betriebe" wird die Arbeit auf verschiedene Mitarbeiter und Bereiche verteilt. Solche Bereiche sind z. B.: Einkauf, Produktion, Verkauf, Rechnungswesen.

Vor allem bei der Produktion materieller Güter ist die Arbeitsteilung weit fortgeschritten und führt häufig zur „Arbeitszerlegung" in kleinste Handgriffe.

Beispiel

Nahrungsmittelindustrie:

- In der Schokoladenerzeugung gibt es Arbeiter/innen, die den ganzen Tag nur fertig verpackte Schokoladenkisten vom Fließband nehmen und auf einen Transportwagen schlichten. Andere kontrollieren acht Stunden am Tag, ob die Maschinen die Schokolade einwandfrei eingepackt haben, und sortieren schlechtverpackte Ware aus.

Übungsbeispiel

**Ü 2.07: Innerbetriebliche Arbeitsteilung** C

Bei manchen Autoerzeugern bemüht man sich, teilweise die Fließbänder abzuschaffen und die Arbeitszerlegung in kleinste Handgriffe, wie Türgriffe montieren oder Blinker anschrauben, rückgängig zu machen. In anderen Automobilfabriken hält man weniger von diesen Ideen.

Diskutieren Sie anhand dieses Beispiels die Vor- und Nachteile der innerbetrieblichen Arbeitsteilung, vor allem der Arbeitszerlegung in kleinste Handgriffe.

**Mehr zur innerbetrieblichen Arbeitsteilung erfahren Sie in Lerneinheit 2.**

### Zwischenbetriebliche Arbeitsteilung

Innerhalb einzelner Länder (Volkswirtschaften) erfolgt die Spezialisierung

- senkrecht („vertikal“) und
- waagrecht („horizontal“).

Bei der **vertikalen Spezialisierung** folgen die spezialisierten Betriebe aufeinander.

- Die von der **Urproduktion** gewonnenen Rohstoffe (Land- und Forstwirtschaft, Bergbau, Erdölförderung = **primärer Sektor**)
- werden von der **Produktion** zu Konsum- oder Investitionsgütern be- und verarbeitet (Industrie und Handwerk = **sekundärer Sektor**).
- Zwischengeschaltet sind jeweils **Dienstleistungsbetriebe** (Handels- und Transportbetriebe, Kreditinstitute, Versicherungsbetriebe = **tertiärer Sektor**).

Beispiel

Herstellung eines Stuhls:

- Verschiedene spezialisierte Betriebe folgen bei der Herstellung aufeinander.

Grafik
**Die vertikale Spezialisierung am Beispiel der Herstellung eines Stuhls**

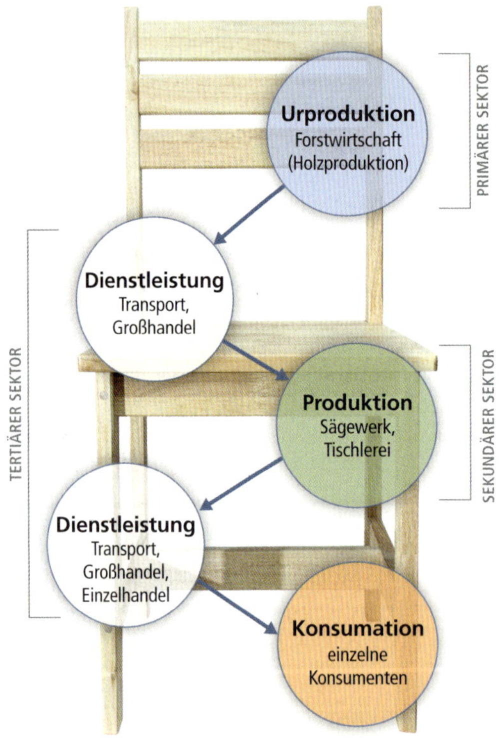


Die Bedeutung der Wirtschaftssektoren in Österreich

Im **tertiären Sektor**, dem Dienstleistungssektor, sind die meisten Menschen beschäftigt (rund zwei Drittel), sie erwirtschaften auch den Großteil der erzeugten Güter und Dienstleistungen.

Der **sekundäre Sektor**, der Produktionssektor, nimmt im Hinblick auf die Zahl der Beschäftigten und den Wert der erzeugten Güter den zweiten Rang ein (jeweils ca. ein Drittel).

Im **primären Sektor**, der Land- und Forstwirtschaft, arbeiten die wenigsten Menschen, der Wert der erzeugten Güter ist vergleichsweise sehr gering (nur ca. 2 % der gesamten Wirtschaftsleistung). Trotzdem ist dieser Sektor für jedes Land natürlich von Bedeutung.

Bei der **horizontalen Spezialisierung** folgen die spezialisierten Unternehmen nicht aufeinander, sondern sie erbringen Leistungen auf der gleichen Wirtschaftsstufe. In der Möbelindustrie gibt es zum Beispiel die folgende horizontale Spezialisierung.

Beispiel

Möbelindustrie:

- Verschiedene Betriebe spezialisieren sich auf unterschiedliche Arten von Möbeln:

| | | | | | | |
|---|---|---|---|---|---|---|
| Küchen | Wohnzimmer | Schlafzimmer | Büromöbel | Stilmöbel | Schulmöbel | Gartenmöbel |

**Internationale Arbeitsteilung**

Die **internationale Arbeitsteilung** ist dadurch bedingt, dass nicht in jedem Land alle Produkte hergestellt werden können. Nicht jedes Land verfügt über alle Rohstoffe, über geeignetes Klima oder gut ausgebildete Arbeitskräfte. Deshalb werden Waren aus dem Ausland eingeführt (Importe) und im Inland erzeugte Waren in andere Länder ausgeführt (Exporte).

- Die **Vorteile** sind darin zu sehen, dass jedes Land das produzieren kann, wofür es vergleichsweise die günstigsten Voraussetzungen hat.
- Die **Nachteile** bestehen darin, dass Länder von den Importen aus anderen Ländern abhängig werden können (z. B. von der Lieferung von Erdöl oder Erdgas). Die Produktion in Ländern mit geringem Lohnniveau bedeutet einen Verlust von Arbeitsplätzen in einem anderen Land mit höherem Lohnniveau. Unter den langen Transportwegen für Produkte leidet auch die Umwelt.

**Österreich** ist als kleines Binnenland besonders **außenwirtschaftsorientiert.** Es hatte im Jahr 2014 Importe im Wert von rund 130 Milliarden Euro und Exporte im Wert von rund 128 Milliarden Euro.

Der Großteil (jeweils ca. 70 %) der Importe und Exporte Österreichs kommt aus bzw. geht in die **Länder der Europäischen Union.** Der wichtigste Handelspartner Österreichs innerhalb der EU ist Deutschland, gefolgt von Italien und Frankreich. Wichtige Handelspartner außerhalb der EU sind die Schweiz, die USA und China.

Grafik
**Österreichs wichtigste Handelspartner**

Übungsbeispiel

Ü 2.08: **Internationale Arbeitsteilung** D

Wer ist bei der internationalen Arbeitsteilung im Vorteil: Länder, die überwiegend Rohstoffe und Nahrungsmittel erzeugen, oder Länder, die überwiegend hochwertige Industrieprodukte (z. B. Computer, Autos etc.) produzieren?

## 4 Wie stark beeinflusst der Staat die Wirtschaft?
[How strongly does the state influence the economy?]

In der Wirtschaft müssen laufend Entscheidungen getroffen werden:

- Was soll produziert werden?
- Wem gehören die Produktionsmittel (Gebäude, Maschinen, etc.)?
- Wie sollen die produzierten Güter verteilt werden?

Es gibt verschiedene Vorstellungen darüber, in welchem Ausmaß der Staat diese Entscheidungen beeinflussen soll. Dementsprechend werden verschiedene Wirtschaftsordnungen unterschieden:

**Grafik Wirtschaftsordnungen**

## Die Zentralverwaltungswirtschaft als Modell

[The centrally administered economy as a theoretical model]

**Der Staat reguliert alles.**

Die grundsätzliche Überlegung lautet: „Verfolgt jeder nur seine eigenen Interessen, so haben nur wenige Starke alle Vorteile und beuten die Schwachen aus. Der Staat muss daher für eine sinnvolle Produktion und für eine gerechte Verteilung der Güter und Einkommen sorgen. Jeder Einzelne hat seine freie Entscheidung dem Gemeinwohl unterzuordnen."

**Wichtige Merkmale**

Der Wirtschaftsprozess wird von einer staatlichen Zentralstelle geplant und gelenkt. Diese entscheidet über Produktionsziele und Verteilung des Produktionsergebnisses.

- Unternehmen führen die staatlichen Pläne aus. Sie selbst treffen keine unternehmerischen Entscheidungen.
- Privateigentum an Produktionsmitteln ist nicht zugelassen.
- Die individuelle Entscheidungsfreiheit der Menschen hinsichtlich Ausbildung, Beruf, Arbeitsplatz ist eingeschränkt.
- Die Güter werden den Verbrauchern zugeteilt. Es gibt keinen freien Markt, die Preise werden zentral gelenkt.

Vorteile des Systems:

- Produktionsmittel können nach der Wichtigkeit der Bedürfnisse eingesetzt werden und sind nicht nur auf die Gewinnmöglichkeiten ausgerichtet.
- Arbeit wird für jeden garantiert.

Nachteile des Systems:

- Alles muss zentral geplant werden. Dies ist aufwendig und langsam.
- Es wird zentral entschieden, was wichtig ist. Die Märkte sind daher häufig nur mit wenigen Gütern versorgt und bieten wenig Auswahl.
- Da ein freier Markt und eine freie Preisbildung fehlen, werden Arbeitskräfte und Produktionsmittel oft für Güter eingesetzt, für die weder ein Bedürfnis noch ein Bedarf besteht.
- Wird privates Eigeninteresse nicht gewünscht, fehlt auch häufig die Privatinitiative. Dies macht sich vor allem bei der landwirtschaftlichen Produktion und bei Dienstleistungen (z. B. Reparaturen) bemerkbar.
- Durch die Einschränkung der Konsumwahl ist der Leistungsanreiz gering.

**Bedürfnisse** wurden schon besprochen. Unter **Bedarf** versteht man jene Bedürfnisse, die mit den vorhandenen Geldmitteln befriedigt werden können.

## Die Planwirtschaft in der Realität [Planned economies in reality]

Chinas Wirtschaft entwickelte sich in den letzten Jahren von einer reinen Planwirtschaft zu einer Wirtschaft mit starken marktwirtschaftlichen Tendenzen.

Die Planwirtschaft der ehemaligen kommunistischen Länder orientierte sich an der Zentralverwaltungswirtschaft. Grundlage für wirtschaftliche Entscheidungen waren langfristige Pläne, die häufig nur sehr mangelhaft umgesetzt wurden. Heutzutage findet man die Planwirtschaft nur noch in Nordkorea und teilweise in Kuba. In China sind bereits seit einigen Jahren deutlich marktwirtschaftliche Tendenzen festzustellen. Auch die Länder Osteuropas haben inzwischen auf die Marktwirtschaft umgestellt. Diese Umstellung ist ein schwieriger Prozess. Beispielsweise kommt es zur Ausbeutung von Mitarbeitern, der Umweltschutz wird häufig vernachlässigt.



## Die freie Marktwirtschaft als Modell
### [The free market economy as a theoretical model]

Zu den Säulen einer funktionierenden Marktwirtschaft gehören:

- Leistungsbereitschaft der Menschen
- ein funktionierender Staat
- die Möglichkeit, ein Unternehmen zu gründen
- Rechtssicherheit und Vertragswesen

**Jeder ist für sich selbst verantwortlich.**

Die grundsätzliche Überlegung lautet: „Der größte Wohlstand wird dann erreicht, wenn jeder seine eigenen Interessen möglichst frei verfolgen kann." Das heißt, jeder Unternehmer kann frei entscheiden, was er wo und wie produziert, und jeder Arbeitnehmer kann seinen Arbeitsplatz frei wählen. Unternehmer und Arbeitnehmer sollten nach dem höchsten Gewinn bzw. dem höchsten Arbeitslohn streben. Die Aufgabe des Staates ist es nur, durch Gesetze einen Rahmen zu schaffen.

**Wichtige Merkmale**

- Entscheidungen über die Produktion und über den Arbeitsplatz sind grundsätzlich frei.
- Alle Produktionsmittel befinden sich im Privateigentum.
- Der Konsument kann sein Einkommen ausgeben oder sparen. Er entscheidet, was er kauft oder nicht kauft, und sorgt damit dafür, dass die richtigen Güter produziert werden.
- Jeder Einzelne entscheidet frei über seinen Beruf, seine Ausbildung und über seinen Arbeitsplatz.
- Der Markt ist die Drehscheibe aller wirtschaftlichen Tätigkeiten. Durch Angebot und Nachfrage bildet sich automatisch der richtige Preis.

Vorteile des Systems:

- Wirtschaftlich Leistungsfähige können sich frei entfalten.
- Großer Leistungsanreiz und damit wirtschaftlicher Fortschritt und Hebung des Lebensstandards.

Nachteile des Systems:

- Benachteiligung der wirtschaftlich und sozial Schwächeren, der Alten, Kranken, Arbeitslosen u. a.
- Notwendige, aber nicht gewinnbringende Produktionen unterbleiben oder sind sehr teuer (Schulen, öffentlicher Verkehr, Krankenhäuser).

## Die soziale Marktwirtschaft – Verbindung von Freiheit und Allgemeinwohl [The social market economy – combination of freedom and general welfare]

**„Etwas Staat" ist notwendig.**

Die Nachteile der völlig freien Marktwirtschaft haben in vielen westlichen Industrieländern (Mittel- und Westeuropa, USA, Kanada), aber auch im Fernen Osten (Japan) zur Entwicklung der sogenannten sozialen Marktwirtschaft geführt.

Grundsätzlich sind hier zwar „freie unternehmerische Entscheidungen" über die Produktion möglich. Produktionsmittel können sich im Privateigentum befinden, die Preisbildung ist grundsätzlich frei und die Arbeitnehmer können ihre Ausbildung und ihren Beruf frei wählen und ihren Verdienst frei verwenden.

Jedoch greift der Staat durch viele Maßnahmen lenkend in den Wirtschaftsablauf ein.

**Beispiele**

- Er fördert die Ansiedlung neuer Betriebe durch die Förderung von Bahn, Straßenbau oder Ausbildung.
- Er fördert den Export durch die Übernahme verschiedener Gefahren (z. B. Kriegsgefahr, Geldentwertung).
- Er fördert das Sparen, damit Banken der Wirtschaft ausreichend Geld zur Verfügung stellen können.

Der Staat sorgt für den Schutz wirtschaftlich Schwacher.

Beispiele

- Arbeitslosenversicherung
- Pensionsvorsorge (auch wenn die Beiträge nicht ausreichen)
- Krankenversorgung
- arbeitsrechtliche Regelungen
- Konsumentenschutz

Der Staat sorgt für die Erfüllung von Grund- und Kulturbedürfnissen.

Beispiele

- Schulen und Universitäten, Theater, Förderung von Künstlern
- Zuschüsse zum Wohnungsbau
- Eisenbahn- und Autobuslinien auch in dünn besiedelten Gebieten

## Die ökosoziale Marktwirtschaft – Wirtschaften mit Verantwortung

[The eco-social market economy – an economy with accountability]

Die ökosoziale Marktwirtschaft ergänzt die soziale Marktwirtschaft um den Umweltschutz. In dieser Wirtschaftsordnung ergreift der Staat eine Reihe von Maßnahmen, um die Marktwirtschaft nachhaltiger zu gestalten.

**Die Natur erhält ihren Stellenwert.**

Beispiele

- Sicherung der Lebensqualität durch Umweltschutzgesetze
- Förderung erneuerbarer Energien wie Sonnenenergie, Windkraft etc.
- Schaffung von Standards für den fairen Wettbewerb
- Einschränkung des Güterverkehrs auf der Straße

**Privatisierung und Zusammenschluss vieler Großbetriebe**

Der Trend zur Privatisierung nimmt auch in der ökosozialen Marktwirtschaft stark zu (Bahn, Telefon, Post). Dadurch wird der Konkurrenzdruck größer und Arbeitsplätze gehen auch in bisher geschützten Bereichen verloren. Die „globale" Konkurrenz wird stärker („Globalisierung") und führt zum Zusammenschluss vieler Großbetriebe (z. B. bei Banken, in der Automobilindustrie, im Pharmabereich, im Lebensmittelhandel).

Übungsbeispiel

### Ü 2.09: Podiumsdiskussion freie Marktwirtschaft oder ökosoziale Marktwirtschaft D

**1. Argumente sammeln**

Gruppe 1: Sammeln Sie Argumente für die freie Marktwirtschaft aus der Sicht eines Unternehmers bzw. einer Unternehmerin.

Gruppe 2: Sammeln Sie Argumente für die freie Marktwirtschaft aus der Sicht eines Konsumenten bzw. einer Konsumentin.

Gruppe 3: Sammeln Sie Argumente für die freie Marktwirtschaft aus der Sicht eines Arbeitnehmers bzw. einer Arbeitnehmerin.

Gruppe 4: Sammeln Sie Argumente für die ökosoziale Marktwirtschaft aus der Sicht eines Unternehmers bzw. einer Unternehmerin.

Gruppe 5: Sammeln Sie Argumente für die ökosoziale Marktwirtschaft aus der Sicht eines Konsumenten bzw. einer Konsumentin.

Gruppe 6: Sammeln Sie Argumente für die ökosoziale Marktwirtschaft aus der Sicht eines Arbeitnehmers bzw. einer Arbeitnehmerin.

**2. Diskussionsrunde**

Schicken Sie je eine/n Vertreter/in jeder Gruppe in eine Podiumsdiskussion zu der Frage: „Was ist besser – freie Marktwirtschaft oder ökosoziale Marktwirtschaft?"

# Üben – Anwenden

A B C D E

### Ü 2.10: Güter und Bedürfnisse B

Finden Sie Beispiele für folgende Güter bzw. Bedürfnisse:

a) „knappe Güter"
b) Güter, die in großen Mengen erzeugt werden, sodass dafür Abnehmer (Konsumenten) eher gesucht werden müssen
c) Bedürfnisse, die zuerst geweckt werden (z. B. durch Werbung) und erst dann durch Wirtschaften befriedigt werden

### Ü 2.11: Güter und Bedürfnisse in Österreich und weltweit C

Überlegen und diskutieren Sie, ob Ihre Beispiele aus **Ü 2.10** nur für Österreich oder weltweit gelten.

### Ü 2.12: Innerbetriebliche Arbeitsteilung C

Welche unterschiedlichen Bereiche kann es durch die innerbetriebliche Arbeitsteilung bei einem Möbelhersteller geben?

### Ü 2.13: Vertikale und horizontale Spezialisierung C

Brot und Gebäck werden heute in verschiedenen Formen, von unterschiedlichen Herstellern und in unterschiedlichen Geschäften angeboten.

Erklären Sie an diesem Beispiel die vertikale Spezialisierung und überlegen Sie, welche horizontalen Spezialisierungen möglich sind.

### Ü 2.14: Horizontale Spezialisierung in der Schuhindustrie C

Welche Beispiele finden Sie für die horizontale Spezialisierung in der Schuhindustrie?

### Ü 2.15: Globalisierung D

Wie beurteilen Sie die Aussage „Jedes Land sollte dafür sorgen, dass es unabhängig von anderen Ländern existieren kann"?

### Ü 2.16: Lebensstandard und Umweltbelastung C

Sammeln Sie Berichte aus Nachrichten und Zeitungen, in denen darauf hingewiesen wird, dass der ständig steigende Wohlstand in der sozialen Marktwirtschaft häufig auf Kosten der Umwelt geht. Diskutieren Sie über Lösungsmöglichkeiten.

### Ü 2.17: Planwirtschaft, Marktwirtschaft und Umweltbelastung C

Sammeln Sie Berichte über die Umstellungsschwierigkeiten der osteuropäischen Länder auf die soziale Marktwirtschaft. Beachten Sie vor allem die Umweltprobleme, die bereits in der Zeit der Planwirtschaft entstanden sind und jetzt zusätzlich zu den Umstellungsschwierigkeiten beitragen.

### Ü 2.18: Umstellung von Planwirtschaft auf Marktwirtschaft C

Sammeln Sie Berichte über die Wirtschaft in den Nachfolgestaaten der UdSSR und deren Probleme bei der Umstellung auf die Marktwirtschaft.

### Ü 2.19: Unternehmensfusionen C

Sammeln Sie Berichte über den Zusammenschluss („die Fusion") von Großunternehmen und die Auswirkungen auf die Arbeitsplatzsituation und diskutieren Sie darüber.

# Sichern

SbX ID: 2013

| | |
|---|---|
| Wirtschaften | Wirtschaften bedeutet, begrenzt vorhandene Mittel planvoll für das Wecken und Erfüllen der unbegrenzt vorhandenen Bedürfnisse der Menschen einzusetzen. |
| economic activity | Economic activity is the systematic use of limited means to stimulate and fulfil people's unlimited needs. |
| Wirtschaftsteilnehmer im Wirtschaftskreislauf | Wirtschaftsteilnehmer sind Haushalte, die Güter verbrauchen, Unternehmen und der Staat. |
| the economic agents in the circular flow of economic activity | The agents are households, who consume goods, businesses and the state. |
| Arbeitsteilung und Märkte | Wesentliche Merkmale der modernen Wirtschaft sind die Arbeitsteilung und der Austausch von Gütern (Sachgütern und Dienstleistungen) auf Märkten mithilfe des Geldes. |
| division of labour and markets | The basic characteristics of a modern economy are division of labour and exchange of goods (products and services) in markets using money. |
| Wirtschaftsordnungen | Je nachdem, in welchem Ausmaß der Staat das Wirtschaftsgeschehen beeinflusst und die Entscheidung trifft, welche Produkte von wem produziert werden, werden verschiedene Wirtschaftsordnungen wie die Planwirtschaft und verschiedene Formen der Marktwirtschaft unterschieden. |
| economic systems | The extent to which the state influences economic acitivity and desides who produces which products determines the market form. The market form could be either a planned economy or a type of market economy. |
| Planwirtschaft | In der Planwirtschaft werden Produktionsprogramm und Preise weitgehend vom Staat geplant. Auch die Unternehmen und Produktionsmittel sind weitgehend in staatlicher Hand. Die Planwirtschaft in dieser Form gibt es nur noch in wenigen Ländern. |
| planned economy | In a planned economy, the state largely controls the production programme and prices. Businesses and the factors of production are also mostly owned by the state. Only a few countries have planned economies like this today. |
| Marktwirtschaft | Die Marktwirtschaft ist gekennzeichnet durch Privateigentum an Produktionsmitteln und die Planung von Produktion, Angebot und Preis durch die Unternehmer.<br>In der freien Marktwirtschaft sorgt der Staat nur für einen rechtlichen Rahmen und beeinflusst das Wirtschaftsgeschehen sonst nicht. |
| market economy | Market economies have private ownership of the factors of production and businesses plan production, supply and price.<br>In free market economies, the state provides a legal framework, but doesn't influence the economic process in any other way. |
| soziale Marktwirtschaft | In der sozialen Marktwirtschaft greift der Staat in die Wirtschaft ein und sorgt für sozialen Ausgleich. |
| social market economy | In a social market economy the state intervenes in the economy and ensures social balance. |
| ökosoziale Marktwirtschaft | In der ökosozialen Marktwirtschaft fördert der Staat den Umweltschutz und schafft Möglichkeiten für nachhaltiges Wirtschaften. |
| eco-social market economy | In an eco-social market economy the state supports environmental protection and creates opportunities for sustainable economic development. |
| SbX ID: 2013 | **Im SbX finden Sie die englische Zusammenfassung als Audio-Wiederholung sowie eine Bildschirmpräsentation mit den Grafiken dieser Lerneinheit.** |

# Wissen

SbX ID: 2014

A B C D E

SbX
**W 2.06, W 2.08 und W 2.09 mit automatischer Aufgabenkontrolle ID: 2014**

### W 2.01: Merkmale der Wirtschaft B

Viele Jahre hindurch wurde Wirtschaft beschrieben als „die Gesamtheit aller Einrichtungen und Tätigkeiten zur planvollen Deckung der menschlichen Bedürfnisse". Im ersten Abschnitt der Lerneinheit heißt es daher: „Wirtschaft bedeutet das Anbieten und Nachfragen von Waren und Dienstleistungen zur Erfüllung der Wünsche und Bedürfnisse der Menschen." Diese Beschreibung wurde durch einen weiteren Gesichtspunkt ergänzt. Welches zusätzliche Merkmal für „Wirtschaft" wurde eingeführt?

### W 2.02: Wirtschaftsteilnehmer A

Welche sind die Hauptgruppen der Wirtschaftsteilnehmer?

### W 2.03: Tausch gegen Geld A

Was wird auf den Märkten von diesen Wirtschaftsteilnehmern gegen Geld getauscht?

### W 2.04: Innerbetriebliche Arbeitsteilung B

Führen Sie Beispiele für die innerbetriebliche Arbeitsteilung im kaufmännischen Bereich an (mindestens drei).

### W 2.05: Spezialisierung B

Innerhalb der Kraftfahrzeugindustrie eines Landes spezialisiert sich ein Unternehmen auf Nutzfahrzeuge (Lkw, Autobusse), eines auf Pkw und eines auf Mopeds und Motorräder.

Wie bezeichnet man diese Form der Arbeitsteilung?

### W 2.06: Wirtschaftsleistung A

Welcher Wirtschaftsbereich erbringt in Österreich den größten Anteil an Gütern bzw. Dienstleistungen?

a) die Landwirtschaft (primärer Sektor)
b) die Produktion (sekundärer Sektor)
c) der Dienstleistungsbereich (tertiärer Sektor)

### W 2.07: Länder mit Planwirtschaft A

Nennen Sie zwei Länder, in denen teilweise noch Planwirtschaft betrieben wird.

### W 2.08: Merkmale der ökosozialen Marktwirtschaft B

Welche der folgenden Merkmale treffen auf die ökosoziale Marktwirtschaft zu? Bitte kreuzen Sie an! (Mehrere Antworten sind richtig.)

a) ☐ Der wirtschaftlich Leistungsfähige kann sich im Rahmen der gesetzlichen Bestimmungen frei entfalten.
b) ☐ Eine staatliche Zentralstelle entscheidet über die Ziele der wirtschaftlichen Produktion.
c) ☐ Es gibt keinen Markt, das heißt, die Güter werden den Verbrauchern zugeteilt.
d) ☐ Der wirtschaftlich und sozial Schwache hat gesetzlichen Anspruch auf Hilfe.
e) ☐ Der Staat subventioniert wichtige Gemeinschaftsbedürfnisse wie Bildung, Gesundheit, Kultur.
f) ☐ Privateigentum an Produktionsmitteln ist nicht zulässig.
g) ☐ Die Betriebe müssen die staatlichen Pläne durchführen und treffen selbst keine unternehmerischen Entscheidungen.
h) ☐ Umweltschutz hat Vorrang vor Wirtschaftswachstum.

**W 2.09: Wirtschaftsordnung in Österreich** B

Welche Wirtschaftsordnung herrscht in Österreich? (Kreuzen Sie an.)

a) freie Marktwirtschaft mit einigen Merkmalen der sozialen Marktwirtschaft
b) ökosoziale Marktwirtschaft mit abnehmender staatlicher Einflussnahme
c) Planwirtschaft
d) Zentralverwaltungswirtschaft mit einigen marktwirtschaftlichen Merkmalen
e) soziale Marktwirtschaft mit zahlreichen Maßnahmen in Richtung ökosoziale Marktwirtschaft

SbX
W 2.10–W 2.20
mit automatischer
Aufgabenkontrolle
ID: 2014

**Weitere Aufgaben zur Lernkontrolle im SbX**

W 2.10: **Bedürfnisse:** Auswahlfragen B

W 2.11: **Der Wirtschaftskreislauf:** Zuordnungsaufgabe A

W 2.12: **Wirtschaftsteilnehmer und Wirtschaftskreislauf:** Auswahlfragen B

W 2.13: **Der Markt:** Zuordnungsaufgabe A

W 2.14: **Anbieter und Nachfrager:** Auswahlfragen B

W 2.15: **Arbeitsteilung 1:** Fragen zu einem Beispiel B

W 2.16: **Arbeitsteilung 2:** Zuordnungsaufgabe B

W 2.17: **Die vertikale Spezialisierung:** Zuordnungsaufgabe A

W 2.18: **Wirtschaftssektoren in Österreich:** Auswahlfragen A

W 2.19: **Unternehmen und Wirtschaftssektoren:** Zuordnungsaufgabe B

W 2.20: **Wirtschaftsbeziehungen Österreichs:** Auswahlfragen B

English questions

E 2.01: **What is the main aim of economic activity?**

E 2.02: **What are the main differences between planned economies and market economies?**

Ein kurzer Kompetenz-Check, bevor's weitergeht!

## Kompetenz-Check

| | ☺ | 😐 | ☹ |
|---|---|---|---|
| Ich kann erklären, warum Menschen unterschiedliche Bedürfnisse haben. | | | |
| Ich kann erklären, warum die Bedürfnisse der Menschen unbeschränkt, die Mittel zur Erfüllung ihrer Bedürfnisse aber beschränkt sind. | | | |
| Ich kann die Aufgaben von Konsumenten und Betrieben im Wirtschaftskreislauf beschreiben. | | | |
| Ich kann begründen, warum es notwendig ist, arbeitsteilig zu wirtschaften. | | | |
| Ich kann die Arten der Arbeitsteilung beschreiben und Beispiele nennen. | | | |
| Ich kann die Vor- und Nachteile der Arbeitsteilung erklären. | | | |
| Ich kann die Bedeutung des Außenhandels für Österreich mit Zahlen zum Export und Import erläutern. | | | |
| Ich kann erklären, warum eine moderne Wirtschaft auf Arbeitsteilung beruht, und eigene Beispiele für verschiedene Formen der Arbeitsteilung finden. | | | |
| Ich kann erklären, warum Länder Güter in andere Länder exportieren und ebenfalls Güter aus anderen Ländern importieren. | | | |
| Ich kann die verschiedenen Wirtschaftssektoren unterscheiden und ihre Bedeutung erklären. | | | |
| Ich kann die Rolle des Staates in verschiedenen Wirtschaftsordnungen beschreiben. | | | |

Lerneinheit 2

# Unternehmen als Wirtschaftsteilnehmer

SbX
Alle SbX-Inhalte zu dieser Lerneinheit finden Sie unter der ID: 2020.

Vor zwei Jahren hat die HAK-Absolventin Mariana Ilicic gemeinsam mit einer guten Freundin, der Schneidermeisterin Monika Huber, die Modeboutique MODA NOVA eröffnet. Neben einer kleinen Kollektion, die nach eigenen Entwürfen selbst hergestellt wird, verkauft das Unternehmen auch verschiedene Markenprodukte anderer Produzenten.

Die Kundinnen der Boutique MODA NOVA sind junge, modebewusste Damen. Die beiden Gründerinnen der Boutique bemühen sich, stets die aktuellste Mode anzubieten und den Geschmack der Kundinnen zu treffen, um konkurrenzfähig zu sein. Schließlich wollen sie mit ihrem Unternehmen Gewinne erzielen. Einerseits, weil sie von den Einkünften aus ihrem Unternehmen leben müssen, andererseits, um den Bankkredit, mit dem sie die Einrichtung der Boutique und der Werkstätte finanziert haben, pünktlich zurück zu zahlen.

Innerhalb des Unternehmens ist die Arbeit zwischen den beiden Unternehmensgründerinnen klar aufgeteilt: Monika Huber kümmert sich um die Herstellung, Mariana Ilicic kümmert sich um den Verkauf und um die Büroarbeiten. Seit einem halben Jahr beschäftigen die beiden Unternehmerinnen einen Mitarbeiter im Verkauf und eine Mitarbeiterin im Büro.

# Lernen

SbX ID: 2021

A B C D E

## 1 Was genau ist ein Unternehmen?
[What is a business exactly?]

*In English the term "business" is used for all three Unternehmen, Betrieb, Firma.*

Man unterscheidet die Begriffe „Unternehmen", „Betrieb" und „Firma". In der Umgangssprache werden diese Begriffe in sehr ähnlichen Bedeutungen verwendet. Ist dies richtig oder bestehen Unterschiede zwischen den Begriffen?

### Das Unternehmen [The business organisation]

**Unternehmen**

Das Unternehmensgesetzbuch (UGB) bezeichnet Unternehmen als „jede auf Dauer angelegte Organisation selbständiger wirtschaftlicher Tätigkeit, mag sie auch nicht auf Gewinn gerichtet sein." (§ 1 UGB)

Unternehmen nehmen (ebenso wie die privaten Haushalte und der Staat) am Wirtschaftsgeschehen teil. Gegen Bezahlung erbringen die Unternehmen Leistungen für andere Wirtschaftsteilnehmer.

**Beispiele**

Modeboutique MODA NOVA:

- Mariana und Monika sind Unternehmerinnen: Sie produzieren und handeln mit modischer Bekleidung.

Andere Unternehmen:

- Ein Gärtner züchtet Obst und Gemüse und verkauft die Erzeugnisse auf einem Markt.
- Eine Süßwarenfabrik erzeugt Schokolade und verkauft sie an eine Schokothek.
- Ein Kaufhaus bietet seinen Kunden Möbel und Textilien an.
- Ein Busunternehmer transportiert Fahrgäste.
- Ein Wellnesshotel bietet Urlaubsaufenthalte an.

Übungsbeispiel

### Ü 2.20: Unternehmen C

1. Kennen Sie diese Unternehmen?

McDonald's | Leiner und kika | eBay | ORF | ÖBB

Welche Produkte und Leistungen bieten sie an?

2. Welche Unternehmen kennen Sie noch?
Welche Produkte und Leistungen bieten sie an?
Wer sind ihre wichtigsten Kunden?

Ein Unternehmen wirtschaftet für den Bedarf Dritter und nicht für den eigenen Bedarf. Haushalte wirtschaften für den eigenen Bedarf und sind deshalb keine Unternehmen.

Beispiele

- Nach der Obsternte wird zu Hause Marmelade gekocht. Die Familie isst die Marmelade selbst. Ein Marmeladehersteller verarbeitet ebenfalls Obst. Jedoch verkauft er die Marmelade an andere, entweder an private Haushalte oder an andere Unternehmen wie Supermärkte oder Hotels.
- Die Schneidermeisterin Monika Huber macht Kleider für ihre Kundinnen. In diesem Fall arbeitet sie als Unternehmerin. Für diese Leistung wird sie von ihren Kundinnen bezahlt. Schneidert sie ein Kleid für ihre Tochter, so geschieht dies im Rahmen des privaten Haushalts.

## Der Betrieb [The business operation]

In den Betrieben werden die Leistungen für andere Wirtschaftsteilnehmer erstellt. Die Leistung des Friseurs wird zum Beispiel im Friseursalon erbracht. Der Friseursalon ist ein Betrieb. Betriebe können je nach Art und Größe sehr unterschiedlich sein. Sie lassen sich nach folgenden Kriterien unterscheiden:

**Betriebe sind nach Art und Größe sehr unterschiedlich.**

Grafik
**Betriebstypen**

Übungsbeispiel

### Ü 2.21: Betriebe in Ihrer Umgebung

Welche Betriebe gibt es in der Umgebung der Schule?

a) Nach welchen Kriterien kann man sie unterscheiden? D
b Erstellen Sie in Gruppen eine Übersicht über drei verschiedene Betriebe der Umgebung. C
c) Beschreiben Sie diese Betriebe kurz. C

## Die Firma [The business name]

Firma

Das **Unternehmensgesetzbuch (UGB) definiert Firma** als „den in das Firmenbuch eingetragenen Namen eines Unternehmers, unter dem er seine Geschäfte betreibt und die Unterschrift abgibt".

Beispiel

- SPAR Österreichische Warenhandels-Aktiengesellschaft

Ist ein Unternehmer nicht in das Firmenbuch eingetragen (z. B. ein Kleinunternehmen wie etwa ein Straßenbuffet), hat er rechtlich gesehen keine Firma. In der Umgangssprache wird aber häufig der Begriff „Firma" für jedes Unternehmen verwendet.

Übungsbeispiele

**Ü 2.22: Wer führt einen Betrieb?** B

a) Die Eltern kochen und waschen für ihre Kinder und lernen mit ihnen.
Führen die Eltern einen Betrieb?

b) Dieselben Eltern betreiben eine Bienenzucht und verkaufen den Honig an umliegende Geschäfte.
Kann man in diesem Fall sagen, dass die Eltern einen Betrieb führen?

**Ü 2.23: Den Begriff „Firma" erklären** B

Herr Müller sagt: „Mein Unternehmen heißt ‚Franz Müller – Spezialschlosserei, eingetragener Unternehmer'. Ich stelle Sicherheitsschlösser her."

Erklären Sie an diesem Beispiel den Begriff „Firma".

**Ü 2.24: „Firma" und Umgangssprache** B

Die Boutiquenbesitzerin Mariana Ilicic sagt: „Heute gehe ich eine halbe Stunde später in die Firma." Hat sie den Begriff „Firma" richtig verwendet?

# 2 Was das Unternehmen zum Arbeiten braucht

## [What a business needs to work]

**Produktionsfaktoren sind Arbeit und Vermögen.**

Damit ein Unternehmen seine Leistung erbringen kann, also Produkte und Dienstleistungen für andere erstellen kann, braucht es menschliche Arbeitskraft und betriebliches Vermögen. Die menschliche Arbeitskraft und das Vermögen werden auch als **Produktionsfaktoren** bezeichnet.

Beispiel

- Um modische Bekleidung produzieren und anbieten zu können, leiten Mariana und Monika das Unternehmen MODA NOVA und arbeiten auch selbst mit. Außerdem beschäftigen sie noch einen Mitarbeiter und eine Mitarbeiterin. Weiters haben die beiden verschiedene Scheren, Nähmaschinen, Stoffe und Geld in der Kassa.

Grafik **Produktionsfaktoren**

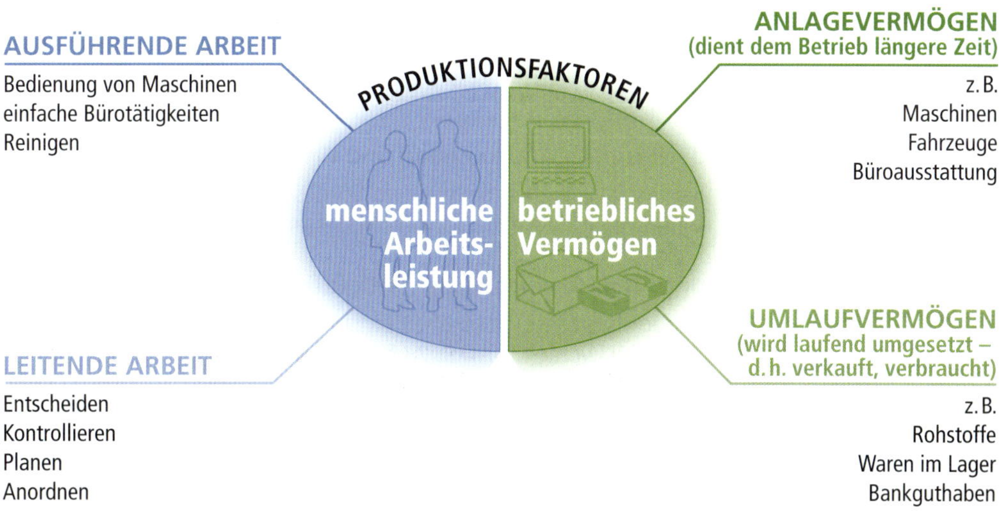

## Die menschliche Arbeitsleistung [Human labour]

Der Mensch ist der wichtigste Leistungsfaktor in einem Unternehmen. Die Menge und Qualität der menschlichen Arbeit hängen von der Leistungsfähigkeit und dem Leistungswillen (der Motivation) ab.

Grafik
**Leistungsfähigkeit und Motivation**

Leistungsfähigkeit und Motivation sind von verschiedenen Faktoren abhängig.

Wie die Grafik zeigt, ist **Leistungsfähigkeit allein zu wenig, wenn die Motivation fehlt. Menschen arbeiten, um ihre Bedürfnisse zu befriedigen.**

Man kann folgende Bedürfnisse unterscheiden:

### Existenz- und Sicherheitsbedürfnisse

- Bedürfnis nach Nahrung, Kleidung, Wohnung
- Bedürfnis nach Sicherheit des Arbeitsplatzes, nach Sicherheit vor Not im Alter und bei Krankheit (soziale Sicherheit)

Diese Bedürfnisse werden befriedigt durch:

- leistungsgerechte Entlohnung
- Sozialleistungen (betriebliche und staatliche Kranken- und Altersversorgung; Werks- oder Sozialwohnungen, Werksküchen, Freizeiteinrichtungen etc.)
- äußere Arbeitsbedingungen (Größe, Ausstattung, Beleuchtung, Lärmschutz, Temperatur, Belüftung, Sicherheit bei der Arbeit)
- Arbeitszeitregelung (Höchstarbeitszeit pro Tag bzw. pro Woche etc.)

Maßnahmen zur Bedürfnisbefriedigung

Alle Maßnahmen zur Befriedigung der Existenz- und Sicherheitsbedürfnisse verringern die Unzufriedenheit der Arbeitenden.

Sie führen aber meist nicht dazu, dass sie mit der Arbeit besonders zufrieden sind oder dass ihr Leistungswille zunimmt.

Wichtig ist daher auch die Befriedigung der anderen Bedürfnisse.

Arbeitsbedingungen, die den persönlichen Kontakt verhindern (z. B. Fließbandarbeit, großer Lärm), vermindern den Leistungswillen.

### Soziale Bedürfnisse

- Bedürfnis, mit anderen Arbeitskollegen reden zu können
- Bedürfnis, Mitglied einer Gruppe zu sein

### Bedürfnis nach Anerkennung und Wertschätzung

- Bedürfnis, von Mitarbeitern und Vorgesetzten anerkannt zu werden (Lob für erbrachte Leistungen ist für viele Menschen mindestens ebenso motivierend wie Geld.)

Die Arbeitenden sollen die Möglichkeit bekommen, in den ihnen ständig übertragenen Arbeitsbereichen soweit wie möglich nicht nur ausführende, sondern auch leitende Aufgaben zu übernehmen.

### Bedürfnis nach persönlicher Entfaltung

- Bedürfnis, seinen Fähigkeiten entsprechend eingesetzt zu werden
- Bedürfnis, Verantwortung zu tragen und mitbestimmen zu dürfen
- Bedürfnis, seine Arbeit soweit wie möglich selbst gestalten zu können

Zusammenfassend kann man sagen:

Jeder Betrieb kann nur dann Leistungswillen von seinen Mitarbeitern erwarten, wenn er ihnen die Möglichkeit gibt, auch die Bedürfnisse nach Anerkennung, sozialem Kontakt und nach persönlicher Entfaltung zu erfüllen. Nur in Zeiten wirtschaftlicher Krisen reicht die Befriedigung der Existenz- und Sicherheitsbedürfnisse aus.

Selbstverständlich sind die Bedürfnisse nach Anerkennung, sozialem Kontakt und persönlicher Entfaltung nicht bei allen Menschen im gleichen Ausmaß vorhanden. Verantwortliche Vorgesetzte werden jedoch versuchen, diese Bedürfnisse in ihren Mitarbeitern zu wecken und durch eine geeignete Organisation der Arbeit auch zu erfüllen.



**Übungsbeispiele**

**Ü 2.25: Arbeit im Modesalon** B

Eine Verkäuferin in einem Modesalon sagt: „Meine Arbeit macht mir Spaß." Was könnte der Grund dafür sein?

**Ü 2.26: Hilfsbuchhalterin** B

Ein Unternehmen nimmt eine Absolventin der Handelsakademie mit ausgezeichnetem Schulerfolg als Hilfsbuchhalterin auf. Sie muss im Wesentlichen alle Buchungsbelege nach Nummern sortieren und ablegen. Obwohl sie über ausgezeichnete Buchhaltungskenntnisse verfügt, macht sie viele Fehler und legt zahlreiche Belege falsch ab. Was könnte die Ursache sein?

**Ü 2.27: Fremdsprachensekretärin** B

Eine Sekretärin beherrscht zwei Fremdsprachen und wird von ihrem Unternehmen ausgezeichnet bezahlt. Sie schreibt täglich in ihrem Arbeitszimmer fremdsprachige Briefe vom Tonband. Die Tonbänder werden von einem Büroboten gebracht, der auch die Briefe abholt. Die Sekretärin kündigt und nimmt eine schlechter bezahlte Stellung an. Was könnte der Grund sein?

**Ü 2.28: Straßenbahnfahrer** B

Welche Möglichkeiten hat ein Straßenbahnfahrer, seine Bedürfnisse nach Anerkennung, sozialem Kontakt und persönlicher Entfaltung zu befriedigen?

## Das Vermögen des Unternehmens [The assets of the business]

Die menschliche Arbeitskraft wird erst dann wirksam, wenn das Unternehmen über Vermögen verfügt. Die folgende Übersicht zeigt, was zum Vermögen des Unternehmens zählt.

**Grafik**
**Betriebliches Vermögen**

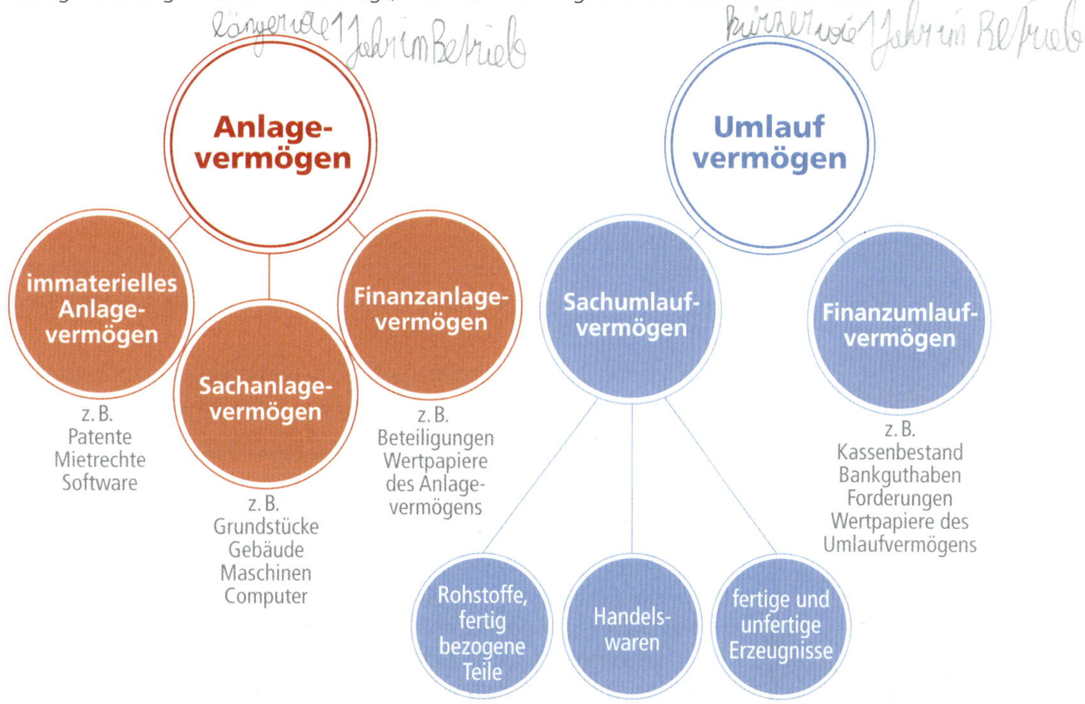


**Anmerkungen:**
**Handelswaren** sind Waren, die von Unternehmen eingekauft und ohne Be- und Verarbeitung wieder verkauft werden.
**Fertige und unfertige Erzeugnisse** sind Produkte, die der Betrieb selbst herstellt und die den Produktionsprozess vollständig bzw. erst teilweise durchlaufen haben.

Übungsbeispiele

**Ü 2.29: Vermögensgüter im Straßenbuffet** C

Sie wollen ein Straßenbuffet (einen Imbissstand) eröffnen. Welche Vermögensgüter werden Sie benötigen? Versuchen Sie, eine möglichst vollständige Liste aufzustellen.

**Ü 2.30: Anlagevermögen oder Umlaufvermögen** B

Ein Computerhändler kauft Computer. Handelt es sich dabei um Anlagevermögen oder um Umlaufvermögen? (Achtung!)

## 3 Mit welchen Partnern sich das Unternehmen abstimmt

[The stakeholders with which the business coordinates]

Ein Unternehmen hat viele Partner mit unterschiedlichen Interessen. Die meisten Unternehmen sind gewinnorientiert, d. h., sie müssen mehr verdienen, als sie selbst ausgeben. Das gelingt nur dann, wenn die Unternehmen ihre Handlungen mit ihren Partnern abstimmen.

**Unternehmen müssen ihre Handlungen mit ihren Partnern abstimmen.**

Grafik
**Partner des Unternehmens**

In der Marktwirtschaft werden die Beziehungen zwischen einem Unternehmen und seinen Partnern häufig durch Verträge geregelt.

Die Grafik zeigt die vielen Partner eines Unternehmens und die verschiedenen Ansprüche, die sie an das Unternehmen stellen. Diese unterschiedlichen Ansprüche und Interessen der Partner führen immer wieder zu Konflikten.

Das folgende Beispiel zeigt die unterschiedlichen Interessen verschiedener Partner eines Betriebes auf.

Beispiel

Fünftagewoche im Gastgewerbe:

- Für die **Mitarbeiter** in gastgewerblichen Betrieben stellt die Fünftagewoche eine wesentliche Verbesserung ihrer Arbeitsbedingungen dar. Möglicherweise werden zusätzliche Arbeitsplätze geschaffen.
- Für die **Eigentümer** ergeben sich höhere Kosten, da mehr Personal eingestellt werden muss, oder geringere Umsätze, da ein zweiter Ruhetag pro Woche anfällt.
- Für die **Kunden** ergeben sich entweder höhere Preise, wenn die Gastwirte die Kosten weitergeben, und/oder schlechtere Leistungen, wenn die Restaurants an zwei Tagen geschlossen sind.
- Für die **Lieferanten** ergibt sich möglicherweise eine Verringerung des Absatzes, wenn die Gastwirte zwei Tage in der Woche sperren.
- **Kreditgeber** (z. B. Banken) können ihre Kredite verlieren, wenn sich die wirtschaftliche Situation einzelner Betriebe stark verschlechtert.

In der ökosozialen Marktwirtschaft versucht daher der Staat, durch Gesetzgebung und Wirtschaftspolitik einen Interessenausgleich herbeizuführen. Wie das Beispiel zeigt, gibt es im Einzelfall immer zahlreiche Unzufriedene.

Übungsbeispiel

**Ü 2.31: Anliegen und Interessen der Partner von MODA NOVA** D

Die Eigentümerinnen der Boutique MODA NOVA planen, künftig auch Kindermode anzubieten. Welche unterschiedlichen Anliegen und Interessen der Partner von MODA NOVA sind von dieser Überlegung betroffen?

Diskutieren Sie diese Frage in Kleingruppen.



## 4 Wie Unternehmen arbeiten [How businesses work]

Die Anliegen und Interessen der Partner eines Unternehmens müssen im Unternehmen bearbeitet werden. In sehr kleinen Unternehmen kümmert sich der Unternehmer um diese Aufgaben alleine. In größeren Unternehmen sind dafür **eigene Abteilungen** eingerichtet. Jede Abteilung kümmert sich dann um einen Teilbereich **der betrieblichen Aufgaben.** Die in der folgenden Übersicht genannten Teilbereiche werden in der Betriebswirtschaftslehre als **Funktionen** bezeichnet.

**Aufgaben werden im Unternehmen durch verschiedene Abteilungen erfüllt.**

Grafik
**Betriebliche Funktionen**

Das **Rechnungswesen** hat als betriebliche Funktion einen besonderen Stellenwert. Es bildet alle Vorgänge im Unternehmen ab **und** liefert wichtige Informationen für viele Entscheidungen im Unternehmen.

**MANAGEMENT**
**Führung des Unternehmens**
alle Bereiche planen, kontrollieren, organisieren und Mitarbeiter/innen führen

**MARKETING und VERKAUF (ABSATZ)**
**Die Marktorientierung des Unternehmens:**
Welche Produkte bieten wir wo und zu welchem Preis an?
Wie präsentieren wir unsere Produkte und informieren unsere Kunden?

| BESCHAFFUNG | PRODUKTION | INVESTITION UND FINANZIERUNG | PERSONAL | RECHNUNGSWESEN |
|---|---|---|---|---|
| Was müssen wir wo und zu welchem Preis einkaufen? | Was brauchen wir, um unsere Produkte und Leistungen herzustellen? Wie produzieren wir? | Was wollen wir anschaffen? Haben wir genug Kapital? | Welche Mitarbeiter/innen brauchen wir? | Wie erfassen wir das Unternehmen und seine Tätigkeit in Zahlen? |

Eine genauere Beschreibung der betrieblichen Funktionen mit Beispielen finden Sie auf der nächsten Seite.

| | |
|---|---|
| **Management** | Das Management kümmert sich um die Unternehmensführung. Die Manager/innen planen und kontrollieren, organisieren und führen ihre Mitarbeiter/innen.<br>**Beispiel:**<br>● Regelmäßig setzen sich Mariana Ilicic und Monika Huber zusammen, um sich darüber zu einigen, welche Kollektion sie im nächsten Jahr anbieten wollen, wer am besten welche Aufgaben erledigt, ob sie weitere Mitarbeiter/innen benötigen usw. |
| **Marketing und Verkauf (Absatz)** | Marketing meint die Marktorientierung des gesamten Unternehmens: Nur was die Kunden brauchen und wünschen, kann verkauft werden. Marketing und Verkauf sind daher dafür zuständig, dass diejenigen Produkte und Dienstleistungen erstellt werden, die sich die Kunden wünschen, und dass sie den Kunden präsentiert und an sie verkauft werden können.<br>**Beispiel:**<br>● In der Boutique MODA NOVA beobachtet Mariana Ilicic aktuelle Modetrends, gestaltet das Schaufenster und die Warenpräsentation im Geschäft möglichst attraktiv und versucht, ihre Kundinnen bestens zu beraten. |
| **Beschaffung** | Was in einem Unternehmen erzeugt, verarbeitet und verkauft wird, muss vorher eingekauft werden. Die Beschaffung (Materialwirtschaft) ist für die Versorgung des Unternehmens zuständig.<br>**Beispiel:**<br>● Gemeinsam mit Monika Huber kauft Mariana Ilicic Stoffe, Knöpfe und Nähzubehör ein, um Kleider herstellen zu können. Außerdem kaufen die beiden von bekannten Markenherstellern fertige Kleider, die sie in ihrem Geschäft weiterverkaufen. |
| **Produktion** | Bei der Produktion geht es um die Frage, wie die Güter und Dienstleistungen am besten erstellt werden und was man dazu braucht.<br>**Beispiel:**<br>● Wenn Monika Huber ein Kleid herstellt, hat sie zuerst eine Idee, wie das Kleid aussehen könnte. Dann macht sie eine Skizze und in weiterer Folge eine Schnittzeichnung, schließlich schneidet sie die Stoffe aus und vernäht die Einzelteile. |
| **Investition und Finanzierung** | Bei der Investition geht es darum, zu entscheiden, welche Vermögensgüter angeschafft werden sollen. Bei der Finanzierung geht es darum, zu prüfen, ob dafür ausreichend Mittel zur Verfügung stehen.<br>**Beispiel:**<br>● Mariana Ilicic plant genau, wie viel Geld zur Verfügung steht, um alle Rechnungen der Lieferanten oder die Gehälter der Mitarbeiter/innen bezahlen zu können. Außerdem muss sie entscheiden, ob noch weiteres Anlagevermögen angeschafft werden soll. |
| **Personal** | Der Bereich Personal ist für die Versorgung des Unternehmens mit qualifiziertem Personal zuständig. Außerdem kümmert sie sich um die Motivation und Führung der Mitarbeiter.<br>**Beispiel:**<br>● Seit kurzem beschäftigt die Boutique MODA NOVA zwei Mitarbeiter/innen. Mariana Ilicic hat sie ausgewählt und versucht, sie in dem Unternehmen entsprechend ihrer Qualifikationen einzusetzen. |
| **Rechnungswesen** | Das Rechnungswesen bildet das Geschehen im Unternehmen auf Zahlenebene ab.<br>**Beispiel:**<br>● Mariana Ilicic führt sehr genaue Aufzeichnungen darüber, welche Rechnungen zu bezahlen sind. Außerdem erstellt sie einmal im Jahr eine Zusammenstellung über alle Zahlungseingänge und Zahlungsausgänge. Diese Informationen unterstützen die beiden Unternehmerinnen bei Entscheidungen. |

Die notwendigen Aufzeichnungen des Rechnungswesens (Einnahmen-Ausgaben-Rechnung, doppelte Buchführung etc.) lernen Sie im Fach „Unternehmensrechnung".

# Üben – Anwenden

SbX ID: 2022

A B C D E

SbX
Ü 2.33–2.34
mit automatischer
Aufgabenkontrolle
ID: 2022



## Ü 2.32: Betrieb und Firma C

Überlegen Sie, welche Betriebe Ihre Bedürfnisse in folgenden Bereichen erfüllen:

a) Freizeitgestaltung und Unterhaltung
b) Kommunikation mit Ihren Freunden
c) Bildung bzw. Weiterbildung

Nennen Sie konkrete Beispiele. Haben diese Betriebe auch eine Firma? Wenn ja, wie lautet sie?

## Ü 2.33: Betriebstypen C

Ordnen Sie die nachstehenden Betriebe nach den Kriterien in der Grafik Betriebstypen zu. Tragen Sie die richtigen Buchstaben für die jeweilige Betriebsart in die Tabelle ein.

| | Nach erstellter Leistung<br>P = Produktion<br>D = Dienstleistung | Nach Branche<br>G = Gewerbe<br>I = Industrie<br>H = Handel<br>V = Verkehr<br>T = Tourismus<br>B = Banken<br>V = Versicherung | Nach Betriebsgröße<br>K = Kleinbetrieb<br>M = Mittelstand<br>G = Großbetrieb | Nach Abnehmern<br>I = Investitionsgüterbetrieb<br>K = Konsumgüterbetrieb |
|---|---|---|---|---|
| Schuhmacher mit 2 Gehilfen | | | | |
| Versicherung | | | | |
| Warenhaus | | | | |
| ÖBB | | | | |
| Installateurbetrieb mit 20 Mitarbeitern | | | | |
| Bauer mit 20 Milchkühen | | | | |
| Autozulieferer | | | | |
| Autofabrik für Pkw | | | | |

### Ü 2.34: Betriebstypen – Internetrecherche D

Führen Sie eine Internetrecherche durch, um herauszufinden, welche Betriebe in den folgenden Fällen vorliegen. Tragen Sie die richtigen Buchstaben in die jeweiligen Spalten der Tabelle ein:

| | Nach erstellter Leistung<br>P = Produktion<br>D = Dienstleistung | Nach Branche<br>G = Gewerbe<br>I = Industrie<br>H = Handel<br>V = Verkehr<br>T = Tourismus<br>B = Banken<br>V = Versicherung | Nach Betriebsgröße<br>K = Kleinbetrieb<br>M = Mittelstand<br>G = Großbetrieb | Nach Abnehmern<br>I = Investitionsgüterbetrieb<br>K = Konsumgüterbetrieb |
|---|---|---|---|---|
| www.aua.com | | | | |
| www.sparkasse.at | | | | |
| www.bundy.at | | | | |
| www.zotter.at | | | | |
| www.voeslauer.com | | | | |
| www.steigenberger.com | | | | |
| www.hofer.at | | | | |
| www.bohler-uddeholm.com | | | | |

### Ü 2.35: Produktionsfaktoren D

Kann ein Unternehmen seine Leistung nur mit einem Produktionsfaktor erbringen?

### Ü 2.36: Arbeitszufriedenheit C

Mariana Ilicic und Monika Huber sagen: „Unsere Arbeit macht uns Spaß." Was ist der Grund dafür?

### Ü 2.37: Arbeitsmotivation D

Befragen Sie verschiedene Personen, junge und alte, Männer und Frauen, ob sie sich ein Leben ohne Arbeit vorstellen können.
Fragen Sie die ausgewählten Personen, was sie arbeiten, warum sie arbeiten und ob ihnen die Arbeit zumindest manchmal Spaß macht.
Stellen Sie fest, ob ein Zusammenhang zwischen der Art der Arbeit und der Arbeitsfreude besteht.
Sammeln Sie Gründe, warum Menschen arbeiten.

### Ü 2.38: Unternehmen Bäckerei C

Eine Grazer Bäckerei stellt mit 89 Mitarbeitern/Mitarbeiterinnen täglich 40 verschiedene Gebäckstücke in unterschiedlicher Stückzahl her.

a) Welche Partner könnte diese Bäckerei haben?
b) Welche Anliegen und Interessen haben die Partner dieser Bäckerei?
c) Welche Konflikte könnte es zwischen den Partnern und der Bäckerei geben?
d) Welche Abteilungen braucht die Bäckerei, um die Anliegen und Interessen der Partner zu bearbeiten?
e) Was machen die verschiedenen Abteilungen dieser Bäckerei?
f) Welche Leistungsfaktoren setzt das Unternehmen ein?

### Ü 2.39: Entscheidungen in einer Tischlerei C

Überlegen Sie, welche Entscheidungen ein Tischler in den Funktionsbereichen Marketing, Materialwirtschaft und Personalwirtschaft treffen muss.

# Sichern

SbX ID: 2023

**Unternehmen**

Im § 1 UGB heißt es: „Ein Unternehmen ist jede auf Dauer angelegte Organisation selbständiger wirtschaftlicher Tätigkeit, mag sie auch nicht auf Gewinn gerichtet sein."

**business organisation**

According to the Commercial Code (UGB) in Austria, the business organisation is a unit which conducts business independently over an extended period of time whether for profit or not.

**Betrieb**

Im Betrieb werden die Sachgüter und Dienstleistungen für den Bedarf anderer (Unternehmen oder Haushalte) erzeugt bzw. bereitgestellt.

**business operation**

A business operation produces or provides products and services for use by others (businesses or households)

**Firma**

Firma ist ein rechtlicher Begriff. Die Firma ist der in das Firmenbuch eingetragene Name eines Unternehmens, unter dem es seine Geschäfte betreibt.

**business name**

The business name is the name of the business recorded in the register of companies and under which it conducts business.

**Produktionsfaktoren**

In Betrieben wird die Betriebsleistung durch das Zusammenwirken der Produktionsfaktoren menschliche Arbeit und Betriebsvermögen erstellt.

**factors of production**

The output of the business operations is produced by the interaction of the factors of production human, labour and capital.

**menschliche Arbeit**

Menschen wollen durch Arbeit ihre Existenzbedürfnisse (Nahrung, Kleidung, Sicherheit vor Not, Krankheit und Armut im Alter) decken. Sie arbeiten aber auch, um darüber hinausgehende Bedürfnisse zu befriedigen (sozialer Kontakt, Anerkennung, persönliche Entfaltung).

Der Leistungswille (die Motivation) wird vor allem durch die Befriedigung der Bedürfnisse nach sozialem Kontakt, nach Anerkennung durch andere und durch die Möglichkeit, sich selbst zu entfalten und zu verwirklichen, gefördert.

Wie viel ausführende Arbeit und wie viel leitende Arbeit an einem Arbeitsplatz erforderlich ist, hängt vom Arbeitsbereich ab.

**human labour**

By working people want to cover their existential needs (food, clothing, security from want, illness and poverty in old age). However, they also work to satisfy needs extending beyond the existential ones (social contact, recognition, personal development).

The will to work (i. e. the motivation) is nurtured by satisfying the needs for social contact, recognition by others, and the possibility of personal development and fulfilment.

How much dependent and how much independent (i. e. managerial) work is required in a particular job depends on the type of work done.

**Betriebsvermögen**

Das Betriebsvermögen erhöht die Produktivität und erleichtert die menschliche Arbeit, es dient jedoch auch dazu, menschliche Arbeit durch Maschinen bzw. Computer zu ersetzen. Automatisierung und Roboterisierung ist jedoch derzeit die einzige Chance der Industriestaaten, mit ihren hohen Löhnen gegen die aufstrebenden Länder in Osteuropa und Asien zu bestehen, da in diesen Ländern die Lohnkosten unter einem Zehntel der Löhne in den westlichen Industriestaaten liegen.

**business assets/ business capital**

Business assets increase productivity and make human labour easier, however they are also used to replace human labour by machines or computers. Nevertheless at present automation and robotisation are the only chance that industrialised high-wage nations have of competing with the emerging nations of Eastern Europe and Asia, where the wages are less than one-tenth of those in the western industrialized countries.

**Partner der Unternehmen**

Unternehmen haben viele Partner, die unterschiedliche Ziele verfolgen:

- Mitarbeiter
- Lieferanten, Kunden, Kreditgeber
- Staat, Länder, Gemeinden
- Öffentlichkeit
- „andere" wie z. B. die Konkurrenz

**stakeholders of a business**

A business has many stakeholders, who have different goals:

- co-workers
- suppliers, customers, creditors
- state, provinces, districts
- the public
- "others", like the competition, for example

**Funktionen im Unternehmen**

Jedes Unternehmen muss verschiedene Aufgaben erfüllen. Die wichtigsten Funktionsbereiche sind:

- Management
- Marketing und Verkauf
- Beschaffung
- Produktion
- Investition und Finanzierung
- Personal
- Rechnungswesen

**functions in a business**

Every business must perform various tasks. The most important functional areas are:

- management
- marketing and sales
- purchasing
- production
- investment and financing
- human resources
- accounting

SbX ID: 2023

**Im SbX finden Sie die englische Zusammenfassung als Audio-Wiederholung sowie eine Bildschirmpräsentation mit den Grafiken dieser Lerneinheit.**

# Wissen

SbX ID: 2024

A B C D E

SbX W 2.22, W 2.24 und W 2.25 mit automatischer Aufgabenkontrolle ID: 2024

**W 2.21: Unternehmen, Betrieb, Firma** B

Erklären Sie die Begriffe „Unternehmen", „Betrieb" und „Firma".

**W 2.22: Betrieb** B

Kreuzen Sie jene Fälle an, in denen es sich um einen Betrieb handelt:

a) Peter sucht während der Woche alte Dinge auf Dachböden und in Kellern und bietet sie am Wochenende gemeinsam mit Inge auf einem Flohmarkt an.
b) Der Vater baut im Garten Kartoffeln an, die er gemeinsam mit seiner Familie verzehrt.
c) Ein Wanderhändler zieht von Bauernhof zu Bauernhof und bietet Messer, Scheren und Gartengeräte zum Verkauf an.
d) Im Schulbuffet gibt es nichtalkoholische Getränke und Brötchen.

**W 2.23: Produktionsfaktoren** B

Welche Produktionsfaktoren setzt ein Unternehmen ein?

### W 2.24: Maßnahmen zur Verbesserung der Arbeitszufriedenheit B

In einem Unternehmen nimmt die Zahl der Kündigungen zu. Die Unternehmensleitung stellt fest, dass die gezahlten Löhne und die betrieblichen Sozialleistungen (wie Werksküche, Werkskindergarten etc.) über dem branchenüblichen Durchschnitt liegen.
Die Unternehmensleitung beschließt daher die folgenden Maßnahmen.
Bitte kreuzen Sie an, welche Bedürfnisse der Mitarbeiter die Unternehmensleitung damit befriedigen will (Mehrfachlösungen möglich).

| | Sicherheit | Soziale Bedürfnisse | Wertschätzung | Persönliche Entfaltung |
|---|---|---|---|---|
| a) Einführung der Gleitzeit, d.h., die Mitarbeiter können ihre Arbeit am Morgen innerhalb einer bestimmten Zeitspanne, z.B. zwischen 7 und 9 Uhr, beginnen und am Abend, z.B. zwischen 16 und 18 Uhr, beenden. Die Gesamtarbeitszeit pro Woche bzw. pro Monat muss jedoch gleich bleiben. | | | | |
| b) Einführung des betrieblichen Vorschlagswesens, d.h., die Mitarbeiter werden gebeten, Verbesserungsvorschläge zu machen. Gute Verbesserungsvorschläge werden prämiert. | | | | |
| c) vermehrte Einführung von Gruppenarbeit anstelle der bisher üblichen Einzelarbeit | | | | |

### W 2.25: Vermögensgüter in einer Tischlerei B

Eine Tischlerei erzeugt Maßküchen und handelt mit Elektrogeräten, die sie zukauft und in die Maßküchen einbaut. Ordnen Sie durch Ankreuzen die folgenden Vermögensgüter richtig zu.

| Vermögensgut | Anlagevermögen | | Umlaufvermögen | | |
|---|---|---|---|---|---|
| | Sachanlagen | Immaterielle Anlagen | Rohstoffe, zugekaufte Teile | Unfertige, fertige Erzeugnisse | Finanzumlaufvermögen |
| (1) auslieferungsbereite Küche | | | | | |
| (2) Spanplatten | | | | | |
| (3) Türbeschläge | | | | | |
| (4) Computer im Büro | | | | | |
| (5) selbst gebaute Ablageschränke im Büro | | | | | |
| (6) Bankguthaben | | | | | |
| (7) Ceraneinbauherd auf Lager | | | | | |
| (8) Ceraneinbauherd in der Werksküche | | | | | |
| (9) Computersoftware für die Buchhaltung | | | | | |

### W 2.26: Partner von Unternehmen A

Neben den Mitarbeitern haben Sie zahlreiche andere Partner der Unternehmen kennengelernt, die unterschiedliche Ziele verfolgen.

Führen Sie diese Partner an und geben Sie jeweils die Ziele an, die die Partner verfolgen.

### W 2.27: Planung im Unternehmen B

Die Unternehmensleitung eines Herstellers von Konsumelektronik (Fernseher, DVD-Rekorder) erstellt die Planungen für das kommende Jahr. Von welchem betrieblichen Funktionsbereich sollte sie ausgehen? Begründen Sie bitte auch Ihre Antwort!

### W 2.28: Funktionsbereiche im Unternehmen A

Drei wichtige betriebliche Funktionsbereiche sind Beschaffen, Produzieren und Verkaufen. Welche weiteren Funktionsbereiche im Betrieb kennen Sie?

English questions

### E 2.03: Draw a diagram of the stakeholders of your school buffet.

Ein kurzer Kompetenz-Check, bevor's weitergeht!

## Kompetenz-Check

| | ☺ | 😐 | ☹ |
|---|---|---|---|
| Ich kann die Begriffe „Unternehmen", „Betrieb" und „Firma" mit Beispielen erklären und voneinander unterscheiden. | | | |
| Ich kann verschiedene Partner eines Unternehmens nennen und ihre Interessen am Unternehmen bestimmen. | | | |
| Ich kann Betriebe nach verschiedenen Kriterien einteilen. | | | |
| Ich kann die betrieblichen Produktionsfaktoren sowie die besondere Stellung des Menschen als Leistungsfaktor erklären. | | | |
| Ich kann erklären, wovon die Leistungsfähigkeit und der Leistungswille von Mitarbeiterinnen und Mitarbeitern abhängen. | | | |
| Ich kann die Bedeutung und die Einteilung des Betriebsvermögens erklären. | | | |
| Ich kann die betrieblichen Leistungsbereiche und deren Zusammenhang darstellen. | | | |
| Ich kann anhand eines Beispiels die verschiedenen Bereiche (Abteilungen) eines Unternehmens beschreiben. | | | |

## Lerneinheit 3
# Die Ziele der Wirtschaftsteilnehmer

SbX
**Alle SbX-Inhalte zu dieser Lerneinheit finden Sie unter der ID: 2030.**

Der Staat hebt Steuern ein und bezahlt damit unter anderem den Straßenbau, Krankenhäuser oder Schulen. Als Unternehmerin möchte Mariana Ilicic möglichst wenig Steuern zahlen, weil sie mit ihrer Boutique MODA NOVA wettbewerbsfähig sein will. Als Private erwartet sie für ihre Kinder eine sehr gute Ausbildung in einer öffentlichen Schule. Als Konsumentin möchte Mariana Ilicic möglichst preisgünstig Lebensmittel einkaufen. Schließlich soll noch Geld für die Befriedigung anderer Bedürfnisse übrig bleiben. Als Unternehmerin hingegen wird sie eher hohe Preise verlangen, um einen möglichst hohen Gewinn zu erzielen.

Wir Wirtschaftsteilnehmer haben also ein Problem: In unseren unterschiedlichen Rollen streben wir unterschiedliche Ziele an. Dabei kann es zu Konflikten kommen.

# Lernen

SbX ID: 2031

A B C D E

## 1 Ziele eines Unternehmens [The goals of a business]

Ein Unternehmen soll möglichst lange existieren. Da sich das Umfeld eines Unternehmens immer wieder verändert, müssen laufend Entscheidungen getroffen werden, um sich an das Umfeld anzupassen. Diese Entscheidungen betreffen alle Funktionsbereiche eines Unternehmens.

**Unternehmen müssen sich am Markt orientieren, um erfolgreich zu sein.**

Beispiele

- Ist eine Maschine veraltet, muss sich ein Unternehmen für eine neue Maschine entscheiden.
- Wenn ein Unternehmen ins Ausland exportierten möchte, muss es sich für einen vielversprechenden Markt entscheiden.

Zunächst strebt ein Unternehmen **einzelwirtschaftliche Ziele** an. Das sind Ziele, die für das Unternehmen und seine Existenz von Bedeutung sind, ohne Berücksichtigung der Interessen von anderen Wirtschaftsteilnehmern. Für gewöhnlich bestehen die einzelwirtschaftlichen Ziele eines Unternehmens darin, rentabel zu sein, wirtschaftlich zu produzieren, liquide zu sein und sich an den Bedürfnissen des Markts zu orientieren.

Grafik
**Einzelwirtschaftliche Ziele**

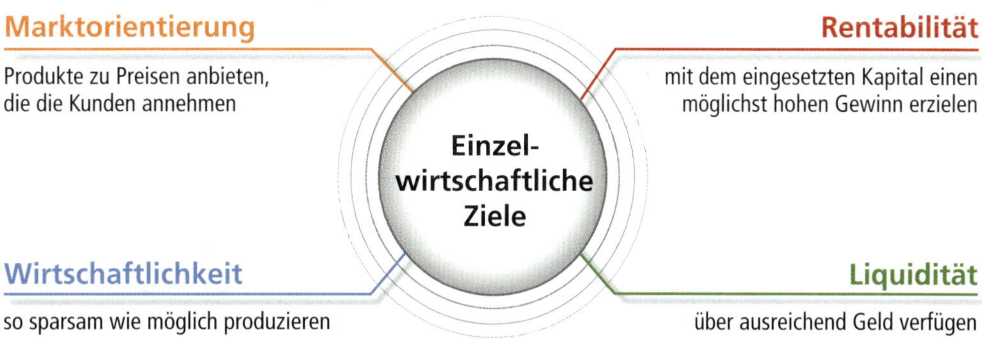

## Marktorientierung als Leitvorstellung
[Market orientation as a guiding principle]

Soll ein Unternehmen dem Wettbewerb standhalten, so muss es „marktorientiert" planen und handeln, d. h., es muss

- solche Produkte produzieren und zu solchen Preisen anbieten, die den Bedürfnissen der Kunden am besten entsprechen und
- mögliche Bedürfnisse seiner Kunden auffinden bzw. wecken.

Das Ergebnis ist eine große Produktvielfalt am Markt, die den Markt jedoch unübersichtlich macht.

Für ein Unternehmen ist es wesentlich, auch die zukünftige Marktentwicklung im Voraus zu erkennen.

Beispiel

Reiseveranstalter:

- Das Angebot der Reiseveranstalter an Urlaubsmöglichkeiten nimmt ständig zu. Vom Zimmer mit Frühstück am Bauernhof bis zum All-inclusive-Cluburlaub in der Karibik, vom Badeurlaub im Inland bis zum Bildungsurlaub in China oder zum Abenteuerurlaub mit Überlebenstraining ist alles möglich. Besonders Kreuzfahrten auf immer größeren Luxuslinern boomen zurzeit.

  Für zukünftige Entwicklungen sind Prognosen zu erstellen:
  - Welche Urlaubsformen nehmen zu, welche ab (z. B. Abnahme von Badeurlauben wegen des „Ozonlochs" und der stärkeren Sonneneinstrahlung, Zunahme der Bildungsurlaube)?
  - Welche Länder werden billiger, welche teurer?
  - Welche Regionen sind politisch stabil, in welchen ist das Reisen gefährlicher?
  - Welche Transportformen werden bevorzugt (Auto, Flugzeug)?
  - Wie entwickeln sich die Transportkosten (Treibstoffpreise, Flugpreise)?

## Rentabilität [Profitability]

Unternehmer wollen für ihr Kapital einen **angemessenen Gewinn** erzielen. Die Rentabilität drückt diesen Gewinn in Prozent des eingesetzten Kapitals aus. Erhält man z. B. derzeit für längerfristige, größere Spareinlagen 1 bis 2 % an Zinsen, so müsste sich das Kapital in Unternehmen eigentlich höher verzinsen, da die Investition in ein Unternehmen wesentlich risikoreicher ist.

Grafik
**Funktionen des Gewinns**

Werden **Verluste** erzielt, ist der **Bestand des Unternehmens** langfristig **gefährdet.** Davon sind alle Partner des Unternehmens betroffen: Arbeitsplätze im Unternehmen gehen verloren, Lieferanten verlieren Aufträge, Banken verlieren die gewährten Kredite, der Staat verliert Abgaben oder er muss zur Sicherung der Arbeitsplätze Subventionen gewähren (vgl. „Zuschussbetriebe" wie Krankenhäuser, Schulen, Theater, Verkehrsbetrieb etc.).

### Wirtschaftlichkeit [Efficiency]

Die materiellen Güter und Dienstleistungen sollen mit dem geringstmöglichen Mitteleinsatz („so sparsam wie möglich") produziert werden („Wirtschaftlichkeitsprinzip"). Gelingt dies nicht, wird der Betrieb im Wettbewerb unterliegen und daher auch keine angemessene Rentabilität erzielen.

**Beispiel**

- Ein Hersteller von Stofftieren bemüht sich, den Verschnitt beim Zuschneiden der Stofftiere möglichst gering zu halten, d. h. aus einer bestimmten Menge Stoff möglichst viele Stofftiere herzustellen.



### Liquidität [Liquidity]

Jedes Unternehmen muss über ausreichend Geld verfügen, um seine Zahlungsverpflichtungen zu erfüllen.

**Übungsbeispiel**

**Ü 2.40: Entscheidungen in einem Friseurbetrieb** C

Überlegen Sie, was ein Friseur tun könnte, um

a) marktorientiert zu entscheiden,
b) die Rentabilität zu erhöhen,
c) die Wirtschaftlichkeit seines Unternehmens zu verbessern und
d) die Liquidität zu sichern.

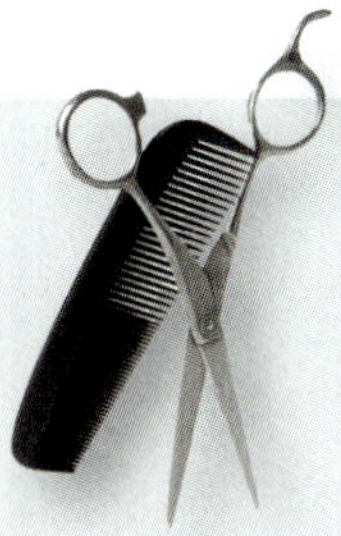

## 2 Ziele des Staats [Goals of the state]

**Volkswirtschaftliche Ziele sind die Grundversorgung aller, soziale Gerechtigkeit und Ökologie.**

Neben den einzelwirtschaftlichen Zielen gibt es auch **volkswirtschaftliche Ziele,** die der Staat vorgibt. Sie sind für alle Menschen eines Landes (einer „Volkswirtschaft") von Bedeutung.

Ziele der Volkswirtschaft in einer **ökosozialen Marktwirtschaft** sind,

- die Grundbedürfnisse aller Bürger (nach Nahrung, Wohnung, sozialer Sicherheit, Bildung, Gesundheit) zu erfüllen,
- jene materiellen Güter und Dienstleistungen, die über die Grundbedürfnisse hinaus erzeugt werden, „gerecht" zu verteilen,
- die Umwelt (Luft, Wasser, Boden, Rohstoffe) auch für die Nachkommen zu erhalten.

Zwischen diesen volkswirtschaftlichen Zielen und den einzelwirtschaftlichen Zielen von Unternehmen gibt es zahlreiche Konflikte.

**Beispiele**

- Sozialpolitik
  Kündigungsschutz für Schwangere, Einstellungspflicht für Menschen mit Behinderung, Arbeitszeitbegrenzungen wie Höchstarbeitszeit pro Tag und pro Woche, Einschränkung von Nacht- und Sonntagsarbeit, Zahlungen für die Sozialversicherung der Arbeitnehmer etc. erhöhen die Kosten der Betriebe und mindern daher die Rentabilität und die Wirtschaftlichkeit. Die Bestimmungen schützen jedoch die wirtschaftlich Schwachen.
- Umweltpolitik
  Entsorgungsvorschriften für Gefahrenstoffe (z. B. Motoröle, Farben- und Lackreste), Abgasvorschriften (z. B. $CO_2$-Grenzwerte) etc. erhöhen die Kosten der einzelnen Betriebe, entsprechen aber den volkswirtschaftlichen Zielsetzungen.

## 3 Zielkonflikte in größeren Wirtschaftsräumen
[Conflicting goals in larger economic areas]

Noch komplizierter wird es in größeren Wirtschaftsräumen, wie etwa der Europäischen Union oder gar der „Weltwirtschaft". Schon innerhalb einer Volkswirtschaft sind die einzelnen Wirtschaftsteilnehmer oft nicht bereit, auf einzelwirtschaftliche Vorteile zugunsten von volkswirtschaftlichen Zielsetzungen zu verzichten. Im Bereich der Weltwirtschaft geht es jedoch auch darum, auf volkswirtschaftliche Vorteile zugunsten ärmerer Länder zu verzichten.

**Zum Ausgleich verschiedener Interessen müssen Kompromisse gefunden werden.**

Beispiele

- Eigentlich müsste man auf viele Rohstoffe, z.B. auf Kaffee, hohe Abgaben einheben und diese den Produktionsländern zuführen, da die Preise für die Landwirte und die Löhne für die Landarbeiter in den Entwicklungsländern weitaus geringer sind als die Preise von Fertigprodukten. Die Verschuldung dieser Länder steigt daher ständig an. Derartige Abgaben sind jedoch innerhalb der entwickelten Volkswirtschaften kaum durchzusetzen.
- Betriebsansiedlungen in den ehemaligen Ostblockländern (z. B. in Rumänien oder Bulgarien) helfen diesen Ländern, die Umwandlung ihrer Wirtschaft zu einer ökosozialen Marktwirtschaft schneller durchzuführen. Sie gefährden jedoch Arbeitsplätze (z. B. in der österreichischen Textil- oder Nahrungsmittelindustrie).
- Andererseits gibt es viele soziale und umweltpolitische Schutzvorschriften in anderen Ländern nicht (z. B. geringere Löhne, weniger Urlaub, längere Arbeitszeiten in den wirtschaftlich aufstrebenden asiatischen Ländern wie China, Vietnam, Taiwan, Südkorea). Die Unternehmen dieser Länder haben daher einzelwirtschaftliche Vorteile und gefährden ganze Industriezweige in Ländern mit besserer Sozialpolitik und besseren Umweltschutzvorschriften.

## 4 Welche Ziele verfolgt der Konsument?
[Consumer goals]

Schließlich sorgt die Wirtschaft für die Befriedigung der Bedürfnisse der Letztverbraucher. Die Frage ist daher: Ist der Letztverbraucher bereit, Einschränkungen in Kauf zu nehmen, damit volkswirtschaftliche Ziele besser erreicht werden, oder handelt er auch „einzelwirtschaftlich", d.h., versucht er, seinen persönlichen Nutzen zu maximieren?

**Der Konsument hat großen Einfluss auf die Wirtschaft.**

Beispiele

- Konsumentenvertreter begrüßen Preissenkungen durch erhöhte Konkurrenz, gleichzeitig werden jedoch heimische Textilbetriebe oder die Landwirtschaft durch den Preisdruck geschädigt.
- Autobesitzer wehren sich gegen Erhöhungen der Abgaben auf Treibstoff und die Mautpflicht auf Autobahnen und vermehren die Umweltbelastung durch Abgase.
- Zweithausbesitzer wehren sich gegen Beschränkungen und Abgaben auf Zweitwohnsitze und begünstigen die Zersiedelung der Landschaft.

# Üben – Anwenden

A B C D E

**Ü 2.41: Planung nach dem Wirtschaftlichkeitsprinzip** C

Nehmen Sie an, Sie wollen eine Party für etwa 20 Gäste veranstalten. Sie haben vor, Brötchen und Getränke zu servieren. Zunächst soll heiße Musik gespielt werden, später soll es gemütlicher werden. Sie wollen die Räume schmücken und die Nachbarn sollen verständigt werden, dass es etwas laut werden wird.

Am nächsten Tag haben Ihre Eltern Gäste eingeladen und die Wohnung muss wieder sauber sein.

a) Planen Sie den Arbeitsablauf, schätzen Sie die Zeit.
b) Planen Sie, was Sie in welcher Menge wann brauchen.
c) Schätzen Sie die ungefähren Kosten.
d) Überlegen Sie, für welche Waren Sie einen Preisvergleich durchführen wollen, und legen Sie eine Lieferantenkartei an.
e) Stellen Sie fest, wie viel Sie sich durch einen genauen Preisvergleich ersparen können.
f) Überlegen Sie auch, ob Sie nicht manche Dinge durch andere ersetzen können (z.B. billigere Getränke, weil es dafür gerade ein Sonderangebot gibt).

Überlegen Sie, welche Übersichten und Tabellen Sie anlegen.

Arbeiten Sie alles so übersichtlich aus, dass sich auch andere in Ihren Aufzeichnungen auskennen. Selbstverständlich können Sie die Beschaffungsplanung auch für das nächste Familienfest durchführen oder für einen anderen Anlass verwenden.



### Ü 2.42: Ziele und Zielkonflikte D

Ihr Lieblingskaffeehaus ist sehr gemütlich. Im Sommer bekommt man hervorragende Eisspezialitäten, im Winter gute Spezialtoasts zu günstigen Preisen.

Ein zweites Kaffeehaus liegt auf der anderen Straßenseite. Eis und Toast sind etwa gleich gut, jedoch sind die Preise für Ihre Lieblingsspezialitäten um rund € 1,– teurer (etwa € 4,– statt € 3,–).

Sie erfahren Folgendes:

- Der Eigentümer Ihres Lieblingskaffeehauses (Kaffeehaus A) stellt überwiegend Schüler und Studenten als geringfügig Beschäftigte an. Er hat dadurch weniger Probleme beim Kündigungsschutz. Zusätzlich beschäftigt er überhaupt einige Kellner „schwarz", d.h. ohne Anmeldung bei der Sozialversicherung. Überstunden werden prinzipiell nicht oder zumindest ohne Überstundenzuschläge abgerechnet.

  Ein Freund, der schon in diesem Kaffeehaus gearbeitet hat, erzählt, dass erhebliche Teile der Umsätze „schwarz" gemacht werden, um sich Umsatzsteuer und Einkommensteuer zu ersparen.

  Die Abluftfilter in der Küche sind defekt. Daher können die Mieter der darüber liegenden Wohnungen ihre Hoffenster kaum öffnen.

- Im gegenüberliegenden Kaffeehaus (Kaffeehaus B) treten alle diese Mängel nicht auf. Das Personal wird ordnungsgemäß angemeldet. Muss wirklich einmal gekündigt werden, erfolgt dies nach sozialen Gesichtspunkten.
  Alle Umsätze werden den Gesetzen entsprechend versteuert.
  Umweltschutzauflagen werden voll erfüllt.
  Aber die Preise sind eben erheblich höher.

Bitte nehmen Sie jetzt alle einen Zettel zur Hand (etwa A6, das ist ein Viertel A4) und schreiben Sie anonym nur den Buchstaben A oder B auf.

**A bedeutet:**

Ich würde weiterhin ins Kaffeehaus A gehen. Schließlich ist es billiger und mein Lieblingskaffeehaus. Wahrscheinlich sind die Beschäftigten mit den Bedingungen zufrieden, sonst würden sie nicht dort arbeiten. Die Abluftfilter wird der Besitzer schon ersetzen, wenn ihn die Behörde dazu zwingt.

**B bedeutet:**

Ich würde ins Kaffeehaus B wechseln. Den höheren Preis muss ich bezahlen, da der Unternehmer auf volkswirtschaftliche Ziele Rücksicht nimmt.

Bitte entscheiden Sie ehrlich und schnell.

- Sammeln Sie die Zettel ein, stellen Sie die Ergebnisse fest und diskutieren Sie dann über das Problem.
- Glauben Sie, dass Ihre Entscheidung für die Konsumenten typisch ist oder würden die meisten Konsumenten anders entscheiden?
- Zeigen Sie an diesem Beispiel, warum für Betriebe die Entscheidung zwischen einzelwirtschaftlichen und volkswirtschaftlichen Zielsetzungen oft sehr schwierig ist.

**Ü 2.43: Wirtschaftliche Ziele** C

Diskutieren Sie folgende Aussagen:

a) Betriebe sollten keine Gewinne machen, sondern ihre Preise nur so berechnen, dass sie gerade die Kosten decken.
b) Solange noch so viele Menschen auf der Welt hungern, sollte man keine unnötigen Produkte wie Kunststofftennisschläger, Spieluhren oder Computerspiele erzeugen.
c) Für Umweltschutz sollte der Staat keine Zuschüsse bezahlen. Es wäre besser, jedem Betrieb die strengsten Umweltschutzmaßnahmen vorzuschreiben.
d) Betriebe, die keine Gewinne erzielen, sollte man sofort zusperren. Warum müssen gut geführte Betriebe Zuschüsse an schlecht geführte Betriebe leisten?

# Sichern

SbX ID: 2033

**Entscheiden**

Da sich das Umfeld eines Unternehmens laufend verändert, muss sich ein Unternehmen an das Umfeld anpassen. Es muss viele Entscheidungen treffen.

**decision making**

As the environment of a business is continuously changing, the business must adapt to its environment. It must make many decisions.

**Rentabilität**

Mit dem eingesetzten Kapital sollen angemessene Gewinne erzielt werden.

**profitability**

Acceptable profits need to be made with the capital invested in the business.

**Wirtschaftlichkeit**

Die Güter und Dienstleistungen sollen so sparsam wie möglich erstellt werden.

**efficiency**

Goods and services must be produced as economically as possible.

**Liquidität**

Ein Unternehmen muss stets über genügend Zahlungsmittel verfügen.

**liquidity**

A business must always have sufficient funds for payments.

**Marktorientierung**

Um die Rentabilität, Wirtschaftlichkeit und Liquidität zu sichern, muss sich ein Unternehmen an den Entwicklungen des Marktes orientieren, d. h. Produkte und Dienstleistungen anbieten, die vorhandene Bedürfnisse befriedigen und manchmal auch Bedürfnisse wecken.

**market orientation**

To guarantee profitability, efficiency and liquidity a business must react to developments in their market, i. e. provide products and services that satisfy existing needs and sometimes even create needs.

**volkswirtschaftliche Ziele und Zielkonflikte**

In der ökosozialen Marktwirtschaft sollen

- die Grundbedürfnisse aller Menschen nach Nahrung, Wohnung, sozialer Sicherheit, Bildung und Gesundheitsvorsorge gedeckt,
- die übrigen Güter und Dienstleistungen gerecht verteilt und
- die Umwelt auch langfristig erhalten werden.

Der Staat soll die rechtlichen Rahmenbedingungen für die Erreichung dieser Ziele schaffen. Dabei werden die „einzelwirtschaftlichen Ziele" vieler Wirtschaftsteilnehmer eingeschränkt. Es gibt daher bei jeder Maßnahme immer Unzufriedene.

**macroeconomic goals and conflicting goals**

An eco-social market economy should

- cover the basic human needs for food, shelter, social security, education and health care,
- "fairly" allocate any remaining products and services, and
- protect the environment in the long run.

The state should provide a legal framework to ensure that these goals are reached. This limits the microeconomic goals of many economic agents. Therefore each measure always results in some people being dissatisfied.

weltwirtschaftliche Ziele und Zielkonflikte

Wie in der einzelnen Volkswirtschaft gibt es auch in der Weltwirtschaft erhebliche Zielkonflikte (z. B. bezüglich Rohstoffpreisen, Umweltschutz, sozialer Sicherheit der Arbeitnehmer).

world economic goals and conflicting goals

There can be conflicting goals in individual economies, but also in the world economy (e. g. raw material prices, environmental protection, social security of employees).

SbX ID: 2033

**Im SbX finden Sie die englische Zusammenfassung als Audio-Wiederholung sowie eine Bildschirmpräsentation mit den Grafiken dieser Lerneinheit.**

# Wissen

SbX ID: 2034

A B C D E

### W 2.29: Wirtschaftliche Ziele B

Bitte kreuzen Sie an, ob Sie den folgenden Aussagen zustimmen oder ob Sie die Aussagen falsch finden. Begründen Sie Ihre Antworten jeweils in Stichworten.

a) Alle Betriebe sollten Gewinne machen. Betriebe, die keine Gewinne machen, sollte man zusperren.

☐ Stimme zu ☐ Ist falsch

b) Man sollte keine unnützen Produkte erzeugen. Man hätte dann mehr Geld für die Versorgung der Hungernden und der Kranken.

☐ Stimme zu ☐ Ist falsch

c) Je mehr Betriebsvermögen man einsetzt, desto sicherer sind die Arbeitsplätze.

☐ Stimme zu ☐ Ist falsch

### W 2.30: Rentabilität B

Ein einzelwirtschaftliches Ziel von privatwirtschaftlichen Betrieben ist die Rentabilität.

a) Warum könnten Arbeitnehmer daran interessiert sein, dass ein Betrieb hohe Rentabilität erzielt? Führen Sie mindestens drei Gründe an.
b) Welche Nachteile könnte aus volkswirtschaftlicher Sicht das unbegrenzte Streben nach Rentabilität haben? Führen Sie ebenfalls drei Gründe an.
c) Warum könnten Arbeitnehmer eines Betriebs daran interessiert sein, dass keine strengen Gesetze über Abgas- und Abwasserreinigung beschlossen werden?

SbX W 2.31 mit automatischer Aufgabenkontrolle ID: 2034

**Weitere Aufgabe zur Lernkontrolle im SbX**

### W 2.31: Test: Einzelwirtschaftliche und gesamtwirtschaftliche Ziele B

Überprüfen Sie mit einem Test, ob Sie Ihr Wissen erfolgreich anwenden können!

English questions

### E 2.04: Is your school buffet market oriented?



2 Die Wirtschaft

Ein kurzer Kompetenz-Check, bevor's weitergeht!

# Kompetenz-Check

| | ☺ | 😐 | ☹ |
|---|---|---|---|
| Ich kann verschiedene Ziele eines Unternehmens, die es anstrebt, um langfristig existieren zu können, nennen und erklären. | | | |
| Ich kann einzelwirtschaftliche und volkswirtschaftliche Ziele nennen sowie beschreiben und daraus entstehende Zielkonflikte ableiten. | | | |
| Ich kann die zum Teil vorhandenen Widersprüche zwischen einzelwirtschaftlichen und volkswirtschaftlichen Zielen beschreiben und diskutieren. | | | |
| Ich kann an Beispielen zeigen, dass auch der Konsument meist auf seinen einzelwirtschaftlichen Vorteil achtet und damit in Widerspruch zu den volkswirtschaftlichen Zielen gerät. | | | |
| Ich kann die Bedeutung von Beschaffung und Absatz für den Erfolg eines Unternehmens anhand von Beispielen analysieren. | | | |

# Lerneinheit 4
# Fallbeispiele

## Üben – Anwenden

A B C D E

### Ü 2.44: Fallbeispiel Möbeleinzelhandel D

**Sachverhalt**

Victoria Sener betreibt das Möbelgeschäft „Zimmermöbel" in Linz. Der Wettbewerb im österreichischen Möbeleinzelhandel ist sehr intensiv. Ständig muss sie die Wünsche der Kunden, die Maßnahmen der Konkurrenz und ihre Lieferanten im Auge behalten und die richtigen Entscheidungen treffen. Die folgenden sieben Fälle zeigen, dass sich jede Entscheidung auf den Gewinn auswirkt.

**Aufgaben**

Berechnen Sie, wie sich der Gewinn des Unternehmens (€ 50.000,– = 100 % des Gewinns) in den nachfolgenden sieben Fällen absolut und prozentuell verändert.

**Unterlagen**

1. Ausgangssituation

**Anmerkungen:**
Die Kostenstruktur entspricht ungefähr dem österreichischen Durchschnitt für Möbeleinzelhandelsbetriebe. Der Gewinn ist vor Steuer angegeben.

| | |
|---|---|
| Jahresumsatz | € 1.000.000,– |
| Wareneinkauf | € 700.000,– |
| Personal | € 150.000,– |
| Raum | € 60.000,– |
| Sonstiges | € 40.000,– |
| Gewinn | € 50.000,– |

**Beachten Sie:**

Personal-, Raum- und sonstige Kosten sind von kleineren Umsatzschwankungen weitgehend unabhängig. Betriebswirtschaftlich spricht man von Fixkosten.

**Beispiele für Fixkosten:**

- Die Verkäufer müssen verkaufsbereit sein,
- die Raummiete muss bezahlt werden,
- die Räume müssen beleuchtet und beheizt werden, unabhängig davon, ob etwa 10 % mehr oder weniger verkauft wird.

2. Sieben Fälle

Fall 1: Sie haben den Markt falsch eingeschätzt und zu viel bzw. falsche Ware eingekauft. Sie müssen daher 10 % der Ware um den halben Preis abverkaufen (d. h. statt um € 100.000,– um € 50.000,–).

Fall 2: Durch richtige Warenzusammenstellung und gute Beratung können Sie Ihren Umsatz um 10 % erhöhen (d. h. natürlich auch, dass Sie um € 70.000,– mehr Waren einkaufen müssen).

Fall 3: Es gelingt Ihnen, Möbelmodelle einzukaufen, die in dieser Stadt sonst nicht zu erhalten sind. Sie können daher Ihre Preise um 3 % erhöhen (d. h., Sie kaufen Möbel um € 700.000,– ein, können diese jedoch um € 1.030.000,– verkaufen).

Fall 4: Durch geschickte Einkaufsverhandlungen gelingt es Ihnen, um 5 % billiger einzukaufen.

Fall 5: In Ihrer Straße fanden in diesem Jahr umfangreiche Bauarbeiten statt, gleichzeitig hat ein Konkurrenzunternehmen in der Nähe eröffnet. Ihr Umsatz ging daher um 15 % zurück (d. h., Sie haben um € 595.000,– eingekauft und um € 850.000,– verkauft).

Fall 6: Bauarbeiten und Konkurrenz wie in Fall 5. Um den Absatz zu halten, haben Sie die Preise um 10 % gesenkt (d. h., Sie haben um € 700.000,– eingekauft und um € 900.000,– verkauft).

Fall 7: Sie haben vorsichtig eingekauft und vor Weihnachten keine Ware mehr bekommen. Ein Teil des Weihnachtsgeschäfts ist Ihnen daher entgangen. Ihr Jahresumsatz sank um 10 % (d. h., Sie haben nur um € 630.000,– eingekauft und um € 900.000,– verkauft).

HÜ

### Ü 2.45: Fallbeispiel Nobelboutique D

Sachverhalt

Christian Frank betreibt eine Nobelboutique für Herrenmode in Klagenfurt. Es ist schwer, sich gegen die starke Konkurrenz durchzusetzen und den Gewinn zu halten. Schon kleine Erfolge und Misserfolge wirken sich auf den Gewinn aus.

Aufgaben

Berechnen Sie, wie sich der Gewinn des Unternehmens in den nachfolgenden fünf Fällen absolut und prozentuell verändert.

Vergleichen Sie die Ergebnisse mit dem Fallbeispiel Möbeleinzelhandel. Versuchen Sie zu erklären, wie es zu den Abweichungen kommt.

Unterlagen

1. Ausgangssituation

| | |
|---|---|
| Jahresumsatz | € 500.000,– |
| Wareneinkauf | € 250.000,– |
| Personal | € 100.000,– |
| Raum | € 25.000,– |
| Sonstiges | € 50.000,– |
| Gewinn | € 75.000,– |

Bearbeitungshinweis:
Alle Kosten außer dem Wareneinsatz sind fix.

2. Fünf Fälle

Fall 1: Der Markt wurde falsch eingeschätzt und zu viel bzw. falsche Ware eingekauft. 10 % der Ware müssen daher um den halben Preis verkauft werden (Waren um € 25.000,– werden zum Einkaufspreis von € 25.000,– wiederverkauft).

Fall 2: Der Absatz kann um 10 % erhöht werden (Einkauf um € 275.000,–, Verkauf um € 550.000,–).

Fall 3: Es wurden besonders exklusive Produkte eingekauft, die Preise konnten daher um 10 % erhöht werden.

Fall 4: Durch geschickte Einkaufsverhandlungen gelingt es, um 6 % billiger einzukaufen.

Fall 5: In der gleichen Straße hat ein großes Kleiderhaus eröffnet. Es führt in einer Spezialabteilung auch exklusive Herrenmode. Aus Konkurrenzgründen mussten daher die Preise um 15 % reduziert werden. Gleichzeitig ging jedoch der Absatz um 10 % zurück. Da die Kollektion bereits bestellt war, mussten die verbleibenden 10 % der Ware um den halben Preis des ursprünglichen Preises (100 %) abverkauft werden (Einkauf um € 250.000,–; Verkauf regulär: € 382.500,–; Abverkauf € 25.000,–).

# 3 ENTREPRENEURSHIP – UNTERNEHMERISCH DENKEN UND HANDELN

## Worum geht's in diesem Kapitel?

Jährlich werden in Österreich mehr als 35 000 neue Unternehmen gegründet. Unternehmensgründer/innen starten mit einer Idee, von der sie überzeugt sind. Ihre Freude, eine Idee zu vermarkten, etwas Neues zu schaffen, ihr Wille zum Erfolg und ihr unternehmerisches Denken kennzeichnen sie als Entrepreneure.

Die meisten Unternehmensgründer/innen setzen ihre Geschäftsidee zunächst in kleinen Unternehmen um. In der Regel betreiben sie ihre neu gegründeten Unternehmen vorerst alleine.

Aber: Eine gute Geschäftsidee alleine genügt nicht. Die Unternehmensgründung muss sorgfältig geplant werden.

**Wenn Sie dieses Kapitel bearbeiten, erwerben Sie die folgenden in der Bildungs- und Lehraufgabe des Lehrplans angeführten Kompetenzen:**

**Sie können aus dem Bereich Businessplan**
- **eine Geschäftsidee für einen Businessplan entwickeln,**
- **die rechtlichen Grundlagen eines Unternehmens in Bezug auf die Rechtsform des Einzelunternehmens darstellen,**
- **den Gründungsvorgang eines Einzelunternehmens aufzeigen.**

A B C D E

In diesem Kapitel finden Sie Übungsaufgaben, praxisbezogene Fallbeispiele und Aufgaben zur Lernkontrolle zur Überprüfung Ihrer Kompetenzen auf den Handlungsebenen A **Wiedergeben,** B **Verstehen,** C **Anwenden,** D **Analysieren & Interpretieren** und E **Entwickeln.**

**Dieses Kapitel umfasst folgende Lerneinheiten:**

SbX
Alle SbX-Inhalte zu dieser Lerneinheit finden Sie unter der ID: 3010.

## Lerneinheit 1
# Entrepreneure

Bill Gates (Microsoft), Steve Jobs (Apple), Larry Page (Google), Coco Chanel (Mode) oder Estée Lauder (Kosmetik). Dietrich Mateschitz (Red Bull), Niki Lauda (Lauda Air, Fly Niki) oder Hermann Gmeiner (SOS Kinderdorf). Diese Unternehmer symbolisieren Mut, Elan und Freude am Unternehmertum. Sie verfügen über Persönlichkeitsmerkmale, die zu einem positiven Gründungserfolg beitragen können und Entrepreneuren zugeschrieben werden. Sie haben geniale Geschäftsideen entwickelt – und mit kleinen Unternehmen begonnen.

# Lernen

SbX ID: 3011

## 1 Die Persönlichkeit von Entrepreneuren
[The personality of entrepreneurs]

**Entrepreneure sind oft ausgeprägte Persönlichkeiten.**

Es gibt einige Persönlichkeitsmerkmale, die bei Entrepreneuren stark ausgeprägt sind. Diese Persönlichkeitsmerkmale machen den „Unternehmergeist" aus.

Grafik
**Die Persönlichkeit von Entrepreneuren**

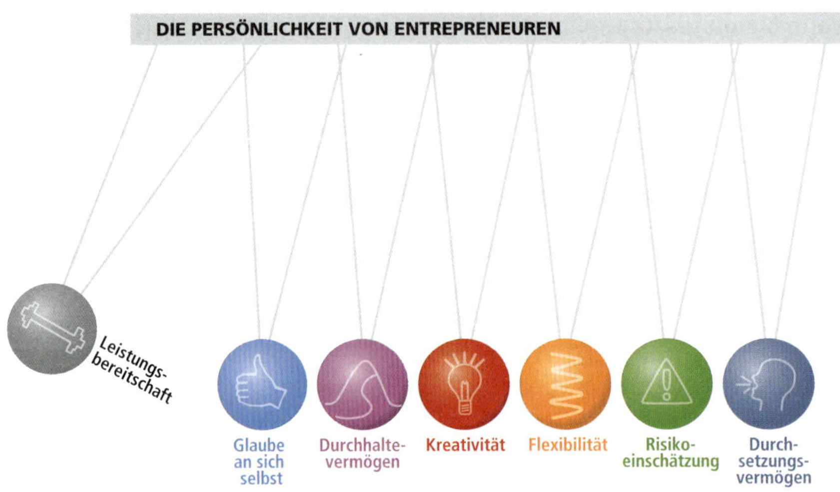

### (1) Leistungsbereitschaft
Entrepreneure setzen sich für ihre Idee mit aller Kraft ein. Ihre selbstständige Tätigkeit motiviert sie.

Hermann Gmeiner: „Alles Große in unserer Welt geschieht nur, weil jemand mehr tut, als er muss."

**Hermann Gmeiner** (1919–1986) gründete nach dem Zweiten Weltkrieg die SOS-Kinderdörfer.

### (2) Glaube an sich selbst
Entrepreneure sind von sich und ihrer Idee überzeugt. Ihre Initiative stellt für sie eine machbare Herausforderung dar.

Steve Jobs: „Der einzige Weg, um großartige Arbeit zu leisten, ist zu lieben, was man macht."

**Steve Jobs** (1955–2011) war Mitbegründer und langjähriger CEO der Apple Inc. (CEO = Chief Executive Officer, amerikanische Bezeichnung für Geschäftsführer bzw. geschäftsführendes Vorstandsmitglied)

Coco Chanel: „Wenn man ohne Flügel geboren wurde, darf man sie nicht am Wachsen hindern."

**Coco Chanel** (1883 bis 1971) war eine französische Modedesignerin und Begründerin des Chanel-Modeimperiums.

**(3) Durchhaltevermögen**

Entrepreneure lassen sich durch Misserfolge, Arbeitsbelastung und Kritik nicht entmutigen. Trotz Rückschläge setzen sie ihre selbständige Tätigkeit fort.

Estée Lauder: „Ich habe niemals an Erfolg geglaubt. Ich habe dafür gearbeitet."

**Estée Lauder** (1906–2004) erarbeitete sich aus einfachsten Anfängen ein Milliarden-Unternehmen in der Kosmetikbranche.

**(4) Kreativität**

Entrepreneure haben neuartige und ungewöhnliche Ideen. Damit können sie schwierige Probleme im Alltag meistern und Visionen für die Zukunft entwickeln.

Steve Jobs: „Bleiben Sie hungrig! Bleiben Sie verrückt!"

Larry Page: „Wer darauf schaut, was andere jetzt machen, bleibt nie drei Schritte voraus."

**Larry Page** (*1973) entwickelte zusammen mit Sergey Brin die Suchmaschine Google. Er ist CEO der Google Inc.

**(5) Flexibilität**

Entrepreneure können mit ungewohnten und unklaren Situationen gut umgehen. Sie lassen sich gerne auf neue und ungeplante Arbeitsbedingungen ein.

Dietrich Mateschitz: „Was wir zehn Jahre als richtig angesehen haben, muss nicht für weitere zehn Jahre das Richtige sein."

**Dietrich Mateschitz** (*1944) ist Mitbegründer und Hauptanteilseigner der Red Bull GmbH (Gesellschaft mit beschränkter Haftung).

**(6) Risikoeinschätzung**

Entrepreneure schätzen Risiken gut ein. Sie wägen das Risiko ihrer selbständigen Tätigkeit ab und richten ihre Entscheidungen danach aus.

Niki Lauda: „Nur wenn man das kleinste Detail im Griff hat, kann man präzise arbeiten."

**Niki Lauda** (*1949) ist ehemaliger Formel-1-Rennfahrer und Gründer der Fluglinien Lauda Air und Fly Niki.

**(7) Durchsetzungsvermögen**

Entrepreneure schaffen es, ihre Ideen in die Tat umzusetzen. Dabei agieren sie entschieden und zielstrebig, aber auch respekt- und rücksichtsvoll gegenüber anderen.

Bill Gates: „Wer Geld hat, hat Macht. Wer Macht hat, trägt Verantwortung."

**Bill Gates** (*1955) gründete 1975 gemeinsam mit Paul Allen die Microsoft Inc.

## 2 Entrepreneure in Österreich
### [Entrepreneurs in Austria]

Knapp **3,6 Millionen** Österreicher und Österreicherinnen arbeiten in einem Unternehmen. Sie werden als **unselbständig Erwerbstätige** bezeichnet. Für ihre Arbeitsleitung erhalten sie Geld von einem Unternehmen.

Etwa **490 000** Österreicher und Österreicherinnen sind **Unternehmer.** Sie verdienen ihr Geld als **selbständig Erwerbstätige.**

Rund **98 %** aller österreichischen Unternehmen sind **kleinere und mittlere Unternehmen** mit maximal 50 Beschäftigten. 1,7 % aller österreichischen Unternehmen beschäftigen zwischen 50 und 250 Mitarbeiter und Mitarbeiterinnen, nur 0,3 % sind große Unternehmen mit mehr als 250 Beschäftigten.

Zwei Drittel aller unselbständig Erwerbstätigen in Österreich sind in einem kleinen oder mittleren Unternehmen – einem sogenannten KMU – beschäftigt.

**Jährlich** werden über **35 000 neue Unternehmen** in Österreich gegründet. Im weltweiten Vergleich erweist sich Österreich als dynamisches Unternehmer- und Gründerland.

Neue Unternehmen sind **wichtig für die Wirtschaft.** Sie schaffen neue und neuartige **Arbeitsplätze,** zahlen **Steuern,** sichern den **Fortschritt** und leisten einen erheblichen Beitrag zum **Wirtschaftswachstum.** In Österreich gibt es daher viele Einrichtungen, die Unternehmensgründern und Unternehmensgründerinnen beratend zur Seite stehen, wie die Wirtschaftskammer Österreich **(www.wko.at)** und das Austria Wirtschaftsservice **(www.awsg.at).**

**In der Marktwirtschaft werden Entrepreneure unterstützt.**

# Üben – Anwenden

A B C D E

### Ü 3.01: Eigene Persönlichkeitsmerkmale C

Verfügen Sie über den „Unternehmergeist"? Schätzen Sie Ihre Persönlichkeit als Entrepreneur/in ein und begründen Sie kurz, wie Sie zu dieser Einschätzung kommen.

| | Stark ausgeprägt | | | Schwach ausgeprägt |
|---|---|---|---|---|
| | 1 | 2 | 3 | 4 |
| Leistungsbereitschaft | | | | |
| Glaube an mich selbst | | | | |
| Durchhaltevermögen | | | | |
| Kreativität | | | | |
| Flexibilität | | | | |
| Risikoeinschätzung | | | | |
| Durchsetzungsvermögen | | | | |

### Ü 3.02: Persönlichkeitsmerkmale von Entrepreneuren B

Walt Disney (Mickey Mouse, Donald Duck etc.) meinte: „Wenn du es träumen kannst, kannst du es auch tun." Welche Persönlichkeitsmerkmale eines Entrepreneurs sind damit Ihrer Ansicht nach gemeint?

### Ü 3.03: Entrepreneure als Mitarbeiter/innen D

Können auch Mitarbeiter/innen eines Unternehmens „Entrepreneure" sein?

### Ü 3.04: Entrepreneur des Jahres B

Jährlich wird auch in Österreich der Preis „Entrepreneur of the Year" verliehen.

a) Warum sind Unternehmensgründungen so wichtig, dass sogar ein eigener Preis verliehen wird?
b) Informieren Sie sich über den Entrepreneur des heurigen Jahres und berichten Sie darüber.

### Ü 3.05: Die größten Unternehmen in Österreich D

Finden Sie heraus, welche die größten Unternehmen in Österreich sind, und berichten Sie darüber.

# Sichern

SbX ID: 3013

Persönlichkeitsmerkmale von Entrepreneuren

personality traits of entrepreneurs

Leistungsbereitschaft, Glaube an sich selbst, Durchhaltevermögen, Kreativität, Flexibilität, Risikoeinschätzung, Durchsetzungsvermögen

motivation, self-confidence, perseverance, creativity, flexibility, risk awareness, determination

**Erwerbstätige in Österreich**

- 3,6 Millionen unselbständig Erwerbstätige (Mitarbeiter)
- 490 000 selbständig Erwerbstätige (Unternehmer)

**workforce in Austria**

- 3.6 million people in employment (employees)
- 490,000 people in self-employment (business owners)

**Größe der österreichischen Unternehmen**

Mehr als 99 % aller österreichischen Unternehmen beschäftigen maximal 250 Mitarbeiter. Sie gelten als kleine und mittlere Unternehmen – KMUs.

**size of Austrian businesses**

More than 99 % of all Austrian businesses employ a maximum of 250 employees. They are considered small to medium-sized enterprises – SMEs.

**Unternehmensgründungen**

Unternehmensgründungen fördern das Wirtschaftswachstum, beleben den Arbeitsmarkt, indem sie Arbeitsplätze schaffen, und vergrößern die Produktvielfalt.

**setting up new businesses**

Setting up new businesses promotes economic growth, stimulates the job market through job creation, and increases product diversity.

SbX
ID: 3013

**Im SbX finden Sie die englische Zusammenfassung als Audio-Wiederholung sowie eine Bildschirmpräsentation mit den Grafiken dieser Lerneinheit.**

# Wissen

SbX ID: 3014

A B C D E

SbX
W 3.01–W 3.03 mit automatischer Aufgabenkontrolle
ID: 3014

**W 3.01: Persönlichkeitsmerkmale von Entrepreneuren** A

Über welche Persönlichkeitsmerkmale verfügt ein Entrepreneur/eine Entrepreneurin?

**W 3.02: Kleine und mittlere Unternehmen** A

Wie viele kleine und mittlere Unternehmen – KMUs – gibt es in Österreich?

**W 3.03: Beratung für Jungunternehmer** B

Warum unterstützen der Staat und viele andere Institutionen, wie z. B. die Wirtschaftskammer, Unternehmensgründungen?

English questions

**E 3.01: An entrepreneur**

a) ☐ never gives up
b) ☐ is lazy
c) ☐ is enthusiastic about his business
d) ☐ can adapt to different situations
e) ☐ never takes chances

Decide which of the above are true or false.

**E 3.02: Why are new businesses important for Austria?**

Ein kurzer Kompetenz-Check, bevor's weitergeht!

## Kompetenz-Check

| | ☺ | 😐 | ☹ |
|---|---|---|---|
| Ich kann Persönlichkeitsmerkmale von Entrepreneuren charakterisieren. | | | |
| Ich kann unselbständige und selbständige Erwerbstätige unterscheiden. | | | |
| Ich kann Größenordnungen in Bezug auf die Unternehmensstruktur in Österreich nennen. | | | |
| Ich kann die Bedeutung des Unternehmertums erläutern. | | | |

3 Entrepreneurship

## Lerneinheit 2

# Eine gute Idee ist aller Anfang

SbX
Alle SbX-Inhalte zu dieser Lerneinheit finden Sie unter der ID: 3020.

Ob Ansichtskarten mit originellen Motiven oder ein Kino im Kleinformat, ob „Tourist-jogging" oder die Möglichkeit, eigene Tapetenmuster zu gestalten: Geschäftsideen sind überall. Sie sind da, aber sie müssen entdeckt werden.

Nicht immer sind Geschäftsideen neu oder revolutionär. Oft besteht eine Geschäftsidee darin, bereits bewährte Ideen zu erweitern oder zu verbessern.

# Lernen

SbX ID: 3021

A B C D E

## 1 Eine Geschäftsidee entwickeln

[Developing a business idea]

Ideen kann man systematisch oder kreativ entwickeln!

Der „Unternehmergeist" des Entrepreneurs steht vor der Herausforderung, eine Geschäftsidee zu entwickeln, die es bisher noch nicht gibt.

### Antworten auf Leitfragen finden [Finding answers to key questions]

**Grafik**
**Eine Geschäftsidee entwickeln**

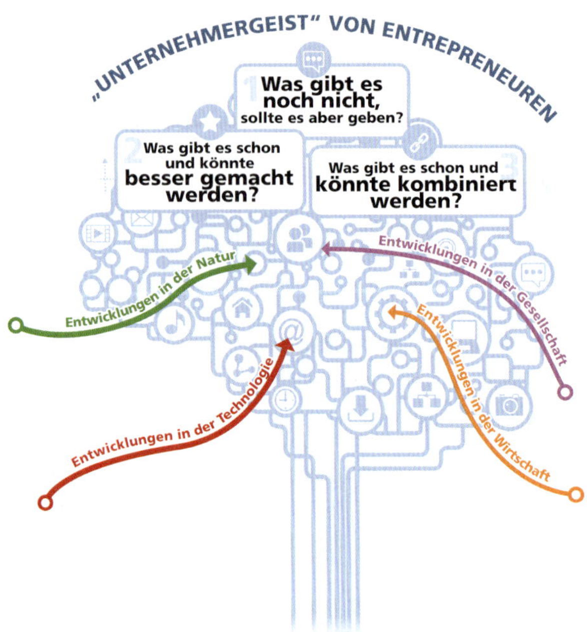


Die Suche nach neuen Geschäftsideen könnte sich an den folgenden drei Fragen orientieren:

**1. Was gibt es noch nicht, sollte es aber geben?**

**Beispiele**

Was gibt es noch nicht, sollte es aber geben?

- Viele Menschen halten Haustiere, die oft länger alleine zu Hause sind. Seit einiger Zeit gibt es beispielsweise eigene Betreuungsstätten für Hunde.
- Ärztliche Befunde sind oft schwierig zu lesen. Seit einiger Zeit gibt es Anbieter, die solche Befunde in eine leicht verständliche Sprache „übersetzen".

**2. Was gibt es schon und könnte besser gemacht werden?**

**Beispiele**

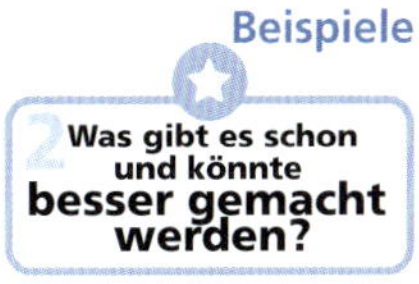


- Viele Menschen kochen gerne für Freunde, haben aber nicht genug Zeit, einkaufen zu gehen. Seit einiger Zeit gibt es Anbieter, die die Zutaten für bestimmte Rezepte zustellen.
- Nagellack blättert oft rasch ab. Seit einiger Zeit gibt es Nagellacke, die länger halten.

**3. Was gibt es schon und könnte kombiniert werden?**

**Beispiele**

- Skype kombiniert das Telefonieren mit dem Internet.
- Smartphones vereinen viele Geräte in sich: Telefon, MP3-Player, Navigationsgerät etc.

## Systematisch suchen [Searching systematically]

Gute Geschäftsideen entstehen, wenn Entrepreneure sich und die Entwicklungen in ihrem Umfeld gut kennen.

**1. Entrepreneure kennen ihre Ziele und haben Fähigkeiten und Vorlieben.**

**Beispiele**

- Mark Zuckerberg war ein ausgezeichneter Informatiker, der diese Fähigkeit nutzte, um Facebook zu gründen.
- Immer schon war Niki Lauda begeistert vom Fliegen und nutzte diese Vorliebe, um eigene Fluglinien zu gründen.

**2. Entrepreneure sind informiert.**

**Beispiele**

- Die Gründer von McDonald's haben erkannt, dass die schnelle Zubereitung des Essens den Zeitgeist trifft.
- Josef Zotter hat als erster Schokolatier in Österreich erkannt, dass Schokolade nicht nur gut sein soll, sondern auch die Produktion in Bio- und Fair-Trade-Qualität gefragt ist.

**Übungsbeispiel**

**Ü 3.06: Ideen-Mixer: 4 Schritte zur Ideenfindung** E

**1. Schritt**
Nehmen Sie je 3 Zettel in 4 verschiedenen Farben zur Hand und legen Sie diese 12 Zettel vor sich auf, immer 3 von einer Farbe in einer Reihe. Vor Ihnen liegen nun 3 × 4 Zettel.

**2. Schritt**
Schreiben Sie auf jeden Zettel einer Farbe Antworten auf folgende Fragen:

1. **Farbe: „Typisch: Über mich – was ich bin und was ich kann"**
   z. B. „Ich kann gut mit dem Computer umgehen.", „Ich bin ordnungsliebend.", „Ich arbeite gerne in der Gruppe."
2. **Farbe: „Was ich gerne mache"**
   z. B. Lesen, Internet surfen, Sport treiben
3. **Farbe: „Produkte oder Dienstleistungen, die ich mag"**
   z. B. elektronischer Kalender, Laufband, Backofen
4. **Farbe: „Produkte oder Dienstleistungen, die man für mich erfinden müsste"**
   z. B. elektrischer Sportwagen, solarbetriebenes Handy

**3. Schritt**
Ziehen Sie 2 beliebige Zettel und legen Sie diese nebeneinander. Ziehen Sie nochmals 2 beliebige Zettel und legen Sie diese wieder nebeneinander. Tun Sie das so lange, bis 6 Zettel-Paare vor Ihnen liegen.

**4. Schritt**
Entwickeln Sie aus jedem Zettel-Paar eine Geschäftsidee und schreiben Sie diese auf.

## Mit Kreativitätstechniken suchen
[Searching using creativity techniques]

Kreativitätstechniken unterstützen die Ideenentwicklung. Die bekannteste Methode ist Brainstorming. Bei der Durchführung sind einige Regeln zu beachten.

Brainstorming

- Während der Ideenfindung ist jede Form von Kritik verboten.
- Je mehr Ideen gefunden werden, desto größer ist die Wahrscheinlichkeit, dass auch nützliche Beiträge darunter sind.
- Die Teilnehmer/innen sollten ihrer Fantasie freien Lauf lassen.
- Die Teilnehmer/innen sollten Ideen der anderen aufgreifen und weiterentwickeln.

Übungsbeispiel

**Ü 3.07: Ein Produkt kreativ „weiterführen"** E

- Bilden Sie eine Gruppe von 6–8 Personen.
- Bestimmen Sie einen Moderator/eine Moderatorin für Ihre Gruppe.
  Der Moderator/Die Moderatorin schreibt mit und erinnert an die Regeln der Durchführung.
- Nehmen Sie das nächstbeste Produkt aus Ihrer Schultasche.
- Listen Sie einige Merkmale des Produkts auf: Form, Größe, Design, Material, Farbe etc. und überlegen Sie, welche dieser Merkmale sich verändern lassen, um das Produkt besser oder attraktiver zu machen.
- Finden Sie in den nächsten 10 Minuten möglichst viele Ideen, um das gewählte Produkt besser oder attraktiver zu machen. – Der Moderator/Die Moderatorin schreibt mit!
- Wählen Sie nach Abschluss der Ideenfindung die beste Idee in der Gruppe aus.
- Präsentieren Sie Ihre „Geschäftsidee" vor der Klasse.

# 2 Eine Idee auf Chancen prüfen
[Is this a good business idea?]

**Ideen muss man systematisch prüfen!**

SbX
Die Checklisten Ideen-Checker und Chancen-Checker finden Sie zum Download im SbX unter der ID: 3021.

Nicht jede Geschäftsidee ist eine Chance. Die folgenden Checklisten helfen dabei, die Geschäftsidee selbst und die Chancen mit einer Geschäftsidee zu bewerten:

| Ideen-Checker | | | | | | | |
|---|---|---|---|---|---|---|---|
| 1. Beschreiben Sie Ihre Geschäftsidee in zwei oder drei Sätzen. | | | | | | | |
| | | | | | | | |
| 2. Wie kreativ ist Ihre Idee? Kreuzen Sie an. 1 bedeutet: „Naja, da gibt es etwas Besseres", 8 bedeutet: „Die beste Idee seit langem" | | | | | | | |
| 1 | 2 | 3 | 4 | 5 | 6 | 7 | 8 |
| 3. Wollen Sie diese Idee wirklich weiterverfolgen? 1 bedeutet: „Vielleicht lieber doch nicht", 8 bedeutet: „Unbedingt" | | | | | | | |
| 1 | 2 | 3 | 4 | 5 | 6 | 7 | 8 |
| 4. Was glauben Sie: Wie überzeugend ist die Idee für jemand anderen? 1 bedeutet: „Wahrscheinlich nicht so sehr", 8 bedeutet: „Sehr überzeugend" | | | | | | | |
| 1 | 2 | 3 | 4 | 5 | 6 | 7 | 8 |
| 5. Welche Chance geben Sie Ihrer Geschäftsidee auf dem Markt? 1 bedeutet: „Eher schlechte Chancen", 8 bedeutet: „Das wird ein Bombenerfolg" | | | | | | | |
| 1 | 2 | 3 | 4 | 5 | 6 | 7 | 8 |

| Chancen-Checker |
|---|
| 1. Nennen Sie drei charakteristische Merkmale Ihres Produkts bzw. Ihrer Dienstleistung. |
| 1: ____<br>2: ____<br>3: ____ |
| 2. Welches Kundenbedürfnis befriedigt Ihr Produkt bzw. Ihre Dienstleistung? |
| ____<br>____<br>____ |
| 3. Wer sind vermutlich die Käufer Ihres Produkts bzw. Ihrer Dienstleistung? |
| ____<br>____<br>____ |
| 4. Führen Sie zwei oder drei Konkurrenzprodukte zu Ihrem Produkt bzw. Ihrer Dienstleistung an. |
| 1: ____<br>2: ____<br>3: ____ |
| 5. Warum sollten die Kunden Ihr Produkt bzw. Ihre Dienstleistung kaufen und nicht das der Konkurrenz? |
| ____<br>____<br>____ |



# Üben – Anwenden

SbX ID: 3022

A B C D E

### Ü 3.08: Erfolgreiche Geschäftsideen D

a) Suchen Sie nach erfolgreichen Geschäftsideen der letzten Jahre und beschreiben Sie diese kurz.
b) Überlegen Sie, warum diese Geschäftsideen erfolgreich sind.

### Ü 3.09: Geschäftsideen entwickeln und einschätzen E

a) Gehen Sie einen Tag lang „mit offenen Augen durch die Welt". Schreiben Sie alle wichtigen Eindrücke auf, z. B.: Welche Probleme sehen Sie? Welche Bedürfnisse haben Sie oder andere?
b) Entwickeln Sie aufgrund Ihrer Aufzeichnungen mindestens drei Geschäftsideen.
c) Schätzen Sie Ihre Geschäftsidee mit dem Ideen-Checker und dem Chancen-Checker ein.

### Ü 3.10: Jungunternehmertest D

SbX
Ü 3.10
Rechercheaufgabe
ID: 3022

Testen Sie mithilfe der WKO Ihre Eignung zum Unternehmer. Diskutieren Sie über den Test in der Klasse.

# Sichern

SbX ID: 3023

**Leitfragen für Geschäftsideen**

- Was gibt es noch nicht – sollte es aber geben?
- Was gibt es schon und könnte besser gemacht werden?
- Was gibt es schon und könnte kombiniert werden?

**key questions about business ideas**

- What doesn't exist yet – but should?
- What already exists and could be done better?
- What already exists and could be combined?

**Geschäftsideen systematisch suchen**

Bei der Entwicklung von Geschäftsideen müssen Entrepreneure sich selbst und ihr Umfeld kennen.

**searching for business ideas systematically**

When developing business ideas, entrepreneurs must know themselves and their environment.

**Geschäftsideen kreativ entwickeln**

Aus möglichst vielen Ideen zu einer Problemlösung wird eine Geschäftsidee entwickelt.

**developing business ideas creatively**

One business idea is developed from as many ideas as possible for solving a problem.

**Geschäftsideen prüfen**

Geschäftsideen lassen sich unter zwei Gesichtspunkten prüfen:

- Wie gut ist die Idee?
- Wie gut sind die Marktchancen der Idee?

**testing business ideas**

Business ideas can be seen from two points of view:

- How good is the idea?
- Is the idea marketable?

SbX ID: 3023

**Im SbX finden Sie die englische Zusammenfassung als Audio-Wiederholung sowie eine Bildschirmpräsentation mit den Grafiken dieser Lerneinheit.**

# Wissen

SbX ID: 3024

A B C D E
SbX
W 3.04–W 3.06 mit automatischer Aufgabenkontrolle
ID: 3024

**W 3.04: Leitfragen für Geschäftsideen** A

Welche drei Leitfragen können die Entwicklung einer Geschäftsidee unterstützen?

**W 3.05: Systematische und kreative Suche nach einer Geschäftsidee** B

Erläutern Sie den Unterschied zwischen systematischer und kreativer Ideenfindung.

**W 3.06: Beratung für Jungunternehmer** B

Welche Überlegungen sind bei der Überprüfung einer Geschäftsidee wichtig?

English questions

**E 3.03: What does an entrepreneur need to think about to develop a good business idea?**

**E 3.04: Is it enough to have a good idea to be a successful business?**

## Kompetenz-Check

Ein kurzer Kompetenz-Check, bevor's weitergeht!

| | ☺ | 😐 | ☹ |
|---|---|---|---|
| Ich kann Geschäftsideen auf kreative und systematische Weise entwickeln. | | | |
| Ich kann eine Geschäftsidee auf Chancen prüfen. | | | |

## Lerneinheit 3
# Gute Ideen umsetzen

SbX
Alle SbX-Inhalte zu dieser Lerneinheit finden Sie unter der ID: 3030.

Eine tolle Geschäftsidee ist eine Voraussetzung für eine gelungene Unternehmensgründung. Die Umsetzung eine zweite. Entrepreneure müssen sich fragen: „Will ich ein Unternehmen gründen?", „Darf ich ein Unternehmen gründen?", „Wird es sich lohnen, ein Unternehmen zu gründen, und in welcher Form?"

Es müssen also persönliche Voraussetzungen berücksichtigt, betriebswirtschaftliche Überlegungen angestellt und die rechtlichen Bedingungen geprüft werden.

# Lernen

SbX ID: 3031

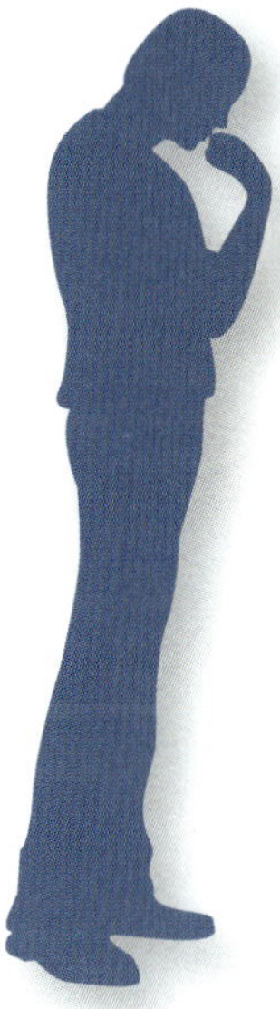

## 1 Persönliche Voraussetzungen für die Unternehmensgründung [Personal requirements for starting a business]

Wollen Sie Jungunternehmer bzw. Jungunternehmerin werden, sollten Sie folgende Fragen ehrlich beantworten:

- Haben Sie die fachliche Qualifikation?
  Einige Jahre Branchenerfahrung oder zumindest ein Partner/eine Partnerin, der/die die Branchenerfahrung mitbringt, sind sinnvoll.
- Wollen Sie den nötigen Arbeitseinsatz aufbringen?
  In der Regel arbeiten Jungunternehmer/innen 50 bis 70 Stunden pro Woche und machen bestenfalls Kurzurlaube. Sind auch Ihre Partnerin/Ihr Partner und Ihre Familie mit dieser Belastung einverstanden?
- Sind Sie risikofreudig?
  Sicherheit, dass eine Neugründung ein Erfolg wird, gibt es nicht. Das Einkommen ist in den ersten Jahren meist geringer als in einem Dienstverhältnis.

## 2 Der Businessplan als Grundlage einer erfolgreichen Gründung [A business plan as the basis for a successful start-up]

**Zur Umsetzung einer Geschäftsidee gehört sorgfältige Planung.**

Sind alle persönlichen Voraussetzungen geklärt, stellt sich die Frage, ob es sich lohnen wird, ein Unternehmen zu gründen. Ein Businessplan hilft dabei, eine gute Geschäftsidee Schritt für Schritt zu konkretisieren. Dafür wird die Geschäftsidee mit den Anliegen und Interessen der zukünftigen Partner des neuen Unternehmens abgeglichen. Unternehmensgründer können sich auf diese Weise klarmachen, ob die Geschäftsidee Chancen auf dem Markt haben wird.

3 Entrepreneurship

Beispiel

**Überlegungen bei der Unternehmensgründung:**

- Boris, ein 27 Jahre alter Oberösterreicher, möchte seine Karriere als Fußballprofi beenden und ein Unternehmen gründen. Er nimmt sich Ihr BW-Buch zur Hand und blättert es aufmerksam durch. Besonders interessieren ihn die Abschnitte über die „Partner des Unternehmens", die „Funktionsbereiche des Unternehmens" und die „Einzelwirtschaftlichen Ziele". Folgende Gedanken gehen ihm durch den Kopf:

Grafik
**Grundfragen zum Businessplan**

**Beispiel (Fortsetzung)**

Schließlich bringt Boris seine Überlegungen zu Papier:

**Erste Gedanken zu meinem Businessplan**

**1. Leitgedanken – meine Geschäftsidee**

Als Profisportler biete ich mit meinem Unternehmen professionell erstellte Trainingspläne und individuell abgestimmte Ernährungskonzepte für ein gesundes Leben. Es macht mir Spaß, mit Menschen zu arbeiten und mein Wissen weiterzugeben.

**2. Kunden**

Meine Kunden sind Unternehmen und Private aus Wien, Niederösterreich und dem Burgenland, die mein individuell zugeschnittenes Coaching in den Bereichen Training und Ernährung schätzen. Je nach Bedarf fahre ich zu den Kunden oder biete einen eigenen Fitnessraum an. Meine Kunden überzeuge ich durch die Werbeaktivitäten auf meiner Website und in sozialen Netzwerken.

**3. Lieferanten**

Für meine Ernährungsberatung brauche ich Lieferanten, die hochwertige Nahrungsergänzungsmittel anbieten. Außerdem habe ich sehr gute Kontakte zu Sportmedinzinern und Mentalcoaches – Motivationstrainer, die die Willensstärke und das Durchhaltevermögen der Kundinnen und Kunden unterstützen können.

**4. Konkurrenten**

Meine Recherche hat ergeben, dass es in dieser Branche nur wenige Konkurrenten gibt, die ein ähnliches Konzept anbieten.

**5. Mitarbeiter**

Vorerst brauch ich noch keine Mitarbeiter.

**6. Kreditgeber**

Für die Gründung meines Unternehmens brauche ich nur wenig Kapital. Aus meiner Zeit als österreichischer Profifußballer habe ich ausreichend Geld zur Verfügung, um alle nötigen Anlagegüter anzuschaffen.

**7. Eigentümer**

Ich bin der alleinige Eigentümer meines Unternehmens und erwarte mir, so viel zu verdienen, dass ich von meinem Unternehmen leben kann.

**8. Staat und andere offene Fragen**

Ich muss noch klären, welche rechtlichen Voraussetzungen ich zu erfüllen habe.

Außderdem weiß ich noch nicht:
Welchen Preis kann ich für ein Training verlangen?
Welche finanziellen Mittel brauche ich genau, um mein Vorhaben zu verwirklichen?
Welche Rechtsform ist für mich passend?

Ich werde mich noch im Unternehmensserviceportal unter www.usp.gv.at schlau machen und einen Termin bei einer Gründungsberatungsstelle vereinbaren.

Selbstverständlich ist ein Businessplan in der Praxis viel umfangreicher. Dieses Beispiel zeigt Ihnen aber, welche grundsätzlichen Überlegungen bei der Erstellung eines Businessplans anzustellen sind und wie man dabei vorgehen könnte. Das Thema Businessplan wird Sie im Laufe der nächsten Jahre noch mehrmals beschäftigen.

## 3 Die rechtlichen Voraussetzungen für die Unternehmensgründung [The legal requirements for starting a business]

Das **freie Unternehmertum** zählt zu den Grundrechten in der Marktwirtschaft.

Wer in Österreich ein Unternehmen gründen möchte, muss in jedem Fall die folgenden rechtlichen Aspekte berücksichtigen:

- Gewerberecht
- Sozialversicherungsrecht
- Steuerrecht

Für jede gewerbliche Tätigkeit in Österreich ist eine Gewerbeberechtigung erforderlich. Diese wird durch die Gewerbebehörde erteilt, wenn alle nötigen allgemeinen und besonderen Voraussetzungen erfüllt sind. Die allgemeinen Voraussetzungen sind:

- Österreichische, EU- oder Schweizer Staatsbürgerschaft bzw. ein Aufenthaltstitel
- Eigenberechtigung, d. h. vollendetes 18. Lebensjahr
- geeigneter Standort für die Gewerbeausübung
- keine sonstigen Ausschließungsgründe (z. B. Finanzstrafdelikte, gerichtliche Verurteilungen)

Je nach Gewerbe müssen auch noch besondere Voraussetzungen erfüllt werden. Diese beziehen sich auf den Nachweis, dass der Unternehmensgründer „befähigt" ist, ein Unternehmen zu führen.

Neben dem Gewerberecht muss sich der Jungunternehmer bei der Sozialversicherung bzw. beim Finanzamt melden. Ob bzw. in welchem Ausmaß Sozialversicherungsbeiträge bzw. Steuern zu bezahlen sind, hängt von der Größe des Unternehmens ab.

## 4 Das Einzelunternehmen – die beliebteste Rechtsform in Österreich [The sole proprietorship – the most popular legal form in Austria]

Erst wenn alle persönlichen und rechtlichen Voraussetzungen und sowie alle betriebswirtschaftlichen Überlegungen geklärt sind, kann die Rechtsform des Unternehmens gewählt werden.

**§ 1 UGB:** „Ein Unternehmen ist jede auf Dauer angelegte Organisation selbständiger wirtschaftlicher Tätigkeit, mag sie auch nicht auf Gewinn gerichtet sein."

Jedes Unternehmen geht im Verhältnis zu seinen Partnern viele Verpflichtungen ein. Daher müssen verschiedene gesetzliche Regelungen beachtet werden. Zu klären ist:

**Die meisten neuen Unternehmen fangen klein an.**

- Woher kommt das Eigenkapital?
- Wer trägt das Risiko der Unternehmenstätigkeit?
- Wer entscheidet im Unternehmen?
- Unter welchem Namen tritt das Unternehmen auf dem Markt auf?

Diese Fragen können unterschiedlich beantwortet werden. Deshalb gibt es auch verschiedene Rechtsformen des Unternehmens. Für ein Einzelunternehmen gilt:

**Grafik Einzelunternehmen**

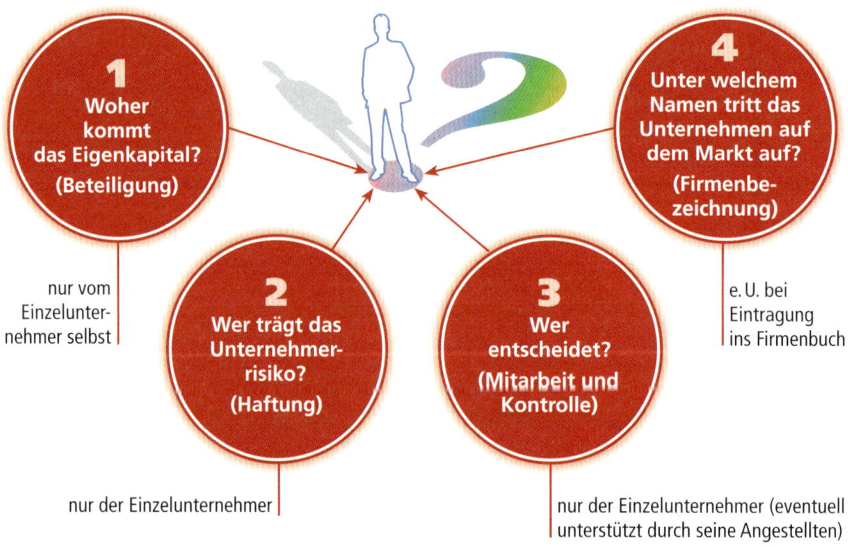


**(1) Woher kommt das Eigenkapital? – Beteiligung:**
Das gesamte benötigte Eigenkapital kommt vom Unternehmer selbst.

Das **Eigenkapital** wird vom Unternehmer ins Unternehmen eingebracht. Es steht dem Unternehmen unbefristet zur Verfügung, d. h., **es muss nicht zurückgezahlt werden.**

**Fremdkapital** wird dem Unternehmen vor allem von Banken und Lieferanten zur Verfügung gestellt. **Es muss zurückgezahlt werden.**

**(2) Wer trägt das Unternehmerrisiko? – Haftung:**
Der Unternehmer haftet für die Unternehmensschulden unbeschränkt, d. h., er haftet sowohl mit dem Unternehmensvermögen als auch mit seinem gesamten privaten Vermögen.

Ein erwirtschafteter Gewinn gehört zur Gänze dem Einzelunternehmer, dafür muss auch ein Verlust vom Einzelunternehmer selbst getragen werden.

**(3) Wer entscheidet? – Mitarbeit und Kontrolle:**
Der Unternehmer ist für die Geschäftsführung alleine verantwortlich. Er kann aber zu seiner Unterstützung Mitarbeiter beschäftigen und diesen Vollmachten erteilen.

Einzelunternehmer müssen sich erst bei Erreichen eines bestimmten Jahresumsatzes in das Firmenbuch eintragen lassen. Diese Grenzen sind im § 124 BAO (Bundesabgabenordnung) geregelt. Die Grenze liegt bei einem Jahresumsatz von mehr als 1.000.000 EUR in einem Geschäftsjahr oder bei 700.000 EUR Jahresumsatz in zwei aufeinanderfolgenden Geschäftsjahren.

**(4) Unter welchem Namen tritt das Unternehmen auf dem Markt auf? – Firmenbezeichnung:** Ab einem bestimmten Jahresumsatz muss das Einzelunternehmen ins Firmenbuch eingetragen werden **(protokolliertes Unternehmen).** Liegt der Jahresumsatz unter den gesetzlichen Grenzen, so kann sich der Einzelunternehmer freiwillig ins Firmenbuch eintragen lassen. Der protokollierte Einzelunternehmer kann eine Namen-, Sach- oder Fantasiebezeichnung als Firma führen. Die Firma muss weiters die Bezeichnung „eingetragener Unternehmer" oder „eingetragene Unternehmerin" oder eine Abkürzung dieser Bezeichnung, insbesondere „e. U.", beinhalten.

Unterschreitet das Einzelunternehmen die Jahresumsatzgrenze und möchte der Einzelunternehmer nicht in das Firmenbuch eingetragen werden **(nicht protokollierter Unternehmer),** so betreibt er sein Unternehmen unter seinem Familiennamen in Verbindung mit mindestens einem ausgeschriebenen Vornamen.

Von den neu gegründeten Unternehmen im Jahr 2014 wurden laut Wirtschaftskammer Österreich (WKO) ca. 80 % als Einzelunternehmen gegründet. Mehr als die Hälfte dieser neu gegründeten Unternehmen hatte im Jahr der Gründung keinen unselbständig Beschäftigten. Das Einzelunternehmen ist somit die beliebteste Rechtsform in Österreich. Für diese Rechtsform spricht, dass eine Gründung bereits mit geringem Eigenkapital möglich ist, der Unternehmer selbständig entscheiden kann und ein Gewinn zur Gänze dem Unternehmen gehört. Allerdings trägt der Unternehmer auch das gesamte Risiko für Fehlentscheidungen und haftet unbeschränkt mit seinem gesamten Vermögen für die Unternehmensschulden.

# Üben – Anwenden

SbX ID: 3032

A B C D E

SbX
**Ü 3.12**
**mit automatischer Aufgabenkontrolle**
**ID: 3032**

### Ü 3.11: Businessplan als Grundlage einer erfolgreichen Gründung C

Welche Überlegungen könnten die Grundlage für den Businessplan eines Nachhilfeinstituts liefern?

Welche wichtigen Ausgangsfragen sollte sich der zukünftige Unternehmer/die zukünftige Unternehmerin dabei stellen? Finden Sie auch passende Antworten.

### Ü 3.12: Bedeutung des Einzelunternehmens in Österreich D

Die STATISTIK AUSTRIA **(www.statistik-austria.at)** veröffentlichte im Jahr 2015 folgende Statistik zu den Rechtsformen von Unternehmen in Österreich für das Jahr 2012:

| Rechtsform | Aktive Unternehmen | Beschäftigte bei aktiven Unternehmen | Unternehmensneugründungen | Beschäftigte bei neu gegründeten Unternehmen | Darunter unselbständig Beschäftigte |
|---|---|---|---|---|---|
| Einzelunternehmen | 268 426 | 741 243 | 15 830 | 27 180 | 11 350 |
| Kapitalgesellschaften | 83 911 | 1 878 185 | 4 184 | 15 451 | 15 451 |
| Personengesellschaften und andere Rechtsformen | 55 451 | 850 240 | 4 063 | 14 065 | 7 748 |
| insgesamt | 406 787 | 3 469 667 | 24 077 | 56 696 | 34 549 |

Beantworten Sie folgende Fragen zur Statistik:

a) Wie hoch ist der prozentuelle Anteil von Einzelunternehmen an allen aktiven Unternehmen in Österreich?
b) Wie hoch ist der prozentuelle Anteil von Einzelunternehmen an neu gegründeten Unternehmen in Österreich?
c) Wie viele Beschäftigte hat ein aktives Einzelunternehmen durchschnittlich in Österreich?
d) Wie viele Beschäftigte hat ein neu gegründetes Einzelunternehmen durchschnittlich in Österreich?
e) Vergleichen Sie die Ergebnisse aus Punkt c) und d) und interpretieren Sie die Differenz!

3 Entrepreneurship

# Sichern

SbX ID: 3033

**Businessplan**
Mit dem Businessplan wird die Geschäftsidee konkretisiert.

**business plan**
A business plan formalises a business idea.

**rechtliche Grundlagen**
Bei der Unternehmensgründung sind in jedem Fall das Gewerberecht, das Sozialversicherungsrecht und das Steuerrecht zu beachten.

**legal basis**
When setting up a business the owners must at least consider trade law, social insurance law and tax law.

**das Einzelunternehmen – Bedeutung für Österreich**
Annähernd 70 % der österreichischen Unternehmen sind Einzelunternehmen – EUs.

**the sole proprietorship – significance for Austria**
Almost 70% of Austrian businesses are sole proprietorships.

**Merkmale von Einzelunternehmen**
- Das gesamte benötigte Eigenkapital kommt vom Unternehmer selbst.
- Unternehmer haftet für die Unternehmensschulden unbeschränkt.
- Unternehmer ist für getroffene Unternehmensentscheidungen alleine verantwortlich.
- Protokolliertes Unternehmen: Namen-, Sach- oder Fantasiebezeichnung und Hinweis auf die Rechtsform Einzelunternehmen
- Nicht protokolliertes Unternehmen: Familiennamen und mindestens ein ausgeschriebener Vornamen

**characteristics of sole proprietorships**
- All the equity capital is provided by the owner of the business, the sole proprietor.
- The business owner has unlimited liability for any debts of the business.
- The business owner has sole responsibility for all the business decisions.
- Registered business: name, realistic (showing purpose of business) or unrelated imaginative name, and an indication of the legal form sole proprietorship.
- Unregistered business: family name and full form of at least one first name.

**Vorteile von Einzelunternehmen**
- Entscheidungsfreiheit des Unternehmers
- rasche, kostengünstige und einfache Gründung

**advantages of a sole proprietorship**
- The business owner can make all decisions.
- Quick, cheap and easy to set up.

**Nachteile von Einzelunternehmen**
- Eigenkapital muss zur Gänze vom Unternehmer aufgebracht werden.
- Finanzierung über Fremdkapital ist meist nur beschränkt möglich, da nur der Einzelunternehmer selbst dafür haftet.
- Gesamtes Unternehmerrisiko wird von einer Person getragen (unbeschränkte Haftung).

**disadvantages of a sole proprietorship**
- The business owner must provide all the equity capital.
- Financing with debt capital is usually only possible to a limited extent, as only the sole proprietor is liable for these debts.
- One person bears all the risk of doing business (unlimited liability).

SbX ID: 3033

**Im SbX finden Sie die englische Zusammenfassung als Audio-Wiederholung sowie eine Bildschirmpräsentation mit den Grafiken dieser Lerneinheit.**

# Wissen

SbX ID: 3034

A B C D E

SbX
W 3.09–W 3.10
mit automatischer
Aufgabenkontrolle
ID: 3034

**W 3.07: Businessplan** B

Wozu benötigt man einen Businessplan und welche Überlegungen beinhaltet er?

**W 3.08: Rechtliche Voraussetzungen** A

Welche rechtlichen Überlegungen sind bei der Unternehmensgründung anzustellen?

**W 3.09: Merkmale von Einzelunternehmen** A

Welche Aussagen über die Rechtsform des Einzelunternehmens sind richtig?

a) Das gesamte benötigte Kapital muss vom Unternehmer selbst aufgebracht werden.
b) Der Einzelunternehmer haftet für die Unternehmensschulden beschränkt, d. h., er haftet ausschließlich mit dem Unternehmensvermögen.
c) Ein Einzelunternehmer muss nicht alle Unternehmensentscheidungen alleine treffen. Er kann sich durch Beschäftigte bei gewissen Unternehmensentscheidungen unterstützen lassen.
d) Nicht protokollierte Einzelunternehmen müssen im Geschäftsleben neben ihrem Nach- und Vornamen auch den Zusatz e. U. führen.

**W 3.10: Eintragung ins Firmenbuch** A

Welche Aussagen über die Eintragung ins Firmenbuch sind richtig?

a) Alle Einzelunternehmen müssen sich ins Firmenbuch eintragen lassen.
b) Eine Eintragung ins Firmenbuch erfolgt jedenfalls freiwillig.
c) Eine Eintragungspflicht ins Firmenbuch ist von gesetzlichen Bestimmungen abhängig.
d) Im Firmenbuch sind nur die protokollierten Einzelunternehmen ersichtlich.

SbX
W 3.11
mit automatischer
Aufgabenkontrolle
ID: 3034

**Weitere Aufgabe zur Lernkontrolle im SbX**

**W 3.11: Test: Entrepreneurship: Themenübergreifender Test zum Kapitel** B

Überprüfen Sie mit diesem Test, ob Sie Ihr Wissen erfolgreich anwenden können!

English questions

**E 3.05: Decide whether the following are advantages or disadvantages of the sole proprietorship.**

| | Advantages | Disadvantage |
|---|---|---|
| The start-up costs are low. | | |
| The sole proprietor has unlimited liability. | | |
| The sole proprietor makes all business decisions. | | |
| The sole proprietor provides all the equity capital. | | |
| The business is simple to set up, and the formalities can be dealt with relatively quickly. | | |

**E 3.06: What is equity capital? What is debt capital?**

Ein kurzer Kompetenz-Check, bevor's weitergeht!

## Kompetenz-Check

| | ☺ | 😐 | ☹ |
|---|---|---|---|
| Ich kann erklären, was ein Businessplan ist, und weiß, welche Überlegungen er beinhaltet. | | | |
| Ich kann einen groben Überblick über die wichtigsten rechtlichen Voraussetzungen für die Unternehmensgründung geben. | | | |
| Ich kann erklären, was ein Einzelunternehmen ist, welche Rechte und Pflichten auf einen Einzelunternehmer zukommen und welche Vor- bzw. Nachteile mit dieser Rechtsform verbunden sind. | | | |
| Ich kenne die Bedeutung von Einzelunternehmen in Österreich. | | | |

# 4 VERTRÄGE

## Worum geht's in diesem Kapitel?

Die Boutique MODA NOVA kauft Modeartikel von anderen Unternehmen und verkauft sie an ihre Kundinnen. Das Geschäftslokal ist gemietet, das Geld für die notwendigen Umbauarbeiten haben die Geschäftsinhaberinnen teilweise mit einem Kredit (Darlehen) von der Bank aufgebracht. Zur Unterstützung des Geschäftsbetriebes gibt es zwei Mitarbeiter, die im Verkauf und im Büro arbeiten. Unternehmen wie zum Beispiel die Boutique MODA NOVA haben viele Partner: Lieferanten und Kunden sind meistens die wichtigsten Partner eines Unternehmens, es gibt aber noch andere. Ist das Geschäftslokal oder die Produktionsstätte gemietet, ist der Vermieter ein weiterer Partner. Die im Unternehmen angestellten Mitarbeiterinnen und Mitarbeiter sind ebenso Partner wie alle, die für das Unternehmen Leistungen erbringen.

Die Beziehungen zu den meisten Partnern werden durch Verträge geregelt. In den Verträgen wird genau festgehalten, welche Rechte und Pflichten die Vertragspartner haben. Welche Verträge für welche Beziehungen geschlossen werden, wie sie zustande kommen und erfüllt werden und was darin genau geregelt ist, wird in diesem Kapitel besprochen.

**Wenn Sie dieses Kapitel bearbeiten, erwerben Sie die folgenden in der Bildungs- und Lehraufgabe des Lehrplans angeführten Kompetenzen:**

Sie können aus dem Bereich Vertragswesen

- Bedingungen für das Zustandekommen von Verträgen erläutern,
- die Bedeutung und Konsequenzen von Verträgen erörtern,
- die Vertragstypen „Werkvertrag", „Dienstvertrag", „Kaufvertrag" sowie andere Vertragstypen (Mietvertrag, Versicherungsvertrag usw.) miteinander vergleichen,
- einen Dienstzettel lesen und Inhalte – aus Arbeitnehmerinnen- und Arbeitnehmersicht – erklären.

Sie können durch den Einsatz von Fallstudien

- Ihre erworbenen Fach-, Methoden-, Sozial- und Selbstkompetenzen vernetzt anwenden.

A B C D E

In diesem Kapitel finden Sie Übungsaufgaben, praxisorientierte Fallbeispiele und Aufgaben zur Lernkontrolle zur Überprüfung Ihrer Kompetenzen auf den Handlungsebenen A **Wiedergeben,** B **Verstehen,** C **Anwenden** und D **Analysieren & Interpretieren.**

**Dieses Kapitel umfasst folgende Lerneinheiten:**

# Lerneinheit 1
# Wodurch ein Vertrag gekennzeichnet ist

SbX
Alle SbX-Inhalte zu dieser Lerneinheit finden Sie unter der ID: 4010.

Kauft die Boutique MODA NOVA von einem anderen Unternehmen Ledergürtel ein, so muss genau geklärt sein, wie viele Gürtel in welcher Qualität (Länge, Material und Farbe) zu welchem Preis geliefert werden sollen. Um das zu klären, schließt MODA NOVA mit diesem Unternehmen einen Vertrag: In diesem Vertrag bestimmen die beiden Vertragspartner, welche Rechte und Pflichten sie gegenseitig haben. MODA NOVA hat das Recht auf Lieferung und verpflichtet sich, den vereinbarten Preis für die Gürtel zu bezahlen. Der Lieferant verpflichtet sich, die Gürtel in der vereinbarten Qualität und Menge zu liefern, und hat das Recht auf Bezahlung der Ware.

## Lernen

SbX ID: 4011

### 1 Was ein Vertrag ist [What a contract is]

In der Marktwirtschaft schließen Anbieter und Nachfrager Verträge ab.

Vertrag

Ein Vertrag ist eine **Vereinbarung zwischen** (mindestens) zwei **Vertragspartnern** über ihre **gegenseitigen Rechte und Pflichten.**

Der **Vertrag** ist ein wichtiges Element in der Marktwirtschaft.

Verträge können von Personen und Unternehmen abgeschlossen werden. Sie regeln die Geschäftsbeziehungen zwischen Unternehmen und ihren Partnern und sind ein wichtiges Element der Marktwirtschaft.

Je nachdem, was im Vertrag vereinbart wird, werden verschiedene Vertragsarten unterschieden. Folgende Vetragsarten sind im Gegenstand Betriebswirtschaft wichtig:

Grafik
**Vertragsarten**

**Übersicht**
**Vertragspunkte**

In jedem Vertrag werden mindestens folgende **fünf Vertragspunkte** geregelt:

| Vertragspunkte | Kaufvertrag | Werkvertrag | Arbeitsvertrag | Mietvertrag | Versicherungsvertrag | Kreditvertrag |
|---|---|---|---|---|---|---|
| **Wer bietet an?** | Verkäufer | Auftraggeber | Arbeitgeber | Vermieter | Versicherer | Kreditgeber |
| **Wer fragt nach?** | Käufer | Auftragnehmer | Arbeitnehmer | Mieter | Versicherungsnehmer | Kreditnehmer |
| **Was?** | bestimmtes Produkt, z. B. Handy | bestimmte Leistung, z. B. Fahrradreparatur | bestimmte Arbeitsleistung, z. B. Tätigkeit als Ferialpraktikant | bestimmte Wohnung oder Geschäftslokal, z. B. Miete eines Geschäftslokals | bestimmtes Risiko, z. B. Diebstahlsversicherung | z. B. einmaliger Kredit |
| **Wie viel?** | z. B. 1 Stück | z. B. Bremsen reparieren | z. B. 40 Stunden pro Woche | z. B. 120 m² | z. B. bis zu einem Betrag von € 3.000,– | Kreditbetrag, z. B. € 100.000.– |
| **Zu welchem Preis?** | Kaufpreis, z. B. € 240,– | Reparaturpreis, z. B. € 100,– | Gehalt, z. B. € 250,– pro Woche | Miete, z. B. € 1.500,– pro Monat | Versicherungsprämie, z. B. € 120,– pro Jahr | Zinsen, z. B. 5 % pro Jahr |

Was angeboten wird und zu welchem Preis etwas angeboten wird, bestimmt wesentlich den Wettbewerb in der Marktwirtschaft.

## 2 Wie ein Vertrag zustande kommt

[How a contract is established]

Ein Vertrag kommt gültig zustande, wenn folgende **fünf rechtlichen Bedingungen** gegeben sind:

**Grafik**
**Rechtliche Bedingungen von Verträgen**

4 Verträge

## Übereinstimmende Willenserklärung [Meeting of minds]

Ein Vertrag kommt durch ein **Angebot (Antrag)** und die **Annahme des Angebots** zustande. Anbieter und Nachfrager müssen sich in Bezug auf **alle** Vertragspunkte einig sein. Die Einigkeit wird durch die übereinstimmende Willenserklärung ausgedrückt.

Übereinstimmende Willenserklärung

Eine übereinstimmende Willenserklärung ist die **eindeutige Zustimmung der Vertragspartner zum Vertragsinhalt.**

Die übereinstimmende Willenserklärung kann **ausdrücklich** oder **schlüssig** erfolgen:

Grafik
**Formen der Willenserklärung**

**Ausdrücklich** bedeutet in diesem Fall, dass ein oder beide Vertragspartner sprachlich zum Ausdruck bringen, dem Vertragsinhalt zustimmen zu wollen.

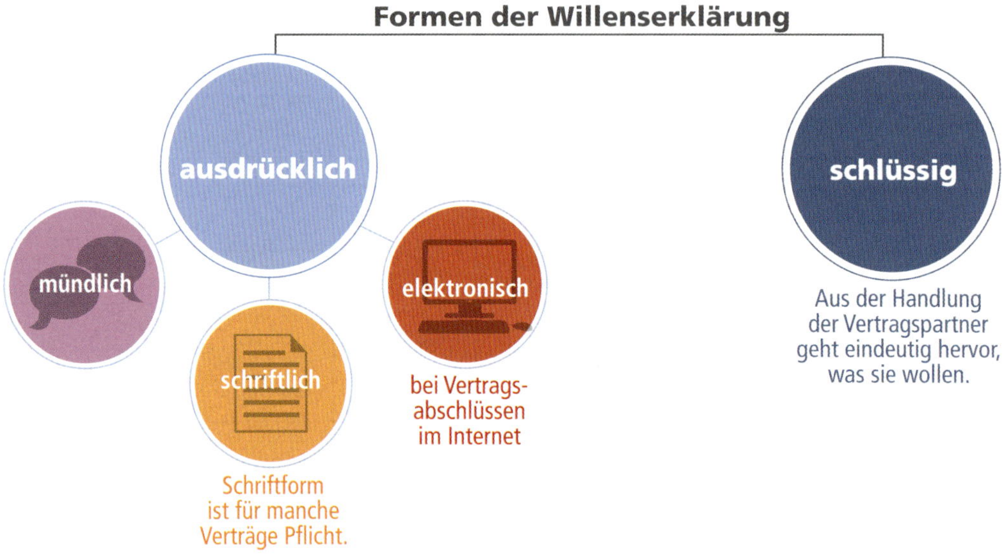


Beispiele

Der **E-Commerce** umfasst den Kauf und Verkauf von Gütern (Dienstleistungen und digitalen Produkten) online, z. B. über das Internet.

Der **M-Commerce** umfasst den Kauf und Verkauf von Gütern (Dienstleistungen und digitalen Produkten) online mithilfe des Mobiltelefons.

- mündliche Willenserklärung
  Sie gehen zum Friseur und sagen, dass Sie Ihre Haare gewaschen, geschnitten und geföhnt haben wollen. Der Friseur bittet Sie, Platz zu nehmen, damit er seine Arbeit beginnen kann. Die übereinstimmende Willenserklärung erfolgt mündlich.
- schriftliche Willenserklärung
  Ihre Eltern kaufen ein neues Auto. Der Verkäufer bereitet einen schriftlichen Kaufvertrag vor, in dem alle Informationen über das Auto und der Kaufpreis enthalten sind. Verkäufer und Käufer unterschreiben den Kaufvertrag. Die übereinstimmende Willenserklärung erfolgt schriftlich.
- Willenserklärung durch elektronischen Abschluss
  Sie kaufen online ein Computerspiel, speichern es auf Ihrem Computer und bezahlen durch Überweisung von Ihrem Jugendkonto. Die übereinstimmende Willenserklärung kommt im E-Commerce (Electronic Commerce) sozusagen durch Mausklick zustande. Diese Form der Willenserklärung betrifft auch den sogenannten M-Commerce (Mobile Commerce), wenn Sie Musikdateien im iTunes-Store über das Mobiltelefon oder Smartphone kaufen.
- Willenserklärung durch schlüssige Handlung
  Sie kaufen im Supermarkt für eine Party ein. Bei der Kassa legen sie alles aufs Förderband, die Kassiererin scannt die Preise, Sie packen die Waren ein und geben ihr das Geld. Die übereinstimmende Willenserklärung erfolgt durch schlüssige Handlung.

Formfreiheit und Formvorschriften

Verträge können in beliebiger Form abgeschlossen werden. **Grundsätzlich gilt die Formfreiheit.**

Manche Verträge aber **müssen schriftlich** abgeschlossen werden, z. B.:

- **Kaufverträge über Liegenschaften,** das sind bebaute oder unbebaute Grundstücke: Dabei ist die Schriftform erforderlich, damit sich der Erwerber in das Grundbuch eintragen lassen kann. Die Unterschriften der Vertragspartner müssen von einem Notar oder durch ein Gericht beglaubigt werden.
- **Ratengeschäfte** nach dem Verbraucherkreditgesetz

## Vertragspartner sind geschäftsfähig
### [Parties have sufficient capacity to contract]

Verträge kann nur abschließen, wer geschäftsfähig ist. Der Umfang der Geschäftsfähigkeit hängt vom Alter ab.

Grafik
**Geschäftsfähigkeit**

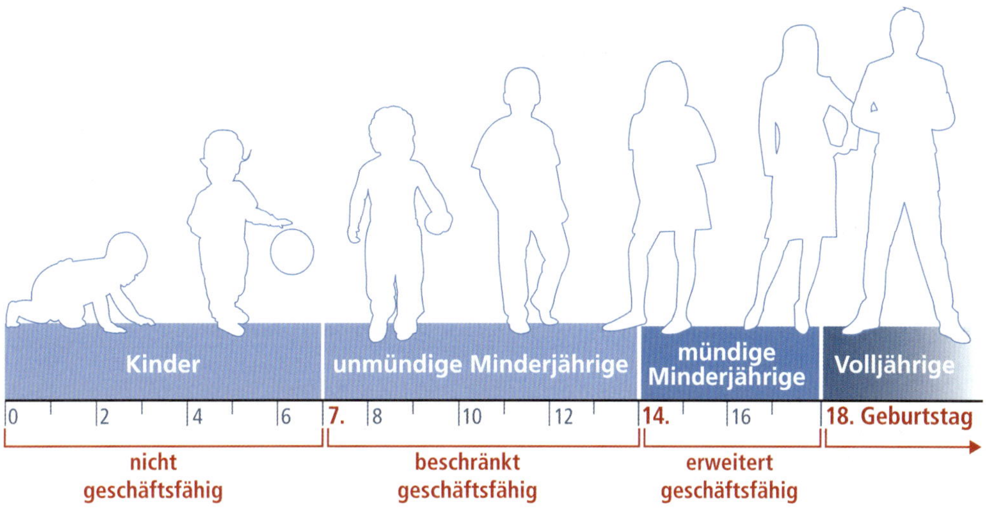


**Kinder sind bis zu ihrem 7. Geburtstag nicht geschäftsfähig.**

- Sie dürfen keine Verträge abschließen, dürfen aber geringfügige Sachen erwerben (sich z. B. ein Eis oder eine Wurstsemmel kaufen).

**Unmündige Minderjährige (7. bis 14. Geburtstag) sind beschränkt geschäftsfähig.**

- Sie dürfen ebenfalls keine Verträge abschließen. Wie Nichtgeschäftsfähige können sie aber geringfügige Sachen kaufen und darüber hinaus zu ihrem Vorteil gemachte Versprechen annehmen, d. h., sie dürfen berechtigt werden, es dürfen sie aber keine Pflichten treffen (eine Schenkung, aus der sich für den Beschenkten keine Verpflichtungen ergeben, z. B. ein Wertkartenhandy, ist auch ohne Zustimmung der Erziehungsberechtigten rechtswirksam, nicht jedoch ein Haustier, weil es versorgt werden muss).

**Mündige Minderjährige (14. bis 18. Geburtstag) sind erweitert geschäftsfähig.**

- Sie können über das verfügen, was sie selbst verdient haben oder was ihnen überlassen wurde (Taschengeld, Geschenke etc.). Allerdings dürfen sie dabei ihren Lebensunterhalt nicht gefährden. Mündige Minderjährige können sich vertraglich zu Dienstleistungen verpflichten.

**Volljährige (ab dem 18. Geburtstag) sind voll geschäftsfähig.**

- Sie dürfen alle Verträge abschließen, wenn sie geistig voll handlungsfähig sind.

## Vertragsinhalt ist erlaubt [Contract is legal]

Der Vertragsgegenstand muss erlaubt sein. Was im Vertrag vereinbart wird, darf nicht gegen ein Gesetz verstoßen. Ein Vertrag über den Handel von Drogen oder geschmuggelter Ware ist daher ungültig. Kauft ein Erwachsener im Supermarkt eine Flasche Rotwein, so ist das erlaubt. Kauft ein 14-jähriger Jugendlicher Wein, so verstößt das gegen das Gesetz und ist daher nicht erlaubt. Der Vertrag kommt nicht gültig zustande.

## Vertragsinhalt ist möglich [Contract is possible]

Der Vertragsgegenstand muss möglich sein. Ein Mietvertrag, in dem die Donau vermietet wird, ist nicht möglich und daher ungültig.

## Vertrag wird freiwillig abgeschlossen
### [Contract is concluded voluntarily]

Der Vertrag muss von beiden Seiten freiwillig abgeschlossen werden, er darf nicht durch List oder Drohung zustande gekommen sein. Der Getäuschte oder der Bedrohte kann den Vertrag anfechten.

## 3 Wie ein Vertrag erfüllt wird [How a contract is fulfilled]

Ist ein Vertrag gültig zustande gekommen, muss er auch erfüllt werden, d. h., die gegenseitig vereinbarten Rechte und Pflichten müssen eingehalten werden. Die **Erfüllung** erfolgt durch **Leistung und Gegenleistung.** Was die Leistung und Gegenleistung ist, hängt vom Vertrag ab:

**Übersicht**
**Erfüllung von Verträgen**

| Vertrags-erfüllung | Kauf-vertrag | Werk-vertrag | Arbeits-vertrag | Miet-vertrag | Ver-sicherungs-vertrag | Kredit-vertrag |
|---|---|---|---|---|---|---|
| **Leistung** | Lieferung der Ware durch den Verkäufer | Erbringung der Leistung druch den Auftrag-nehmer | Erbringung der Arbeits-leistung durch den Arbeit-nehmer | Überlassung einer Sache | Schutz vor einem Schaden | Überlassung von Geld |
| **Gegen-leistung** | Bezahlung durch den Käufer | Bezahlung durch den Auftraggeber | Bezahlung durch den Arbeitgeber | Zahlung der Miete | Zahlung der Versiche-rungsprämie | Rückzahlung des Kredits samt Zinsen |

Speziell beim Kaufvertrag sind die einzelnen Phasen von Zustandekommen und Erfüllung nicht immer deutlich zu erkennen.

**Beispiel**

Kauf im Selbstbedienungsladen:
- Ein Kunde nimmt die Ware aus dem Regal und legt sie an der Kasse auf das Förderband (Kaufantrag und Gegenleistung),
- der Kassier nimmt Geld an der Kassa und überlässt die Ware dem Kunden (Annahme und Leistung).

## 4 Welche gesetzlichen Grundlagen für Verträge gelten [The legal basis for contracts]

Ein gut funktionierendes **Rechtssystem** und **Vertragswesen** ist wichtig, damit die Marktwirtschaft gut funktioniert.

Das Zusammenleben der Wirtschaftsteilnehmer wird durch viele Gesetze geregelt. Für das Vertragswesen gelten vor allem die folgenden rechtlichen Grundlagen:

| Wichtige rechtliche Grundlagen für Verträge | |
|---|---|
| **Für alle Verträge!** | Sonderregelungen für:<br>• bestimmte Personengruppen oder<br>• ein bestimmtes Sachgebiet |
| • **ABGB** = Allgemeines Bürgerliches Gesetzbuch | • **UGB** = Unternehmensgesetzbuch<br>• **KSchG** = Konsumentenschutzgesetz<br>• **ECG** = E-Commerce-Gesetz<br>• **MRG** = Mietrechtsgesetz<br>• **VersVG** = Versicherungsvertragsgesetz<br>• **VKrG** = Verbraucherkreditgesetz<br>• etc. |

Die meisten gesetzlichen Regelungen können durch übereinstimmende Willenserklärung der Vertragsparteien abgeändert werden, einige jedoch nicht.

**Zwingende und nachgiebige gesetzliche Regelungen**

Gesetzliche Regelungen können sein:
- **zwingend** (D. h., sie können vertraglich nicht abgeändert werden.)
- **nachgiebig** (D. h., die Vertragspartner können sie einvernehmlich abändern.)

Vor allem im **Konsumentenschutzgesetz** sind viele Regelungen **zwingend,** um zu verhindern, dass sie zum Schaden des Konsumenten abgeändert werden können. Regelungen im ABGB und im UGB sind häufig „nachgiebig".

Die gesetzlichen Bestimmungen zu Verträgen sind sehr umfangreich und kompliziert. Hier werden sie nur so weit behandelt, wie sie für das Fach Betriebswirtschaft von grundlegender Bedeutung sind.

Mehr über die gesetzlichen Bestimmungen erfahren Sie bei den einzelnen Vertragsarten in der Lerneinheit 2 sowie im IV. Jahrgang im Gegenstand „Recht".

# Üben – Anwenden

SbX ID: 4012

A B C D E

SbX
Ü 4.01–Ü 4.02 und Ü 4.05 mit automatischer Aufgabenkontrolle ID: 4012

## Ü 4.01: Arten der Willenserklärung C

Geben Sie an, auf welche Art in den folgenden Fällen die Vertragspartner (A) und (B) ihren Willen zum Ausdruck bringen und ob es sich um eine übereinstimmende Willenserklärung handelt:

1) Herr Franz Schuster (A) möchte einen ÖAMTC-Schutzbrief (eine Art Reiseversicherung) für sich und seine Familie vereinbaren und schickt dazu ein vollständig ausgefülltes Antragsformular an den ÖAMTC (B). Wenige Tage später erhält er vom ÖAMTC einen Brief, in dem er sämtliche Schutzbriefunterlagen mit Zahlschein zugeschickt bekommt.

   Art der Willenserklärung bei Vertragspartner (A):

   Art der Willenserklärung bei Vertragspartner (B):

   Übereinstimmend? Ja Nein

2) Die 7-jährige Schülerin Franziska (A) nimmt in einer Bäckerei eine Packung Schnitten aus dem Regal und legt den genauen Geldbetrag neben die Kassa. Die Inhaberin der Bäckerei (B) nimmt den Geldbetrag und Franziska verlässt mit den Schnitten das Geschäft.

   Art der Willenserklärung bei Vertragspartner (A):

   Art der Willenserklärung bei Vertragspartner (B):

   Übereinstimmend? Ja Nein

3) Die 14-jährige Antonia (A) hat zum Geburtstag Geld von ihrer Oma geschenkt bekommen. Sie geht damit zum Friseur (B) und sagt: „Ich möchte, dass Sie mir Strähnchen färben!" Der Friseur antwortet: „Ich kann dir gerne die Haare schneiden, aber Färben ist bei unter 16-Jährigen leider verboten!"

   Art der Willenserklärung bei Vertragspartner (A):

   Art der Willenserklärung bei Vertragspartner (B):

   Übereinstimmend? Ja Nein

4) Der 19-jährige HAK-Absolvent Peter Mundschenk (A) unterzeichnet einen Vertrag, der ihm ermöglicht, ein Restaurant in einem Tennisclub zu betreiben. Auch die Eigentümerin des Restaurants (B) unterschreibt den Vertrag.

   Art der Willenserklärung bei Vertragspartner (A):

   Art der Willenserklärung bei Vertragspartner (B):

   Übereinstimmend? Ja Nein

5) Für die Sanierung seiner Altbauwohnung reicht der Angestellte Peter Arwanger (A) verschiedene Kreditunterlagen bei der Erste Bank (B) ein und unterzeichnet den Kreditvertrag.

   Art der Willenserklärung bei Vertragspartner (A):

   Art der Willenserklärung bei Vertragspartner (B):

   Übereinstimmend? Ja Nein

## Ü 4.02: Geschäftsfähigkeit C

Beurteilen Sie in den fünf Fällen von **Ü 4.01** die Geschäftsfähigkeit der Vertragspartner (A). In welchem Ausmaß sind sie geschäftsfähig? Dürfen sie die jeweiligen Geschäfte abschließen?

| Fall | Ausmaß der Geschäftsfähigkeit | Darf Vertrag abschließen? Ja/Nein |
|---|---|---|
| 1) Herr Franz Schuster (A) | | |
| 2) 7-jährige Schülerin Franziska (A) | | |
| 3) 14-jährige Antonia (A) | | |
| 4) 19-jähriger Peter Mundschenk (A) | | |
| 5) Angestellter Peter Arwanger (A) | | |

## Ü 4.03: Geschäftsfähigkeit beim Abschluss eines Mietvertrags C

Die 17-jährige HAK-Schülerin Betty spielt in ihrer Freizeit in einer Band die Drums. Zu Hause darf sie nur drei Stunden pro Woche üben. Sie beschließt daher, für 120 Euro im Monat einen Übungsraum zu mieten. Betty hat monatlich 80 Euro Taschengeld zur Verfügung und einiges gespart. Kommt der Mietvertrag zustande, wenn ihn Betty ohne Zustimmung ihrer Eltern unterschreibt?

## Ü 4.04: Geschäftsfähigkeit: Verpflichtung zu Dienstleistung C

In der Nachbarwohnung des 15-jährigen Gino lebt eine ältere Dame, die nicht mehr gut gehen und vor allem nicht mehr schwer tragen kann. Da sich Gino und seine Nachbarin schon seit vielen Jahren kennen, vereinbaren sie, dass Gino jeweils samstags Wochenvorräte an Getränken usw. für die Nachbarin einkauft und dafür monatlich 50 Euro erhält. Ist diese Vereinbarung gültig?

## Ü 4.05: Zustandekommen von Kaufverträgen D

Entscheiden Sie, ob in den nachfolgenden Fällen ein Kaufvertrag zustande gekommen ist, und begründen Sie Ihre Entscheidung.

a) Sie bestellen im Kaffeehaus Himbeereis mit Schlagobers. Der Kellner bringt Schokoladeeis ohne Schlagobers. Sie essen das Eis auf.

| | | | |
|---|---|---|---|
| übereinstimmende Willenserklärung liegt vor … | | Ja, weil … | |
| | | Nein, weil … | |
| Geschäftsfähigkeit liegt vor … | | Ja, weil … | |
| | | Nein, weil … | |
| Geschäft möglich … | | Ja, weil … | |
| | | Nein, weil … | |
| Geschäft erlaubt … | | Ja, weil … | |
| | | Nein, weil … | |
| Geschäft freiwillig … | | Ja, weil … | |
| | | Nein, weil … | |

b) Ein Versandhaus schickt einem Studenten unverlangt eine Flasche Rasierwasser. Der Student lässt das Rasierwasser ungeöffnet im Vorzimmer stehen.

| | | | |
|---|---|---|---|
| übereinstimmende Willenserklärung liegt vor … | | Ja, weil … | |
| | | Nein, weil … | |
| Geschäftsfähigkeit liegt vor … | | Ja, weil … | |
| | | Nein, weil … | |
| Geschäft möglich … | | Ja, weil … | |
| | | Nein, weil … | |
| Geschäft erlaubt … | | Ja, weil … | |
| | | Nein, weil … | |
| Geschäft freiwillig … | | Ja, weil … | |
| | | Nein, weil … | |

### Ü 4.06: Zustandekommen eines Kaufvertrags C

Sie haben an einem Montainbikerennen teilgenommen und erhalten unverlangt ein Foto von Ihrem Zieleinlauf mit Erlagschein zugeschickt. Sie legen Kuvert und Foto zur Seite, weil Sie das Foto nicht haben möchten. Ist ein Kaufvertrag zustande gekommen? Begründen Sie bitte!

### Ü 4.07: Geschäftsfähigkeit C

Erich ist 12 Jahre alt. Er erhält € 10,– Taschengeld pro Monat und manchmal von der Oma € 20,–.

a) Erich spart, bis er sich im Sportshop ein Fahrrad um € 110,– kaufen kann. Ist das Geschäft gültig?
b) Erich kauft nach der Schule einen Ball im Supermarkt um € 5,–. Ist dieses Geschäft gültig?

Begründen Sie Ihre Antworten!

### Ü 4.08: Zustandekommen des Kaufvertrags und rechtliche Grundlagen C

Erichs Vater, Karl Zweimaier, betreibt eine Schlosserei mit 5 Arbeitern. Kommt in den folgenden Fällen ein Kaufvertrag zustande?

a) Herr Zweimaier erzählt, dass er heute das Eigentumsgeschäftslokal von seinem Nachbarn gekauft und den Kaufvertrag mit Handschlag abgeschlossen hat.
b) Herr Zweimaier bestellt bei einem Versandhaus eine neue Waschmaschine mit 45 cm Tiefe für das kleine Sommerhaus der Familie. Das Versandhaus liefert eine Waschmaschine mit 60 cm Tiefe ohne Aufpreis. Herr Zweimaier sendet die Waschmaschine zurück.

### Ü 4.09: Geschäftsarten B

Was versteht man unter

a) E-Commerce?
b) M-Commerce?

Nennen Sie je 2 Beispiele zu diesen Geschäftsarten.

## Sichern

SbX ID: 4013

**Vertrag**

Ein Vertrag ist eine Vereinbarung von (mindestens) zwei Partnern über gegenseitige Rechte und Pflichten. Der Vertrag kommt durch Angebot (Antrag) und Annahme des Angebots zustande, wenn sich die Vertragspartner vollkommen einig sind.

**contract**

A contract is an agreement between two or more parties about mutual rights and obligations. The contract is established following an offer and acceptance of the offer, and when the contractual parties are in full agreement.

**übereinstimmende Willenserklärung**

Die Einigkeit der Vertragspartner kommt in der übereinstimmenden Willenserklärung zum Ausdruck.

**meeting of minds**

The full agreement of the contracting parties represents a meeting of minds.

**Formen der übereinstimmenden Willenserklärung**

Die übereinstimmende Willenserklärung kann erfolgen

- mündlich
- schriftlich (schriftlicher Vertrag, der unterschrieben wird)
- elektronisch (bei Vertragsabschlüssen im Internet)
- durch schlüssige Handlung (Aus der Handlung wird eindeutig klar, was die Vertragspartner wollen.)

**types of meeting of minds**

A meeting of minds can be

- verbal
- written (written contract that is signed)
- electronic (when a contract is concluded online)
- understood from deliberate acts (What both parties want is clear from their actions.)

**Bedingungen für das Zustandekommen von Verträgen**

Ein Vertrag kommt gültig zustande,

- wenn beide Partner dasselbe wollen (übereinstimmende Willenserklärung),
- wenn sie den Vertrag freiwillig abschließen,
- wenn der Vertragsinhalt möglich ist,
- wenn der Vertragsinhalt erlaubt ist und
- wenn die beiden Partner ausreichend geschäftsfähig sind.

**requirements for establishing a contract**

A valid contract is legally established

- when both parties want the same (meeting of minds)
- when they conclude the contract voluntarily,
- when the content of the contract is possible,
- when the content of the contract is legal,
- when both parties have sufficient capacity to contract.

**Geschäftsfähigkeit**

Die Geschäftsfähigkeit einer Person ist von ihrem Alter abhängig.

- Kinder bis zum 7. Geburtstag sind nicht geschäftsfähig, sie dürfen nur geringfügige Geschäfte abschließen, darüber hinaus dürfen sie keine Geschäfte abschließen.
- Unmündige Minderjährige (7. bis 14. Geburtstag) sind beschränkt geschäftsfähig, sie können zu ihrem Vorteil gemachte Versprechen annehmen, d.h., sie dürfen berechtigt werden (z.B. ein Geschenk annehmen), es dürfen sie aber keine Pflichten treffen.
- Mündige Minderjährige (ab dem 14. bis 18. Geburtstag) sind erweitert geschäftsfähig. Sie können über Selbstverdientes und Geschenke verfügen, dürfen aber ihren Lebensunterhalt nicht gefährden. Sie dürfen sich zu Dienstleistungen verpflichten.
- Volljährige (ab dem 18. Geburtstag) sind voll geschäftsfähig, wenn sie geistig voll handlungsfähig sind.

**capacity to contract**

A person's capacity to contract depends on their age.

- Children under 7 have no capacity to contract. They can only conclude contracts for small items.
- 7 to 14 year olds have limited capacity to contract. They can accept promises to their benefit, i.e. they can be entitled to something (e.g. accepting a present), but they cannot accept obligations.
- From 14 to 17 they are considered responsible minors and have extended capacity to contract. They can spend any money they have earned themselves or any presents, but are not allowed to endanger their livelihood. They can agree to provide services.
- From 18 everyone has full capacity to contract as long as they are of sound mind.

**rechtliche Grundlagen für Verträge**

Gesetze stellen die rechtliche Grundlage für Verträge dar. Das Allgemeine Bürgerliche Gesetzbuch (ABGB) ist eine wichtige rechtliche Grundlage, denn das ABGB gilt für alle Verträge. Daneben gibt es eine Reihe von Spezialgesetzen, die bei bestimmten Verträgen zur Anwendung kommen, z.B.

- das Konsumentenschutzgesetz (KSchG), wenn ein Vertragspartner Unternehmer und der andere ein Konsument ist,
- das Unternehmensgesetzbuch (UGB), wenn beide Vertragspartner Unternehmer sind,
- das E-Commerce-Gesetz (ECG), wenn das Geschäft im Internet abgeschlossen worden ist.

**legal basis for contracts**

Laws form the legal basis for contracts. The Civil Code (ABGB) is an important legal basis as it applies to all contracts. In addition there are a number of special laws which apply to particular contracts, e.g.

- the Consumer Protection Act (KSchG), when one party is a business and the other is a consumer,
- the Commercial Code (UGB), when both contracting parties are businesses,
- the E-Commerce Act (ECG), when business is conducted online.

**zwingende und nachgiebige Regelungen**

- Zwingende gesetzliche Regelungen gibt es vor allem im KSchG; sie dürfen nicht abgeändert werden.
- Nachgiebige Regelungen gibt es vor allem im ABGB und im UGB; sie dürfen abgeändert werden.

mandatory and non-mandatory regulations

Mandatory legal regulations are mainly found in the Consumer Protection Act; they cannot be changed in the contract.

Non-mandatory legal regulations are mainly found in the Civil Code and in the Commercial Code; they can be changed in the contract.

SbX ID: 4013

**Im SbX finden Sie die englische Zusammenfassung als Audio-Wiederholung sowie eine Bildschirmpräsentation mit den Grafiken dieser Lerneinheit.**

# Wissen

SbX ID: 4014

A B C D E

SbX

W 4.03–W 4.05 mit automatischer Aufgabenkontrolle ID: 4014

### W 4.01: Vertrag A

Was ist ein Vertrag?

### W 4.02: Willenserklärung B

Auf welche Art und Weise kann eine Willenserklärung abgegeben werden? Bringen Sie für jede Art ein selbst gewähltes Beispiel!

### W 4.03: Geschäftsfähigkeit A

Welche Geschäfte dürfen Jugendliche zwischen ihrem 14. und 18. Geburtstag abschließen?

### W 4.04: Volle Geschäftsfähigkeit A

Ab welchem Alter ist man voll geschäftsfähig?

### W 4.05: Erweiterte Geschäftsfähigkeit B

Darf ein 15-jähriger Jugendlicher
a) ein Sparbuch als Geschenk annehmen,
b) Nachhilfestunden geben und dafür 15 Euro pro Stunde verlangen,
c) einen Flug nach Rom um 150 Euro buchen,
d) eine Wohnung mieten, für die monatlich 800 Euro Miete zu bezahlen sind?

### W 4.06: Rechtliche Grundlagen für Verträge B

Welche rechtlichen Grundlagen für Verträge kennen sie und wozu braucht man Gesetze, die für Verträge gelten?

### W 4.07: Zwingendes und nachgiebiges Recht B

a) Wodurch unterscheiden sich zwingende von nachgiebigen gesetzlichen Regelungen?
b) Für welche Gesetze sind zwingende und nachgiebige Regelungen typisch?

### W 4.08: Analyse der Geschäftsfähigkeit D

Beobachten Sie ein bis zwei Wochen lang beim Einkaufen, was Kinder und Jugendliche alles kaufen, halten Sie Ihre Beobachtungen schriftlich fest und beurteilen Sie dann, ob sie aus rechtlicher Sicht diese Käufe tätigen dürfen.

### W 4.09: Verschiedene Kaufverträge D

Entscheiden Sie, ob in den folgenden Fällen a) und b) ein Kaufvertrag gültig zustande gekommen ist. Berücksichtigen Sie bei Ihrer Antwort bitte alle Bedingungen für das gültige Zustandekommen von Kaufverträgen.

In welcher Form drücken Käufer und Verkäufer ihren Willen aus?

a) Sie bestellen im Kaffeehaus einen Schinken-Käse-Toast mit Gemüse. Der Kellner bringt Ihnen einen Toast nur mit Käse. Sie essen den Toast auf, weil Sie sehr hungrig sind.
b) Die Rechtsanwältin Frau Dr. Lea Schreiner kauft für ihre Kanzlei einen Schreibtisch und einen Büroschrank bei der Fa. Rudolf Leiner GmbH. Sie kauft außerdem für ihr privates Ferienappartement eine Wohnzimmereinrichtung. Verkäufer und Käuferin unterschreiben den Kaufvertrag.

SbX
W 4.10–W 4.12
mit automatischer
Aufgabenkontrolle
ID: 4014

**Weitere Aufgaben zur Lernkontrolle im SbX**

W 4.10: **Was ist ein Vertrag?** Auswahlfrage B

W 4.11: **Übereinstimmende Willenserklärung:** Zuordnungsaufgabe B

W 4.12: **Bedingungen für einen gültigen Vertrag:** Zuordnungsaufgabe C

English questions

E 4.01: **Explain the term „meeting of minds" and why it is important for a contract?**

E 4.02: **How is a contract fulfilled?**

Ein kurzer Kompetenz-Check, bevor's weitergeht!

## Kompetenz-Check

| | ☺ | 😐 | ☹ |
|---|---|---|---|
| Ich kann erklären, was ein Vertrag ist und was in einem Vertrag im Allgemeinen geregelt wird. | | | |
| Ich kann Beispiele dafür bringen, auf welche Art und Weise die Willenserklärung der Vertragspartner erfolgen kann. | | | |
| Ich kann in konkreten Fällen entscheiden, ob eine übereinstimmende Willenserklärung vorliegt oder nicht. | | | |
| Ich kann in konkreten Fällen entscheiden, ob ein Vertrag gültig zustande gekommen ist oder nicht, und diese Entscheidung begründen. | | | |
| Ich kann erklären, warum Verträge rechtliche Grundlagen brauchen, und kann wichtige Gesetze nennen. | | | |

# Lerneinheit 2
# Die wichtigsten Vertragsarten

SbX
**Alle SbX-Inhalte zu dieser Lerneinheit finden Sie unter der ID: 4020.**

Die Boutique MODA NOVA schließt im Rahmen ihrer unternehmerischen Tätigkeit viele verschiedene Verträge ab. Sie kauft und verkauft Modeartikel, sie stellt Mitarbeiter an, sie lässt das EDV-System warten, sie mietet ihr Geschäftslokal und sie vereinbart mit einer Versicherung, dass sie im Fall eines Einbruchs in das Geschäftslokal den Schaden ersetzen würde. Es können also ganz unterschiedliche Verträge abgeschlossen werden: über den Kauf und Verkauf von Waren und Dienstleistungen oder über das Erbringen von Arbeitsleistungen. Ebenso kann ein Vertragspartner dem anderen etwas vermieten oder ihm eine Entschädigung bezahlen, wenn ein Schadensfall eintritt.

## Lernen

SbX ID: 4021

A B C D E

## 1 Kaufvertrag [Contract of sale]

**Kaufvertrag**

Beim Kaufvertrag vereinbaren Verkäufer und Käufer, eine **Sache gegen Geld zu tauschen.**

**Jeder schließt täglich Kaufverträge ab.**

### Zustandekommen und Erfüllung in der Praxis
[Conclusion and fulfilment in practice]

Kaufverträge werden sehr häufig abgeschlossen. Oft ist uns das aber gar nicht bewusst, weil die meisten Kaufverträge ganz einfach abgeschlossen werden.

**Beispiel**

- Auf dem Weg zur Schule gehen Sie zu einem Bäcker und kaufen sich eine Semmel.
  **Sie tauschen also Ihr Geld gegen die Semmel.**

Der **Kaufvertrag kommt zustande,** wenn sich Verkäufer und Käufer über die Ware und den Preis einig werden. Sie müssen genau darin übereinstimmen, wie die Ware beschaffen ist, welche Menge gekauft bzw. verkauft wird und wie viel dafür bezahlt wird (ohne diese **übereinstimmende Willenserklärung** kommt der Kaufvertrag nicht zustande).

**Beispiel**

- Von Ihrem Ersparten möchten Sie sich ein neues Fahrrad kaufen. Sie finden im Fahrradgeschäft ein passendes Modell, das aber keinen Gepäckträger hat. Mit dem Verkäufer vereinbaren Sie, dass er noch einen Gepäckträger anbringt. Sie verpflichten sich, das Fahrrad am nächsten Tag abzuholen und zu bezahlen, und der Verkäufer verpflichtet sich, Ihnen das Fahrrad mit Gepäckträger am nächsten Tag zu übergeben.
  **Sie und der Verkäufer haben damit einen Kaufvertrag über das Fahrrad abgeschlossen.**

Der Kaufvertrag **wird erfüllt,** indem der Verkäufer die Ware liefert **(Leistung)** und der Käufer sie bezahlt **(Gegenleistung).**

**Beispiel**

- Am nächsten Tag gehen Sie wieder in das Fahrradgeschäft, nehmen das Fahrrad vom Verkäufer entgegen und bezahlen den vereinbarten Kaufpreis.
  **Der Kaufvertrag wird durch die Übergabe des Fahrrads und die Bezahlung des Kaufpreises erfüllt.**

4 Verträge

Übungsbeispiel

### Ü 4.10: Kaufvertrag Gebrauchtwagen B

Fabian Mayer ist 18 Jahre alt und hat gerade die Führerscheinprüfung bestanden. Von seinem Ersparten kauft er sich einen Gebrauchtwagen und schließt den nachfolgend abgebildeten Kaufvertrag ab.

Beantworten Sie folgende Fragen:

a) Wer ist der Käufer? Wozu verpflichtet er sich durch den Kaufvertrag?
b) Wer ist der Verkäufer? Wozu verpflichtet er sich durch den Kaufvertrag?
c) Wodurch erklären Verkäufer und Käufer, dass sie den Vertrag abschließen wollen?

**KAUFVERTRAG**

**Verkäufer:** Herbert Fiedler
wohnhaft in: 3500 Krems, Langenloiserstraße 30

verkauft an

**Käufer:** Fabian Mayer
wohnhaft in: 3500 Krems, Wiener Straße 160

**folgendes Fahrzeug:**

Art, Marke, Type: Audi A3 1,9 Ambition TDI
Baujahr: 2004
Fahrgestellnummer: M21874500876
Motornummer: 459843290654
Letztes Kennzeichen: KS 55832 L
Kilometerstand: 98.750 km
Preis: 5.800 Euro, zu bezahlen in bar bei Übergabe des Fahrzeuges

Das Fahrzeug wurde vom Käufer besichtigt und probegefahren. Der Verkäufer haftet für die Richtigkeit und Echtheit der Fahrgestell- und Motornummer, der Fahrzeugpapiere und des Kilometerstandes. Außerdem bestätigt er, dass das Fahrzeug von keiner Seite mit irgendwelchen Forderungen belastet ist. Das Fahrzeug geht erst mit Bezahlung des gesamten Kaufpreises in den Besitz des Käufers über. Käufer und Verkäufer vereinbaren den Ausschluss der Gewährleistung.

Krems, am 10. Juli 20..

Herbert Fiedler — Verkäufer
Fabian Mayer — Käufer

Die Rechnungsprüfung wird im Gegenstand Unternehmensrechnung behandelt.

**Kaufverträge zwischen Unternehmen** werden **meistens schriftlich abgeschlossen** oder zumindest von einer Seite **schriftlich bestätigt**. Das ist vor allem dann wichtig, wenn die gekaufte Ware nicht sofort, sondern erst nach der Übersendung einer Rechnung bezahlt wird. In einem Unternehmen muss nämlich jede Rechnung zunächst daraufhin geprüft werden, ob die in Rechnung gestellte Ware auch in der entsprechenden Menge und zum berechneten Preis bestellt und geliefert wurde.

Beispiel

Schriftlicher Kaufvertrag von MODA NOVA:

- Mariana Illicic möchte ihr Sortiment um fetzige Handtaschen ergänzen. Nachdem sie sich Angebote verschiedener Hersteller angesehen hat, bestellt sie bei der Firma Bags & more per E-Mail je fünf Stück des Modells „Shopper" in den Farben Grün, Lila und Rot zum Preis von je 35,– Euro zuzügl. Versandkosten und Umsatzsteuer. Die Firma Bags & more bestätigt die Bestellung per Fax und sichert die Lieferung für die übernächste Woche zu. **Der Kaufvertrag über die Taschen ist schriftlich zustande gekommen.**

In manchen Fällen ist aber auch zwischen Unternehmen und Konsument ein schriftlicher Kaufvertrag üblich.

**Beispiel**

### Schriftlicher Kaufvertrag zwischen Unternehmen und Konsument:

- Herr Mustermann möchte eine neue Sitzgruppe kaufen, schaut sich bei Leiner nach den verfügbaren Modellen um und bestellt ein Set aus einer 3er-Bank, einer 2er-Bank und einem Fauteuil (Lehnsessel). Der Angestellte der Firma Leiner GmbH bereitet einen Kaufvertrag vor, in dem alles genau festgehalten wird. Dieser Kaufvertrag wird von Herrn Mustermann und dem Verkäufer unterschrieben. **Der Kaufvertrag über die Sitzgruppe ist schriftlich zustande gekommen.**

**Übungsbeispiel**

### Ü 4.11: Kaufvertrag für eine Sitzgruppe D

Beantworten Sie folgende Fragen zum abgebildeten Kaufvertrag:

a) Wer ist der Käufer? Wozu verpflichtet er sich durch den Kaufvertrag?
b) Wer ist der Verkäufer? Wozu verpflichtet er sich durch den Kaufvertrag?
c) Wodurch erklären Verkäufer und Käufer, dass sie den Vertrag abschließen wollen?

LEINER R.GMBH-WIEN
MARIAHILFER STR. 18
1070 WIEN
Telefon: 01/52153-0
Telefax: 01/52153-82
UniCredit Bank Austria AG
BLZ 12000, KONTO 00974770053
BIC: BKAUATWW IBAN: AT19 1100 0009 7477 0053
UID: ATU19755806

Leiner – Der Leiner ist meiner.

Lieferanschrift

**HERR**
**MUSTERMANN KARL**
**MUSTERSTRASSE 15**
**8020 GRAZ**

**Kdnr.: 9050135**

**Tel.: 01-123456789**

Kaufvertrag
NR. 1030786522

Verkäufer: 103999
Herr Wolf
voraussichtlicher Termin:
KW 20..36

Vertragsabschluß: 05.08.20..
Zustellart:
Zustellung

| Artikelnr. | Menge EH | Artikeltext | Mwst | Einzelpreis | Betrag |
|---|---|---|---|---|---|
| 7096028<br>7816 | 1,00 SET<br>B. 07816 | SITZGRUPPE/STOFF<br>ZUSAMMENSTELLUNG :<br>3ER BANK + 2ER BANK +<br>FAUTEUIL<br>STOFF: MUSTER 0123456<br>HOLZ: KIEFER | 20% | 499,00<br>SONDERPREIS | 499,00 |
| 18535057<br>9000 | 1,00 EH<br>1,00 103 DL-01-001-0 | DIENSTLEISTUNG SITZMOEBEL<br>LIEFERUNG<br>SITZGRUPPE ECKE 3/2/1<br>.. WOHNLANDSCHAFT<br>DURCH DAS GESCHULTE<br>LEINER SERVICE-TEAM<br>----------------------<br>INKL. AUFSTELLEN<br>OHNE MONTAGE<br>OHNE DEMONTAGE<br>OHNE ENTSORGUNG | 20% | 99,00<br>SONDERPREIS | 99,00 |

**Folgende Zahlungsbedingungen sind vereinbart:**
**Anzahlung: 298,00 am 05.08.20.. /Kassa (Entgelt: 248,33 Mwst: 49,67)**

Warenwert: 498,33
Mwst 10%: 0,00
Mwst 20%: 99,67
Rechnungsbetrag 598,00
Alle Beträge verstehen sich in EURO

Als Zahlungsbestätigung gelten Kassabon, Inkassobestätigung oder eingelangte Gutschriften auf unserem Konto.

RESTZAHLUNG BEI LIEFERUNG
AM 9.9.20..

**Restbetrag BAR bei Warenübernahme Netto/Netto.**

**Sitz der Gesellschaft: St. Pölten. - Eingetragen: Landes- als Handelsgericht St. Pölten.** FN 94579m DVR: 0005495
Der Käufer stimmt der Verwendung seiner Daten durch den Verkäufer ausdrücklich zu und nimmt Punkt 16) der umseitigen Verkaufs- und Lieferbedingungen ausdrücklich zur Kenntnis. Ein Widerruf ist jederzeit möglich. Produktdeklaration lt. Möbelkennzeichnung erfolgt. Lieferfristen hinsichtlich aller Waren beginnen erst mit vollständiger Bezahlung (Einlangen der Gutschrift auf unserem Konto) zu laufen. Wird die Anzahlung nicht vollständig binnen 5 Tagen (Einlangen der Gutschrift auf unserem Konto) geleistet, gilt der voraussichtliche Termin um jenen Zeitraum verschoben, der der Verspätung der vollständigen Bezahlung der Anzahlung entspricht. Wird die Anzahlung nicht geleistet, so hat dies keinen Einfluss auf den Abschluss des rechtskräftig zustande gekommenen Kaufvertrages. Alle Ansprüche aus dem Vertrag bleiben voll inhaltlich aufrecht.
**Umstehende Verkaufs- und Lieferbedingungen insbesondere Eigentumsvorbehalt gelesen und damit einverstanden**
Der verlängerte Eigentumsvorbehalt geht auf alle Rechtsnachfolger auf Seiten des Käufers über. Der Käufer ist verpflichtet, jeden Dritten vom bestehenden verlängerten Eigentumsvorbehalt zu unterrichten. Der Eigentumsvorbehalt gilt somit auch gegenüber Dritte bis zur vollständigen Bezahlung der Waren.
**Soweit personenbezogene Ausdrücke verwendet werden, umfassen sie Frauen und Männer gleichermaßen.**

| Verkaufspersonal | Gegenzeichnung | KARL MUSTERMANN<br>Unterschrift des Käufers |
|---|---|---|

Seite: 1 von 1

4 Verträge

## Gesetzliche Grundlagen des Kaufvertrags
[The legal basis for contracts of sale]

Welche Gesetze im Einzelfall für Kaufverträge gelten, hängt davon ab, ob
- beide Vertragspartner Unternehmer sind,
- beide Vertragspartner Private sind bzw. nur der Käufer ein Unternehmer ist,
- der Verkäufer Unternehmer ist, der Käufer Privater.

**Grafik**
**Gesetzliche Grundlagen des Kaufvertrags**

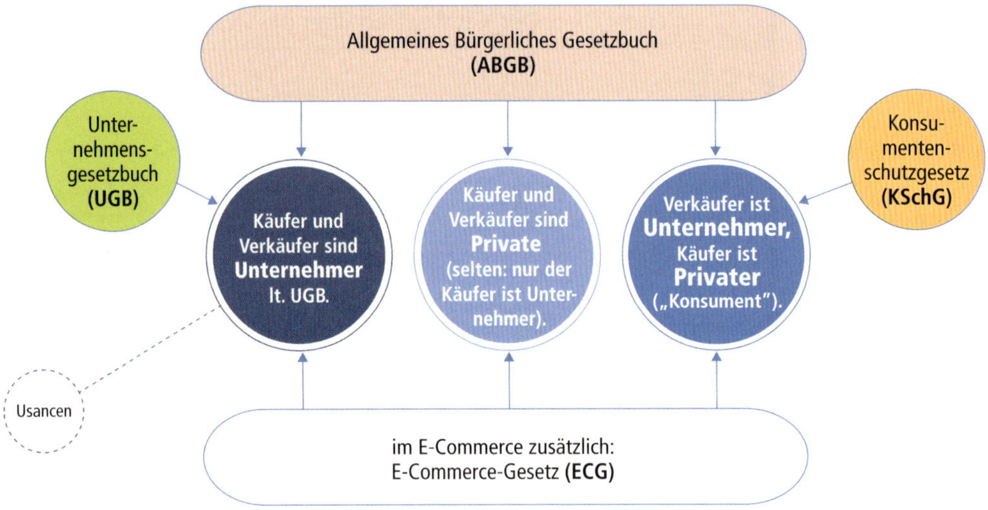


**Usancen** (Handelsbräuche) sind keine Gesetze, sondern Gepflogenheiten, die im Geschäftsverkehr zwischen Unternehmen in der Regel angewandt werden.
**Beispiel:** Es ist in einer Branche üblich, die Ware in Kisten zu 24 Flaschen zu liefern. Wird die Verpackung im Kaufvertrag nicht genau angegeben, dann gilt die Usance „Verpackung in Kisten zu 24 Flaschen".

Das **Allgemeine Bürgerliche Gesetzbuch** (ABGB) gilt grundsätzlich **für alle Kaufverträge.**

Bei **Kaufverträgen im Internet** gilt **zusätzlich** europaweit das **E-Commerce-Gesetz (ECG).**
- Das ECG verpflichtet Unternehmen z. B., Name und Anschrift des Unternehmens und eine E-Mail-Adresse zur Kontaktaufnahme anzugeben, die allgemeinen Geschäftsbedingungen zum Download anzubieten und die technischen Schritte des Vertragsabschlusses zu erklären.

Bei **Verkäufen von Unternehmern an Privatpersonen** gelten das ABGB und das **Konsumentenschutzgesetz (KSchG).**
- Das KSchG schützt die Endverbraucher z. B. vor nachteiligen Vertragsbestandteilen.

Wird ein **Kaufvertrag zwischen Unternehmern** abgeschlossen, gelten das **ABGB** und **das Unternehmensgesetzbuch (UGB).**
- Das Unternehmensgesetzbuch (UGB) regelt, welche Pflichten der Unternehmer zu erfüllen hat, wenn er mit anderen Unternehmen Verträge abschließt. Es sieht in vielen Fällen strengere Regeln vor als das Konsumentenschutzgesetz (z. B., wenn der Käufer zu spät bezahlt).

# 2 Werkvertrag [Contract to provide services]

**Werkvertrag**

Beim **Werkvertrag** vereinbaren die Vertragspartner, dass der **Auftragnehmer** eine bestimmte **Leistung** für den Auftraggeber **erbringt** und der **Auftraggeber diese Leistung bezahlt.**

Wird ein **Vertrag über das Erbringen einer Dienstleistung** abgeschlossen, handelt es sich in der Regel um einen **Werkvertrag.** Die Person, die die Dienstleistung erbringt, wird **Auftragnehmer** genannt. Die Person, die die Dienstleistung in Auftrag gibt, wird **Auftraggeber** genannt. Der Auftragnehmer erhält das vereinbarte Entgelt nur dann, wenn er die Leistung laut Vertrag erbringt, er „schuldet den Erfolg".

**Beispiele**
- Ein EDV-Dienstleistungsunternehmen wartet regelmäßig das Netzwerk eines Kunden.
- Ein Installateur repariert die Heizung eines Kunden.
- Die Steuerberaterin erstellt die Steuererklärungen für ihre Kunden.
- Eine Schneiderin näht ein Ballkleid für eine Kundin.

Übungsbeispiel

**Ü 4.12: Werkvertrag zwischen Mariana Ilicic und der Neunkirchner Braut- und Ballmode GmbH** D

Mariana Ilicic soll für ein Bekleidungsfachgeschäft in derselben Stadt Entwürfe für Ball- und Hochzeitskleider ausarbeiten. Dazu wird der nachfolgend abgebildete Werkvertrag aufgesetzt.

Die in dem abgebildeten Werkvertrag getroffenen Vereinbarungen zu Arbeitszeit und -ort, zur Verwendung von Betriebsmitteln und zur Weisungsfreiheit sind typisch für Werkverträge. Beantworten Sie folgende Fragen:

a) Ist die Auftragnehmerin an fixe Zeiten gebunden, zu denen sie arbeiten muss? Muss sie die Arbeit an einem bestimmten Ort erledigen?
b) Bekommt sie das Material, das sie zum Arbeiten braucht, zur Verfügung gestellt?
c) Darf sie, während sie an diesem Auftrag arbeitet, andere (auch ähnliche) Aufträge annehmen?
d) Ist die Auftragnehmerin an Weisungen der Auftraggeberin gebunden?
e) Zieht der Auftraggeber bereits Lohnsteuer und Sozialversicherungsbeiträge vom Honorar ab oder muss sich die Auftragnehmerin um diese Abgaben kümmern?

**WERKVERTRAG**, abgeschlossen zwischen

Frau Mariana Ilicic, geboren am 15. 9. 1982, wohnhaft in 1030 Wien, Renngasse 14, im folgenden kurz Werkunternehmerin genannt, und der Firma Neunkirchner Braut- und Ballmode GmbH, kurz Werkbestellerin genannt.

**1. Werkleistungsvereinbarung**
Die Unternehmerin verpflichtet sich, für die Bestellerin bis 31.3.20.. je zehn Entwürfe von Ball- und Brautkleidern im Format A3 zu entwickeln (in drei Perspektiven: Vorder- und Rückansicht sowie Profil). Die Unternehmerin erbringt diese Werke selbständig, ist an keine Arbeitszeit gebunden und verwendet dafür eigene Betriebsmittel.

**2. Dienstort**
Die Unternehmerin ist an keinen Dienstort gebunden.

**3. Konkurrenzverbot**
Während der Dauer der vereinbarten Tätigkeit unterliegt die Unternehmerin keinem Konkurrenzverbot. Sie ist berechtigt, Aufträge für ähnlich geartete Tätigkeiten auch von anderen Bestellern anzunehmen und für diese auszuführen.

**4. Honorar**
Die Bestellerin bezahlt der Unternehmerin für die von ihr zu erbringende Werkleistung nach Fälligkeit einen Betrag von € 4.000,– (zuzüglich 20 % USt).

Das Honorar ist fällig, nachdem die Unternehmerin sämtliche Werke erstellt hat.

**5. Abgaben und Sozialversicherung**
Da es sich bei gegenständlicher Vereinbarung um einen Werkvertrag handelt, unterliegt die Versteuerung des Honorars der Unternehmerin. Für die Abfuhr von Sozialversicherungsbeiträgen bzw. den Abschluss einer eventuellen Pflichtversicherung hat die Unternehmerin selbst zu sorgen.

**6. Weisungsfreiheit**
Ein Weisungsrecht der Bestellerin gegenüber der Unternehmerin besteht mit Ausnahme von sachlichen Weisungen nicht.

Wien, am 2. Februar 20..

*Mariana Ilicic*
Unternehmerin

*Felix Neunkirchner*
für die Bestellerin
Neunkirchner Braut- und Ballmode GmbH

4 Verträge

# 3 Arbeitsverträge [Contracts of employment]

Besonders ausführliche Regelungen gibt es im Rahmen der Arbeitsverträge. In diesem Bereich sind neben den allgemeinen vertragsrechtlichen Regelungen auch das Sozialversicherungsrecht und verschiedene besondere arbeitsrechtliche Gesetze zu berücksichtigen. Zum Verständnis für die wichtigsten Regelungen genügen einige Hinweise.

## Dienstvertrag [Standard contract of employment]

Dienstvertrag

Beim Dienstvertrag verpflichtet sich der **Dienstnehmer,** für bestimmte oder für unbestimmte Zeit **Dienstleistungen für den Dienstgeber zu erbringen.** Der **Dienstgeber** verpflichtet sich **zur Zahlung der vereinbarten Vergütung.**

Der Dienstnehmer muss die Leistungen an einem vom Dienstgeber zu bestimmenden Ort innerhalb eines bestimmten Zeitrahmens („Arbeitszeit") persönlich erbringen und ist an die Weisungen des Dienstgebers gebunden. Der Dienstgeber trägt die Dienstgeberanteile der Sozialversicherung (Krankenversicherung, Pensionsversicherung etc.) und führt die Lohnabrechnung durch.

**Der Dienstnehmer schuldet nur das „Bemühen", aber nicht den Erfolg.**

Beispiele

Fehler oder Unfall bei der Arbeit:

- Ein Buchhalter macht Buchungsfehler, weil er nicht ausreichend ausgebildet ist.
- Ein Lkw-Fahrer mit wenig Fahrpraxis verschuldet einen Unfall beim Wenden.

In beiden Fällen kann der Dienstgeber eventuell kündigen, aber er muss den Lohn bzw. das Gehalt bis zum Ende des Dienstverhältnisses bezahlen.

### Dienstzettel

Der Dienstzettel ist eine schriftliche Übersicht über die wesentlichen Rechte und Pflichten des Arbeitsverhältnisses. Der Dienstgeber ist verpflichtet, einen Dienstzettel auszustellen und dem Arbeitnehmer zu übergeben. Ausnahme: Das Arbeitsverhältnis dauert nicht länger als einen Monat oder es wurde ein schriftlicher Arbeitsvertrag ausgehändigt, der alle Mindestangaben eines Dienstzettels vollständig enthält.

Übungsbeispiel

SbX Ü 4.13 mit automatischer Aufgabenkontrolle ID: 4021

**Ü 4.13: Dienstzettel der H2Ö GmbH** D

Stefan Manhardt ist für den Verkauf (Handel Ö-Ost) in der H2Ö GmbH zuständig. Er soll die Kunden im Raum Ostösterreich betreuen und neue Kunden finden. Dazu wird der auf der folgenden Seite abgebildete Dienstzettel ausgestellt.

Analysieren Sie den abgebildeten Dienstzettel und überprüfen Sie, ob dieser alle Mindestinhalte aufweist:

| Mindestinhalte des Dienstzettels | Dienstzettel – Beispiel |
|---|---|
| Name und Anschrift des Arbeitgebers | |
| Name und Anschrift des Arbeitnehmers | |
| Beginn des Arbeitsverhältnisses (bei Befristungen) | |
| Ende des Arbeitsverhältnisses (bei Befristungen) | |
| Dauer der Kündigungsfrist und Kündigungstermin | |
| gewöhnlicher (oder wechselnder) Arbeitsort | |
| Einstufung in ein generelles Schema | |
| vorgesehene Verwendung | |
| Anfangsbezug, Fälligkeit des Entgelts | |
| Urlaubsausmaß | |
| vereinbarte Normalarbeitszeit | |
| Kollektivvertrag, Mindestlohntarif, Betriebsvereinbarungen und dergleichen | |
| Name und Anschrift der Mitarbeitervorsorgekasse | |

## DIENSTZETTEL

| | |
|---|---|
| **1. Dienstgeber** | |
| Name: | H2Ö GmbH |
| Anschrift: | Bürgergraben 1–5, 8623 Aflenz/Steiermark |
| **2. Dienstnehmer** | |
| Name: | Stefan Manhardt |
| Anschrift: | Wiener Straße 11/2, 8600 Kapfenberg |
| **3. Beginn des Dienstverhältnisses** | 24.07.20.. |
| **4. Art des Dienstverhältnisses** (Probemonat/befristet/auf unbestimmte Zeit) bei Befristung (Ende des Dienstverhältnisses) | *) ein Probemonat, danach unbefristet |
| **5. Dauer der Kündigungsfrist, Kündigungstermin** | lt. Angestelltengesetz zum 15. und Letzten jeden Monats seitens des Dienstgebers und -nehmers |
| **6. gewöhnlicher Arbeitsort** | Aflenz oder weitere Niederlassung des Dienstgebers |
| **7. Einstufung und Kollektivvertrag** | Kollektivvertrag für Handelsangestellte<br>Beschäftigungsgruppe 2 |
| **8. vorgesehene Verwendung** | Kfm. Angestellter – Verkauf LM-Handel Ö-Ost |
| **9. Anfangsbezug** | EUR 1.227,00 fällig zum Monatsende |
| **10. Ausmaß des jährlichen Erholungsurlaubs** | lt. Urlaubsgesetz (5 Wochen) |
| **11. vereinbarte Normalarbeitszeit** | 38,5 Stunden |
| **12. Vordienstzeiten für Urlaub** | ---- |
| **13. Vordienstzeiten für Abfertigung** | ---- |
| **14. Mitarbeitervorsorgekasse** | BAWAG Allianz Mitarbeitervorsorgekasse AG<br>MKV-Leitzahl: 71500 |
| Arbeitnehmer: Aflenz, 24. Juli 20.., Stefan Manhardt<br>**(zur Kenntnis genommen und einverstanden)** | Arbeitgeber: Mag. Lea Schreiner |

*) Verweisung auf die für das Dienstverhältnis geltenden Bestimmungen in Gesetzen oder in Normen der kollektiven Rechtsgestaltung

### Erläuterungen zum Dienstzettel

#### zu 5. Kündigung

Unter einer Kündigung versteht man die Auflösung eines unbefristeten Arbeitsverhältnisses durch den Arbeitgeber ohne bestimmten Grund.

#### zu 7. Kollektivvertrag

Unter Kollektivvertrag versteht man Verträge, die nicht zwischen einzelnen Vertragsparteien, sondern für bestimmte Personengruppen (Kollektiv) abgeschlossen werden (z. B. Kollektivvertrag für Handelsbetriebe, der für Handelsangestellte und Handelsbetriebe gilt).

#### zu 14. Mitarbeitervorsorgekasse

Jeder Arbeitgeber ist verpflichtet, 1,53 % des Monatsentgelts seiner Mitarbeiter in eine Mitarbeitervorsorgekasse (MVK) einzubezahlen. Die MVK verwaltet die Beiträge und bezahlt diese unter bestimmten Voraussetzungen an den Mitarbeiter aus (z. B. Kündigung, Pensionsantritt).

### Freier Dienstvertrag [Freelance contract of employment]

Der freie Dienstvertrag ist ein Begriff des Sozialversicherungsrechts.

Der freie Dienstnehmer erfüllt die Aufgabe im Wesentlichen persönlich, kann sich jedoch in Ausnahmefällen vertreten lassen. Der freie Dienstnehmer verwendet die Betriebsmittel des Arbeitgebers. Er regelt den Arbeitsablauf selbst, schuldet jedoch wie der Dienstnehmer nur das „Bemühen" und nicht den Erfolg.

**Beispiele**

- Ein Schilehrer lehrt einen veralteten Fahrstil.
- Ein DJ wählt die Musik so schlecht aus, dass die Gäste ausbleiben.

In beiden Fällen kann der „Dienstgeber" zwar den Vertrag beenden, er muss aber für die aufgewendete Zeit das vereinbarte Entgelt bezahlen.

Der Vertragsnehmer ist nicht so stark an die **Weisungen** gebunden wie ein Dienstnehmer. Bei welchem Ausmaß an Weisungsgebundenheit **noch** ein **freier Dienstvertrag** vorliegt, ist umstritten.

Der Vertragsnehmer erhält ein **Entgelt** für sein Bemühen genauso wie der Dienstnehmer im Rahmen des Dienstvertrags. Der Dienstgeber zahlt den Dienstgeberanteil der Sozialversicherung und rechnet die Arbeitnehmeranteile des freien Dienstnehmers für den freien Dienstvertrag ab.

Der freie Dienstnehmer muss jedoch für die **Versteuerung** seiner Einkünfte selbst sorgen.

Der Vertragsnehmer hat keinen gesetzlichen **Urlaubsanspruch** und keinen Anspruch auf ein 13. und 14. Monatsgehalt. Er hat jedoch Anspruch auf Krankengeld von der Krankenkasse.

Immer häufiger werden statt **Arbeitsverträgen Werkverträge** abgeschlossen. Dies ist für die Betroffenen nicht immer vorteilhaft. Es wird daher oft diskutiert, ob solche Werkverträge nicht eher freie Dienstverträge oder überhaupt Dienstverträge sind (z. B. bei einem Fahrradboten, der für einen Botendienst mit dem eigenen Fahrrad fährt).

Die Abgrenzung zum Dienstvertrag ist schwierig und führt oft zu arbeitsrechtlichen Streitigkeiten und zu Streitigkeiten mit der Sozialversicherung. Dies gilt vor allem dann, wenn die Dienstzeit und der Dienstort vom Dienstgeber vorgeschrieben werden und die Weisungsgebundenheit hoch ist.

Dennoch sind freie Dienstverträge in vielen Fällen gängige Praxis (z. B. für Schilehrer, Fahrlehrer, DJs).

Probleme könnten sich ergeben, wenn man einem Schilehrer vertraglich genau vorschreibt, nach welcher Methode er unterrichten muss und welche Übungen er mit den Schülerinnen und Schülern machen muss, oder wenn ein DJ beigestellte Platten und CDs in einer bestimmten Reihenfolge auflegen muss.

Selbstverständlich könnte man diese Vertragsnehmer auch im Rahmen eines echten Dienstvertrags anstellen.

## 4 Miet- und Pachtvertrag [Rental and leasehold contract]

**Mietvertrag**

Der **Vermieter überlässt dem Mieter** gegen Geld **eine Sache zum Gebrauch.**

Der Vermieter bleibt zwar Eigentümer der Sache, der Mieter darf sie aber verwenden. Wird zum Beispiel eine Wohnung vermietet, so bleibt sie zwar im Eigentum des Vermieters, darin wohnen darf aber der Mieter.

**Beispiele**

- Mietauto
- Schiausrüstung mieten (Ein „Schiverleih" trägt eigentlich eine falsche Bezeichnung, „Schivermietung" ist korrekt.)

Der **Verpächter überlässt dem Pächter** gegen Geld **eine Sache und deren Ertrag zum Gebrauch.**

Der Vermieter bleibt auch beim Pachtvertrag Eigentümer der Sache, der Pächter darf sie aber verwenden und darüber hinaus Erträge erwirtschaften.

**Beispiele**

- Verpachtung eines Gasthauses, das vom Pächter weiterbetrieben wird
- Verpachtung eines Weingartens, der vom Pächter genutzt wird

## 5 Kreditvertrag [Loan agreement]

**Kreditvertrag**

Bei einem Kreditvertrag **verpflichtet sich der Kreditgeber, dem Kreditnehmer Geld für eine bestimmte Zeit zu überlassen.** (gegen Zinsen)

**Kreditverträge werden meistens mit Banken abgeschlossen.**

Der Kreditnehmer darf frei über das Geld verfügen, muss es aber wieder zurückzahlen.

Meist ist der Kreditgeber eine Bank, die dem Kreditnehmer einen bestimmten Geldbetrag überlässt. Der Kreditnehmer muss den Kredit zu einem späteren Zeitpunkt zurückzahlen und darüber hinaus Zinsen für die Überlassung des Gelds bezahlen.

Kreditverträge spielen in der Wirtschaft eine große Rolle. Unternehmen finanzieren über Kredite z. B. Investitionen in neue Maschinen, Privatpersonen finanzieren über Kredite größere Anschaffungen.

## 6 Versicherungsvertrag [Contract of insurance]

**Versicherungsvertrag**

Beim Versicherungsvertrag **verpflichtet sich der Versicherungsgeber gegenüber dem Versicherungsnehmer,** bei Eintritt des Versicherungsfalls **den finanziellen Schaden auszugleichen.**

**Versicherungsverträge können vor finanziellem Schaden schützen.**

Unternehmen sind ebenso wie Menschen zahlreichen Gefahren und Risiken ausgesetzt. Sie können Verluste erleiden, wenn etwas gestohlen wird oder verdirbt, wenn Feuer ausbricht oder ein Blitz einschlägt oder wenn bei einem Hochwasser der Keller oder das ganze Haus überflutet ist.

Gegen das Risiko, dass solche Verluste eintreten, kann man einen Versicherungsvertrag mit einer Versicherung abschließen: Die Versicherung erhält Prämienzahlungen vom Versicherungsnehmer, übernimmt aber dafür das Risiko, für einen bestimmten Schaden aufzukommen, falls er eintritt. Viele Private, aber auch Unternehmen schließen Versicherungsverträge ab, um sich gegen verschiedene Risiken abzusichern.

Übungsbeispiel

**Ü 4.14: Auszug aus einer Laptopversicherung** D

Beantworten Sie folgende Fragen zum abgebildeten Versicherungsvertrag:

1. Wer ist Versicherungsnehmer, wer ist Versicherer?
2. Gegen welche Risiken sichert sich der Versicherungsnehmer mit diesem Versicherungsvertrag ab?
3. Angenommen, der Laptop wird aus dem Kofferraum des versperrten Autos, das in einer Parkgarage geparkt war, gestohlen. Wird die Versicherung den Schaden ersetzen?
4. Angenommen, der Versicherungsnehmer verwendet den Laptop in einem öffentlichen Park. In einem unaufmerksamen Augenblick wird das Gerät gestohlen. Wird die Versicherung den Schaden ersetzen?

UNIQA

DATENVERARBEITUNGS- UND ELEKTRONISCHE ANLAGEN
VERSICHERUNGSPOLIZZE-NR. 1230/015835-4

VERSICHERUNGSNEHMER (PRÄMIENZAHLER):

DR.
HABERMAS ERIC

BENNOGASSE 4
1140 WIEN

DIESE POLIZZE GILT AB 20.. 12 28 0 UHR
VERTRAGSDAUER VON 20.. 12 28 BIS 20.. 01 01 JEWEILS 0 UHR

MIT DIESER POLIZZE ÜBERNIMMT DIE UNIQA SACHVERSICHERUNG AG
AUF GRUND DES ANTRAGES DEN VERSICHERUNGSSCHUTZ NACH MASSGABE DER
VERSICHERUNGSBEDINGUNGEN SOWIE ETWAIGER SONDERVEREINBARUNGEN

| POSITION | VERSICHERTES RISIKO | VERSICHERUNGSSUMME IN EUR |
|---|---|---|
| | ÖSTERREICH UND ANREINERSTAATEN | |
| 0100 | LAPTOPVERSICHERUNG FÜR SONY VGN-TX HP 0905CD MXK SER. NO. *28199161 5401109* SERVICE TAG J0016DU2 DIE DECKUNG GILT INNERHALB ÖSTERREICH UND ANRAINERSTAATEN DIE KL. FD28 DAHINGEHEND ABGEÄNDERT. | 2.099,00 |

GÜLTIGE VERTRAGSKLAUSELN: A97 FD28 FD4 FD95

A97
ALLGEMEINE BEDINGUNGEN FÜR DIE SACHVERSICHERUNG (ABS)
FASSUNG 6/2003

FD95
ALLGEMEINE BEDINGUNGEN FÜR DIE VERSICHERUNG VON
ELEKTRONISCHEN DATENVERARBEITUNGSANLAGEN (ADVB) - FASSUNG 1/2003

FD28
COMPUTER FÜR DEN MOBILEN EINSATZ INNERHALB DER REPUBLIK ÖSTERREICH
ABWEICHEND VON ARTIKEL 2, PUNKT 2.6 DER ALLGEMEINEN BEDINGUNGEN FÜR
DIE VERSICHERUNG VON ELEKTRONISCHEN DATENVERARBEITUNGSANLAGEN (ADVB)
GEWÄHRT DER VERSICHERER SCHUTZ GEGEN UNVORHERGESEHENE UND PLÖTZLICH
EINTRETENDE BESCHÄDIGUNG ODER ZERSTÖRUNG FÜR DIE IN DER POLIZZE AN-
GEFÜHRTEN BEWEGLICHEN SACHEN INNERHALB DER REPUBLIK ÖSTERREICH.
VORAUSSETZUNG FÜR DIESEN VERSICHERUNGSSCHUTZ IST, DASS DIE VERSICHER-

FORTSETZUNG NÄCHSTES BLATT

IHR BETREUER
MAG.
GREIMEL MARKUS
TELEFON 01/21175-3409

Wien, 20.. 03 30

Dr. Johannes Hajek
Mitglied des Vorstands

Mag. Dr. Christian Sedlnitzky
Mitglied des Vorstands

UNIQA Sachversicherung AG
Untere Donaustraße 21, A-1029 Wien
Telefon: (+43 1) 211 75-0*
www.uniqa.at

Sitz: Wien
FN 46466 h
beim HG Wien
DVR: 0664367

**Wichtige Hinweise auf der Rückseite**

BLATT 02

UNIQA

DATENVERARBEITUNGS- UND ELEKTRONISCHE ANLAGEN
VERSICHERUNGSPOLIZZE-NR. 1230/015835-4

TEN SACHEN IHRER BAUART NACH FÜR DEN TRANSPORT GEEIGNET SIND SOWIE WÄHREND DES TRANSPORTES ORDNUNGSGEMÄSS GESICHERT SIND.
FÜR VERLUST, BESCHÄDIGUNG ODER ZERSTÖRUNG DER VERSICHERTEN SACHEN DURCH EINBRUCHDIEBSTAHL WIRD ERSATZ GELEISTET, WENN DIE BEWEGLICHEN SACHEN
- IN EINEM VERSPERRTEN UND VERSCHLOSSENEN RAUM ODER
- IN EINEM VERSPERRTEN UND VERSCHLOSSENEN, VERKEHRSÜBLICHEN BEFÖRDERUNGSMITTEL, VON AUSSEN NICHT SICHTBAR

AUFBEWAHRT WERDEN.
VON 22.00 UHR BIS 6.00 UHR BESTEHT VERSICHERUNGSSCHUTZ NUR, WENN DAS VERKEHRSÜBLICHE BEFÖRDERUNGSMITTEL
- AUF EINEM BEWACHTEN PARKPLATZ ODER
- AUF EINEM NICHT ZUGÄNGLICHEN AREAL ODER
- IN EINER GARAGE

ABGESTELLT IST.

FD4
NEUWERTVERSICHERUNG FÜR ELEKTRONISCHE DATENVERARBEITUNGSANLAGEN, (GERÄTE UND BAUTEILE), DIE NICHT ALS GEBRAUCHTANLAGE ANGESCHAFFT WURDEN
ABWEICHEND VON ART.7 PUNKT 2.2 DER ALLGEMEINEN BEDINGUNGEN FÜR DIE VERSICHERUNG VON ELEKTRONISCHEN DATENVERARBEITUNGSANLAGEN (ADVB) ERFOLGT DIE ERSATZLEISTUNG DES VERSICHERERS BEI VÖLLIGER ZERSTÖRUNG ODER VERLUST EINER VERSICHERTEN SACHE DURCH DEN ERSATZ DER WIEDERBESCHAFFUNGSKOSTEN (NEUWERT) ZUR ZEIT DES EINTRITTES DES SCHADENFALLES EINSCHLIESSLICH DER KOSTEN FÜR EINFACHE FRACHT (EXKLUSIVE LUFTFRACHT), ZOLL UND MONTAGE.
LIEGT JEDOCH DER ZEITWERT DER BESCHÄDIGTEN, ZERSTÖRTEN ODER IN VERLUST GERATENEN SACHE NIEDRIGER ALS 50% DER WIEDERBESCHAFFUNGSKOSTEN (NEUWERT), WIRD IN JEDEM FALL HÖCHSTENS DER ZEIWERT ERSETZT.

PRÄMIEN EINSCHLIEßLICH ALLFÄLLIGER STEUERN UND GEBÜHREN IN EUR

| | |
|---|---|
| ERSTPRÄMIE BIS 20.. 05 01 | 24,79 |
| FOLGEPRÄMIE AB 20.. 05 01 MONATLICH | 6,00 |

Wien, 20.. 03 30

Dr. Johannes Hajek
Mitglied des Vorstands

Mag. Dr. Christian Sedlnitzky
Mitglied des Vorstands

UNIQA Sachversicherung AG
Untere Donaustraße 21, A-1029 Wien
Telefon: (+43 1) 211 75-0*
www.uniqa.at

Sitz: Wien
FN 46466 h
beim HG Wien
DVR: 0664367

**Wichtige Hinweise auf der Rückseite**

4 Verträge

# Üben – Anwenden

SbX ID: 4022

A B C D E

SbX
Ü 4.15 und Ü 4.17 mit automatischer Aufgabenkontrolle
ID: 4022

### Ü 4.15: Unterschiedliche Vertragsarten C

Welche Vertragsart liegt in folgenden Fällen vor?

a) Frau Müller geht zum Friseur und lässt sich eine Dauerwelle machen.
b) Herr Huber erwirbt einen gebrauchten Computer von der Studentin Frau Berger.
c) Frau Oberhammer vereinbart mit der Boutique Gabi, dass sie Freitag und Samstag von 9 bis 17 Uhr als Verkäuferin tätig ist.
d) Der 17-jährige Schüler Gruber führt täglich mit seinem Moped zwischen 5 und 7 Uhr im Auftrag einer Zeitung die Hauszustellung für Abonnenten durch (es sind mehrere Lösungen denkbar). Bitte begründen Sie Ihre Antwort.
e) Der Sportverein FC Oberbrunn überlässt Maria Kummer die Kantine mit der gesamten Einrichtung mit der Verpflichtung, bei jedem Heimspiel die Kantine zu betreiben.
f) Der Hausherr, Herr Grabmeier, überlässt einem Wohnungsmieter zusätzlich zwei Autoabstellplätze im Innenhof gegen ein monatliches Entgelt von € 80,–.
g) Nur für Interessierte: Hans ist bereits 18 Jahre alt und hat sich einen Kombi gekauft. Er vereinbart mit einer Bäckerei, dass er täglich Brot und Gebäck für Gasthäuser in der Umgebung zustellt. Welcher Vertragstyp wird vermutlich vorliegen, wie ist er steuerlich und sozialversicherungsrechtlich zu beurteilen?

### Ü 4.16: Unterschied Werkvertrag und Dienstvertrag C

Welche Unterschiede ergeben sich bezüglich der Sozialversicherungspflicht und der Einkommensteuer- bzw. Lohnsteuerpflicht zwischen einem Werkvertrag und einem Dienstvertrag?

### Ü 4.17: Bestimmen von Vertragsarten C

Bitte stellen Sie bei den folgenden Beispielen fest, um welche Art des Vertrags es sich handelt:

| Fall | Art des Vertrags |
|---|---|
| 1) Herr Franz Schuster möchte einen ÖAMTC-Schutzbrief (zum Schutz vor Risiken während einer Reise) für sich und seine Familie vereinbaren und schickt dazu ein vollständig ausgefülltes Antragsformular an den ÖAMTC. | |
| 2) Die 7-jährige Schülerin Franziska (A) nimmt in einer Bäckerei eine Packung Schnitten aus dem Regal und legt den genauen Geldbetrag neben die Kassa. | |
| 3) Die 14-jährige Antonia hat zum Geburtstag Geld von ihrer Oma geschenkt bekommen. Sie geht damit zum Friseur und will eine neue Frisur. | |
| 4) Der 19-jährige HAK-Absolvent Peter Mundschenk unterzeichnet einen Vertrag, durch den er eine Kantine in einem Tennisclub betreiben darf. | |
| 5) Zur Finanzierung von Sonnenkollektoren an ihrem Einfamilienhaus borgen sich Elfriede und Helmut Mayer Geld von der RLB Niederösterreich aus. Sie verpflichten sich, das Geld samt Zinsen wieder zurückzuzahlen. Nach der Unterzeichnung des Vertrags wird der Betrag auf ihr Konto überwiesen. | |

# Sichern

SbX ID: 4023

**Kaufvertrag**

Vereinbaren die Vertragspartner, Sachen (z. B. ein Buch) gegen Geld zu tauschen, handelt es sich um einen Kaufvertrag.

**contract of sale**

When the contractual partners agree to exchange goods (e.g. a book) for money, this is a contract of sale.

**Werkvertrag**

Erbringt ein Auftragnehmer für einen Auftraggeber eine Dienstleistung (z. B. eine Reparatur) und erhält dafür Geld, handelt es sich (in der Regel) um einen Werkvertrag. Der Auftragnehmer ist Unternehmer und verwendet seine eigenen Betriebsmittel, er schuldet den Erfolg.

**contract to provide services**

When a contractor provides a service (e.g. a repair) to the principal in exchange for money, this is a contract to provide services. The contractor is a business that uses its own resources to achieve an agreed outcome.

**Arbeitsverträge**

Zu den Arbeitsverträgen zählen echte Dienstverträge und freie Dienstverträge.

**contract of employment**

Contracts of employment include standard contracts of employment and freelance contracts of employment.

**echter Dienstvertrag**

Beim echten Dienstvertrag ist der Dienstnehmer seinem Dienstgeber gegenüber weisungsgebunden. Der Dienstgeber legt den Arbeitsort und die Arbeitszeit fest. Der Dienstnehmer schuldet nur das Bemühen, nicht den Erfolg. Der Dienstgeber sorgt für die Abrechnung der Sozialversicherungsbeiträge und der Lohnsteuer.

**standard contract of employment**

In a standard contract of employment the employee is bound by instructions from the employer. The employer decides on the workplace and working hours. The employee must make an effort, but there is no agreed outcome. The employer ensures that social security contributions and income tax are deducted.

**freier Dienstvertrag**

Der Dienstnehmer ist weniger stark weisungsgebunden als der echte Dienstnehmer. Er verwendet überwiegend die Arbeitsmittel des Dienstgebers und schuldet ebenfalls nur das Bemühen. Der Dienstgeber sorgt für die Abrechnung der Sozialversicherungsbeiträge, der Dienstnehmer sorgt für die Versteuerung seiner Einkünfte.

**freelance contract of employment**

The employee is less bound by instructions from the employer. The employee primarily uses the resources of the employer, but is also only responsible for showing effort. The employer is responsible for deducting social security contributions, and the employee for declaring the income to the tax authorities.

**Miet- und Pachtverträge**

Bei einem Mietvertrag hat der Mieter das Recht, gegen Entgelt das gemietete Gut (z. B. Wohnung) zu nutzen.

Bei einem Pachtvertrag hat der Pächter das Recht, gegen Entgelt das gepachtete Gut (z. B. Heurigenlokal) zu nutzen und damit Erträge zu erzielen.

**rental and leasehold contracts**

A rental agreement entitles the tenant to use the rented good (e.g. a flat) in exchange for the payment of rent.

A leasehold agreement entitles the leaseholder to use the leased good (e.g. a restaurant) and to earn a profit in exchange for the payment of rent.

**Kreditvertrag**

Bei einem Kreditvertrag erhält der Kreditnehmer Geld vom Kreditgeber und zahlt es bis zum Ende der Vertragslaufzeit samt Zinsen wieder zurück.

**loan agreement**

When signing a loan agreement, the debtor receives money from the tender and pays it off – with interest – until the end of the contract period.

**Versicherungsvertrag**

Gegen das Risiko, einen Schaden und/oder Verlust zu erleiden, kann man einen Versicherungsvertrag mit einer Versicherung abschließen. Die Versicherung erhält Prämienzahlungen vom Versicherungsnehmer, übernimmt aber dafür das Risiko, für einen bestimmten Schaden aufzukommen, falls er eintritt.

**contract of insurance**

A contract of insurance can be concluded with an insurance company to protect the insured against the risk of suffering damage or loss. The insurance company receives premium payments from the insured in exchange for assuming the risk of paying any damages, should they arise.

SbX ID: 4023

**Im SbX finden Sie die englische Zusammenfassung als Audio-Wiederholung sowie eine Bildschirmpräsentation mit den Grafiken dieser Lerneinheit.**

# Wissen

SbX ID: 4024

A B C D E

SbX
**W 4.15 und W 4.19–W 4.21 mit automatischer Aufgabenkontrolle ID: 4024**

### W 4.13: Rechtsvorschriften beim Kaufvertrag B

Inwieweit können Rechtsvorschriften durch vertragliche Vereinbarungen abgeändert werden?

### W 4.14: Übereinstimmende Willenserklärung beim Kaufvertrag B

In welcher Form kann die übereinstimmende Willenserklärung beim Kaufvertrag erfolgen?

### W 4.15: Kaufverträge schriftlich abschließen B

In welchen Fällen müssen Kaufverträge schriftlich abgeschlossen werden? Kreuzen Sie die richtigen Antworten an!

- ☐ Kaufverträge über Medikamente und gefährliche Substanzen
- ☐ Kaufverträge über Kraftfahrzeuge (z. B. ein Auto)
- ☐ Kaufverträge über bebaute und unbebaute Grundstücke
- ☐ Kaufverträge über verderbliche Waren aller Art

### W 4.16: Usancen B

Können Usancen durch vertragliche Vereinbarungen abgeändert werden?

### W 4.17: Kaufvertrag und Werkvertrag B

Worin unterscheiden sich Kaufvertrag und Werkvertrag?

### W 4.18: Werkvertrag und freier Dienstvertrag B

Worin unterscheiden sich Werkvertrag und freier Dienstvertrag?

### W 4.19: Kaufvertrag, Werkvertrag, freier Dienstvertrag B

Geben Sie an, welcher Vertrag in den folgenden Fällen abgeschlossen wurde:

| | Kaufvertrag | Werkvertrag | Freier Dienstvertrag |
|---|---|---|---|
| a) Herr Baumgartner bringt einen Fernseher zur Reparatur. | | | |
| b) Frau König kauft ein gebrauchtes Mountainbike von ihrem Nachbarn. | | | |
| c) Der Gemüsehändler Müller beauftragt seine Steuerberaterin, die Steuererklärung für das abgelaufene Jahr zu erstellen. | | | |

### W 4.20: Dienstvertrag, freier Dienstvertrag und Werkvertrag B

Bitte geben Sie an, welche der folgenden Aussagen auf einen Dienstvertrag, einen freien Dienstvertrag oder auf einen Werkvertrag zutreffen.

Beachten Sie bitte, dass manche Aussagen auf mehrere Vertragstypen und manche auf keinen Vertragstyp zutreffen können.

| | Dienst-vertrag | Freier Dienst-vertrag | Werk-vertrag |
|---|---|---|---|
| a) Der Vertragsnehmer (Dienstnehmer) hat einen gesetzlichen Urlaubsanspruch. | | | |
| b) Der Auftraggeber (Dienstgeber) führt Dienstgeberbeiträge zur Sozialversicherung ab. | | | |
| c) Der Auftragnehmer (Dienstnehmer) muss die Sozialversicherungsbeiträge selbst mit der Krankenkasse verrechnen. | | | |
| d) Der Auftragnehmer (Dienstnehmer) ist für die Versteuerung selbst verantwortlich. | | | |
| e) Der Auftraggeber (Dienstgeber) rechnet die Lohn- bzw. die Einkommensteuer für den Auftragnehmer (Dienstnehmer) ab und führt sie auch an das Finanzamt ab. | | | |
| f) Der Auftragnehmer (Dienstnehmer) schuldet nur das Bemühen, nicht jedoch den Erfolg. | | | |
| g) Der Auftragnehmer (Dienstnehmer) erhält das Entgelt nur bei erfolgreicher Ausführung des Auftrags. | | | |
| h) Der Auftragnehmer (Dienstnehmer) hat Anspruch auf Urlaubs- und Weihnachtsgeld. | | | |

### W 4.21: Vertragsarten D

Welche Art von Vertrag soll in den folgenden Beispielen abgeschlossen werden? Zitiert sind jeweils Ausschnitte aus den schriftlichen Vereinbarungen.

| Ausschnitt aus dem Vertragstext | Vertragsart |
|---|---|
| a) Die Auftragnehmerin verpflichtet sich, bis Ende September 20 . . ein Computerprogramm zur Verwaltung der Kundendaten zu entwickeln und dieses auf den PCs der Auftraggeberin zu installieren. Die Auftragnehmerin ist dabei an keinen Arbeitsort und an keine fixe Arbeitszeit gebunden. | |
| b) Wir bestätigen Ihre Bestellung vom 15. Mai 20 . . und liefern wie gewünscht am 22. Mai. 20 . . aus unserem Lager 50 Flaschen Apfelsaft naturtrüb an Ihr Geschäftslokal in 2500 Baden, … | |
| c) Aufgrund Ihres Antrags gewähren wir Ihnen gemäß dieser Polizze und den vereinbarten Bedingungen Versicherungsschutz für das beschriebene Risiko … | |
| d) … stellen wir Ihnen für den beschriebenen Verwendungszweck einmalig € 25.000 zur Verfügung, die per 31. 12. 20 . . zur Rückzahlung an uns fällig sind. | |
| e) Der Dienstnehmer wird als Angestellter aufgenommen und vornehmlich mit der Verrichtung folgender Tätigkeiten beschäftigt werden: Verbuchung laufender Geschäftsfälle und Belegverwaltung. Der Dienstnehmer ist verpflichtet, auf entsprechende Weisung des Dienstgebers alle mit dieser Dienstverwendung verbundenen Angestelltendienstleistungen und darüber hinaus auch andere ihm zugewiesene (und seiner Qualifikation entsprechende) Tätigkeiten zu verrichten. | |

| Ausschnitt aus dem Vertragstext | Vertragsart |
|---|---|
| f) Gegenstand des vorliegenden Dienstverhältnisses ist die Durchführung von Wartungsarbeiten an folgenden Geräten: (…) Der Auftragnehmer verpflichtet sich, pro Kalendermonat die Wartung an zumindest zehn dieser Geräte durchzuführen. Ausdrücklich wird darauf hingewiesen, dass vom vereinbarten Bruttoentgelt keine Lohnsteuer abgeführt wird: der Auftragnehmer ist selbst für die ordnungsgemäße Veranlagung seiner Einkünfte verantwortlich. | |

SbX
W 4.22–W 4.24
mit automatischer
Aufgabenkontrolle
ID: 4024

**Weitere Aufgaben zur Lernkontrolle im SbX**

**W 4.22: Verschiedene Vertragstypen** A

Lösen Sie ein Kreuzworträtsel zum Thema Vertragstypen!

**W 4.23: Gesetzliche Grundlagen für Verträge** B

Bearbeiten Sie anhand von Beispielen eine Zuordnungsaufgabe zum Thema gesetzliche Grundlagen von Kaufverträgen!

**W 4.24: Test: Gesetzliche Grundlagen und Zustandekommen von Kaufverträgen** B

Überprüfen Sie mit diesem Test, ob Sie Ihr Wissen erfolgreich anwenden können!

English questions

**E 4.03: What types of contracts are concluded in the following examples?**

| The situation | The type of contract |
|---|---|
| a) Jane has started working in a supermarket. She works 40 hours a week. | |
| b) Tom is a photographer and has very expensive equipment with which he travels a lot. He is worried about loss and damage , and would like to protect his cameras. | |
| c) Oliver is an expert in computer software testing and he has just agreed to test a new programme for Lemon Inc before it goes on the market. Oliver will use the offices and computers of Lemon Inc while working there. The project should be over in six months. | |
| d) Nora moved to Austria and needs somewhere to live. She's not sure how long she will stay and is looking for a flat. | |
| e) Simon needs a new car, but doesn't have enough money to buy one. He has contacted his bank. | |
| f) Tina wants to have her own pizzeria and has found an old couple who wants to pass on their business. | |

Ein kurzer
Kompetenz-Check,
bevor's weitergeht!

## Kompetenz-Check

| | ☺ | 😐 | ☹ |
|---|---|---|---|
| Ich kann erklären, was ein Kaufvertrag ist. | | | |
| Ich kann beschreiben, wie Kaufverträge abgeschlossen werden. | | | |
| Ich kann begründen, wann Kaufverträge gültig oder ungültig sind. | | | |
| Ich kann beschreiben, welche verschiedenen Vertragsarten im Hinblick auf den Vertragsgegenstand unterschieden werden können. | | | |
| Ich kann mit eigenen Worten erklären, um welche Art von Vertrag es sich bei den folgenden handelt: Kaufvertrag, Werkvertrag, Arbeitsvertrag, Mietvertrag, Kreditvertrag, Versicherungsvertrag. | | | |
| Ich kann einen Dienstzettel lesen und daraus wichtige Informationen entnehmen. | | | |
| Ich kann aus einfachen Verträgen die wesentlichen Vertragsbestandteile und Bedingungen herauslesen und damit Fragen, die sich auf den Vertrag beziehen, beantworten. | | | |

# Lerneinheit 3
# Fallbeispiele

## Üben – Anwenden

A B C D E

**Ü 4.18: Vertragsarten, Kaufvertrag, Geschäftsfähigkeit** D

Die Schülerin Petra Zweimaier ist 16 Jahre alt und bekommt ein wöchentliches Taschengeld von € 15,–. Sie verdient durch Aushilfe bei einem Lebensmittelmarkt an zwei Samstagen im Monat zusätzlich € 90,–. Petra hat Ersparnisse von ca. € 100,–.

### Aufgaben

1. Geben Sie an, ob bei den folgenden Handlungen ein Vertrag entsteht und um welche Art des Vertrags es sich handelt.
2. Begründen Sie, warum in manchen Fällen kein gültiger Vertrag zustande kommt.
3. Welche gesetzlichen Bestimmungen gelten für alle diese Verträge?
4. Was gilt im Fall 4 zusätzlich?

**Fall 1:** Petra bestellt beim Quelle Versand ein Mountainbike zu einem Kaufpreis von € 900,– gegen eine Anzahlung von € 180,– und 10 Monatsraten zu je € 80,–.

**Fall 2:** Petra bestellt ein Mountainbike um € 4.000,–. Die Anzahlung beträgt € 800,–. Der Rest soll in 12 Monatsraten zu je € 280,– bezahlt werden. Der Vater stimmt dem Ankauf nicht zu.

**Fall 3:** Petra lässt bei einem Fahrradshop die Schaltung ihres Mountainbikes neu einstellen und bezahlt € 45,–.

**Fall 4:** Petra findet im Internet ein batteriebetriebenes Beleuchtungsset für ihr Mountainbike um € 35,–. Durch welche Handlung kommt der Kaufvertrag endgültig zustande? Welche gesetzlichen Bestimmungen gelten bei diesem Vertrag zusätzlich?

Post

### Ü 4.19: Willenserklärung, Leistung und Gegenleistung D

Petra Zweimaier geht zur Post, gibt zwei Inlandsbriefe auf und erhält nachstehenden Beleg.

**Österreichische Post AG**
UID-Nr: ATU46674503
2502 Baden-Leesdorf
Kanalgasse 7
Tel. 0577 677-2502

Internet: www.2502.post.at

..............................................

..............................................

Es bediente Sie:
Herr Hans Huber

Datum: 12.5.2014 14:23

**Rechnung Nr.: 11002333304040**

| Stk | Bezeichnung | EUR | |
|---|---|---|---|
| 1 | Brief Österreich, Maxi Plus | 2,90 | 0 |
| 1 | Brief Österreich, Maxi Plus | 2,90 | 0 |
| | **SUMME** | **5,80** | |

=============

USt 0
umsatzsteuerfrei 5,80 0,00

**WIR DANKEN FÜR IHR KOMMEN**

## Aufgabe

Analysieren Sie den abgebildeten Kassabon und kreuzen Sie die richtigen Antworten auf die folgenden Fragen an:

1. Wie erfolgte in diesem Fall die übereinstimmende Willenserklärung?
   a) ☐ schriftlich
   b) ☐ mündlich
   c) ☐ elektronisch
   d) ☐ durch schlüssige Handlung

2. Worin besteht die Erfüllung (Leistung und Gegenleistung)?
   Die Erfüllung besteht darin, dass
   a) ☐ eine Rechnung ausgestellt wird. (☐ Leistung, ☐ Gegenleistung)
   b) ☐ € 5,80 bezahlt werden. (☐ Leistung, ☐ Gegenleistung)
   c) ☐ zwei Briefe befördert und zugestellt werden. (☐ Leistung, ☐ Gegenleistung)

3. Welcher Preis wurde vereinbart?
   a) ☐ € 2,90
   b) ☐ € 0,00
   c) ☐ € 5,80

## Ü 4.20: Verträge bei der Unternehmensgründung D

### Sachverhalt

Nicht zuletzt aufgrund ihres ausgezeichneten Businessplans konnten Siegfried Hohenegger und sein Freund Yang Wang erfolgreich das Unternehmen PingPong gründen. Pünktlich zum 2. November konnte die Geschäftstätigkeit aufgenommen werden.

### Aufgaben

Beantworten Sie folgende Fragen und vergessen Sie nicht, alle Antworten zu begründen!

1. Ist PingPong ein Wirtschaftsteilnehmer?
2. Welche Anliegen und Interessen richten die Kunden und die Lieferanten an PingPong?
3. In welchen Funktionsbereichen beschäftigt sich PingPong mit den Anliegen und Interessen der Kunden bzw. Lieferanten?
4. Welchen Zusammenhang zwischen Marketing und Materialwirtschaft können Sie feststellen?
5. Wie beurteilen Sie die Überlegungen von Siegfried Hohenegger und Yang Wang bezüglich der Motivation der Mitarbeiter?
6. Nach dem ersten Geschäftsjahr liegen folgenden Zahlen und Daten vor:

| Aktiva | | | Passiva |
|---|---|---|---|
| Geschäftsausstattung | 40.000,– | Eigenkapital | 30.000,– |
| Vorräte | 30.000,– | Gewinn | |
| Forderungen | 7.000,– | Bankkredite | 30.000,– |
| Kassa | 3.000,– | Lieferverbindlichkeiten | 15.000,– |

Geplanter Umsatz: 180.000,–
Geplante Kosten: 175.000,–

Haben die beiden Unternehmensgründer ihre im Businessplan formulierten Ziele erreicht?

7. Welche Zwecke verfolgen die beiden Unternehmer vermutlich mit der Formulierung von „Leitgedanken"?
8. Welche Werbemaßnahmen würden Sie den beiden Unternehmensgründern noch vorschlagen? Beachten Sie allerdings die Kosten!
9. Handelt es sich beim Vertrag A um einen Mietvertrag oder um einen Pachtvertrag?
10. Um welchen Vertrag handelt es sich beim Vertrag B?
11. Welche gesetzliche Grundlage hat der Vertrag C?
12. Wie wurde die übereinstimmende Willenserklärung beim Vertrag C hergestellt?
13. Wie wurde die übereinstimmende Willenserklärung beim Vertrag D hergestellt?
14. Welche gesetzliche Grundlage hat der Vertrag E?
15. Welche gesetzliche Grundlage hat der Vertrag F? Begründen Sie!
16. Ist der Vertrag F gültig? Begründen Sie!
17. Ist der Vertrag G gültig? Begründen Sie!
18. Wovon hängt es ab, ob die Vorgangsweise von Siegfried Hohenegger beim Vertrag H berechtigt ist oder nicht?
19. Welche gesetzliche Grundlage hat der Vertrag I? Begründen Sie!

## Unterlagen

1. Auszug aus dem Businessplan

### Leitgedanken

Wir spielen Tischtennis, wir leben für Tischtennis.

Seit unserer frühen Jugend sind wir von Tischtennis fasziniert.

Mit unserem Angebot wollen wir den Tischtennissport in Österreich verbreiten.

So wie wir unseren Sport mit Disziplin und Konsequenz, aber auch mit Kreativität und Voraussicht betreiben, wollen wir auch unser Geschäft führen.

### Marketing

Mit unserem Angebot sprechen wir alle am Tischtennis Interessierten vom Anfänger bis zum Profi an. Ab Mitte Oktober wurde mit folgendem Inserat in der Sonntags-Krone bzw. im Samstag-Kurier geworben.

### Materialwirtschaft

Dank unserer ausgezeichneten Verbindungen zu verschiedenen asiatischen Lieferanten können wir Produkte anbieten, die auch chinesische Profis verwenden. Regelmäßig kaufen wir in China, aber auch bei ausgewählten österreichischen Herstellern ein, die sich in dieser Branche eine hervorragende Position aufbauen konnten. Damit ist jene Qualität gesichert, die unserem Image entspricht.

### Personal

In unserem Geschäft sollen im Laufe des ersten Geschäftsjahrs zwei Mitarbeiter aufgenommen werden. Wir wollen ihnen einen angenehmen Arbeitsplatz, vor allem aber die Möglichkeit bieten, ihre eigene Faszination für Tischtennis einzubringen.

### Rechnungswesen

Für das Ende des ersten Geschäftsjahrs planen wir folgendes Ergebnis:

- Rentabilität: 6 % p. a.
- Liquidität: € 8.000,–
- Bilanzsumme: € 60.000,–

2. Verträge, die im ersten Geschäftsjahr abgeschlossen wurden

| Vertrag | Beschreibung |
|---|---|
| A | Die Geschäftsräume gehören dem Besitzer des Hauses 1020 Wien, Praterstraße 56c. Der Vertrag wurde einen Monat vor Geschäftseröffnung auf unbefristete Zeit abgeschlossen. |
| B | Mit dem Malermeister A. Rathmann wurde vereinbart, dass die Geschäftsräume passend zur gewählten Corporate Identity in verschiedenen Grüntönen ausgemalt werden sollen. |
| C | Die Lieferung eines dunkelgrünen Regalsystems für die Tischtennisschläger war für den 24. Okt. vorgesehen. Die Lieferung erfolgte leider erst am 27. Oktober. Allerdings wurde ein hellgrünes Regalsystem zugestellt. Dennoch wurde es nach einigen Telefonaten mit dem Lieferanten eingebaut und sofort bezahlt. |
| D | Per E-Mail wurden 1000 verschiedene Tischtennisbälle von der Firma Fu Wen in Hongkong bestellt. |
| E | Über den Webshop für Geschäftskunden der Firma Kettler hat PingPong 10 verschiedene Tischtennistische bestellt. Die pünktliche Lieferung wurde sofort bezahlt. |
| F | Die erste Kundin im Geschäft war die 17-jährige Schülerin Christa Zen aus Wien. Sie hat einen Tischtennistisch sowie einen teuren Tischtennisschläger erworben. Insgesamt hat die Rechnung € 1.700,– betragen. |
| G | Am Tag der Geschäftseröffnung hat auch der 8-jährige Peter Zranik eine Packung Tischtennisbälle um € 6,90 gekauft. |
| H | Gestern wurden 260 Tischtennisschläger der Type Lue Wen, verpackt zu je 2 Stück, geliefert. Da Siegfried Hohenegger angenommen hatte, dass die Schläger einzeln verpackt sind, hat er die Lieferung nicht angenommen. |
| I | Heute hat Yang Wang für seine eigene Sammlung einen Tischtennisschläger von einem österreichischen Privatanbieter auf eBay ersteigert. |

1 Kulanz = entgegenkommen von einem Händler (ohne gesetzliche Regelungen)
Usancen = (Handelsbräuche) bspüblich Sack Zement 25 kg

# 5 DER KAUFVERTRAG

## Worum geht's in diesem Kapitel?

Kaufverträge zählen zu den wichtigsten und am häufigsten abgeschlossenen Vertragsarten im Wirtschaftsleben. Nahezu jeden Tag kaufen wir viele Dinge ein, ohne dass uns dabei überhaupt bewusst wird, dass wir dabei einen Vertrag abschließen: Eine Zeitung in der Trafik, ein Frühstücksweckerl beim Bäcker und Maroni auf dem Christkindlmarkt kaufen sind genauso Kaufverträge wie der Kauf einer Eigentumswohnung oder eines neuen Autos. Was in einem Kaufvertrag alles vereinbart werden muss oder vereinbart werden kann, ist Gegenstand dieses Kapitels.

**Wenn Sie dieses Kapitel bearbeiten, erwerben Sie die folgenden in der Bildungs- und Lehraufgabe des Lehrplans angeführten Kompetenzen:**

**Sie können aus dem Bereich Kaufvertrag einschließlich Schriftverkehr**

- **gesetzliche und kaufmännische Bestandteile in kaufvertragsrelevanten Schriftstücken bestimmen.**

**Sie können aus dem Bereich Wirtschaft und Gesellschaft**

- **die Wechselwirkungen zwischen Betrieb und Umfeld interpretieren und Konsequenzen daraus ableiten,**
- **Sachverhalte aus unterschiedlichen Perspektiven (Arbeitnehmerin und Arbeitnehmer, Unternehmerin und Unternehmer, Konsumentin und Konsument) bewerten.**

**Sie können durch den Einsatz von Fallstudien**

- **Ihre erworbenen Fach-, Methoden-, Sozial- und Selbstkompetenzen vernetzt anwenden.**

A B C D E

In diesem Kapitel finden Sie Übungsaufgaben, praxisbezogene Fallbeispiele und Aufgaben zur Lernkontrolle zur Überprüfung Ihrer Kompetenzen auf den Handlungsebenen A **Wiedergeben,** B **Verstehen,** C **Anwenden,** D **Analysieren & Interpretieren** und E **Entwickeln.**

**Dieses Kapitel umfasst folgende Lerneinheiten:**

## Lerneinheit 1

# Was im Kaufvertrag immer geregelt wird

SbX
Alle SbX-Inhalte zu dieser Lerneinheit finden Sie unter der ID: 5010.

Als Konsumenten und Kosumentinnen kaufen wir ein bestimmtes Produkt, weil es preisgünstig ist oder uns besonders anspricht, z.B. einen Laptop, Kopierpapier oder eine bestimmte Schokolade. Handelt es sich jedoch um einen Vertrag zwischen zwei Unternehmen, kommen viele betriebswirtschaftliche Überlegungen ins Spiel. Wenn ein Elektrohändler wie Media Markt mehrere Hundert Laptops kauft, ein Unternehmen Kopierpapier für den Jahresbedarf erwirbt oder Eskimo Schokolade für die Eisverarbeitung benötigt, geht es nicht immer nur um den Preis oder um die Frage, ob ein Produkt ansprechend ist.

Im Kaufvertrag gibt es viele Möglichkeiten, diese Überlegungen zu regeln.

# Lernen

SbX ID: 5011

A B C D E

## 1 Was ein Kaufvertrag enthalten muss (Übersicht)

[Legally required elements of a contract of sale]

Ein Kaufvertrag muss zumindest die folgenden **fünf gesetzlichen Bestandteile** aufweisen:

Grafik
**Gesetzliche Bestandteile des Kaufvertrags**

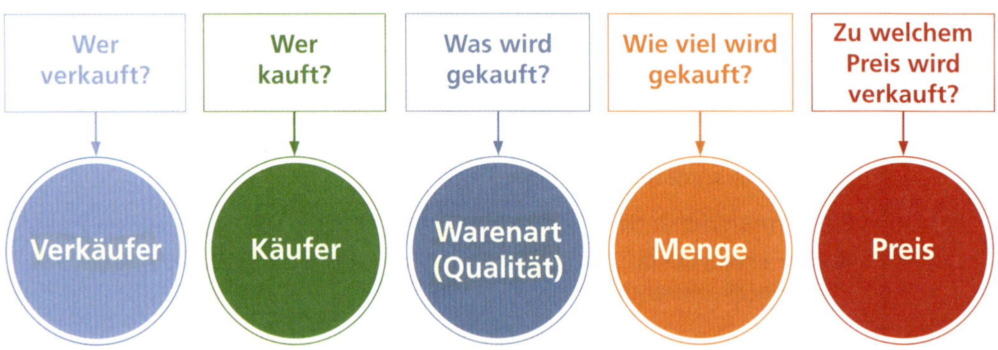


Darüber hinaus gibt es häufig weitere ergänzende Bestandteile in Kaufverträgen, die zwar nicht gesetzlich verpflichtend, aber betriebswirtschaftlich sinnvoll sind. Sie werden in der nächsten Lerneinheit besprochen.

Übungsbeispiel

**Ü 5.01: Gesetzliche Bestandteile des Kaufvertrags** D

Analysieren Sie den Leiner-Kaufvertrag auf Seite 77 und beantworten Sie folgende Fragen:

Wer verkauft?
Wer kauft?
Was wird gekauft?
Wie viel wird gekauft?
Zu welchem Preis wird gekauft?

## 2 Warenart (Qualität) [Type of product (quality)]

Die Warenart bzw. die Qualität der Ware muss im Kaufvertrag festgelegt werden. Unter „Qualität" versteht man dabei nicht die Güte der Ware, sondern ihre Eigenschaften. In welcher Form die Qualität im Kaufvertrag festgelegt wird, hängt im Wesentlichen davon ab, ob es sich um **vertretbare** (fungible) oder um **nicht vertretbare** (nicht fungible) Waren handelt.

Vertretbar sind Waren, bei denen alle Ausführungen dieselben Merkmale besitzen.

**Beispiel**

Film-DVD:

- Jedes Exemplar einer bestimmten Film-DVD hat dieselben Eigenschaften.

Nicht vertretbar sind Waren, bei denen es sich um Einzelstücke mit ganz einzigartigen Merkmalen handelt.

**Beispiel**

Gebrauchtwagen:

- Ein Gebrauchtwagen mit einer bestimmten Kilometerleistung

**Grafik**
**Qualitätsfestlegung im Kaufvertrag**

### Besichtigung [Inspection]

Besichtigt werden müssen vor allem Waren, die es nur einmal gibt, z. B. gebrauchte Waren oder Waren mit kleinen Fehlern wie Porzellan 2. Wahl etc.

Im Kaufvertrag wird häufig auf die Besichtigung hingewiesen: „wie besichtigt".

Bei vertretbaren Waren wird häufig nicht die Ware selbst besichtigt, sondern eine Ware gleicher Marke oder gleichen Typs.

### Beschreibung und Abbildung [Description and illustration]

Beschreibung und Abbildung ersetzen oft die Besichtigung (z. B. Kataloge im Versandhandel oder Abbildungen und Beschreibungen im Internet). Beschreibungen können messbare Eigenschaften betreffen (z. B. Stoff aus 100 % Baumwolle, Fettanteil bei Milchprodukten, Feingehalt bei Edelmetallen).

Beschreibungen können aber auch nicht messbare Eigenschaften betreffen (z. B. flauschiger Pullover). Beschreibungen sind auch bei vielen Dienstleistungen erforderlich (z. B. bei Urlaubsaufenthalten: ruhige Lage, reichhaltiges Buffet).

## Muster und Proben [Patterns and samples]

Muster (Proben) sind vergleichbare Ausführungen (Teilmengen) einer Ware, aus denen man die Qualität anderer Ausführungen oder der Gesamtmenge erkennen kann.

Beispiele

**Muster und Proben:**

- Fliesenmuster, Stoffmuster, Teppichmuster
- Kosmetikproben, Kostproben von Lebensmitteln, Weinproben

**Kauf auf Probe:**

Der Kauf wird abgeschlossen, jedoch ist der Käufer berechtigt, die Ware zurückzugeben, wenn sie seinen Qualitätsanforderungen nicht entspricht („bedingter Kauf").

Beispiel

**Kauf im Versandhandel:**

- Kauft man Kleider nach Katalogen im Versandhandel, so kann man Qualität und Passform prüfen und die Ware zurücksenden.

## Marken [Brands and trademarks]

Vor allem bei Waren, bei denen den Konsumenten eine Qualitätsprüfung unmittelbar beim Kauf nicht möglich ist (z. B. Uhren, Haushaltsgeräte aller Art, diverse Lebensmittel), erfolgt die Orientierung vorwiegend anhand von Marken.

Markenartikel werden in **einheitlicher Aufmachung** und in **gleicher Qualität** angeboten.

Marken

„Unter Marken werden die besonderen Zeichen verstanden, die dazu dienen, zum Handelsverkehr bestimmte Erzeugnisse und Waren von anderen gleichartigen Erzeugnissen und Waren zu unterscheiden." (§ 1 Markenschutzgesetz)

Um Marken unverwechselbar zu machen, werden in den Markenzeichen („Logos") oft Namen, Bilder, Symbole etc. kombiniert.

Beispiele

**Mobilfunkanbieter:**

tele.ring 3 T · · A1

**Markeneigentümer**

Unterschieden werden Hersteller- bzw. Fabriksmarken und Handelsmarken.

Beispiele

zotter Schokoladen

Herstellermarke Zotter Schokolade

ja! Natürlich.

Handelsmarke der Billa AG

**Markenschutz**

- **In Österreich:** Eintragung in das Markenregister beim Patentamt in Wien, Schutzfrist 10 Jahre (Verlängerung über Antrag)
- **International:** Eintragung in das internationale Markenregister in Genf, Schutzfrist 20 Jahre (Verlängerung über Antrag)

**Die missbräuchliche Verwendung einer Marke ist klagbar (Unterlassung und Schadenersatz).**

## Typen, Normen, Handelsklassen [Models, standards and grades]

Durch Typen, Normen und Handelsklassen werden bestimmte Produkteigenschaften in kurzer Form zusammengefasst.

### Typen

Typen sind **Vereinheitlichungen** der Endprodukte industrieller Erzeugnisse.

Beispiel

Pkw:

- VW Golf Rabbit BlueMotion Technology TSI, 1,2 l, Trendline

www.on-norm.at
Global Competence in Standards

### Normen

Normen sind **allgemeingültige Richtlinien** aller Art, mit denen Formen, Maße, Materialeigenschaften etc. standardisiert werden, z. B. ÖNORM, DIN, ISO.

Beispiel

Papierformate:

- Papierformate A3, A4, A5 etc.

In Österreich werden Normen vom Österreichischen Normungsinstitut (ON) geschaffen – ÖNORM; in Deutschland legt der Deutsche Normenausschuss Normen fest – z. B. DIN.

### Handelsklassen

Handelsklassen legen vor allem im Einzelhandel die **Qualität von Lebensmitteln** eindeutig fest.

Beispiele

Eier und Obst:

- Eier – Qualitätsklassen: extra, I, II, III (bezeichnen das Alter der Eier)
  Gewichtsgruppen: 1 (70 g und mehr) bis 7 (unter 45 g)
- Obst – Qualitätsklassen für Äpfel und Birnen: extra, 1, 2, Kochobst
  (Qualitätsklassen beschreiben Größe, Färbung, zulässige Verletzungen.)

Kennzeichnungspflicht

Wenn Waren in Handelsklassen eingeteilt sind, sind Verkäufer im Einzelhandel verpflichtet, diese Handelsklassen deutlich sichtbar an der Ware anzubringen.

## Der Spezifikationskauf [Sale to specification]

Beim Spezifikationskauf kann der Händler, z. B. im Schuhgeschäft, auf kurzfristige Trends reagieren.

Der Spezifikationskauf ist eine Sonderregelung der Qualitätsfestlegung.

Im Kaufvertrag wird zunächst nur die Gattung der zu liefernden Ware festgelegt.

Dem Käufer steht das Recht zu, innerhalb vertraglich vereinbarter oder usancenüblicher Fristen die Qualitäten näher zu bestimmen („zu spezifizieren").

Der Spezifikationskauf wird häufig verbunden mit einer „Sukzessivlieferung". Das heißt, es können vom Käufer Teillieferungen abgerufen werden und dabei kann die Qualität näher spezifiziert werden.

Beispiel

Die **Kombination aus Spezifikationskauf und Sukzessivlieferung** wird auch als **Rahmenvertrag** bezeichnet. Dieser ist vor allem für große Unternehmen interessant.

Schuhe:

- Vereinbart wird die Abnahme von 1000 Paar Damenschuhen, abrufbar in 4 Teilmengen zu je 250 Paar in den Monaten April, Mai, Juni und Juli. Bei Abruf werden Modelle, Farben, Größen detailliert bestimmt.

- Vorteile für den Käufer:
  - verringerte Lagerhaltung
  - generelle Beschaffungssicherung
  - Entscheidung je nach Modetrend oder spezifischem Bedarf der Kunden erst lange nach Vertragsabschluss notwendig
  - Käufer kennt die Zuverlässigkeit, Pünktlichkeit und die Qualität der Ware des Verkäufers.
- Vorteil für den Verkäufer:
  - generelle Absatzsicherung

Übungsbeispiele

**Ü 5.02: Warenqualität bestimmen** C

Wie wird in den folgenden Fällen die Qualität der Ware festgestellt? (Sie können mehrere Verfahren kombinieren.)

a) Ein Schuheinzelhändler will für die folgende Sommersaison Schuhe einkaufen.
b) Ein Bergbauer will einen neuen Traktor kaufen.
c) Sie kaufen Äpfel und Birnen auf dem Markt.
d) Ein Eisenhändler will per E-Mail Schrauben bestellen.
e) Sie kaufen Benzin bei der Tankstelle.
f) Sie kaufen Kekse im Selbstbedienungsladen.
g) Der Weingroßhändler kauft Wein beim Bauern.
h) Herr Maier kauft Wein im Supermarkt.
i) Ein Gebrauchtwagenhändler kauft ein gebrauchtes Auto.
j) Ein Großimporteur kauft Kakao.
k) Sie kaufen eine Stereoanlage in einem Onlineshop.
l) Ein österreichischer Käseimporteur will von einem französischen Käseerzeuger Käse kaufen. Weder der Österreicher noch der Franzose sollen dabei das Land verlassen.

**Ü 5.03: Marken** C

Handelt es sich bei den folgenden Abbildungen um Hersteller- oder um Handelsmarken?

a) 

b) BMW

c) KIA

## 3 Menge [Quantity]

Schon beim Wursteinkauf heißt es oft: „Darf es etwas mehr sein?" Das bedeutet, dass die Mengen bei Kaufverträgen nicht immer genau eingehalten werden. Wurden die Mengen jedoch genau festgelegt, muss der Verkäufer nachfragen, ob der Käufer mit einer höheren oder niedrigeren Liefermenge einverstanden ist.

### Maßeinheiten (Überblick) [Units of measurement (overview)]

| Maß | Maßeinheit | Abkürzung | Beispiele |
|---|---|---|---|
| Längenmaße | Meter | m | Meter Stoff, Meter Gummischlauch |
| Schwermaße, Gewichte | Tonne<br>Kilogramm<br>Gramm | t<br>kg<br>g | Tonnen Kohle<br>Kilogramm Obst<br>Gramm Gold |
| Flächenmaße | Quadratmeter | $m^2$ | Quadratmeter Fliesen bzw. Bodenbelag |
| Körpermaße | Kubikmeter | $m^3$ | Kubikmeter Sand |
| Hohlmaße | Hektoliter<br>Liter | hl<br>l | Hektoliter Getreide<br>Liter Milch |
| Stückzahlen | Stück | St., Stk. | bei industriellen Endprodukten wie Maschinen, Modeartikeln, Möbeln etc. |
| Verpackungseinheiten | Kartons<br>Säcke<br>Ballen | K, Kt., Ktn.<br>–<br>(Bll.) | meist durch Usancen mittels anderer Quantitätsmaße genormt, z. B. 1 Karton Würfelzucker = 25 kg, 1 Sack Zement = 25 kg |

LfM Laufmeter

Kauf in Bausch und Bogen = Kauf mit unbestimmter Stückzahl
z.B. 1 Ernte

## Mengenangaben im Kaufvertrag
[Specification of quantity in a contract of sale]

### Verträge mit genauer Mengenangabe

Die bestellte Menge muss mit der gelieferten Menge übereinstimmen. Einer Abweichung müssen beide Partner zustimmen.

### Verträge mit ungefährer Mengenangabe

„Zirka-Verträge" berechtigen den Verkäufer, einen bestimmten Prozentsatz mehr oder weniger zu liefern. Die mögliche Abweichung wird entweder im Vertrag festgelegt (z. B. „2 % mehr oder weniger") oder durch Usancen geregelt.

Verträge mit ungefährer Mengenangabe werden abgeschlossen,

- wenn der Verkäufer zum Zeitpunkt des Vertragsabschlusses noch nicht weiß, welche Menge ihm selbst geliefert werden wird,
- zur besseren Ausnützung der Transportkapazitäten (Schiffsladeraum, Waggonfrachten etc.) und
- zur Vermeidung von Restbeständen.

### Verträge ohne Mengenangabe

Der Käufer hat in der Regel die Ware vorher besichtigt und besitzt einen ungefähren Überblick über die Gesamtmenge.

**Beispiele**

- Kauf ganzer Ernten eines Anbaugebiets
- Kauf in Bausch und Bogen: Ein Antiquitätenhändler kauft einen gesamten Nachlass.

**Auf verpackten Waren** finden sich meist Angaben des Nettogewichtes (z. B. bei Konserven, Marmeladen).

## Berücksichtigung der Verpackung [Packaging coniderations]

Das Gewicht der Verpackung wird unterschiedlich berücksichtigt.

| | | |
|---|---|---|
| | Nettogewicht | Gewicht der Ware ohne Verpackung („nto.", „Reingewicht") |
| + | Tara | Gewicht der Verpackung („Ta", „Verpackungsgewicht") |
| = | Bruttogewicht | Gewicht samt Verpackung („bto.", „Rohgewicht") |

Will der Käufer das Gewicht kontrollieren, so ist dies nur dann leicht möglich, wenn die Ware unverpackt geliefert wird (z. B. Erze, Kohlen, Zuckerrüben, die in größeren Mengen, meist waggonweise, gehandelt werden).

Bei verpackter Ware ist es meist nicht möglich, die gesamte Sendung auszupacken.

Es gibt folgende Lösungsmöglichkeiten:

- **Es wird „brutto für netto" gerechnet,** d. h., kontrolliert und berechnet wird das Bruttogewicht (z. B. Großhandel von Kartoffeln in Säcken).
- **Es wird mit Erfahrungssätzen gearbeitet** (z. B. 1,5 kg pro Sack, 8 % des Gesamtgewichts für die Tara etc.
- **Es wird eine kleine Stichprobe ausgepackt und abgewogen.** Der Durchschnitt dieser Stichprobe wird dann für die gesamte Sendung verrechnet („Durchschnittstara").

Seit 2012 darf im Einzelhandel die Verpackung (z. B. das Papier bei der Wurst) nicht mehr mitgewogen werden.

**Übungsbeispiele**

**Ü 5.04: Ungefähre Mengenangaben im Kaufvertrag** C

Überlegen Sie, ob auch Konsumenten Kaufverträge mit ungefähren Mengenangaben abschließen.

**Ü 5.05: Das Nettogewicht feststellen** C

Gemüsehändler beziehen Obst und Gemüse in Holzkisten. Welche Möglichkeiten gibt es, das Nettogewicht bei der Lieferung festzustellen?

# 4 Preis [Price]

Der Preis einer Ware kann ohne Umsatzsteuer (exkl. USt) oder mit Umsatzsteuer (inkl. USt) angegeben werden.

**Nettopreis = ohne USt, Bruttopreis = inkl. USt**

Preisangaben zwischen Unternehmern erfolgen meist ohne Umsatzsteuer. Trotzdem sollte immer angegeben werden, ob der genannte Preis die Umsatzsteuer enthält oder nicht. So kann man Missverständnisse ausschließen.

**Preisangaben für Konsumenten**

Preisangaben für Konsumenten müssen immer die Umsatzsteuer (Mehrwertsteuer) enthalten.

## Die Preisfestsetzung im Kaufvertrag [Pricing in contracts of sale]

### Verträge mit festem Preis

Der Preis wird pro Mengeneinheit genau angegeben. Zu diesem Preis muss auch geliefert und abgerechnet werden.

### Verträge mit freibleibendem Preis

- Basiskauf
  Der Preis wird im Kaufvertrag aufgrund einer bestimmten Basisqualität festgelegt. Weicht die Qualität der tatsächlich gelieferten Ware von der Basisqualität ab, so werden vertraglich vereinbarte Zu- oder Abschläge verrechnet (z. B. wenn die Trauben, die dem Weinproduzenten geliefert werden, weniger Zucker enthalten als vereinbart).
- Kostenschwankungsklauseln
  Kostenschwankungsklauseln ermöglichen es, zwischen Vertragsabschluss und Lieferung den vereinbarten Preis zu erhöhen, wenn einzelne Kosten steigen (z. B. steigende Löhne, steigende Rohstoffpreise).
- Indexklauseln
  Indexklauseln ermöglichen eine Preisanpassung entsprechend der Entwicklung eines zugrundeliegenden Index, z. B. Verbraucherpreisindex (VPI). Der Verbraucherpreisindex ist ein Maßstab für die allgemeine Preisentwicklung bzw. für die Inflation in Österreich.

  Indexverträge sind z. B. üblich bei Mietverträgen. Dabei wird der Mietpreis jährlich an die durchschnittliche Entwicklung der Mietpreise (Mietpreisindex) angepasst.

## Preisabzüge und Preisnachlässe (Skonto und Rabatt) [Cash discount and discount]

### Skonto

**Skonto**

Der Skonto ist ein Preisabzug für Zahlungen vor dem vereinbarten Zahlungstermin.

Wurde ein Kauf gegen spätere Zahlung abgeschlossen (Zielkauf), so ist es üblich, bei Zahlung innerhalb einer kurzen Frist nach Lieferung (Kassarespiro) einen Preisabzug zu gewähren.

**Beispiel**

- „Zahlbar nach Erhalt der Ware innerhalb von 90 Tagen ohne jeden Abzug oder innerhalb von 8 Tagen mit 3 % Skonto"

  Die Zahlungsfrist ist in diesem Fall 90 Tage, das Kassarespiro 8 Tage, der Preisabzug bei Zahlung innerhalb des Kassarespiros 3 %. Der Käufer darf einen Skonto vom Preis abziehen, wenn er 82 Tage vor dem Ende der Zahlungsfrist bezahlt.

Der Verkäufer gewährt den Skonto aus folgenden Gründen:

- **Zinsvergütung:** Der Verkäufer erhält sein Geld früher als vereinbart. Er erspart sich Kreditzinsen oder er kann sein Geld gewinnbringend anders verwenden.
- **Risikoprämie:** Zahlt der Käufer sofort, ist keine Gefahr gegeben, dass später nicht oder nur schleppend gezahlt wird – „Dubiosenrisiko".
- **Verwaltungsaufwandvergütung:** Zahlt der Käufer früher, so erspart sich der Verkäufer die Überwachung des Geldeingangs und etwaige Mahnungen.
- **Verminderung des Geldwertrisikos:** Zahlt der Käufer früher, so vermindert sich das Risiko, dass infolge der Geldentwertung (Inflation) um den später eingehenden Geldbetrag weniger Ware nachgekauft werden kann.

Für den Käufer bedeutet der Skonto in der Regel eine hohe Jahresverzinsung.

Beispiel

- Zahlungsziel: 60 Tage, Kassafrist: 8 Tage, Skonto: 3 %. Das bedeutet, dass man für 52 Tage (60 – 8) 3 % Zinsen erhält.

Pro Jahr entspricht das folgender Verzinsung: $\frac{3}{60 - 8} \times 365 = \text{ca. } 21\,\% =$

$$= \frac{\text{Skonto in Prozent}}{\text{Zahlungsziel in Tagen} - \text{Kassafrist in Tagen}} \times 365$$

Zahlt der Käufer erst am 60. Tag und verzichtet er somit auf den Skontoabzug, so „kostet" der Lieferantenkredit ca. 21 %. Ein üblicher Bankkreditzinssatz wäre um vieles niedriger.

### Rabatt

Rabatt

Rabatte sind Preisnachlässe, die sofort oder nachträglich aus verschiedenen Gründen gewährt werden können.

Die häufigsten Rabattarten sind:

- **Mengenrabatt:** wird für die Abnahme großer Mengen gewährt
- **Treuerabatt:** für Kunden, die eine bestimmte Ware nur bei einem Lieferanten beziehen oder die schon mehrere Jahre überwiegend bei diesem Lieferanten kaufen
- **Einführungsrabatt:** wenn eine neue Ware am Markt eingeführt werden soll
- **Ausverkaufsrabatt:** bei Ausverkäufen und Geschäftsauflösungen
- **Mängelrabatt:** für schadhafte, aber brauchbare Waren (z. B. bei kleinen Webfehlern, Kratzern)
- **Ausstellungsrabatt:** für Ausstellungsstücke (z. B. wenn kein original verpacktes Exemplar mehr vorhanden ist)

Übungsbeispiel

**Ü 5.06: Preisabzug** C

Ein Zusatz zur Preisangabe im Kaufvertrag lautet: „Zahlbar innerhalb von 60 Tagen" Der Käufer zahlt nach 10 Tagen und nimmt einen Preisabzug von 3 % vor.

a) Wie heißt dieser Preisabzug?
b) Mit welcher Begründung nimmt ihn der Kunde vor?
c) Ist der Preisnachlass in diesem Fall rechtlich zulässig?
d) Welcher Jahresverzinsung würde der Preisnachlass in diesem Fall entsprechen?

# Üben – Anwenden

SbX ID: 5012

A B C D E

SbX
Ü 5.07 und Ü 5.11 mit automatischer Aufgabenkontrolle
ID: 5012

### Ü 5.07: Die Mengenangabe C

Ein Weinproduzent in der Wachau (Käufer) und der Landwirt Felix Traube (Verkäufer) haben im Kaufvertrag die folgende Regelung der Menge festgelegt: ca. 500 kg Trauben, Sorte Zweigelt, +/– 10 %.

1. Kreuzen Sie an, in welchen Fällen Felix Traube vertragskonform liefert.

   Felix Traube liefert:

   ☐ 400 kg ☒ 500 kg
   ☒ 550 kg ☒ 450 kg

2. Wie nennt man Verträge mit dieser Art der Mengenangabe?

### Ü 5.08: Vertretbare Waren C

Überlegen Sie, ob Autos wirklich vertretbar sind.

### Ü 5.09: Qualitätsfestlegung bei einem Notebook C

Wie wird man bei einem Notebook die Qualität festlegen?

### Ü 5.10: Warenqualität C

Sollten sich Ihrer Meinung nach jeder Händler und jeder Produzent bemühen, immer die beste Qualität anzubieten?

### Ü 5.11: Qualitätsfestlegung in Kaufverträgen C

In Kaufverträgen kann die Qualität auf folgende Arten festgelegt werden:

Besichtigung, Beschreibung und Abbildung, Marken, Normen, Typen, Handelsklassen, Muster, Proben

Bitte geben Sie an, in welcher Form die Qualität in folgenden Fällen zweckmäßig festgelegt werden wird. (Mehrfachlösungen möglich!)

a) Die Inhaberin eines Kleiderhauses will für die folgende Sommersaison Badeanzüge bestellen.
b) Die Schülerin Inge Bitterlich will ein Moped kaufen.
c) Ein Tischler will schriftlich Nägel bestellen.
d) Frau Maier will für ihren Mann eine Uhr kaufen.
e) Herr Huber möchte eine Konserve mit guter Marmelade einkaufen.
f) Frau Direktorin Kleiber will direkt bei einem Weinbauern Wein kaufen.

### Ü 5.12: Der Preis C

Auf einer Rechnung befindet sich der folgende Vermerk:

„30 Tage Ziel oder 2 % Skonto bei Bezahlung innerhalb von 10 Tagen"

a) Berechnen Sie die effektive Jahresverzinsung, der dieser Skonto entspricht!
b Würden Sie aufgrund dieser Jahresverzinsung den Skonto in Anspruch nehmen oder nicht? Begründen Sie Ihre Antwort bitte!
c) Muss die Abzugsmöglichkeit eines Skontos vereinbart sein oder nicht?

### Ü 5.13: Wirkung von Rabatten C

Zwei Elektrohändler in der gleichen Straße führen folgende Werbeaktionen durch:

Händler A: 25 Prozent Rabatt auf Einbauherde!
Händler B: 30 Prozent Rabatt auf Unterhaltungselektronik!

a) Wieso sind so hohe Rabatte möglich?
b) Was wollen die Händler mit diesen Aktionen erreichen?

### Ü 5.14: Rabatte C

1. Worin besteht der wesentliche Unterschied zwischen einem Rabatt und einem Skonto?
2. Geben Sie in den folgenden Fällen an, um welche Rabattart es sich handelt:
   a) Eine neue Sorte Wachauer Marillenmarmelade kommt auf den Markt. Diese Sorte wird zwei Monate lang mit einem Preisnachlass von 25 % angeboten.
   b) Sie kaufen für eine Privatparty 2000 belegte Brötchen und erhalten einen Preisnachlass von 10 %.
   c) Sie kaufen im Supermarkt ein Früchtejoghurt, das um 50 % verbilligt ist, weil es bald ablaufen wird.

### Ü 5.15: Einkauf auf Ziel C

Die Firma Berger kauft Elektrogeräte um € 11.000,–. Die Rechnung lautet auf 60 Tage Ziel.

Berger zahlt nach 10 Tagen und nimmt einen Preisabzug von 3 % vor.

a) Wie bezeichnet man diesen Preisabzug?
b) Aus welchen drei Gründen wird er gewährt?
c) Ist die Firma Berger berechtigt, diesen Preisabzug vorzunehmen? Begründen Sie Ihre Antwort.
d) Welcher effektiven Jahresverzinsung entspricht dieser Preisabzug?
e) Wie hoch ist der Rechnungsbetrag nach dem Preisabzug?

### Ü 5.16: Qualität der Ware und Verpackung C

Petra Zweimaier geht einkaufen. Wie wird die Qualität bei den folgenden Einkäufen bestimmt und wie wird die Verpackung verrechnet?

a) Parmaschinken, der durch die Verkäuferin aufgeschnitten wird: Die Verkäuferin legt zusätzlich zwischen die einzelnen Scheiben ein dünnes Blatt Papier, damit der Schinken nicht klebt, und wickelt den Schinken in Papier.
b) Coca-Cola in 2-Liter-PET-Einwegflaschen
c) Almdudler in 1,5-Liter-PET-Mehrwegflaschen
d) Ovomaltine in Dosen
e) Tomaten, die Petra selbst in bereitgestellte Plastiksäckchen füllt und abwiegt: Die Waage druckt den Preiszettel aus.

# Sichern

SbX ID: 5013

**rechtliche Grundlagen des Kaufvertrags**

Allgemeines Bürgerliches Gesetzbuch (ABGB): gilt für alle Kaufverträge

E-Commerce-Gesetz (ECG): gilt für Kaufverträge im Internet

Konsumentenschutzgesetz (KSchG): gilt für Kaufverträge zwischen Unternehmen und Privaten (Konsumenten)

Unternehmensgesetzbuch (UGB): gilt für Kaufverträge zwischen Unternehmen

**legal basis for contracts**

The Civil Code (ABGB): valid for all contracts of sale

The E-Commerce Act (ECG): valid for all contracts of sale on the Internet

The Consumer Protection Act (KSchG): valid for contracts of sale between businesses and consumers

The Commercial Code (UGB): valid for contracts of sale between businesses

**zwingende und nachgiebige Regelungen**

Zwingende gesetzliche Regelungen gibt es vor allem im KSchG; sie dürfen nicht abgeändert werden.

Nachgiebige Regelungen gibt es vor allem im ABGB und im UGB; sie dürfen abgeändert werden.

**mandatory and non-mandatory regulations**

Mandatory legal regulations are mainly found in the Consumer Protection Act; they cannot be changed in the contract.

Non-mandatory legal regulations are mainly found in the Civil Code and in the Commercial Code; they can be changed in the contract.

**gesetzliche Bestandteile des Kaufvertrags**

- Käufer
- Verkäufer
- Warenart
- Menge
- Preis

**legal elements of a contract of sale**

- buyer
- seller
- type of product
- quantity
- price

**Qualitätsangabe**

Bei nicht vertretbaren Waren sind für die Qualitätsangabe Besichtigung oder Beschreibung und Abbildung erforderlich.

Bei vertretbaren Waren erfolgt die Qualitätsangabe durch: Muster, Proben, Marken, Typen, Normen, Handelsklassen. Besichtigung und Beschreibung sind nicht unbedingt erforderlich. Bei vertretbaren Waren haben alle Ausführungen und Teilmengen die gleichen Eigenschaften.

**determining the quality**

Non-fungible goods require inspection or description and illustration.

For fungible goods the quality is determined by: patterns, samples, brands, trademarks, models, standards, grades. Inspection and description are not absolutely necessary. All representative quantities of fungible goods have the same characteristics.

**Mengenangabe**

Die Mengenangabe erfolgt in der Regel genau. Eine ungefähre Angabe ist möglich („circa"), keine Mengenangabe in Sonderfällen („Kauf in Bausch und Bogen").

Berücksichtigung der Verpackung:

- Brutto für Netto
- durch Abwiegen von Stichproben

**specifying the quantity**

specification ("approx."), or no quantity statement in exceptional cases ("lump-sum purchase").

Packaging considerations

- gross for net
- weighing of random samples

**Preisangabe**

In der Regel werden feste Preise angegeben. Schwankungen können durch eine Indexklausel oder eine Kostenschwankungsklausel berücksichtigt werden.

Preisabzüge:

- Skonto: für rasche Zahlung innerhalb einer kurzen Frist
- Rabatte: aus sonstigen Gründen (Mengenrabatt, Mängelrabatt usw.)

Umsatzsteuer:

Es sollte angegeben werden, ob die Preise die Umsatzsteuer enthalten oder nicht.

Preisangaben für Konsumenten müssen die USt enthalten.

**quoting the price**

As a rule fixed prices are quoted. Fluctuations can be provided for using an index or cost fluctuation clause.

Price deductions:

- Cash discount: for prompt payment within a short period
- Discounts: for other reasons (quantity discount, discount for defects, etc.)

Value Added Tax :

It should be stated whether prices include value added tax or not.

Price quotations for consumers must include value added tax.

SbX ID: 5013

**Im SbX finden Sie die englische Zusammenfassung als Audio-Wiederholung sowie eine Bildschirmpräsentation mit den Grafiken dieser Lerneinheit.**

# Wissen

SbX ID: 5014

A B C D E

SbX
W 5.01 und
W 5.06–W 5.08
mit automatischer
Aufgabenkontrolle
ID: 5014

**W 5.01: Qualitätsbeschreibung** A

Welche Möglichkeiten der Qualitätsbeschreibung gibt es?

**W 5.02: Nicht vertretbare Waren** B

Durch welche Maßnahmen wird versucht, nicht vertretbare Waren vertretbar zu machen? Erläutern Sie Ihre Antwort mit Beispielen.

**W 5.03: Markenqualität** B

Garantieren Marken immer eine einheitliche Qualität?

**W 5.04: Fabriks-und Handelsmarken** B

Nennen Sie Beispiele für:

a) Herstellermarken
b) Handelsmarken

**W 5.05: Markenschutz** A

Wie wird eine Marke geschützt?

**W 5.06: Schutzfrist für Marken** A

Eine Marke, z.B. Gösser, ist international geschützt. Wie lange dauert die internationale Schutzfrist?

**W 5.07: Mengenangabe in Kaufverträgen** A

Wird die Menge in Kaufverträgen immer ganz genau angegeben?

**W 5.08: Verpackungsgewicht** A

Wie bezeichnet man das Gewicht der Verpackung?

**W 5.09: Berücksichtigung des Verpackungsgewichts** A

Welche Möglichkeiten, das Gewicht der Verpackung zu berücksichtigen, sind Ihnen bekannt?

**W 5.10: Festlegung des Verpackungsgewichts** B

Wie wird man die Tara in den folgenden Fällen zweckmäßig festlegen? (Sie können auch mehrere Antworten geben.)

a) Kartoffeln in Säcken
b) Äpfel in Kartons
c) Goldbarren in gefütterten Metallbehältern

English questions

**E 5.01: What must a contract of sale include to be legally valid?**

**E 5.02: Why are the methods of determining quality different for fungible and non-fungible goods?**

Ein kurzer Kompetenz-Check, bevor's weitergeht!

## Kompetenz-Check

| | ☺ | 😐 | ☹ |
|---|---|---|---|
| Ich kann in konkreten Fällen entscheiden, auf welche Art die Qualität der Ware festgelegt werden kann. | | | |
| Ich kann in konkreten Fällen entscheiden, ob ein fester oder ein freibleibender Preis vereinbart werden soll. | | | |
| Ich kenne die wichtigsten Gründe für Preisnachlässe und wie sie genannt werden. | | | |

Lerneinheit 2

# Was im Kaufvertrag noch geregelt werden kann

SbX
Alle SbX-Inhalte zu dieser Lerneinheit finden Sie unter der ID: 5020.

Werden Waren nur bestellt und nicht gleich vollständig bezahlt und mitgenommen, sollten weitere Regelungen im Kaufvertrag getroffen werden. Wann und wo wird geliefert? Wann und wo geht die Ware in das Eigentum des Käufers über? Wer trägt die Kosten für die Lieferung? Wer haftet für Schäden beim Transport? Wie wird die Ware verpackt? Wann muss der Käufer die Ware bezahlen?

## Lernen

SbX ID: 5021

A B C D E

### 1 Überblick über mögliche Bestandteile des Kaufvertrags [Overview of the possible elements of a contract of sale]

Über die gesetzlichen Bestandteile hinaus werden in Kaufverträgen oft weitere **Regelungen zur Erfüllung des Vertrags** vereinbart. Dazu gehören vor allem:

- die **Lieferbedingungen:** Wann, wo und wie wird geliefert? Wer trägt die Kosten und das Risiko der Lieferung?
- die **Zahlungsbedingungen:** Wann und wo wird bezahlt?

**Liefer- und Zahlungsbedingungen sollten immer eindeutig geregelt werden.**

Oft werden auch die sogenannten **Nebenleistungen** des Verkäufers geregelt. Sie betreffen z. B. den Aufbau gelieferter Möbel und Kücheneinrichtungen, die Montage von Produktionsmaschinen oder die Einschulung in Computerprogramme.

Außerdem werden häufig **sonstige Vereinbarungen** in die **allgemeinen Geschäftsbedingungen (AGB)** des Verkäufers aufgenommen.

### 2 Die Lieferbedingungen [Terms of delivery]

Die Lieferbedingungen regeln den Liefertermin, den Lieferort sowie den Kosten- und den Risikoübergang bei der Lieferung.

Grafik
**Lieferbedingungen**

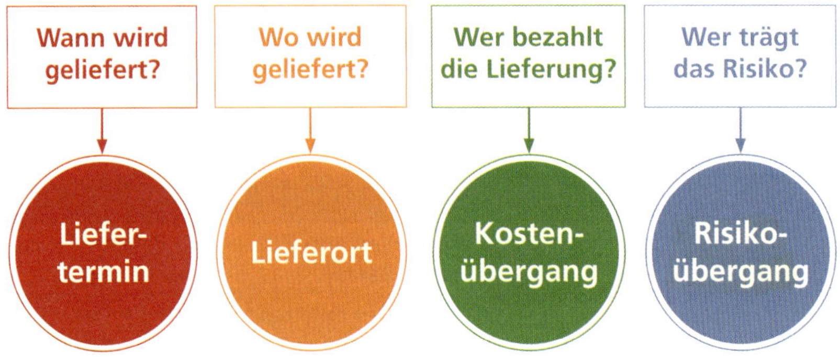

## Liefertermin – Erfüllungszeit der Lieferung [Date of delivery]

**Liefertermin**

Der Liefertermin ist der **Zeitpunkt, an dem der Verkäufer die Ware an den Käufer übergeben muss.**

**Grafik**
**Liefertermine in Kaufverträgen**

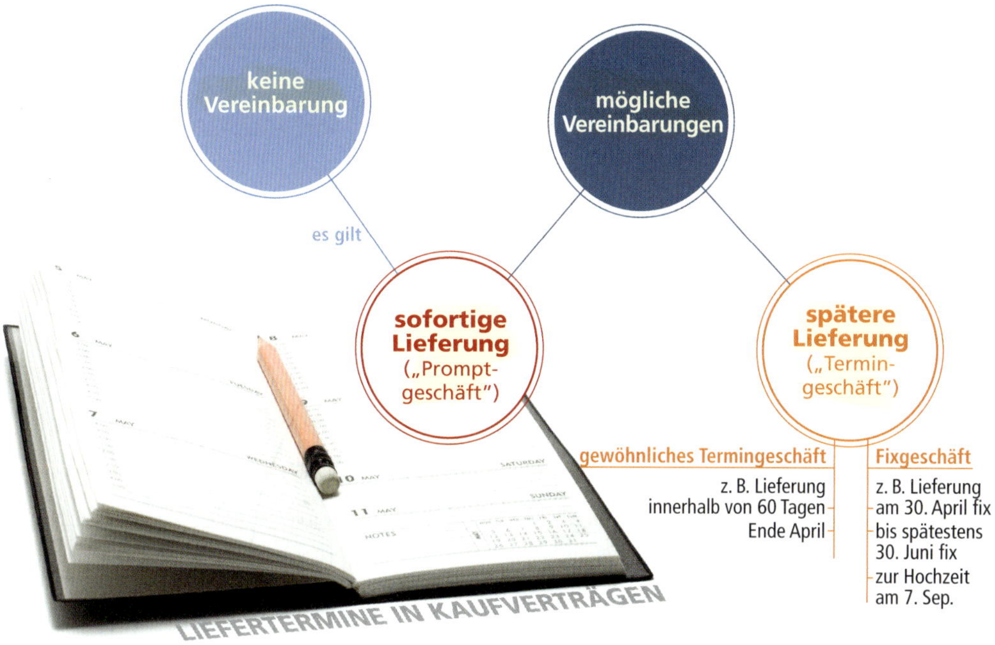


Wurde im Kaufvertrag **kein Liefertermin vereinbart,** gilt **sofortige Lieferung (Promptgeschäft).**

**Mögliche Vereinbarungen** einer **späteren Lieferung** im Kaufvertrag sind:

- **gewöhnliches Termingeschäft:** Es wird kein fixer Liefertermin vereinbart. Der Verkäufer verpflichtet sich aber, innerhalb einer angemessenen Frist zu liefern (z. B. „Lieferung innerhalb einer Woche" oder „Lieferung in Kalenderwoche 45").
- **Fixgeschäft:** Ein Fixgeschäft wird z. B. bei Hochzeiten oder Geschäftseröffnungen vereinbart. Der Verkäufer verpflichtet sich, zu diesem Termin fix zu liefern (z. B. „Lieferung am 31. Mai 2013 fix" oder „zur Büroeröffnung am 4. Juni um 17:00 Uhr"). Das heißt, entweder muss das Wort „fix" vorkommen oder die Tatsache, dass es sich um ein Fixgeschäft handelt, ergibt sich aus dem Zusammenhang.

Die Möglichkeit des **„Sukzessivkaufs"** haben Sie schon beim **Spezifikationskauf** kennengelernt.

Ein Sonderfall des Termingeschäfts ist der **Kauf auf Abruf.** Der Liefertermin wird im Kaufvertrag nicht genau festgelegt. Der Käufer erhält das Recht, die Ware innerhalb einer bestimmten Frist abzurufen (z. B. Lieferung auf Abruf bis Ende des Jahres).

**Sonderregelung für Warenzusendungen an Konsumenten:**

Innerhalb von höchstens 30 Tagen müssen zugesendet werden:

- in einem Onlineshop bestellte Waren (B2C)
- im traditionellen Versandhandel bestellte Waren (z. B. Quelle)

Die Frist kann vertraglich abgeändert werden.

Übungsbeispiel

SbX
Ü 5.17
mit automatischer Aufgabenkontrolle
ID: 5021

**Ü 5.17: Gewöhnliches Termingeschäft oder Fixgeschäft?** B

Kreuzen Sie in den folgenden Fällen an, ob es sich um ein gewöhnliches Termingeschäft oder um ein Fixgeschäft handelt. Begründen Sie bitte Ihre Entscheidung!

| Vereinbarter Liefertermin | Gewöhnliches Termingeschäft | Fixgeschäft | Begründung |
|---|---|---|---|
| Lieferung eines Bücherregals in der 36. Woche | | | |
| Lieferung von Regalen für eine Geschäftseinrichtung am 30. Juni fix | | | |
| Lieferung von Brötchen für eine Party am 30. Juni | | | |
| Lieferung von Tiefkühlgebäck an ein Kaffeehaus am 30.6. | | | |
| Lieferung von Tassen und Gläsern an ein Kaffeehaus bis Ende Juni | | | |
| Lieferung von Balkonpflanzen bis Ende der Woche | | | |
| Lieferung einer Hochzeitstorte für eine Hochzeit am 9.7. | | | |

## Lieferort [Place of delivery]

Lieferort

Der Lieferort ist **der Ort, an dem der Verkäufer dem Käufer die Ware übergeben muss.**

Ist der Lieferort im Kaufvertrag nicht geregelt, gilt die Handelsniederlassung des Verkäufers als Liefer- bzw. Erfüllungsort. Der Verkäufer ist verpflichtet, die Ware für den Käufer zur Abholung bereitzustellen.

Die Übergabe kann auf unterschiedliche Weise erfolgen:

- **körperlich:**
  Die Ware wird dem Käufer (oder dessen Bevollmächtigtem) tatsächlich übergeben.
- **elektronisch:**
  Herunterzuladende Waren und Güter (d.h. digitale Produkte und Informationen) werden durch den Download direkt über das Internet übergeben (z.B. Software, Bilder, Musik, Filme, Inhalte aus Datenbanken). Sie gelten mit der erfolgreichen Beendigung des Downloads auf den PC des Käufers als übergeben.

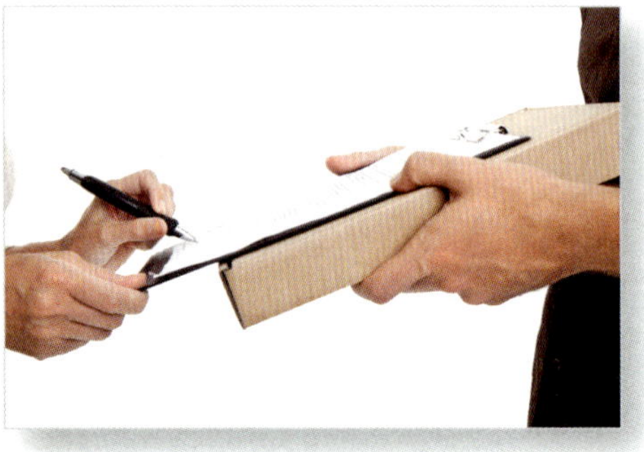

- **symbolisch:**
  Es werden nur die Papiere übergeben, die den Käufer berechtigen, über die Ware zu verfügen (z.B. Lagerschein, Frachtpapiere).

Am Erfüllungsort geht das **Eigentum der Ware** vom Verkäufer auf den Käufer über (Eigentumsübergang), d.h., der Käufer kann von der Übergabe an frei über die Ware verfügen.

Meist ist der Erfüllungsort auch der **Gerichtsstand,** d.h., am Erfüllungsort kann im Streitfall geklagt werden und es gilt das Recht des Erfüllungsorts.

## Kostenübergang [Transfer of costs]

Wird der Kostenübergang nicht gesondert vereinbart, so **trägt der Verkäufer alle Kosten** (Transportkosten, Lagerkosten, Versicherungskosten etc.) **bis zur Übergabe am Erfüllungsort.** Der Ort des Kostenübergangs kann jedoch gesondert vereinbart werden (vgl. den folgenden Text zu Kaufvertragsklauseln).

## Risikoübergang [Transfer of risks]

Mit der Übergabe der Ware am Liefer- bzw. Erfüllungsort geht **mit dem Eigentum der Ware auch das Risiko an den Käufer über.** Wird die Ware nach der Übergabe auf dem weiteren Transport beschädigt oder verdirbt sie, trägt das Risiko dafür der Käufer (vgl. den folgenden Text zu Kaufvertragsklauseln).

## Kaufvertragsklauseln [Trade terms]

Kaufvertragsklauseln klären eindeutig, wo die **Kosten des Transports** auf den Käufer übergehen. Außerdem regeln sie, wo **das Eigentum** und damit **das Risiko,** dass die Sache beschädigt oder gestohlen wird, auf den Käufer übergehen. Die Bedeutung ist durch Usancen geregelt.

**Kaufvertragsklauseln sind Kurzformulierungen zur Regelung der Lieferbedingungen.**

In diesem Abschnitt werden nur jene Klauseln besprochen, die im Inlandsgeschäft verwendet werden.

Grundsätzlich unterscheidet man **Einpunkt- und Zweipunktklauseln,** abhängig davon, ob die **Kosten** und das **Risiko** der Ware **an einem Ort oder an verschiedenen Orten** vom Verkäufer **auf den Käufer übergehen.**

Grafik
**Risiko- und Kostenübergang**

**Risiko- und Kostenübergang**

- **an einem Ort**
  - näher beim **Verkäufer**: **„ab"**
    - ab Lager (des Verkäufers)
    - ab Station
  - näher beim **Käufer**: **„frei"**
    - frei Lager (des Käufers)
    - frei Wien-West
- **an verschiedenen Orten**
  - **„frachtfrei"**
    - **Eigentums- und Risikoübergang:** bei Übergabe an den ersten Frachtführer (z. B. Eisenbahn, Straßenfrächter)
    - **Kostenübergang:** beim genannten Ort
      - „frachtfrei Käufers Lager"
      - „frachtfrei Wien-West"

### a) Einpunktklauseln

Kosten und Risiko der Ware gehen an einem Ort vom Verkäufer auf den Käufer über: z. B. „ab Lager", „frei Haus".

- **Lieferklausel „ab" („ex")**
  „Ab Werk" oder „ab Lager" ist die günstigste Regelung für den Verkäufer. Lieferort ist das Geschäft/Lager des Verkäufers, d. h., **der Käufer trägt die Kosten und das Risiko für den Transport** der Waren ab dem Geschäft/Lager des Verkäufers.

  Wird die Ware im Lager beschädigt, geht das zulasten des Verkäufers. Der Käufer trägt aber das Risiko, wenn die Ware auf dem Transport beschädigt wird.

- **Lieferklausel „frei" („free")**
  „Frei Haus" oder „frei Lager" ist die günstigste Regelung für den Käufer. Der Verkäufer muss die Kosten und das Risiko für den Transport der Waren bis zum genannten Ort tragen. Zerbricht z. B. während des Transports eine Glasplatte, geht das zulasten des Verkäufers.

**Beispiel**

**Grafik**
**Beispiel zu Klauseln „ab" und „frei"**

Lieferklauseln „ab" und „frei":

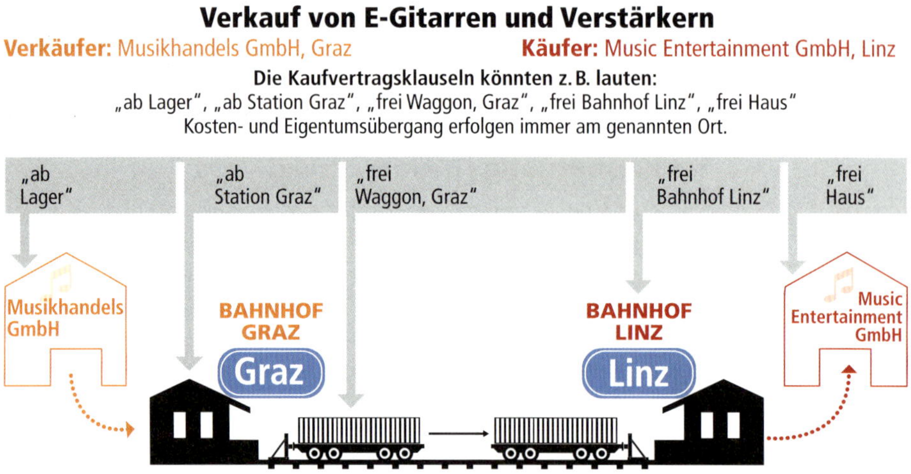


**Anmerkungen:**
Bei „frei Waggon, Graz" trägt der Verkäufer noch das Risiko und die Kosten der Waggonverladung.
Bei „frei Bahnhof Linz" trägt der Käufer bereits Kosten und Risiko der Entladung.

### b) Zweipunktklauseln

Kosten und Risiko gehen an verschiedenen Orten vom Verkäufer auf den Käufer über.

- **Lieferklausel „frachtfrei"**
  **Eigentum und Risiko** gehen **bei Übergabe an den ersten Frachtführer** (z. B. Eisenbahn, Straßenfrächter) **auf den Käufer über.**
  Der Kostenübergang erfolgt beim genannten Ort (z. B. „frachtfrei Käufers Lager").

**Beispiel**

Lieferklausel „frachtfrei":

Verkäufer: Musikhandels GmbH, Graz; Käufer: Music Entertainment GmbH, Wien Klausel: frachtfrei Bahnhof Linz

- Eigentums- und Risikoübergang: bei der Übergabe an den ersten Frachtführer
  Das heißt, werden die Waren mit eigenem Lkw zum Bahnhof gebracht, erfolgt der Eigentumsübergang bei der Übergabe an die Bundesbahn.
  Lässt man die Waren durch einen Straßenfrächter zum Bahnhof bringen, erfolgt der Eigentumsübergang schon bei der Übergabe an dieses Transportunternehmen.
- Kostenübergang: am genannten Bestimmungsort – Bahnhof Linz

**Übungsbeispiel**

**Ü 5.18: Eigentums- und Kostenübergang bei Klausel „frachtfrei"** C

Ein Grazer Sportartikelhändler kauft von einer Salzburger Schifabrik 500 Paar Schi mit der Klausel „frachtfrei versichert, Graz Hauptbahnhof".

Während des Transports wird ein Teil der Sendung gestohlen.

a) Wer muss sich mit der Bundesbahn bzw. mit der Versicherung wegen des Schadens auseinandersetzen?
b) Bei der Übernahme in Graz wird festgestellt, dass die Fracht noch nicht bezahlt wurde. Der Grazer Sportartikelhändler muss € 545,– an Frachtkosten nachzahlen. Was wird der Grazer machen?
c) Wer trägt die Kosten für die Zustellung vom Grazer Hauptbahnhof in das Lager des Sportartikelhändlers?
d) Wo geht das Eigentum an der Ware vom Verkäufer auf den Käufer über?

## Die Verpackung [Packing/Packaging]

**Verpackungen erfüllen wichtige Funktionen, sind aber ökologisch sehr umstritten.**

Die Verpackung der Ware ist oft ein wesentlicher Bestandteil der ordnungsgemäßen Lieferung. Verpackungen haben wichtige Funktionen, sie belasten aber auch die Umwelt und verteuern die Produkte.

### a) Funktionen der Verpackung: Wozu werden Waren verpackt?

- Schutz der Ware
  - gegen Einwirkungen von außen (Druck, Schlag, Stoß, Feuchtigkeit)
  - gegen Verlust (z. B. durch Ausrinnen)
- Erhöhung der Transport- und Lagerfähigkeit
  - durch Verpackungen, die ohne Umpacken von Haus zu Haus geliefert werden können
  - durch Verpackungen, die platzsparend gelagert werden können
- Erhöhung der Verkaufsfähigkeit („Aufmachung")
  - z. B. durch Geschenkpackungen, Klarsichtpackungen, Mehrzweckpackungen (Packung kann auch für andere Zwecke verwendet werden – z. B. Geschenkkorb.) Test nur Punkt a

### b) Wie wird die Verpackung im Kaufvertrag geregelt?

- Art der Verpackung

  Viele Waren müssen für die Lieferung gegen Schäden durch Druck, Schlag oder Stoß besonders geschützt werden. Dafür sorgt eine sichere Verpackung. Empfindliche Geräte werden z. B. in der Kartonverpackung durch Styropor- oder Pappschablonen besonders geschützt. Glaswaren oder Porzellan können durch Styroporflocken oder anderes Füllmaterial gegen Bruch gesichert werden.

**Beispiele**

- seetüchtige Verpackungen für die Versendung von optischen Spezialgeräten
- stoß- und schlagsichere Verpackung für die Versendung von Porzellan mit der Bahn

In solchen Fällen sollte die Verpackung im Kaufvertrag gesondert geregelt werden.

Wurde im Kaufvertrag nichts vereinbart, so hat der Verkäufer die Verpackung „mit der Sorgfalt eines ordentlichen Unternehmers" auszuwählen. Das heißt, er darf nicht eine beliebige Verpackung wählen, sondern eine, die mit hoher Wahrscheinlichkeit ausreichenden Schutz bietet.

- Kosten der Verpackung

  Rechtlich muss der Käufer die Verpackung immer dann bezahlen, wenn keine besondere Vereinbarung getroffen wurde.

  In der Praxis ist die Verpackung meist im Preis inbegriffen.

### c) Verpackungen aus ökologischer Sicht

**Als Konsument können Sie wesentlich zur Reduktion der Müllberge beitragen.**

Auch wenn Verpackungen z. T. sinnvolle Funktionen erfüllen und daher aus betriebswirtschaftlicher Sicht sinnvoll sind, sind sie aus ökologischer Sicht sehr kritisch zu betrachten.

- hoher Anteil von Kunststoffen bei der Verpackung

  Kunststoffe können leicht verarbeitet werden und sind gut formbar. Sie können daher genau der Form der Ware angepasst werden, die Verpackungen sind daher klein und leicht. Bei transparentem Kunststoff ist die Ware außerdem gut sichtbar und trotzdem durch die Verpackung gut geschützt. Aus Sicht des Umweltschutzes wäre ein höherer Anteil von Papier-(Karton-) und Glasverpackungen wünschenswert.
- fabriksverpackte Ware statt Verpackung durch den Einzelhändler

  Viele Waren werden nicht mehr im Geschäft verpackt, sondern bereits in Fabriksverpackung weiterverkauft, z. B. Fleisch, Wurst und Käse. So kann der Einzelhändler Kosten bei der Bedienung der Kunden sparen, die Kunden können rascher einkaufen und erhalten hygienisch und sicher verpackte Ware. Dafür haben sie weniger Wahlmöglichkeiten im Hinblick auf die Menge als in der persönlichen Bedienung.

- **hoher Anteil von Einwegverpackungen**
  Mehrwegverpackungen (z.B. Pfandflaschen) sparen Rohstoffe und verringern den Abfall. Dafür fallen Kosten für den Rücktransport und die Reinigung an. Einwegverpackungen sind häufig aus Kunststoff und damit auch leichter als z.B. Glas. Die meisten Getränke sind in Packungen oder Kunststoffflaschen abgefüllt.

**d) Verpackungsverordnung**

Die Verordnung über die Vermeidung und Verwertung von Verpackungsabfällen (VerpackVO) von 1996 legt eine **Rücknahmeverpflichtung von Verkaufs-, Um- und Transportverpackungen** fest. Es besteht die **Verpflichtung,** die zurückgenommenen **Verpackungen** entweder **wiederzuverwenden oder zu verwerten.**

Für **Letztverbraucher** besteht eine **Rückgabepflicht,** die aber nur selten eingehalten wird.

Übungsbeispiele

**Ü 5.19: Verpackungen beim täglichen Einkauf** C

Achten Sie beim nächsten (Lebensmittel-)Einkauf darauf, mit welchem Material die eingekauften Waren verpackt sind. Beantworten Sie die folgenden Fragen:

a) Wie hoch ist der Anteil von Kunststoffen, Papier und Karton sowie Glas bei den Verpackungen Ihrer Einkäufe?
b) Bei welchen Waren hätten Sie Alternativen im Hinblick auf die Verpackung gehabt (z.B. Butter in beschichtetem Papier statt in Plastikbecher, Getränk in Glasflasche statt in Plastikflasche)? Warum haben Sie sich gegen diese Alternativen entschieden?

**Ü 5.20: Fabriksverpackte Waren** C

Befragen Sie ein paar Bekannte, ob sie im Supermarkt Fleisch, Wurst und Käse („Feinkost") meistens in persönlicher Bedienung oder bereits abgepackt kaufen. Fragen Sie Ihre Bekannten auch nach den Gründen und wie zufrieden sie damit sind.

Vergleichen Sie außerdem in Lebensmittelmärkten die Kilopreise von abgepackter und nicht abgepackter Ware (z.B. Toastschinken, Emmentaler).

**Ü 5.21: Einweg- und Mehrwegflaschen** C

Ein Mineralwassererzeuger überlegt, von PET-Mehrwegflaschen, die mit Einsatz verkauft wurden, zu PET-Einwegflaschen überzugehen.

a) Welche Entwicklungstendenzen bei der Verpackung lassen sich an diesem Beispiel zeigen?
b) Welche Vorteile erhofft sich der Mineralwassererzeuger von diesem Wechsel bei der Verpackung?

## Nebenleistungen des Verkäufers

[Other services provided by the seller]

Zur Erfüllung eines Kaufvertrags durch den Verkäufer können bestimmte Nebenleistungen gehören. Die Nebenleistungen werden im Kaufvertrag geregelt und können mit einem gesonderten Preis verrechnet werden.

**Nebenleistungen können im Preis enthalten sein oder separat verrechnet werden.**

Beispiele

- Aufbau von Möbeln, die in Teilen geliefert werden
- Einbau und Anschluss von Küchengeräten (Kühlschrank, Herd)
- Mitnahme von Altgeräten (defekte Waschmaschine)
- Montage von Produktionsmaschinen
- Erläuterung der wichtigsten Funktionen beim Autokauf

Übungsbeispiel

**Ü 5.22: Nebenleistungen** C

Welche Nebenleistungen des Verkäufers sind im Leiner-Kaufvertrag (siehe Seite 77) vereinbart?

## 3 Die Zahlungsbedingungen [Terms of payment]

**Zahlungsbedingungen regeln, wann und wo gezahlt werden muss.**

Wenn die Waren nicht gleich bezahlt und mitgenommen werden, müssen zusätzlich zu den Lieferbedingungen auch die Zahlungsbedingungen vereinbart werden. Die Zahlungsbedingungen umfassen den Zahlungstermin und den Zahlungsort.

Grafik **Zahlungsbedingungen**

### Zahlungstermin – Erfüllungszeit der Zahlung [Date of payment]

Es wird zwischen der **Vorauszahlung**, der **Sofortzahlung (prompte Zahlung)** und der **späteren Zahlung (Kauf auf Ziel)** unterschieden. Zusätzlich gibt es Sonderformen der Zahlung wie **Anzahlung** und **Ratenzahlung**.

Übungsbeispiel

**Ü 5.23: Zahlungsbedingungen** C

Welche Zahlungsbedingungen sind im Leiner-Kaufvertrag (siehe Seite 77) vereinbart?

**a) Vorauszahlung**

Volle Vorauszahlung des Kaufpreises kommt z. B. fast immer im **Onlineshopping** vor.

Beispiel

- Bezahlt wird mit der Kreditkarte direkt beim Einkauf, die Waren werden daran anschließend zugesendet; allerdings erfolgt auch die tatsächliche Abbuchung des bezahlten Betrags vom Konto des Käufers erst nach einiger Zeit mit der Monatsrechnung.

**b) Prompte Zahlung (Kassakauf)**

Prompte Zahlung kann der Verkäufer verlangen, wenn der Zahlungszeitpunkt vertraglich nicht vereinbart wurde.

In der Wirtschaftspraxis werden Geschäfte gegen prompte Zahlung (Kassageschäfte) auf zwei Arten abgewickelt:

- **Zahlung Zug um Zug bei Übergabe der Ware**

Beispiele

- Sie kaufen bar Semmeln beim Bäcker = Barkauf im Geschäft des Verkäufers.
- Sie haben telefonisch Pizza bestellt und bezahlen beim Pizzaboten = Zustellung durch den Verkäufer oder dessen Personal mit sofortigem Inkasso.
- Sie haben beim Versandhaus T-Shirts bestellt und bezahlen an den Postboten = Zustellung durch einen Dritten gegen Nachnahme, d. h., die Ware wird nur ausgefolgt, wenn der „Nachnahmebetrag" bezahlt wird.

- **prompte Zahlung nach Übersendung der Rechnung**

  Es handelt sich in diesem Fall nicht mehr um ein Kassageschäft im engeren Sinn, da bei Lieferung nicht bezahlt wird. Die Rechnung langt entweder mit der Sendung beim Käufer ein oder sie kommt (oft erheblich) später.

  Die Rechnung trägt dann den Vermerk „zahlbar sofort nach Erhalt", „zahlbar innerhalb von 8 Tagen" oder Ähnliches.

### c) Spätere Zahlung (Zielkauf)

**Der Zielkauf ist zwischen Unternehmen üblich.**

Vereinbart werden **Zielfristen** wie „zahlbar innerhalb von 30 Tagen nach Lieferung", manchmal auch „zahlbar innerhalb von ... Tagen ab Rechnungsdatum".

Der **Verkäufer** trägt Dubiosen- und Geldwertrisiko, Zinsaufwand und Verwaltungsaufwand. Der **Käufer** erhält zusätzliche Fremdfinanzierung.

Zielfristen bei späterer Zahlung hängen weitgehend von der Branche ab. In manchen Branchen können die Zielfristen sogar Jahre betragen (z. B. für Investitionsgüter wie Kraftwerksanlagen).

- **Kassafrist (Kassarespiro)**
  Häufig wird die Zahlung auf Ziel mit der Angabe eines Kassarespiros (Kassafrist) verknüpft. Innerhalb der Kassafrist (meist 8 oder 14 Tage) kann der Käufer mit Skontoabzug (meist 2 oder 3 %) zahlen.

### d) Sonderformen

- **Anzahlung**
  Der Kaufpreis wird teilweise im Voraus bezahlt (vgl. Vorauszahlung).

  Vorteile für den Verkäufer:

  - teilweise Finanzierung durch den Käufer
  - gewisse Sicherheit, dass der Käufer die Ware übernehmen wird

  Wird der Vertrag aus Verschulden des Verkäufers nicht erfüllt, muss er die Anzahlung zurückgeben. Übernimmt der Käufer die Ware aus seinem Verschulden nicht, so hat es der Verkäufer leichter, Schadenersatz zu bekommen. Der Verkäufer muss jedoch jenen Teil der Anzahlung zurückgeben, der den nachgewiesenen Schaden übersteigt.

- **Angeld**
  Wird eine teilweise Vorauszahlung des Kaufpreises ausdrücklich als Angeld bezeichnet, so hat dies folgende Rechtswirkung:

  - Übernimmt der Käufer aus seinem Verschulden die Ware nicht, so verbleibt das Angeld beim Verkäufer.
  - Liefert der Verkäufer aus seinem Verschulden nicht, so muss er dem Käufer den doppelten Betrag des Angelds zurückerstatten.

## Ratenzahlung und Teilzahlung

[Instalment payment and part payment]

**Ratenzahlungsgeschäfte unterliegen strengen Bestimmungen.**

In manchen Fällen besteht die Möglichkeit, den **Kaufpreis in Teilbeträgen bzw. in Raten zu bezahlen** (z. B. im Versandhandel, beim Möbelkauf). Damit soll auch solchen Personen, die zum Zeitpunkt des Kaufvertragsabschlusses nicht über ausreichend Geld verfügen, **wie bei einem Kredit** der Abschluss eines Kaufvertrags ermöglicht werden.

Das **Verbraucherkreditgesetz (VKrG)** soll Konsumenten vor unüberlegten Ratengeschäften schützen. Es kommt zur Anwendung, wenn ein Unternehmer einem Konsumenten einen Kredit gewährt, zum Beispiel in Form einer Vereinbarung von Ratenzahlungen.

Das VKrG beinhaltet Bestimmungen zu

- umfassenden **Informationspflichten** des Kreditgebers (Verkäufers), **bevor** eine Ratenvereinbarung abgeschlossen wird (z. B. wie hoch die Belastungen des Käufers durch die Raten sein werden),
- den **Angaben, die jedenfalls in den Ratenvereinbarungen** enthalten sein müssen (siehe gelber Kasten auf der nächsten Seite),
- dem **Rücktrittsrecht des Käufers** von der Ratenvereinbarung,
- der **Prüfung der Kreditwürdigkeit** des Käufers durch den Kreditgeber (Verkäufer),
- der **Werbung für Ratenvereinbarungen.**

Das VKrG gilt nur für Kredite mit einem **Gesamtkreditbetrag von zumindest 200 Euro und einer Gesamtlaufzeit von mehr als 3 Monaten.** Die **Bestimmungen des VKrG sind zwingend,** d. h., sie dürfen nicht zum Nachteil des Konsumenten vertraglich abgeändert werden.

**Zwingende Angaben bei Ratengeschäften**

Folgende Angaben muss die Ratenvereinbarung jedenfalls enthalten:

- Sollzinssatz (z. B. 19,8 % pro Jahr, 19,8 % p. a.)
- effektiver Jahreszinssatz: Muss der Käufer neben den Sollzinsen noch weitere Kosten tragen (Gebühren), dann sind alle Kosten der Ratenzahlung als Jahreszinssatz auszudrücken, z. B. 21,7 % p. a.
- Gesamtbetrag, der zu bezahlen ist: z. B. Kaufpreis € 299,90, Kaufpreis mit Raten: € 373,08
- Anzahl und Höhe der Raten: 26 Monatsraten, 1. bis 25. Rate € 14,00, 26. Rate € 23,08
- Angaben zu den Bedingungen über die Änderungen des Sollzinssatzes und sonstiger Entgelte
- Angaben zum Recht auf vorzeitige Rückzahlung oder zum Anspruch auf Entschädigung

### Rücktrittsrecht des Käufers

Der Konsument kann von einem Kreditvertrag und damit auch von einer Ratenzahlungsvereinbarung innerhalb von vierzehn Tagen ohne Angabe von Gründen zurücktreten. Die Frist für die Ausübung des Rücktrittsrechts beginnt grundsätzlich mit dem Tag zu laufen, an dem der Vertrag über die Ratenzahlung abgeschlossen wurde. Der Rücktritt muss nicht schriftlich erfolgen, aus Beweisgründen ist die Schriftform jedoch ratsam.

### Schuldforderung des Verkäufers bei Zahlungsverzug

Der Kreditgeber kann sich in der Ratenvereinbarung das Recht vorbehalten, die gesamte noch ausstehende offene Schuld zu fordern („Terminsverlust"), wenn der Konsument mit einer Ratenzahlung mindestens sechs Wochen in Verzug ist. Dazu muss der Kreditgeber dem Konsumenten den Terminsverlust androhen und eine Nachfrist von zumindest zwei Wochen für die offene Ratenzahlung setzen.

**Ratenzahlungen müssen pünktlich erfolgen!**

## Zahlungsort – Erfüllungsort der Zahlung [Place of payment]

Geldschulden sind Bringschulden, daher muss der Geldbetrag am Fälligkeitstag **beim Gläubiger eingelangt sein.**

**Regelung für Unternehmer und Regelung für Konsumenten**

- Diese Regelung gilt, wenn der Käufer (Schuldner) Unternehmer ist. In diesem Fall sollte die Überweisung schon ein paar Tage vor dem Fälligkeitstag veranlasst werden.
- Eine **Ausnahme besteht bei Verbrauchergeschäften.** Ist der Käufer (Schuldner) Konsument, reicht es, wenn er am Fälligkeitstag eine **Überweisung** tätigt, auch wenn die Gutschrift auf dem Konto des Zahlungsempfängers (Verkäufers) erst ein paar Tage später erfolgt.

Wann eine Rechnung fällig ist, wird in der Regel beim Abschluss des Kaufvertrags vereinbart und ist oft **auf der Rechnung** selbst **vermerkt:**

- Lautet die Regelung auf einen bestimmten Tag (z. B. „fällig am 31. August 20..“), dann kann die Fälligkeit eindeutig bestimmt werden.
- Lautet die Vereinbarung z. B. „fällig nach Rechnungserhalt“, dann ist oft unklar, an welchem Tag die Rechnung tatsächlich fällig wird. Der Verkäufer kann auch nicht wissen, an welchem Tag der Käufer die Rechnung tatsächlich erhalten hat. Für gewöhnlich gilt in solchen Fällen die Rechnung spätestens 2–4 Tage nach Erhalt der Rechnung als fällig.
- Auch „zahlbar innerhalb von 14 Tagen“ könnte als Zahlungsbedingung vereinbart sein. Diese 14-Tage-Frist bezieht sich in der Regel auch auf den Erhalt der Rechnung.

**Übungsbeispiele**

**Ü 5.24: Erfüllungszeit der Zahlung** C

Die Firma Mayerhofer in Bezau (Bregenzerwald, Vorarlberg) schuldet der Firma Hinterbacher in Frauenkirchen (Burgenland) € 2.200,–, zahlbar innerhalb von 90 Tagen netto Kassa oder innerhalb von 10 Tagen nach Erhalt der Rechnung unter Abzug von 3 % Skonto.

10 Tage nach Erhalt der Rechnung erteilt Mayerhofer einen Überweisungsauftrag über € 2.134,– bei seinem Kreditinstitut. Die Überweisung wird aufgrund einer Fehlbuchung erst 12 Tage später auf dem Konto der Firma Hinterbacher gutgeschrieben.

Hinterbacher bemängelt den Skontoabzug, da er den Betrag zu spät erhalten hat.

Hat Hinterbacher recht?

**Ü 5.25: Ratenzahlung – Internetrecherche** C

Recherchieren Sie im Internet auf den Websites von Versandhandelsunternehmen die Bedingungen für Ratenzahlungen. Vergleichen Sie die angegebenen Konditionen, wenn Sie zum Beispiel einen Betrag von 300 Euro in 26 Monatsraten bezahlen möchten.

**Ü 5.26: Ratenzahlung – gesetzliche Bestimmungen** D

Gerda, Studentin, kauft bei einem Möbelhändler eine Sitzgarnitur auf Raten. In der schriftlichen Ratenvereinbarung finden sich neben der Adresse der Käuferin und des Verkäufers und der genauen Beschreibung der Sitzgarnitur nur noch folgende Angaben:

- Preis inkl. USt € 1.800,–
- Zahlungsbedingungen: Anzahlung € 200,–
- 72 Monatsraten zu je € 32,–

Gegen welche Bedingungen des Verbraucherkreditgesetzes wird verstoßen?

# 4 Sonstige Vertragsbestandteile und das „Kleingedruckte"

[Other elements of the sales agreement and the "small print"]

## Sonstige Vetragsbedingungen [Other elements of the sales agreement]

Häufig werden in den Kaufvertrag Vertragsbedingungen aufgenommen, die die Vertragserfüllung durch den Käufer bzw. durch den Verkäufer begünstigen sollen. Wichtige „sonstige Vertragsbedingungen" sind:

- **Eigentumsvorbehalt**

  Wird eine Ware mit „Eigentumsvorbehalt" verkauft, so kann der Käufer sie zwar benützen, sie bleibt jedoch weiterhin Eigentum des Verkäufers.

  Der „Eigentumsvorbehalt" dient zur Sicherung der Forderung bei Zielverkäufen.

  Der Eigentumsvorbehalt erlischt,
  - wenn die Ware vom Käufer weiterverkauft wird oder
  - wenn die Ware verarbeitet wird (z. B. Stoffe zu Kleidern, Holz zu Möbeln).

- **Umtauschrecht**

  Grundsätzlich besteht kein Umtauschrecht, d. h., ein Umtauschrecht muss vereinbart werden.

  Bei Geschäften mit Konsumenten wird jedoch meist im „Kulanzweg" (sozusagen als Kundendienst) umgetauscht.

  Manchmal wird der Umtausch ausdrücklich ausgeschlossen (z. B. bei Ausverkaufsware).

- **Konventionalstrafen (Pönale)**

  Ist die genaue Einhaltung des Vertrags für den Käufer (Auftraggeber) besonders wichtig, so wird ein Pönale vereinbart (z. B. wenn eine Geschäftseinrichtung rechtzeitig geliefert werden soll, wenn Bauarbeiten pünktlich fertiggestellt werden sollen).

  Der Verkäufer (Leistende) muss das Pönale bezahlen und den Vertrag trotzdem erfüllen.

  Das Pönale ist ein pauschalierter Schadenersatz. Das heißt, der Käufer muss nicht nachweisen, dass ihm ein Schaden entstanden ist, er erhält auf jeden Fall das Pönale, wenn der Verkäufer (der Leistungsverpflichtete) nicht rechtzeitig oder nicht vertragsgerecht liefert.

- **Stornogebühr (Reuegeld)**

  Manchmal wird in Verträgen vereinbart, dass die Vertragspartner gegen Zahlung eines Reuegelds („Stornogebühr") vom Vertrag zurücktreten können. Das heißt, es ist nur das Reuegeld zu bezahlen, der Vertrag muss jedoch nicht mehr erfüllt werden.

  Erscheint dem Verkäufer das vereinbarte Pönale oder das Reuegeld zu hoch, so kann er bei Gericht „Mäßigung" beantragen.

- **Verzugszinsen**

  Zahlt der Käufer nicht rechtzeitig, darf der Verkäufer den Käufer zusätzlich zur offenen Rechnung mit Verzugszinsen belasten. Der Zahlungsverzug durch den Käufer wird in Kapitel 9, Lerneinheit 2 besprochen.

- **Gewährleistung und Garantie (Hinweis)**
  Gewährleistung und Garantie regeln die Rechtsansprüche des Käufers bei Lieferung einer mangelhaften Ware. Gewährleistungs- und Garantieansprüche werden in Kapitel 9, Lerneinheit 1 im Zusammenhang mit der Lieferung mangelhafter Ware besprochen.

## Allgemeine Geschäftsbedingungen (AGB)

[General terms and conditions of business]

**Allgemeine Geschäftsbedingungen (AGB)**

Allgemeine Geschäftsbedingungen sind **vorformulierte Bedingungen**, die **für alle Verträge** gelten, die ein Unternehmen mit seinen Partnern abschließt.

Bei vielen Verträgen sind **allgemeine Geschäftsbedingungen (AGB)** Vertragsbestandteil. Sie müssen **ausdrücklich in den Vertrag aufgenommen** werden. Häufig finden sie sich „klein gedruckt" auf der Rückseite von Bestellscheinen, Rechnungen oder in der Beilage zu Verträgen.

- Beim Onlineshopping muss der Käufer auf die AGB besonders hingewiesen werden. Die AGB können
  - direkt im Bestellformular stehen (der Käufer kann dann durch den Text durchscrollen) oder
  - durch Anklicken eines entsprechenden Links im Bestellformular am Bildschirm erscheinen.

Die allgemeinen Geschäftsbedingungen sind häufig so abgefasst, dass dem Vertragspartner möglichst viele Pflichten aufgebürdet werden und dem eigenen Unternehmen möglichst viele Rechte bleiben. Deshalb ist es sehr wichtig, die AGB auch tatsächlich zu lesen, bevor man einen Kaufvertrag abschließt!

**Achten Sie immer auf das Kleingedruckte!**

**Beispiele**

- Aus einem Kaufvertrag über ein Auto:
  Der Käufer kann bei einer Lieferverzögerung, soweit sie acht Wochen nicht überschreitet, vom Vertrag nicht zurücktreten und auch keinen wie immer gearteten Schadenersatz geltend machen.
- Aus einer Buchungsbestätigung für eine Reise:
  Erfolgt der Rücktritt vom Reisearrangement bis 30 Tage vor Reiseantritt, so ist eine Stornogebühr von 30 % zu bezahlen. Erfolgt der Rücktritt bis 10 Tage vor Reiseantritt, beträgt die Stornogebühr 60 %. Erfolgt der Rücktritt später, ist der volle Reisepreis zu bezahlen. Macht der Reisende eine Ersatzperson namhaft, ist eine Umbuchungsgebühr von 15 % zu entrichten.

Welche Bedingungen der AGB zulässig sind und welche z. B. „gegen die guten Sitten" verstoßen, ist ein schwieriges rechtliches Problem, das nur im Einzelfall entschieden werden kann.

**Übungsbeispiele**

### Ü 5.27: Gültigkeit von AGB C

In den allgemeinen Geschäftsbedingungen einer Firma, die Haushalt-Öltanks verkauft, findet sich folgende Bestimmung: „Die Firma haftet nicht für Schäden, die durch das Auslaufen von Heizöl infolge von Fehlern im Material oder in der Verarbeitung entstehen."

Ein privater Käufer hat durch Unterschrift zur Kenntnis genommen, dass für die Lieferung des Öltanks die AGB des Lieferanten gelten. Er hat die AGB jedoch nicht gelesen.

Ist diese Bestimmung gültig?

### Ü 5.28: Eigentumsvorbehalt C

Eine Ware wurde am 25. Oktober geliefert. Am 16. November traf die Rechnung beim Käufer ein. Auf dieser entdeckt der Käufer eine Klausel über einen Eigentumsvorbehalt an der gelieferten Ware. Es war weder bei mündlichen Vertragsverhandlungen noch in irgendeiner Weise schriftlich ein Eigentumsvorbehalt vereinbart worden.

Ist die Klausel wirksam?

### Ü 5.29: Umtausch von Ware C

Sie kaufen im Sommerschlussverkauf ein T-Shirt. Auf dem Kassazettel ist aufgestempelt „Umtausch ausgeschlossen". Sie sind der Meinung, Sie können trotzdem im Verlauf der nächsten drei Tage umtauschen.

a) Haben Sie recht?
b) Wie wäre die Rechtslage, wenn der Stempelaufdruck nicht auf dem Kassazettel wäre?

# Üben – Anwenden

SbX ID: 5022

A B C D E

SbX
Ü 5.30 und
Ü 5.33–Ü 5.34
mit automatischer
Aufgabenkontrolle
ID: 5022

### Ü 5.30: Kaufvertragsklausel C

Eine Gemüsekonservenfabrik in Wels liefert eine Sendung Delikatessgurken in Gläsern per Bahnfracht nach Klagenfurt.

Die Sendung wird mit eigenem Lkw zum Bahnhof Wels gebracht.

Die Kaufvertragsklausel lautet „frachtfrei Klagenfurt Hauptbahnhof".

Auf dem Bahntransport werden, vermutlich durch Nachlässigkeit, alle Gläser in einer Kiste zerbrochen.

Beantworten Sie zu diesem Beispiel die folgenden Fragen:

a) Wo erfolgt der Eigentumsübergang? (Bitte kreuzen Sie an.)
   - ☐ bei Verlassen des Lagers in Wels
   - ☒ nach Übergabe an die Bahn in Wels
   - ☒ nach Ankunft der Ware in Klagenfurt
   - ☐ bei der Einfahrt in das Lager in Klagenfurt

b) Wer muss sich mit den Bundesbahnen über das Verschulden beim aufgetretenen Schaden auseinandersetzen?

   ☒ Käufer ☒ Verkäufer

   Begründen Sie Ihre Antwort!

c) Wer trägt die Transportkosten?

   bis zum Bahnhof Wels:

   ☒ Käufer ☒ Verkäufer

   für die Bahnfracht:

   ☒ Käufer ☒ Verkäufer

   vom Bahnhof Klagenfurt bis zum Lager:

   ☒ Käufer ☐ Verkäufer

### Ü 5.31: AGB, Liefer- und Zahlungsbedingungen beim Onlineshopping C

Die HAK-Schülerin Petra Zweimaier bestellt mit Zustimmung ihres Vaters in einem Onlineshop einen DVD-Rekorder um € 480,–. Die Bestellung wird elektronisch bestätigt.

a) In welcher Form werden Petra Zweimaier vermutlich die allgemeinen Geschäftsbedingungen des Onlineshops zu Kenntnis gebracht?
b) Innerhalb welcher Zeit muss die Lieferung erfolgen, wenn keine besonderen Vereinbarungen getroffen wurden? 30 Tage
c) Nehmen Sie an, der DVD-Rekorder soll auf Raten bezahlt werden. Wie hoch ist die Mindestanzahlung? 10%
d) Reicht es aus, wenn der Onlineshop im Ratenbrief den Kassapreis, die Anzahlung, die Summe der Raten und den Gesamtbetrag angibt, oder muss auch die Effektivverzinsung des Ratenkredits angegeben werden? Ja
e) Der DVD-Rekorder trifft ein. Petra hat jedoch in der Zwischenzeit ein Sonderangebot eines Elektrodiskonters um € 380,– erworben. Kann sie den DVD-Rekorder zurücksenden? Wenn ja, wer trägt die Kosten der Rücksendung? Wenn nein, warum nicht? Käufer Ja
f) Der Onlineshop stellt für den Transport € 25,– in Rechnung. Ist dies zulässig, wenn nichts vereinbart wurde?
g) Hat Petra für den beim Elektrodiskonter erworbenen DVD-Rekorder ein Umtauschrecht, wenn nichts vereinbart wurde? Nein

### Ü 5.32: Liefer- und Zahlungsbedingungen, Gerichtsstand, Reuegeld und Pönale C

Schlossermeister Zweimaier vergrößert sein Unternehmen. Er bestellt bei der Technika Handels GmbH verschiedene neue Maschinen zur Metallverarbeitung. Als Liefertermin wird im Kaufvertrag die 26. Woche festgelegt. Als Zahlungstermin wurde vereinbart: „8 Tage ab Rechnungsdatum abzüglich 3 % Skonto oder innerhalb von 60 Tagen netto Kassa".

a) Kann sich Herr Zweimaier darauf verlassen, dass er die Werkzeuge tatsächlich in der 26. Woche erhält?
b) Wie hätte man den Liefertermin vereinbaren müssen, um die Sicherheit der rechtzeitigen Lieferung zu erhöhen?
c) Welche zusätzlichen Vereinbarungen hätte man treffen können, damit die Sicherheit der rechtzeitigen Lieferung erhöht wird?
d) Nehmen Sie an, Herr Zweimaier benötigt die Maschinen dringend. Wäre die Vereinbarung eines Reuegelds im Kaufvertrag eine Lösung gewesen?
e) Unter welchen Umständen wäre es sinnvoll gewesen, wenn Herr Zweimaier die Maschinen nicht zu einem bestimmten Liefertermin, sondern auf Abruf bestellt hätte?
f) Der Betrieb von Herrn Zweimaier ist in Graz, die Technika Handelsgesellschaft hat ihren Sitz in Wien. Wer muss die Transportkosten von Wien nach Graz bezahlen, wenn im Kaufvertrag nichts vereinbart wurde?
g) Nehmen Sie an, es wurde die Klausel „frachtfrei Graz Hauptbahnhof" vereinbart. Auf dem Transport mit den Bundesbahnen wird eine Maschine beschädigt. Wer muss sich mit den Bundesbahnen über den Schadenersatz auseinandersetzen?
h) Wo wäre bei der Klausel „frachtfrei Graz Hauptbahnhof" der Gerichtsstand für den Ankauf der Maschinen, wenn es keine weiteren Vereinbarungen im Kaufvertrag gäbe?
i) Das Rechnungsdatum ist der 28. Juni. Herr Zweimaier erteilt den Überweisungsauftrag am 5. Juli und zieht 3 % Skonto ab. Die Technika Handelsgesellschaft fordert den Skonto nach, weil der Betrag infolge einer Fehlbuchung durch die Bank erst am 12. Juli auf ihrem Konto eingetroffen ist. Ist die Technika Handelsgesellschaft im Recht?
j) Nehmen Sie an, der Gesamtpreis der Maschinen und Werkzeuge beträgt € 21.000,– (ohne USt). Herr Zweimaier vereinbart die Bezahlung in 24 Raten. Muss ein Ratenbrief ausgestellt werden?
k) Nehmen Sie an, im Kaufvertrag findet sich die Vereinbarung, dass die Ware bis zur vollständigen Bezahlung im Eigentum der Technika Handelsgesellschaft bleibt. Warum werden derartige Vereinbarungen getroffen?

### Ü 5.33: Verschiedene Lieferklauseln C

Die Fa. Mira Bella GmbH, Salzburg, kauft vom Wiener Möbelhändler Möbelsteiner GmbH, Wien, 30 Aktenschränke. Als Lieferbedingung wird vereinbart:

| | Ort des Eigentumsübergangs | Ort des Kostenübergangs |
|---|---|---|
| Fall 1: frei Haus | | |
| Fall 2: ab Lager | | |
| Fall 3: frachtfrei Salzburg Hauptbahnhof, der Verkäufer bringt die Ware mit eigenem Lkw zur Bahn | | |

### Ü 5.34: Kosten für die Verpackung C

Ein Wiener Importeur von Heilmittelspezialitäten fragt in den USA um den Preis einer Spezialschlankheitsnahrung an. Der amerikanische Exporteur nennt einen Preis von USD 100,– pro Karton mit 50 Dosen. Es werden 100 Kartons bestellt.

Auf der Faktura werden USD 120,– für seetüchtige und feuchtigkeitsabweisende Verpackung gesondert berechnet.

Welche Aussage ist richtig? (Bitte anhaken!)

a) Die Forderung besteht zu Recht, da sich Preisangaben ohne weitere Vereinbarungen immer als Preis ohne Verpackung verstehen.
b) Die Forderung besteht zu Unrecht, da die Preiserstellung bei einem Überseegeschäft auf jeden Fall inklusive seetüchtiger Verpackung erfolgen muss.
c) Die Forderung wird zu Unrecht erhoben, da die Spezialverpackung vom Käufer nicht verlangt wurde.

## Ü 5.35: Kauf auf Raten C

Welche der folgenden Geschäfte unterliegen den Bestimmungen des Verbraucherkreditgesetzes? (Mehrfachlösungen möglich!)

a) Ein Ehepaar kauft für sich und seine Kinder von einer Immobiliengesellschaft ein Grundstück mit Haus. Der Kaufpreis wird in 60 Monatsraten bezahlt.
b) Ein Elektrohändler verkauft an ein Hotel eine Waschmaschine gegen Anzahlung und 6 Raten.
c) Ein Hobbysportler kauft für sein privates Training Trainingsanzüge und Laufschuhe gegen Anzahlung und 6 Monatsraten.
d) Ein Fitnesstrainer kauft für seinen Unterricht Trainingsanzüge und Laufschuhe gegen Anzahlung und 6 Monatsraten.
e) Ein privater Briefmarkensammler kauft von einem anderen eine seltene Briefmarke gegen 10 Monatsraten.

## Ü 5.36: Ratenbrief C

Sie planen, in den Sommerferien Ihr Zimmer neu zu gestalten. Sie haben bereits viele Ideen und konkrete Vorstellungen, die Sie in einem Raumplan festgehalten haben. Neben einer neuen Wandfarbe soll auch eine neue Zimmereinrichtung angeschafft werden. Nach längerer Suche haben Sie sich für eine passende Wandfarbe entschieden und in einem Möbelhaus auch schon Ihr Wunschzimmer entdeckt. Um Ihr Projekt umsetzen zu können, haben Sie sich auch schon Gedanken um die Finanzierung Ihres Vorhabens gemacht und folgende Übersicht zusammengestellt:

| | |
|---|---|
| **Ersparnisse** | **€ 500,–** |
| Kosten für Wandfarbe und Ausmalhilfen: | € 96,– |
| neue Vorhänge: | € 75,– |
| Jugendzimmerkomplettset inkl. Lieferung und Montage: | € 799,– |
| **Finanzierungslücke** | **€ –470,–** |

Der Verkaufsberater im Möbelhaus hat Sie auf die Möglichkeit eines Ratenkaufs für Ihr Jugendzimmer aufmerksam gemacht und Ihnen folgende Ratenübersicht mitgegeben:

| | |
|---|---|
| **Warenwert** | **€ 799,00** |
| Laufzeit in Monaten | 12 |
| Wert der laufenden Raten | € 73,00 |
| Wert der letzten Rate | € 85,46 |
| **Ratenkaufpreis** | **€ 888,46** |
| Effektivzinssatz | 21,70 % |

Bevor Sie sich für diesen Ratenkauf entscheiden, möchten Sie sich die Vor- und Nachteile nochmals in Ruhe überlegen und Antworten auf die folgenden Fragen finden.

Beantworten Sie zu diesem Beispiel die folgenden Fragen:

a) Fällt diese Ratenvereinbarung unter das Verbraucherkreditgesetz? Begründen Sie Ihre Antwort!
b) Welche Angaben müssten auf der Ratenübersicht ergänzt werden, damit der Ratenbrief den gesetzlichen Bestimmungen entspricht?

c) Da Sie Ihr neues Zimmer bereits in den Sommerferien einrichten wollen und Ihr Erspartes nicht zur vollständigen Bezahlung des Gesamtbetrags ausreicht, entscheiden Sie sich am 30.6. zum Abschluss dieses Ratenkaufs. Der Verkäufer händigt Ihnen noch am selben Tag einen entsprechenden Ratenbrief aus. Am 10.7. kommt Ihre Tante zu Besuch und Sie erzählen von Ihrem Projekt. Spontan unterstützt sie Ihr Vorhaben mit 500 Euro. Sie wollen sich nun die Kosten des Ratenkaufs sparen und von der Ratenvereinbarung zurücktreten. Ist das noch möglich?
Begründen Sie Ihre Antwort!

### Ü 5.37: „Kleingedrucktes" im Kaufvertrag (AGB) B

Auf der Rückseite eines Kaufvertrags der Leiner GmbH finden sich die folgenden Bestimmungen (leicht gekürzt):

1. Bis zur vollständigen Bezahlung des Kaufpreises durch den Käufer bleiben die gelieferten Gegenstände alleiniges und unbeschränktes Eigentum des Verkäufers. Bis dahin stellen sie somit nur ein dem Käufer anvertrautes Gut dar, welches weder weiterverkauft noch verpfändet, verschenkt oder verliehen werden darf.
2. Erklärt der Kunde den Rücktritt vom Vertrag, ohne dazu berechtigt zu sein, hat der Verkäufer das Recht, die Rücktrittserklärung des Käufers anzunehmen und für diesen Fall vom Käufer eine Gebühr in Höhe von 20 % des Bruttoverkaufspreises einzubehalten.

Beantworten sie folgende Fragen:

a) Wie werden diese Bestimmungen, die sich häufig in AGB finden, genannt?
b) Weshalb vereinbart der Verkäufer diese Bestimmungen mit dem Käufer? Wovor versucht er sich zu schützen?

### Ü 5.38: Pönale C

In einem Kaufvertrag wird für den Fall, dass der Verkäufer nicht rechtzeitig liefert, ein Pönale von € 500,– vereinbart.

Da der Liefertermin überschritten wird, zahlt der Verkäufer das Pönale und erklärt den Vertrag für aufgelöst. Beantworten Sie die folgenden Fragen und begründen Sie Ihre Antwort!

a) Handelt der Verkäufer in diesem Fall völlig richtig?
b) Kann ein im Kaufvertrag vereinbartes Pönale herabgesetzt werden, auch wenn ein Vertragspartner dagegen ist?

## Sichern

SbX ID: 5023

**Lieferbedingungen**

Lieferbedingungen betreffen die Erfüllungszeit und den Erfüllungsort der Lieferung.

Vereinbarungen für die Erfüllungszeit:

- prompt
- gewöhnliches Termingeschäft
- Fixgeschäft
- Kauf auf Abruf

Keine Vereinbarung: „prompt"

Vereinbarungen für den Erfüllungsort:

Regeln den Eigentumsübergang (Risikoübergang) und, wenn keine gesonderte Vereinbarung vorliegt, auch den Kostenübergang und den Gerichtsstand

Keine Vereinbarung: Erfüllungsort ist die Niederlassung des Verkäufers.

Kaufvertragsklauseln regeln Eigentums-(Risiko-)Übergang und Kostenübergang in Kurzform:

- „ab" genanntem Ort (meist in der Nähe des Verkäufers)
- „frei" genannter Ort (meist näher beim Käufer)
  Eigentum und Kosten gehen an diesem Ort vom Verkäufer auf den Käufer über.
- „frachtfrei" genannter Ort
  Eigentum geht bei der Übergabe an den ersten Frachtführer über, Kosten erst beim genannten Ort.

**terms of delivery**

The terms of delivery state the date of delivery or the delivery period, and the place of delivery.

Possible agreements about the date of delivery or delivery period:

- prompt
- normal scheduled delivery
- fixed date of delivery
- exception: sale with delivery on demand

No agreement: "prompt"

Possible agreements about the place of delivery:

these regulate the transfer of ownership (transfer of risk) and, when there are no specific agreements, also the transfer of costs and the place of jurisdiction.

No agreement: place of delivery is the premises of the seller.

Standardised terms of delivery, or trade terms, regulate the transfer of ownership (and risk) and the transfer of costs in abbreviated form:

- "ex works" named place (often near the seller)
- "free (or franco)" named place (often near the buyer)
  Both ownership and costs are transferred from the seller to the buyer at the named place.
- "carriage paid (to)" named place
  Ownership is transferred when the goods are handed over to the first carrier, but costs not until the named place.

**Verpackung**

Die Verpackung muss auch ohne gesonderte Vereinbarung ausreichenden Schutz bieten.

Keine gesonderte Vereinbarung (bzw. keine Usance): Der Käufer muss die Verpackung zusätzlich bezahlen. Meist ist jedoch die Verpackung im Preis enthalten.

**packing**

The packing must provide sufficient protection even if not explicitly agreed.

No explicit agreement (or no standard practice): the buyer must pay separately for the packing. However, normally the packing is included in the price.

**Zahlungsbedingungen**

Zahlungsbedingungen betreffen Erfüllungsort und Erfüllungszeit für die Zahlung.

Erfüllungsort:

Niederlassung des Käufers, d.h., rechtzeitige Einzahlung an diesem Ort reicht aus.

Abänderung im Kaufvertrag möglich. Abänderung erst in der Rechnung ist bei Verkauf an Konsumenten unzulässig. Unternehmer muss Rechnung zumindest mit der Ware erhalten und die Rechnung anstandslos übernehmen.

Erfüllungszeit:

- viele Möglichkeiten: Vorauszahlung, Anzahlung, prompte Zahlung, Zahlung auf Ziel, Teilzahlung
- keine Vereinbarung: prompte Zahlung

Für Ratengeschäfte mit Konsumenten gelten laut Verbraucherkreditgesetz zahlreiche zwingende gesetzliche Bestimmungen, wie vor allem die Angabe des Soll- und Effektivzinssatzes und die Rücktrittsmöglichkeit des Konsumenten innerhalb der Frist von 14 Tagen ab der schriftlichen Ratenvereinbarung.

**terms of payment**

The terms of payment state the place of payment and the date of payment.

Place of payment:

the buyer's premises, i.e. timely payment at this location is sufficient.

Changes to the sales agreement are possible. Changes not made until the invoice is issued are not allowed for sales to consumers. Business people must receive the invoice with the goods at the latest, and must accept the invoice without objections.

Date of payment:

- many possibilities: payment in advance, down payment or deposit, prompt payment, sale on credit, payment in instalments
- no agreement: prompt payment

For hire purchase agreements with consumers, the Consumer Credit Act contains many legally binding provisions, such as information about the borrowing interest rate and the effective annual interest rate. The consumer also has the right to withdraw from the contract within a period of 14 days from concluding the hire purchase agreement.

**sonstige Vertragsbestandteile**

Allgemeine Geschäftsbedingungen:
Müssen ausdrücklich vereinbart werden. Dürfen nicht gegen die „guten Sitten" verstoßen oder „unüblich" sein.

Eigentumsvorbehalt:
Ware bleibt bis zur vollständigen Bezahlung Eigentum des Verkäufers.

Umtauschrecht:
Nur, wenn es vereinbart wird. In der Praxis sind „Kulanzregelungen" üblich.

Pönale (vereinbarter, pauschalierter Schadenersatz):
Wird meist für Überschreitungen der Lieferfrist vereinbart.
Auch wenn Pönale bezahlt werden muss, ist der Vertrag zu erfüllen.

**other elements of a contract of sale**

General terms and conditions:
must be explicitly agreed. Must not violate "public morality" or be "unusual".

Retention of title:
goods remain the property of the seller until full payment has been made.

Right to exchange:
only if so agreed. In practice "goodwill" solutions are common.

Penalties (agreed, flat-rate compensation for damages):
are usually agreed if the delivery date or period is exceeded.
Even if penalties must be paid, the sales agreement must be fulfilled.

**Reuegeld (Stornogebühr)**

Gegen Zahlung des Reuegelds kann ein Vertragspartner vom Vertrag zurücktreten.

**cancellation fee**

Against payment of a cancellation fee, a contracting party can withdraw from the sales agreement.

SbX
ID: 5023

**Im SbX finden Sie die englische Zusammenfassung als Audio-Wiederholung sowie eine Bildschirmpräsentation mit den Grafiken dieser Lerneinheit.**

# Wissen

SbX ID: 5024

A B C D E

SbX
W 5.19, W 5.25 und W 5.27 mit automatischer Aufgabenkontrolle
ID: 5024

### W 5.11: Bedingungen für Liefertermin und Erfüllungsort A

Welche Bedingungen gelten für Liefertermin und Erfüllungsort, wenn im Kaufvertrag nichts vereinbart wurde?

### W 5.12: Warenübergabe A

In welcher Form kann die Übergabe am Erfüllungsort erfolgen?

### W 5.13: Kaufvertragliche Regelung des Erfüllungsorts B

Warum ist eine genaue Regelung des Erfüllungsorts so wichtig?

### W 5.14: Termingeschäft und Fixgeschäft A

Was ist der Unterschied zwischen einem „gewöhnlichen Termingeschäft" und einem „Fixgeschäft"?

### W 5.15: Klauseln „ab Lager" und „frei Lager" A

Was bedeuten die Klauseln „ab Lager" und „frei Lager"?

**W 5.16: Risikoübergang bei der Klausel „frachtfrei"** A

Wo gehen Kosten und Eigentum (Risiko) bei der Klausel „frachtfrei" vom Verkäufer auf den Käufer über?

**W 5.17: Erfüllungsort der Zahlung** A

Wo ist der Erfüllungsort der Zahlung, wenn im Kaufvertrag nichts anderes vereinbart wurde?

**W 5.18: Bedeutung des Erfüllungsorts der Zahlung** B

Warum hat der Erfüllungsort der Zahlung große Bedeutung?

**W 5.19: Erfüllungsort der Zahlung ohne Regelung im Kaufvertrag** B

Welche der folgenden Aussagen bezüglich des Erfüllungsorts der Zahlung sind richtig und welche sind falsch, wenn im Kaufvertrag keine Regelung getroffen wurde?

Stellen Sie die falschen Aussagen bitte richtig!

a) Der Schuldner muss dem Gläubiger den Geldbetrag übersenden.

☐ Richtig ☐ Falsch, richtig ist:

b) Bei einem Verbrauchergeschäft (Käufer ist Konsument) gilt der Rechnungsbetrag nur dann als rechtzeitig gezahlt, wenn er am Fälligkeitstag beim Gläubiger einlangt.

☐ Richtig ☐ Falsch, richtig ist:

c) Überweisungsgebühren gehen zulasten des Schuldners.

☐ Richtig ☐ Falsch, richtig ist:

d) Als Zahlungsort gilt der Wohnort bzw. der Geschäftssitz des Schuldners.

☐ Richtig ☐ Falsch, richtig ist:

**W 5.20: Kosten der Zahlung** A

Wer trägt die Kosten der Zahlung (z. B. der Banküberweisung)?

**W 5.21: Angeld und Anzahlung** B

Was ist der Unterschied zwischen Angeld und Anzahlung?

**W 5.22: Gerichtsstand** A

Welcher Gerichtsstand gilt für Streitigkeiten aus der Zahlung, wenn nichts vereinbart wurde?

**W 5.23: Anzahlung** B

In welchen Fällen wird der Verkäufer auf einer Anzahlung bestehen?

**W 5.24: Verbraucherkreditgesetz** B

Nennen Sie zwei gesetzliche Bestimmungen des Verbraucherkreditgesetzes und begründen Sie, warum diese den Konsumenten vor dem unüberlegten Abschluss von Ratengeschäften schützen.

**W 5.25: Funktionen der Verpackung** B

Eine Videokamera ist folgendermaßen verpackt. Bitte ordnen Sie die einzelnen Verpackungsarten der „Schutzfunktion" bzw. der „Aufmachungsfunktion" zu.

| | Schutz | Aufmachung |
|---|---|---|
| a) starke Pappschachtel | | |
| b) mit weihnachtlichem Muster | | |
| c) geschäumte Kunststoffplatten | | |
| d) Klarsichtplastikschachtel | | |

**W 5.26: Allgemeine Geschäftsbedingungen** A

Sind AGB auf jeden Fall Vertragsbestandteil?

**W 5.27: Gültigkeit von allgemeinen Geschäftsbedingungen** B

Die folgenden Situationen bzw. Textteile beziehen sich auf die allgemeinen Geschäftsbedingungen.

Geben Sie an, ob Sie die Vereinbarungen für gültig halten oder nicht, und begründen Sie Ihre Antwort schlagwortartig.

a) Der Käufer bestreitet die Gültigkeit der AGB mit der Behauptung, die Beilage war zu umfangreich, vollständig in Kleindruck, und er habe sie daher nicht gelesen.

AGB sind ☐ gültig ☐ ungültig

b) Auf dem Bestellschein findet sich ein Vermerk „Teil des Vertrags sind unsere allgemeinen Geschäftsbedingungen in der Fassung vom 2. Jänner 20..".

AGB sind ☐ gültig ☐ ungültig

c) Eine Bestimmung in den AGB besagt: „Bei Zahlungsverzug werden Verzugszinsen in der Höhe von 12 % pro Monat berechnet."

AGB sind ☐ gültig ☐ ungültig

d) In einem Onlineshop findet sich am Bestellformular folgender Hinweis:
„Für unsere Lieferungen gelten unsere allgemeinen Geschäftsbedingungen. Diese werden Ihnen zugesandt, wenn Sie ‚Geschäftsbedingungen zusenden' anklicken."

AGB sind ☐ gültig ☐ ungültig

e) In einem Onlineshop kann eine Bestellung nur abgeschickt werden, wenn der Käufer das Feld anklickt „AGB gelesen und akzeptiert".

AGB sind ☐ gültig ☐ ungültig

**W 5.28: Eigentumsvorbehalt** A

Was versteht man unter Eigentumsvorbehalt und warum wird er vereinbart?

**W 5.29: Umtausch** A

Kann man bei jedem Kauf die Ware innerhalb einer bestimmten Frist umtauschen?

**W 5.30: Reuegeld und Pönale** B

Was ist der Unterschied zwischen Reuegeld und Pönale?

SbX
W 5.31–W 5.37 mit automatischer Aufgabenkontrolle ID: 5024

**Weitere Aufgaben zur Lernkontrolle im SbX**

**W 5.31: Liefertermin, Kosten- und Risikoübergang** B

Stellen Sie sich einem Quiz mit fünf Fragen!

**W 5.32: Liefer- und Zahlungsbedingungen im Kaufvertrag** B

Stellen Sie sich einem Quiz mit fünf Fragen!

**W 5.33: Die Verpackung im Kaufvertrag und sonstige Vertragsbestandteile** B

Stellen Sie sich einem Quiz!

**W 5.34: Die Erfüllungszeit der Lieferung, der Liefertermin** B

Vervollständigen Sie die Übersicht!

**W 5.35: Die Klauseln im Kaufvertrag** A

Vervollständigen Sie die Übersicht zu den Klauseln im Kaufvertrag!

**W 5.36: Lieferbedingungen** B

Bearbeiten Sie Aufgaben zu den Lieferbedingungen anhand eines Fallbeispiels!

**W 5.37: Liefertermin und Zahlungstermin** B

Bearbeiten Sie Aufgaben anhand von Beispielen zum Thema Liefertermin und Zahlungstermin!

English questions

**E 5.03: What two basic elements of a sales agreement are fixed by the terms of delivery?**

**E 5.04: Why must the place of delivery be clear from the terms of delivery?**

**E 5.05: Which of the standardised terms of delivery is a „two-point clause"? What two points are we talking about?**

**E 5.06: What is the function of packing? Does the buyer have to pay separately for the packing?**

**E 5.07: What two basic elements of a sales agreement are determined by the terms of payment?**

**E 5.08: Where is the place of payment normally?**

**E 5.09: If nothing is mentioned in the sales agreement, when should the buyer pay?**

Ein kurzer Kompetenz-Check, bevor's weitergeht!

## Kompetenz-Check

| | ☺ | 😐 | ☹ |
|---|---|---|---|
| Ich kann aufgrund der Kaufvertragsregelungen entscheiden, wo die Transportkosten und wo das Risiko vom Verkäufer auf den Käufer übergehen. | | | |
| Ich kenne die wichtigsten Funktionen der Verpackung. | | | |
| Ich kenne die Bedeutung von allgemeinen Geschäftsbedingungen für den Abschluss und die Erfüllung von Kaufverträgen. | | | |
| Ich kann erkennen und begründen, wann Kaufverträge gültig oder ungültig sind. | | | |

# Lerneinheit 3
# Fallbeispiele

SbX
Alle SbX-Inhalte zu dieser Lerneinheit finden Sie unter der ID: 5030.

## Üben – Anwenden

SbX ID: 5032

A B C D E

### Ü 5.39: Fallbeispiel Merkur GmbH Schuhgroßhandel: Kaufvertrag für Damenschuhe D

Ihr Unternehmen

Merkur Schuhgroßhandel

Merkur GmbH
Schuhgroßhandel
Neilreichgasse 17
1100 Wien

Sachverhalt

Sie sind Sachbearbeiter/in und haben eben die folgende Aktennotiz aufgenommen:

| | | |
|---|---|---|
| Merkur GmbH<br>Schuhgroßhandel | | Neilreichgasse 17<br>1100 Wien |
| **Abteilung:** Einkauf | **Aktennotiz über:** Telefonat | |
| **Anrufer/Besucher**<br>*Johann Berger – Schuhproduktion*<br>*5020 Innsbruck, Meistergasse 17, Tel.: +43 897 56 12* | | **aufgenommen von:**<br>*eigener Name* |
| **Datum:** *10. Jänner 20..* | | **Uhrzeit:** *07:45* |
| **Betreff:**<br>*Bestellung von 1000 Paar Damenschuhen, Modell Klassik, schwarz lt. Katalog, erhalten und bestätigt*<br>*Sortierung: je 200 Paar in den Größen 5, 6, 7, 8 und 9*<br>*Preise lt. Preisliste vom 2.1.20..*<br>*keine zusätzlichen Verpackungskosten*<br>*Lieferbedingungen: Lieferung erfolgt frachtfrei, versichert Wien Westbahnhof.*<br>*Zahlungsbedingungen: 10 % Rabatt, 3 % innerhalb von 10 Tagen nach Erhalt der Rechnung, 3 Monate netto Kassa* | | |

Aufgaben

1. Wie ist dieser Kaufvertrag zustande gekommen? Begründen Sie Ihre Antwort!
2. Welche gesetzliche Grundlage hat dieser Kaufvertrag? Begründen Sie Ihre Antwort!
3. Wie ist die Qualität geregelt?
4. Wie ist die Menge geregelt?
5. Wie ist der Preis geregelt?
6. Wie ist der Liefertermin geregelt?
7. Die Lieferung wird mit dem firmeneigenen Lkw der Johann Berger Schuhproduktion zum Innsbrucker Bahnhof gebracht. Während des Transports geht ein Teil der Lieferung verloren.

   Wer muss sich wegen des Schadens mit der Versicherung auseinandersetzen? Begründen Sie Ihre Antwort!
8. Würde eine Erhöhung der Bahntarife den Verkäufer treffen oder den Käufer? Begründen Sie Ihre Antwort!

9. Die Merkur GmbH kann einen Kontokorrentkredit mit 10 % Zinsen nutzen. Weisen Sie rechnerisch nach, ob es für die Merkur GmbH günstiger ist, den Kontokorrentkredit zu beanspruchen, um mit Skonto bezahlen zu können.
10. Um welche Art von Rabatt handelt es sich hier? Warum ist er vermutlich gewährt worden?
11. Die Lieferung kommt am 1. Februar 20… . Die Merkur GmbH zahlt am 11. Februar abzüglich 3 % Skonto. Der Betrag wird der Firma Johann Berger am 20. Februar auf das Bankkonto gutgeschrieben. Ist der Skontoabzug berechtigt gewesen? Begründen Sie Ihre Antwort!
12. Sollte die Zahlung nicht rechtzeitig erfolgen, müssen wir Ihnen 12 % p.a. Zinsen verrechnen. Sollte die Lieferung nicht rechtzeitig erfolgen, müssen wir Ihnen 5 % p.a. vom Auftragswert verrechnen.

    Um welche Klauseln handelt es sich und wer hat ein Interesse daran, sie zu vereinbaren?

### Ü 5.40: Fallbeispiel Typo Copy Shop: Kaufvertrag sowie Renovierung und Einrichtung einer Filiale D

#### Ihr Unternehmen

TYPO COPY SHOP

Typo Copy Shop
Plößlgasse 24
1040 Wien

#### Sachverhalt

Sie sind in der Zentrale von Typo Copy Shop tätig und für alle kaufmännischen Angelegenheiten des Unternehmens, das 28 Filialen in ganz Österreich betreibt, zuständig.

Als Sie heute Ihr Büro betreten, finden Sie eine Reihe von Unterlagen auf Ihrem Schreibtisch, zu denen noch einige Fragen offen sind.

#### Aufgaben

1. Ist Typo Copy Shop ein Wirtschaftsteilnehmer? Begründen Sie Ihre Ansicht kurz.
2. Analysieren Sie den abgebildeten Vertrag mit dem Papierproduzenten Blatt Papier GmbH (Unterlage 2):
   a) Ist der abgebildete Kaufvertrag gültig? Begründen Sie Ihre Antwort.
   b) Welche gesetzliche Grundlage hat der abgebildete Vertrag? Begründen Sie Ihre Antwort.
   c) Wie ist in diesem Fall die übereinstimmende Willenserklärung erreicht worden? Begründen Sie Ihre Antwort.
   d) Wie ist die Qualität in diesem Fall geregelt? Geben Sie mindestens 3 Aspekte an.
   e) Wie ist die Menge in diesem Fall geregelt?
   f) Wie ist der Preis in diesem Fall geregelt? Warum wurde vermutlich diese Preisregelung vereinbart?
   g) Wie heißt diese Art der Preisregelung?
   h) Warum gewährt die Blatt Papier GmbH einen Skonto in der Höhe von 3 %?
   i) Berechnen und interpretieren Sie die Skontorendite in diesem Fall.
3. Analysieren Sie den abgebildeten Vertrag mit der Firma Koresunt GmbH (Unterlage 3):
   a) Um welchen Vertrag handelt es sich in diesem Fall? Begründen Sie Ihre Antwort.
   b) Um welche Preisregelung handelt es sich im vorliegenden Fall?
   c) Wird eher der Käufer oder der Verkäufer an der Vereinbarung dieser Klausel interessiert sein? Begründen Sie Ihre Antwort.

#### Unterlagen

1. Informationen zum Unternehmen

   Typo Copy Shop wurde 1981 in Wien gegründet. Damals war es noch neu, schnell und günstig, rund um die Uhr kopieren zu können. Von Digitaldruck, Farbkopie, Self-Service, Großformat oder Plan Copy hat damals noch niemand gesprochen.

   Seither hat sich in der Kopiertechnik vieles verändert und weiterentwickelt. Typo Copy Shop hat als einer der führenden Marktteilnehmer viel zu dieser Entwicklung beigetragen.

Die Vision von Typo Copy Shop ist geblieben: modernste Kopiertechnik zu erschwinglichen Preisen. Schnell und günstig, rund um die Uhr, mit Selbstbedienung oder als Servicepaket, mit Leistungen, die auf die Bedürfnisse der Kunden zugeschnitten sind, und einem Rabatt-System, das sich für jeden Kunden bezahlt macht.

Heute ist Typo Copy Shop mit 160 Mitarbeiterinnen und Mitarbeitern an 28 Standorten in ganz Österreich präsent.

2. Vertrag mit Blatt Papier GmbH

Blatt Papier GmbH
Blattweg 1
4623 Gunskirchen
Tel.: +43 7246 20 73-0
Fax: +43 7246 20 73-252

Typo Copy Shop
Plößlgasse 24
1040 Wien

Gunskirchen, 2. Dezember 20..

**Auftragsbestätigung**

Wir danken Ihnen für Ihren Auftrag über 3 600 000 Blatt A4-Kopierpapier bis Ende November 20... Preis auf Basis 60-g-Papier, weiß, € 0,01/Blatt.

**Zuschläge**

| | |
|---|---|
| für 70-g-Papier, weiß | .... 20 % |
| für 80-g-Papier, weiß | .... 30 % |
| für Farbpapier generell | .... 40 % |

Der Käufer verpflichtet sich, jeweils 2 Wochen vor dem gewünschten Liefertermin die Liefermenge und die gewünschte Qualität bekannt zu geben.

**Lieferbedingungen**
Wir liefern frachtfrei, versichert Wien Westbahnhof. Die Teillieferungen erfolgen jeweils am Monatsersten fix.

**Zahlungsbedingungen**
Die Teillieferungen sind binnen 30 Tagen netto Kassa oder innerhalb von 8 Tagen abzüglich 3 % Skonto nach Erhalt der Ware zu bezahlen.

Mit freundlichen Grüßen
Sepp Maier
Blatt Papier GmbH

3. Auszug aus dem Vertrag mit Koresunt GmbH

KORESUNT
Ladeneinrichtung GmbH
Birkenweg 10
2100 Korneuburg

Typo Copy Shop
Plößlgasse 24
1040 Wien

Korneuburg, 2. Dezember 20..

**Auftragsbestätigung**

Renovierung und Einrichtung Ihrer Filiale Nr. 5, Gußhausstraße 34, 1040 Wien.

In Bezug auf die Ladeneinrichtung gilt unsere Preisliste vom 1. Oktober 2014. Die genaue Preisaufstellung ist der abgebildeten Tabelle zu entnehmen:

| | | | | |
|---|---|---|---|---|
| | ... | ... | | |
| | Position 16 | ... | | |
| | Position 17 | Holz | 30 % | |
| | Position 18 | Metallteile | 10 % | |
| | Position 19 | Löhne | 40 % | |
| | Position 20 | ... | | |
| | Summe | | 100 % | |

Die Preise verstehen sich auf Basis der oben genannten Kalkulation. Änderungen in der Bandbreite bis zu 10 % verändern den Preis.

...

### Ü 5.41: Fallbeispiel: Gestaltung eines Kaufvertrags in der Strickwarenindustrie E

Sachverhalt

Auf der Suche nach einem neuen Lieferanten hat die Oliver Strickmoden GmbH die Wollgarnspinnerei Weber kontaktiert. Erste Gespräche zwischen den beiden Unternehmen sind positiv verlaufen, nun sollen die Vorbereitungen für die Kaufvertragsverhandlungen aufgenommen werden.

Da es sich um einen größeren Auftrag handelt, bereiten Sie sich **zuerst allein** auf eine Besprechung mit anderen Mitarbeiterinnen und Mitarbeitern aus Ihrer Abteilung vor.

Anschließend bereiten Sie sich gemeinsam mit Ihren Abteilungskolleginnen und Arbeitskollegen auf einen Vorschlag zur Gestaltung des Kaufvertrags vor. Sie sind entweder Teil der Gruppe A oder Teil der Gruppe B.

## Aufgaben – Einzel- und Gruppenarbeit

Gruppe A

### Aufgaben der Gruppe A

#### I. Aufgaben in Einzelarbeit, Fragen zur Angabe

1. Charakterisieren Sie die Strickwarenbranche in eigenen Worten kurz (max. 4 bis 5 Sätze).
2. Was ist der Unternehmensgegenstand von Oliver Strickmoden GmbH? Welche betriebswirtschaftlichen Besonderheiten der Oliver Strickmoden GmbH sind für die Gestaltung eines Kaufvertrags mit der Wollgarnspinnerei Weber Ihrer Meinung nach zu berücksichtigen?

#### II. Anwendungsaufgabe in Gruppenarbeit

Sie sind Mitarbeiter/in in der Materialwirtschaft der Oliver Strickmoden GmbH. Bereiten Sie sich auf die Kaufvertragsverhandlungen vor. Innerhalb der nächsten Stunde sollen Sie Ihre Überlegungen zu Papier gebracht haben.

Formulieren Sie in der Gruppe einen Vorschlag, welche gesetzlichen und kaufmännischen Bestimmungen im Kaufvertrag mit der Wollgarnspinnerei Weber GmbH aufgenommen werden sollen. Berücksichtigen Sie dabei die Besonderheiten der Branche und die betriebswirtschaftlichen Erfordernisse Ihres Arbeitgebers. Begründen Sie Ihr Konzept.

#### Bearbeitungshinweise:

- Erarbeiten Sie den Lösungsvorschlag für die Gestaltung des Kaufvertrags und halten Sie das Ergebnis auf einem Plakat fest. Halten Sie die Begründung Ihres Vorschlags auf einem eigenen Blatt fest.
- Geben Sie das Blatt mit Ihren Begründungen ab.

Gruppe B

### Aufgaben der Gruppe B

#### I. Aufgaben in Einzelarbeit, Fragen zur Angabe

1. Charakterisieren Sie die Strickwarenbranche in eigenen Worten kurz (max. 4 bis 5 Sätze).
2. Was ist der Unternehmensgegenstand der Wollgarnspinnerei Weber? Welche betriebswirtschaftlichen Besonderheiten der Wollgarnspinnerei Weber sind für die Gestaltung eines Kaufvertrags mit der Oliver Strickmoden GmbH Ihrer Meinung nach zu berücksichtigen?

#### II. Anwendungsaufgabe in Gruppenarbeit

Sie sind Mitarbeiter/in in der Verkaufsabteilung der Wollgarnspinnerei Weber GmbH? Bereiten Sie sich auf die Kaufvertragsverhandlungen vor. Innerhalb der nächsten Stunde sollen Sie Ihre Überlegungen zu Papier gebracht haben.

Formulieren Sie in der Gruppe einen Vorschlag, welche gesetzlichen und kaufmännischen Bestimmungen im Kaufvertrag mit der Oliver Strickmoden GmbH aufgenommen werden sollen. Berücksichtigen Sie dabei die Besonderheiten der Branche und die betriebswirtschaftlichen Erfordernisse Ihres Arbeitgebers. Begründen Sie Ihr Konzept.

#### Bearbeitungshinweise:

- Erarbeiten Sie den Lösungsvorschlag für die Gestaltung des Kaufvertrags und halten Sie das Ergebnis auf einem Plakat fest. Halten Sie die Begründung Ihres Vorschlags auf einem eigenen Blatt fest.
- Geben Sie das Blatt mit Ihren Begründungen ab.

Gruppe A und Gruppe B

### Unterlagen für beide Gruppen

#### Die Strickwarenbranche

Die Strickwarenbranche lässt sich kurz wie folgt charakterisieren:

- Die Verbraucher sparen und geben für Bekleidung weniger Geld aus.
- Gleichzeitig sind die Verbraucher anspruchsvoller geworden.
- Die Modetrends dauern immer kürzer, was heute noch modern ist, kann morgen schon „out" sein. „Fast Fashion" ist daher ein immer wichtigeres Marketingkonzept für die Produzenten.

Quelle: Dispan, Jürgen: Bekleidungswirtschaft, Branchenanalyse 2009.

**Gruppe A**

Unterlage für Gruppe A – der Käufer

Oliver Strickmoden GmbH
Matonaweg 13
6830 Rankweil, Austria

Das 1964 gegründete Familienunternehmen ist spezialisiert auf die Herstellung von Herren-Strickwaren aus feinster Merinowolle. Der jährliche Umsatz beträgt knapp € 2,5 Mio. Etwa 50 000 Stück Pullover werden Jahr für Jahr produziert und vor allem über den Einzelhandel in Österreich unter der Marke „Oliver" verkauft. Das Unternehmen beschäftigt rund 80 Mitarbeiter/innen. Die Produktion erfolgt weitgehend maschinell, unter Einsatz spezieller Strickmaschinen.

Um den Gewinn zu erhöhen, muss die Oliver Strickmoden GmbH günstig einkaufen. Ein zukünftiger Lieferant muss in der Lage sein, rasch und flexibel auf Modetrends – vor allem bei den Farben – zu reagieren. Außerdem soll der Lieferant bei der Erfüllung zukünftiger Aufträge verlässlich sein, rechtzeitig liefern und Zahlungskonditionen anbieten, die für das Unternehmen vorteilhaft sind. Aufgrund der ökologischen Ausrichtung der Unternehmensführung sollen Transporte möglichst mit der Bahn durchgeführt werden können.

Oliver verbraucht jährlich etwa 24 Tonnen Merinowolle, eine sehr hochwertige, feine und elastische Wolle. Üblicherweise werden pro Saison 18 verschiedene Modelle in 4 bis 5 Modefarben produziert, wobei 10 Modelle in Merino 80 und 8 Modelle in Merino 160 hergestellt werden.

Auf der Suche nach einem neuen Lieferanten für 5 Tonnen Merinowolle hat die Oliver Strickmoden GmbH die Wollgarnspinnerei Weber GmbH in Gröbming kontaktiert.

**Gruppe B**

Unterlage für die Gruppe B – der Verkäufer

Wollgarnspinnerei Weber GmbH
Schoberstraße 17
8962 Gröbming
Tel.: +43 3685 425 06-0
info@wollgarnweber.at

Die Wollerzeugung Weber wurde bereits im Jahr 1911 von Josef Weber gegründet. In der Spinnerei wird ausschließlich Wolle heimischer Bauern verarbeitet. Im Jahr 1981 wurde das Unternehmen um die Produktion von Hand- und Maschinstrickgarnen erweitert. Um die Qualität der Produkte zu sichern, wurden im Jahr 2009 neue Maschinen angeschafft. Gleichzeitig wurde die Produktion in der Spulerei und Zwirnerei modernisiert. Seither produziert die Wollspinnerei Weber GmbH Hand- und Maschinstrickgarne für verschiedene Unternehmen in Österreich und Europa.

Die Wollgarnspinnerei Weber GmbH ist darum bemüht, bei ihren Maschinen und bei den Arbeitsvorgängen immer auf dem neuesten Stand zu sein, um eine regelmäßige Steigerung der Qualität zu ermöglichen.

Das Unternehmen erzeugt unter anderem zwei Arten von Merinowolle: Merino 80 und Merino 160. Die Farben werden jährlich den aktuellen Modetrends angepasst. Insgesamt stehen für jede Saison bis zu 27 verschiedene Farben lt. Farbmusterkarten zur Verfügung.

Der Preis für Merino 80 natur beträgt € 20,– pro kg, Merino 160 natur hat einen Zuschlag von 30 %. Unabhängig von der Farbe beträgt der Zuschlag für eingefärbte Wolle 20 %.

Das Unternehmen ist an einer möglichst gleichbleibenden Auslastung seiner Maschinen interessiert und versucht, Liefertermine möglichst flexibel zu halten.

Da das Unternehmen auf ökologische Gesichtspunkte in der Unternehmensführung bedacht ist, erfolgt die Lieferung ausschließlich per Bahn vom Terminal Gröbming, die Anlieferung vom Werk in Gröbming erfolgt per Lkw.

Laut Information von Railcargo Austria kostet der Transport eines Containers von Gröbming nach Rankweil € 420,– zuzüglich € 0,86 pro km, die Strecke Gröbming – Rankweil beträgt 535 km. In einen Container können 437 kg Wolle verpackt werden.

Aufgrund des Unternehmenswachstums in den letzten Jahren muss die Wollgarnspinnerei Weber GmbH besonders auf ihre Liquidität achten.

$H_2Ö$
MUSTERUNTERNEHMEN

**Quellwasser und Biofruchtsaft für eine Konferenz in Graz** C

**Bearbeiten Sie das Fallbeispiel zur H2Ö GmbH im SbX.**

**Die Ausgangssituation**

Die H2Ö GmbH in Aflenz handelt mit österreichischem Quellwasser höchster Qualität, Fruchtsirupen aus biologischer Landwirtschaft und Erzeugnissen aus österreichischen Glasmanufakturen.

**Ihre Aufgabe im Unternehmen**

Sie arbeiten in den Sommerferien als Praktikantin/Praktikant in der H2Ö GmbH. Auf Ihrem Schreibtisch finden Sie ein Ansuchen der Grazer Messe Partner GmbH um Angebotslegung für die Belieferung einer Konferenz mit H2Ö-Quellwasser und Biofruchtsäften. Beantworten Sie die Fragen, die sich daraus in Bezug auf die Regelungen im Kaufvertrag und seine gesetzlichen Grundlagen ergeben.

SbX
H2Ö-Aufgabe
ID: 5032

**Das Ansuchen, die Aufgabenstellungen sowie weitere Informationen zur H2Ö GmbH finden Sie im SbX.**

# 6 ERFOLGREICH KOMMUNIZIEREN

## Worum geht's in diesem Kapitel?

Die Modeboutique MODA NOVA präsentiert sich als kleine, aber feine Einkaufsadresse. Es werden sowohl eigene Entwürfe als auch Markenprodukte anderer Produzenten angeboten und verkauft. Beratung und Verkauf erfolgen durch die Eigentümerin und die Verkäuferinnen im stilvollen Geschäft im 2. Bezirk in Wien.

MODA NOVA ist immer auf der Suche nach aktuellen Neuheiten auf dem Modemarkt. Es müssen Lieferanten ausgewählt und Waren bestellt werden, manchmal kommt es auch zu Beschwerden, die bearbeitet werden müssen. Mittlerweile gibt es viele Stammkundinnen, die neugierig auf die neueste Kollektion warten. Manche informieren sich über die Website von MODA NOVA, die meisten werden persönlich angeschrieben – entweder mit einem Brief oder einer E-Mail. Viele neue Kundinnen kommen ins Geschäft, weil ihnen die Werbung von MODA NOVA oder interessante Presseberichte über das Unternehmen gefallen.

Auch innerhalb des Unternehmens müssen sich die Mitarbeiterinnen und Mitarbeiter absprechen. Sie tauschen ihre Erfahrungen aus und brauchen rechtzeitig neue Informationen.

Das heißt, Kommunikation findet täglich in den unterschiedlichsten Formen und mit den verschiedenen Partnern eines Unternehmens statt. Sie hält jedes Unternehmen am Laufen. Jedes Unternehmen muss daher in der Lage sein, erfolgreich zu kommunizieren.

**Wenn Sie dieses Kapitel bearbeiten, erwerben Sie die folgenden in der Bildungs- und Lehraufgabe des Lehrplans angeführten Kompetenzen:**

Sie können aus dem Bereich Kaufvertrag einschließlich Schriftverkehr

- Ein- und Verkaufsprozesse rechtlich korrekt und betriebswirtschaftlich reflektiert durchführen,
- Grundlagen des Marketings und der Beschaffung für die Anbahnung und Abwicklung von Kaufverträgen für ein Unternehmen umsetzen.

Sie können aus dem Bereich Wirtschaft und Gesellschaft

- die Wechselwirkungen zwischen Betrieb und Umfeld interpretieren und Konsequenzen daraus ableiten,
- Sachverhalte aus unterschiedlichen Perspektiven (Arbeitnehmerin und Arbeitnehmer, Unternehmerin und Unternehmer, Konsumentin und Konsument) bewerten.

A B C D E

In diesem Kapitel finden Sie Übungsaufgaben, praxisbezogene Fallbeispiele und Aufgaben zur Lernkontrolle zur Überprüfung Ihrer Kompetenzen auf den Handlungsebenen A **Wiedergeben,** B **Verstehen,** C **Anwenden,** D **Analysieren & Interpretieren** und E **Entwickeln.**

**Dieses Kapitel umfasst folgende Lerneinheiten:**

Lerneinheit 1

# Wie Kommunikation funktioniert

SbX
Alle SbX-Inhalte zu dieser Lerneinheit finden Sie unter der ID: 6010.

Wenn wir unsere Anliegen und Interessen zum Ausdruck bringen wollen, müssen wir uns mit anderen verständigen – wir müssen kommunizieren. Über Kommunikation werden Gedanken und Gefühle, Informationen und Wissen zwischen Menschen, aber auch zwischen Unternehmen und Menschen vermittelt. Kommunikation ist grundlegend für das menschliche Miteinander und spielt daher auch im Wirtschaftsleben eine wesentliche Rolle.

## Lernen

SbX ID: 6011

A B C D E

### 1 Ein einfaches Kommunikationsmodell

[A simple communication model]

Kommunikation ist so allgegenwärtig, dass wir gar nicht mehr darüber nachdenken. Wie Kommunikation funktioniert, lässt sich mit einer einfachen Frage beschreiben:

„**Wer** teilt **was wie wem** mit welcher **Wirkung** mit?"

**Grafik Kommunikation**

Das „Sender-Empfänger-Modell" von Claude Shannon und Warren Weaver wurde Mitte des 20. Jahrhunderts entwickelt. Dieses Modell wurde später vielfach ausgebaut.

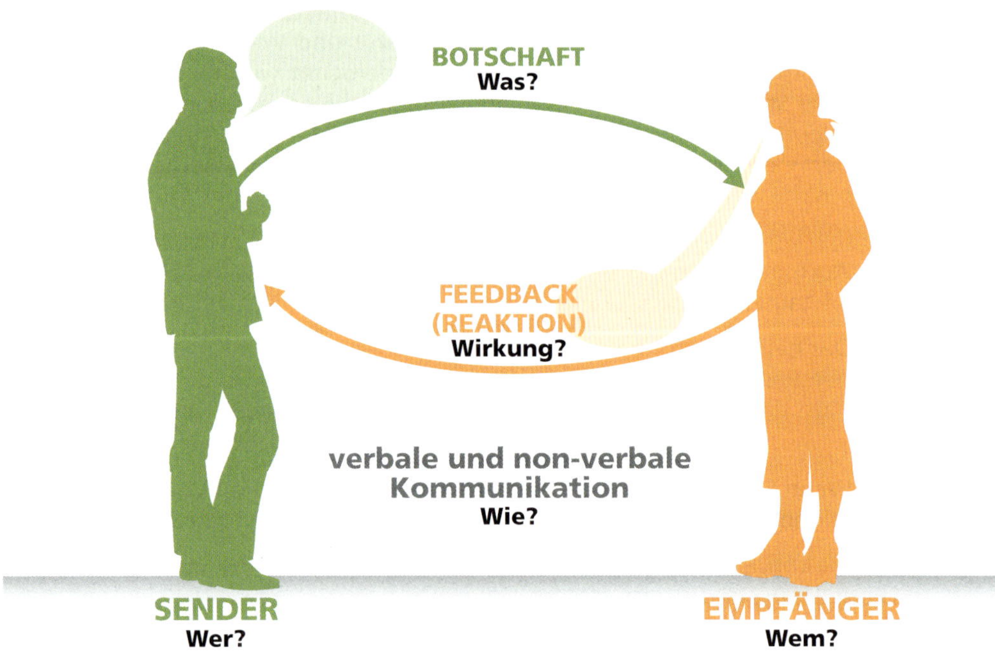


Es lässt sich nie mit Sicherheit feststellen, ob die **Reaktion des Empfängers einer Botschaft** auf die **beabsichtigte Wirkung der Botschaft** zurückzuführen ist.

Um zu kommunizieren, muss der Sender seine Botschaft in Worte fassen oder auch wortlos, z. B. durch Gesten, ausdrücken. Er muss einen geeigneten Weg finden, die Botschaft zu vermitteln. Der Empfänger muss diese Worte oder Gesten entschlüsseln und interpretieren. Nachdem die Botschaft beim Empfänger angekommen ist, zeigt sie eventuell Wirkung. Der Empfänger kann auf die Botschaft des Senders mit seinem Feedback reagieren.

Übungsbeispiel

**Ü 6.01: Diskussionsaufgabe** D

Stellen Sie sich vor, Sie kommunizieren mit jemandem über ein für Sie wichtiges Thema. Wie können Sie erkennen, ob Ihre Botschaft beim Empfänger „angekommen" ist?

Das heißt, woher wissen Sie, dass der Empfänger Ihre Botschaft genau so verstanden hat, wie sie von Ihnen gemeint war? – Und ist das überhaupt wichtig?

## 2 Arten der Kommunikation [Types of communication]

### Ausdrucksformen der Kommunikation
[Forms of expression in communication]

| Ausdrucksformen der Kommunikation | |
|---|---|
| **verbale Kommunikation** | **nonverbale Kommunikation** |
| • Wörter<br>• Sätze<br>• schriftlich oder mündlich | • Gesten<br>• Mimik<br>• Bewegung<br>• Blicke |

Damit Kommunikation gelingen kann, müssen Sender und Empfänger **dieselbe Sprache sprechen** und den Gesten **dieselbe Bedeutung** beimessen.

Botschaften können in verschiedener Form zum Ausdruck gebracht und weitergegeben (man sagt auch: **vermittelt**) werden. **Ein** Weg für die Vermittlung einer Botschaft ist die **Sprache** in geschriebener oder gesprochener Form. In diesem Fall spricht man von **verbaler Kommunikation.**

Werden Botschaften in der Form von **Gesten** (Körperhaltung, Körperbewegung), **Mimik** (Gesichtsausdruck), **Bewegung** oder **Blicken** vermittelt, handelt es sich um die **nonverbale Kommunikation.**

**Beispiele**

- Gerade eben lesen Sie diesen Text. Es handelt sich um verbale Kommunikation.
- Vielleicht haben Sie heute Morgen jemandem von der Ferne zugewinkt. Dies wäre eine nonverbale Kommunikation.

**Übungsbeispiel**

**Ü 6.02: Kommunikationsverhalten** D

Beobachten Sie sich selbst: Worauf achten Sie, wenn Sie mit jemandem sprechen?

### Art des Kontakts bei der Kommunikation
[Contact types in communication]

| Kontakt bei der Kommunikation | |
|---|---|
| **direkte Kommunikation** | **indirekte Kommunikation** |
| Kommunikationspartner sind persönlich anwesend. Sie stehen in direktem Kontakt.<br>Beispiele:<br>• persönliches Gespräch<br>• Gruppendiskussion | Kommunikationspartner sind nicht persönlich anwesend. Sie stehen in indirektem Kontakt.<br>Beispiele:<br>• Telefonat<br>• Brief<br>• Werbespot im Radio oder Fernsehen<br>• Mails, SMS |

Treffen Sender und Empfänger persönlich aufeinander, handelt es sich um eine **direkte Kommunikation.** Die direkte Kommunikation unter Anwesenden erlaubt es dem Empfänger einer Botschaft, sofort auf die verbalen und nonverbalen Botschaften des Senders zu reagieren. In diesem Fall spricht man von einer echten Kommunikation bzw. einer sogenannten **Zweiwegkommunikation.**

Das Thema Kommunikation wird in den Gegenständen „Persönlichkeitsbildung und soziale Kompetenz" bzw. „Business Behaviour" und „Business Training" vertieft.

Wenn Botschaften über technische Medien, wie zum Beispiel Radio, Fernsehen, Zeitungen oder das Internet, vermittelt werden, dann handelt es sich um **indirekte Kommunikation,** d.h., Sender und Empfänger treffen nicht persönlich aufeinander (z.B. in E-Mails oder SMS). Werden über die indirekte Kommunikation sehr viele Menschen erreicht, bezeichnet man sie auch als **Massenkommunikation.** Die indirekte Kommunikation ist sehr häufig auf die Übertragung von Informationen beschränkt. In diesem Fall spricht man auch von der **Einwegkommunikation.**

**Beispiele**

- Jedes Verkaufsgespräch zwischen Ihnen und einem Verkäufer ist eine Form der direkten Kommunikation. Der Verkäufer kann Sie intensiv beraten und Ihnen viele Informationen geben. Allerdings ist die Beratung in der Regel auf Ihre Person beschränkt.
- Werbung im Fernsehen ist eine Variante der indirekten Kommunikation. Der Werbespot ist zeitlich begrenzt. Daher können nur wenige Informationen vermittelt werden. Allerdings sehen den Werbespot viele Menschen.

Entscheidende Fragen

Bei der Kommunikation ist immer zwischen den folgenden Fragen zu entscheiden:
- „Wie viele Menschen sollen erreicht werden?"
- „Wie viele Informationen sollen vermittelt werden?"

## Formen der Kommunikation [Forms of communication]

Botschaften können **mündlich** oder **schriftlich** übermittelt werden.

| Formen der Kommunikation | | | |
|---|---|---|---|
| **mündliche Kommunikation** | | **schriftliche Kommunikation** | |
| persönlich | telefonisch | papiergebunden | elektronisch |
| • persönliches Gespräch<br>• Videotelefonie | • Festnetz<br>• Mobilfunk<br>• Internettelefonie (VOIT) | • Brief<br>• Fax<br>• Formular | • E-Mail<br>• Webformular |

Mit jeder Form der Kommunikation sind Vor- und Nachteile verbunden:

| Vor- und Nachteile der mündlichen Kommunikation | |
|---|---|
| **Vorteile** | **Nachteile** |
| • Eine schnelle und individuelle Weitergabe von Informationen ist möglich.<br>**Beispiel:**<br>Eine Terminvereinbarung kann mündlich rasch bestätigt werden.<br>• Missverständnisse und Einwände können sofort aufgegriffen werden.<br>**Beispiel:**<br>Bei Verhandlungen kann auf die Bedingungen des Verhandlungspartners sofort reagiert werden.<br>• Auch über den Tonfall oder die Sprechweise werden Informationen übermittelt.<br>**Beispiel:**<br>Mitarbeiter und Mitarbeiterinnen von Telefonzentralen werden geschult, möglichst freundlich zu sprechen. | • Die Vermittlung komplizierter Sachverhalte kann schwierig sein.<br>**Beispiel:**<br>Wenn ein neues Möbelstück zusammengestellt werden soll, lohnt es sich, mehrmals in einer schriftlichen Anleitung nachzulesen, statt einer mündlichen Erklärung zu folgen.<br>• In der Regel liegen keine Aufzeichnungen über das Gespräch vor, d.h., im Streitfall können mündliche Vereinbarungen schwer bewiesen werden.<br>**Beispiel:**<br>Wurde im Laufe der Kaufvertragsverhandlungen Lieferung „frei Haus" nur mündlich vereinbart, lässt sich diese Vereinbarung später kaum beweisen. |

Das Thema Verkaufsgespräche wird in den Gegenständen „Business Behavior" bzw. „Businesstraining" vertieft.

| Vor- und Nachteile der schriftlichen Kommunikation | |
|---|---|
| **Vorteile** | **Nachteile** |
| • Eine genaue Formulierung und anschauliche Gestaltung der Schriftstücke ist möglich.<br>**Beispiel:**<br>Komplizierte Rahmenverträge mit mehreren Nebenvereinbarungen sollten möglichst genau formuliert werden.<br>• Schriftstücke können für spätere Zwecke aufbewahrt werden.<br>**Beispiel:**<br>Unterschriebene Verhandlungsprotokolle werden für Beweiszwecke aufgehoben.<br>• Schriftlich kann ein größerer Personenkreis erreicht werden.<br>**Beispiel:**<br>Eine E-Mail mit Hinweisen auf ein neues Produkt kann gleichzeitig an viele interessierte Kunden versendet werden. | • Die Erstellung individuell gestalteter Schriftstücke ist teuer.<br>• Beim Lesen von Texten besteht stets die Gefahr der Fehlinterpretation durch den Empfänger.<br>**Beispiel:**<br>Komplizierte Bedienungsanleitungen für moderne Geräte der Unterhaltungselektronik sind manchmal missverständlich formuliert. |

# Üben – Anwenden

SbX ID: 6012

A B C D E

SbX
Ü 6.03–Ü 6.04
mit automatischer Aufgabenkontrolle
ID: 6012

## Ü 6.03: Arten der Kommunikation C

Ordnen Sie die folgenden Beispiele richtig zu. Mehrfachzuordnungen und keine Zuordnungen sind möglich.

| | Ausdruck | | Kontakt | | Form | |
|---|---|---|---|---|---|---|
| | verbal | non-verbal | direkt | in-direkt | münd-lich | schrift-lich |
| 1. Die Modeboutique MODA NOVA gestaltet ihre Firmenwebsite neu. | | | | | | |
| 2. Ein Kaufvertrag zwischen Ihnen und einem Zeitungshändler kommt schlüssig zustande. | | | | | | |
| 3. Der Einkäufer der Plastikron GmbH verhandelt mit dem Ziel, den Einkaufspreis um 20 % senken zu können. | | | | | | |
| 4. Der Rezeptionist des Hotels „Zur Post" bestätigt die Reservierung eines Gasts telefonisch. | | | | | | |

## Ü 6.04: Formen der Kommunikation C

In welcher Form würden Sie die folgenden Arbeitsaufträge Ihrer Chefin erledigen? Mehrfachantworten sind möglich. Begründen Sie Ihre Ansicht kurz.

| | Mündlich | | Schriftlich | | | Begründung |
|---|---|---|---|---|---|---|
| | per-sönlich | telefo-nisch | Brief | Fax | E-Mail | |
| 1. „Bitte erkundigen Sie sich, ob die Preisliste der Spielzeugland GmbH noch aktuell ist." | | | | | | |
| 2. „Bitte reagieren Sie auf die Beschwerde der Kundin Alma Mayer über unsere kürzeren Öffnungszeiten am Samstag." | | | | | | |
| 3. „Bitte weisen Sie unsere Stammkunden auf den Sonderrabatt von 10 % auf Brettspiele hin." | | | | | | |
| 4. „Bitte senden Sie rasch die fehlende 3. Seite unseres Vertrags mit der Firma Stofftier & Co." | | | | | | |

# Sichern

SbX ID: 6013

| | |
|---|---|
| Kommunikation<br>communication | Kommunikation beschäftigt sich mit der Frage: „Wer teilt was wie wem mit welcher Wirkung mit?"<br>Communication deals with the question: "Who is communicating what, how, to whom, with what effect?" |
| verbale Kommunikation<br>verbal communication | Kommunikation kann sprachlich und dabei schriftlich oder mündlich erfolgen.<br>Communication can take place using language either in written form or orally. |
| nonverbale Kommunikation<br>non-verbal communication | Kommunikation kann auch über Gesten, Mimik, Bewegungen oder Blicke erfolgen.<br>People can also communicate using gestures, facial expressions, movements and looks. |
| direkte Kommunikation<br>direct communication | Direkte Kommunikation erfolgt unter Anwesenheit von Sender und Empfänger einer Botschaft. In diesem Fall spricht man auch von der Zweiwegkommunikation.<br>Direct communication requires the presence of a sender and a receiver of a message. This is also referred to as two-way communication. |
| indirekte Kommunikation<br>indirect communication | Bei der indirekten Kommunikation begegnen sich Sender und Empfänger einer Botschaft nicht persönlich. In diesem Fall spricht man von einer Einwegkommunikation.<br>In indirect communication the sender and the receiver of a message do not meet personally. This can also be referred to as one-way communication. |
| mündliche Kommunikation<br>oral communication | Mündliche Kommunikation ist persönlich oder telefonisch möglich.<br>Oral communication can be face-to-face or on the phone. |
| schriftliche Kommunikation<br>written communication | Schriftliche Kommunikation erfolgt entweder papiergebunden durch Briefe, Faxe und Formulare oder elektronisch durch E-Mail und Webformulare.<br>Written communication can be either in paper format using letters, faxes and forms, or electronically using e-mail or web forms. |
| Vorteile der mündlichen Kommunikation<br>advantages of oral communication | Mündliche Kommunikation ist schnell und individuell. Eine sofortige Reaktion ist möglich.<br>Oral communication is fast and individual. An immediate reaction is possible. |
| Vorteile der schriftlichen Kommunikation<br>advantages of written communication | Die schriftliche Kommunikation ermöglicht genaue Formulierung und bietet Beweismöglichkeit. Ein größerer Personenkreis kann erreicht werden.<br>Written communication enables exact wording and can be used as evidence. A larger group of people can be reached. |
| SbX ID: 6013 | **Im SbX finden Sie die englische Zusammenfassung als Audio-Wiederholung sowie eine Bildschirmpräsentation mit den Grafiken dieser Lerneinheit.** |

# Wissen

SbX ID: 6014

A B C D E

**W 6.01: Bedeutung der Kommunikation** B
Warum ist die Kommunikation von großer Bedeutung?

**W 6.02: Arten der Kommunikation** B
Wie lassen sich die Arten der Kommunikation beschreiben?

**W 6.03: Mündliche Kommunikation** A
Welche Vor- und Nachteile weist die mündliche Kommunikation auf?

**W 6.04: Schriftliche Kommunikation** A
Welche Vor- und Nachteile weist die schriftliche Kommunikation auf?

**W 6.05: Verbale und nonverbale Kommunikation** D
Der berühmte österreichische Kommunikationsforscher Paul Watzlawick ist der Ansicht: „Man kann nicht nicht kommunizieren." Was meint er damit vermutlich?

SbX
W 6.06
mit automatischer Aufgabenkontrolle
ID: 6014

**Weitere Aufgabe zur Lernkontrolle im SbX**

**W 6.06: Test: Wie Kommunikation funktioniert** B
Überprüfen Sie mit diesem Test, ob Sie Ihr Wissen erfolgreich anwenden können!

English questions

**E 6.01: How would you describe**
a) communication face-to face?
b) two-way communication?

**E 6.02: Which types of communication**
a) can be used as evidence when there is a disagreement?
b) are personal?

Ein kurzer Kompetenz-Check, bevor's weitergeht!

## Kompetenz-Check

| | ☺ | 😐 | ☹ |
|---|---|---|---|
| Ich kann erklären, wie Kommunikation funktioniert. | | | |
| Ich kann verbale von nonverbaler Kommunikation unterscheiden. | | | |
| Ich kann direkte und indirekte Kommunikation charakterisieren. | | | |
| Ich kann Instrumente der direkten und indirekten Kommunikation nennen. | | | |
| Ich kann Instrumente der mündlichen und schriftlichen Kommunikation nennen. | | | |
| Ich kann die Vor- und Nachteile der mündlichen Kommunikation beschreiben. | | | |
| Ich kann die Vor- und Nachteile der schriftlichen Kommunikation beschreiben. | | | |

Lerneinheit 2

# Die Kommunikation des Unternehmens

SbX
**Alle SbX-Inhalte zu dieser Lerneinheit finden Sie unter der ID: 6020.**

Jedes Unternehmen hat Partner mit unterschiedlichen Anliegen und Interessen. Die Unternehmenskommunikation dient dem Austausch von Informationen mit den internen und externen Partnern des Unternehmens.

Gegenüber den externen Partnern gilt die Unternehmenskommunikation als gelungen, wenn das Selbstbild des Unternehmens mit den Eindrücken von Kunden und Lieferanten übereinstimmt. Dafür müssen die Botschaften des Unternehmens richtig formuliert und gestaltet sein.

# Lernen

SbX ID: 6021

A B C D E

## 1 Kommunikation mit internen und externen Partnern

[Communication with internal and external partners]

**Zur Erinnerung:** Die **Partner des Unternehmens** haben Sie bereits im Kapitel 2, Lerneinheit 2 kennengelernt.

Bei den vielen Partner eines Unternehmens lassen sich vor allem unternehmensinterne und unternehmensexterne Gruppen unterscheiden. Die Kommunikation mit diesen Gruppen erfolgt nach unterschiedlichen Kriterien und auf unterschiedliche Art. Man unterscheidet daher **die unternehmensinterne** und **die unternehmensexterne Kommunikation.**

### Die unternehmensinterne Kommunikation

[Internal communication within a business organisation]

**Zur Erinnerung:** Die verschiedenen **Abteilungen des Unternehmens** haben Sie ebenfalls bereits im Kapitel 2, Lerneinheit 2 kennengelernt.

Sobald ein Unternehmen Mitarbeiter bzw. Mitarbeiterinnen beschäftigt, kommt es zu einer unternehmensinternen Arbeitsteilung und Zusammenarbeit. Das erfordert eine möglichst reibungslose Kommunikation innerhalb des Unternehmens.

Es gibt verschiedene Möglichkeiten der direkten und indirekten Kommunikation innerhalb des Unternehmens:

| Arten der unternehmensinternen Kommunikation | |
|---|---|
| **direkte Kommunikation** | **indirekte Kommunikation** |
| • Gespräche zwischen Arbeitskollegen<br>• Gespräche zwischen Vorgesetzen und Mitarbeitern<br>• Teamsitzungen<br>• Workshops<br>• Gruppendiskussionen<br>• etc. | • Informationsaustausch in der Form von internen Mitteilungen wie Rundschreiben oder Formulare<br>• schriftliche Arbeitsanweisungen<br>• Unternehmenszeitungen<br>• interne Telefonate<br>• Intranet<br>• Informationstafeln<br>• etc. |

**Intranet** = ein Rechnernetz, das ähnlich wie das Internet funktioniert, aber nur innerhalb eines Unternehmens oder einer Organisation zugänglich ist (Lateinisch intra bedeutet innerhalb, englisch net bedeutet Netz.)

Für diese Arten und Möglichkeiten der Kommunikation gilt, was Sie über Arten und Formen der Kommunikation bereits in der Lerneinheit 1 gelernt haben.

Welche Möglichkeit der Kommunikation für einen Informationsaustausch innerhalb eines Unternehmens jeweils am geeignetsten ist, hängt von zwei Überlegungen ab:

- Wie ist der Inhalt der Information?
- Wie umfangreich, wie wichtig und wie dringend ist die Information?

**Beispiele**

- Für die Detailplanung der nächsten Produktionsphase oder Verkaufssaison in einem Unternehmen ist wahrscheinlich eine Teamsitzung oder ein Arbeitsgespräch der Mitarbeiter der dafür zuständigen Abteilung am geeignetsten.
- Zur Information über Lagerstände von Produkten oder Handelswaren oder über die aktuellen Kontaktadressen von Geschäftspartnern eignen sich z. B. Datenbanken im Intranet.
- Wenn ein Verkäufer dringend wissen muss, ob eine nachbestellte Ware bereits eingetroffen ist, wird er wahrscheinlich einen Kollegen im Lager anrufen.

### Die unternehmensexterne Kommunikation
[External communication of a business organisation]

Das Thema Kommunikation mit Kunden und Lieferanten wird im II. Jahrgang in den Kapiteln „Marketing" und „Materialwirtschaft" vertieft.

Die unternehmensexterne Kommunikation betrifft vor allem die **Kunden und Lieferanten** des Unternehmens. Das Ziel der Kommunikation mit Kunden besteht darin, diese vom Angebot des Unternehmens zu überzeugen. Bei der Kommunikation mit Lieferanten geht es darum, Angebote möglicher Lieferanten zu erheben und zwischen mehreren Angeboten das beste auszuwählen.

Es gibt verschiedene Arten der direkten und indirekten Kommunikation mit externen Partnern:

| Arten der unternehmensexternen Kommunikation | |
|---|---|
| **direkte Kommunikation** | **indirekte Kommunikation** |
| • Beratungs- und Verkaufsgespräche<br>• Informationsveranstaltungen für Kunden und Lieferanten<br>• Messen<br>• etc. | • Werbung<br>• Geschäftsbriefe<br>• E-Mails<br>• elektronischer Datenaustausch<br>• etc. |

Das Thema mündliche Kommunikation mit Kunden und Lieferanten wird in den Gegenständen „Business Behavior" bzw. „Businesstraining" vertieft.

**Hinweis:**
Selbstverständlich muss außer mit Kunden und Lieferanten auch mit den anderen externen Partnern des Unternehmens, wie z. B. dem Staat oder den Kapitalgebern, kommuniziert werden. Große Unternehmen veröffentlichen beispielsweise Geschäftsberichte mit wichtigen Informationen über Ihre Finanzsituation.

Für die schriftliche Kommunikation mit Kunden und Lieferanten sind in der heutigen Zeit vor allem zwei Formen wichtig: **Geschäftsbrief und E-Mail.**

## 2 Geschäftsbriefe richtig schreiben
[Writing business letters correctly]

Vorbereitung ist das Um und Auf des Schriftverkehrs.

### Vor dem Schreiben [Before writing]

SbX **Grafik „Fragen vor dem Schreiben eines Geschäftsbriefs": ID: 6021**

Vor dem Schreiben von Geschäftsbriefen sind einige wichtige Fragen zu klären:

- Was wollen Sie mit Ihrem Brief erreichen?
- Mit welchen Argumenten überzeugen Sie den Empfänger?
- Mit welchen Gegenargumenten müssen Sie rechnen?
- Welche Bedeutung hat der Empfänger für das Unternehmen?

Je präziser die Fragen beantwortet werden können, desto einfacher ist es, einen Geschäftsbrief zu formulieren.

**Beispiele**

- Eine Bäckerei plant, einen neuen Kuchen anzubieten, und benötigt dafür Lieferanten für Schoko-Chips. Ziel ist es, möglichst viele günstige Angebote zu bekommen. Dies wird erreicht, indem einem möglichen Lieferanten gute Absatzchancen eröffnet werden.
- Da ein Schuhproduzent Visitenkarten für seine Mitarbeiterinnen und Mitarbeiter benötigt, hat er bei verschiedenen Herstellern um Angebote ersucht.
  Ziel der Visitenkartenhersteller wird es sein, den Schuhproduzenten von ihrem jeweiligen Angebot zu überzeugen. Dies wird erreicht, indem das Angebot für die Visitenkarten der Anfrage des Schuhproduzenten nach Visitenkarten möglichst genau entspricht oder sogar besser ist als das, was der Schuhproduzent erwartet.
- Eine Kundin beschwert sich, dass sie ein günstiges Angebot für eine Sonnenbrille nicht mehr erhalten hat, weil die Sonnenbrille bereits ausverkauft war. Ziel bei der Beantwortung dieser Beschwerde wird es sein, die verärgerte Kundin zu beschwichtigen und ihr eine Alternative anzubieten, die für sie attraktiv genug ist.

Wie ein Geschäftsbrief nach ÖNORM A 1080 zu gestalten ist, lernen Sie im Gegenstand „Officemanagement und angewandte Informatik".

## Allgemeines Aufbauschema für die Geschäftskorrespondenz
[General structure for business correspondence]

Geschäftsbriefe folgen alle einer bestimmten Gliederung.

**0. Betreff – *Worum geht es in diesem Brief?***

Der Betreff soll den Leser rasch informieren.

**Beispiele**

- Wir suchen Lieferanten für unser neues Produkt.
- Wir haben die passenden Visitenkarten für Sie.
- Wir haben ein neues Angebot für Sie.

Sie sehen, der Betreff kann auch länger formuliert sein, also nicht nur „Anfrage" oder „Angebot"!

**1. Anlass des Schreibens – *Warum schreibe ich?***

Der Briefanfang soll im ersten Satz verdeutlichen, warum der Brief geschrieben wurde. Wenn möglich, verweisen Sie auf bisher geführte Telefonate, vorausgegangene Briefe etc.

**Beispiele**

- Wir beabsichtigen, eine neue Kuchensorte anzubieten, und suchen dafür einen verlässlichen Lieferanten für Schoko-Chips.
- Vielen Dank für Ihr Interesse an unseren Visitenkarten.
- Heute haben wir Ihre E-Mail erhalten. Die Nachfrage nach der vergünstigten Sonnenbrille „Maizie" war überraschend hoch. Wir bedauern, dass Sie unser Angebot nicht mehr erhalten konnten.

**2. Eigenes Anliegen/Entscheidung – *Was will ich erreichen?***
***Wie entscheide ich über das Anliegen meines Geschäftspartners?***

In diesem Teil eines Geschäftsbriefs verdeutlichen Sie, was Sie vom Empfänger wollen bzw. wie Sie über ein Anliegen des Empfängers entschieden haben. Formulieren Sie Ihre Absicht so klar wie möglich, um Missverständnisse zu vermeiden.

**Beispiele**

- Wir gehen davon aus, dass wir im kommenden Jahr 1000 Tonnen Schoko-Chips benötigen werden.
- Den Auftrag für individuelle Visitenkarten übernehmen wir gerne für Sie. Wir garantieren beste Druckqualität und termingerechte Lieferung frei Haus.
- In der nächsten Woche bieten wir das Modell „Catherine" um 40 % günstiger an. Gerne reservieren wir Ihre neue Sonnenbrille in der Filiale Linzer Straße.

**3. Begründung – *Wie begründe ich mein Anliegen?***
***Wie begründe ich meine Entscheidung?***

Begründungen sind nötig, wenn sich das eigene Anliegen oder die eigene Entscheidung von dem Anliegen oder der Entscheidung des Geschäftspartners unterscheidet.

**Beispiel**

- Sie haben um ein Angebot für 2-färbige Visitenkarten ersucht. Wir bieten Ihnen auch eine günstige Variante mit 4-färbigem Druck an. Sie haben dadurch mehr grafische Möglichkeiten und können z. B. auch Farbbilder einfügen.

**4. Erwartete Reaktion – *Was erwarte ich? Was soll der Empfänger tun?***

**Beispiel**

- Bitte schicken Sie uns bis Ende der nächsten Woche eine aktuelle Preisliste, Ihre Liefer- und Zahlungsbedingungen sowie Ihre allgemeinen Geschäftsbedingungen.

**5. Mögliche Folgen – *Was passiert, wenn der Empfänger nicht wie erwartet reagiert?***

Informieren Sie den Empfänger klar und deutlich über die möglichen Folgen, wenn er nicht tut, was Sie erwarten.

**Beispiel**

- Da die Nachfrage nach unseren Visitenkarten sehr hoch ist, gilt dieses Angebot nur bis 21. März 20. . . Bitte entscheiden Sie rasch.

**6. Werbende Schlussformel – *Wie beende ich den Brief?***

Beenden Sie den Brief mit einer positiven und persönlichen Formulierung. Beziehen Sie sich dabei nochmals kurz auf Ihr Anliegen.

**Beispiele**

- Wir freuen uns auf Ihr Angebot.
- Wir freuen uns auf Ihre Bestellung.
- Wir hoffen, unsere Vorgangsweise ist in Ihrem Sinne.

## Die 6 „Ks" für den guten Stil in der Geschäftskorrespondenz

[The 6 "C's" for a good style in business correspondence]

**Gut formulierte E-Mails und Briefe weisen 6 erkennbare Merkmale auf.**

- **klar**
  Schreiben Sie verständlich. Fremdwörter, komplizierte Formulierungen und „Schachtelsätze" sollten vermieden werden.

**Beispiel**

- **schlecht:** Wir möchten die Sitzbezüge der Restaurantstühle möglicherweise neu beziehen lassen und suchen dafür eventuell passende Stoffe.
- **besser:** Bitte schicken Sie uns Ihren neuen Musterkatalog über das gesamte Stoffsortiment.

- **komplett**
  Führen Sie alle Informationen an, die der Empfänger braucht. Zu Rückfragen durch den Empfänger sollte es gar nicht erst kommen.

**Beispiel**

- **schlecht:** Wir werden Ihre Bestellung bald ausliefern.
- **besser:** Wir liefern Ihre Bestellung am 18. Februar 20.. aus.

- **konkret**
  Geben Sie Fakten an, wenn Fakten verfügbar sind. Führen Sie diese in der Form von Aufzählungen oder Tabellen übersichtlich an.

**Beispiel**

- **schlecht:** Unsere Rabatte sind je nach Bestellmenge unterschiedlich; wenn Sie 100 Stück bestellen, gewähren wir 5 %, bei 200 Stück gewähren wir 10 % und bei über 300 Stück erhalten Sie 15 % Preisnachlass.
- **besser:** Unsere Mengenrabatte für den Artikel 100-10-85 (Kunstblumenset XL) betragen:

| Bestellmenge | Rabatt |
|---|---|
| ab 100 Stück | 5 % |
| ab 200 Stück | 10 % |
| über 300 Stück | 15 % |

- **kurz**
  Bringen Sie die Aussage auf den Punkt. Die meisten Geschäftsbriefe sind zu lang.

**Beispiel**

- **schlecht:** Das Gartenhaus ist aus Fichtenholz gezimmert, die Bretter sind grundiert, der Lack ist wasserlöslich, farblos und glänzt. Die Bezeichnung des Gartenhauses ist „Sommerfreude" und es ist in der Größe 2 × 3 Meter lieferbar.
- **besser:** Das Gartenhaus „Sommerfreude", Grundriss 2 × 3 Meter, ist aus Fichtenholz, grundiert, wasserlöslicher, klarer Hochglanzlack.

- **korrekt**
  Achten Sie auf Grammatik und Rechtschreibung.

**Beispiel**

- **schlecht:** Wir sind gleich schnell bei der Lieferung als wie die Kongurenz.
- **besser:** Wir liefern ebenso schnell wie die Konkurrenz.

- **konstruktiv**
  Beachten Sie den Standpunkt des Empfängers. Was könnte er wollen? Was könnte er beabsichtigen? Und bleiben Sie höflich.

Beispiel

- **schlecht:** Außerdem erwünschen wir den Besuch von einem Vertreter.
- **besser:** Wir freuen uns auf den Besuch Ihres Vertreters.

Übungsbeispiel

**Ü 6.05: Stilübung** C

Verbessern Sie den folgenden E-Mail-Text:

> Sehr geehrte Damen und Herren,
>
> wir danken Ihnen wirklich für Ihre Anfrage, die was Ihre Frau Koller, vor ein paar Tagen per E-Mail an uns gestellt hat. Sie wollte wissen, welche zeitlich begrenzten Sonderangebote im Moment aktuell sind.
>
> Ich will Ihnen nun unser Angebot unterbreiten: Die Lieferung von 6000 Packungen Gewürzmischungen „Indian Marsala" kann bald erfolgen. Der Preis ist günstig: Nur 80 Cent pro Packung! Die Mischungen „Oma's Backhenderl" und „Sonntagsbraten" kosten auch nur wenig: 60 Cent pro Packung. Superlecker sind unsere süßen Mischungen „Nachspeisenhimmel" und „süßer Kuss" mit einem Preis pro Packung in der Höhe von 55 Cent pro Packung. Möglicherweise interessiert sie auch unsere ganz neue, grandiose Mischung „Chinese Garden", die bei unseren sonstigen Kunden gut ankommt.
>
> Da wir selbst keinen Rabatt bekommen haben, werden wir Ihnen ebenfalls keinen gewähren, das tut uns leid.
>
> Wir hoffen, Sie bestellen bei uns und verbleiben
>
> mit ganz lieben Grüßen

## 3 E-Mails richtig nutzen [Using e-mails correctly]

Weitere Möglichkeiten zur Rationalisierung der unternehmensexternen und unternehmensinternen Kommunikation lernen Sie im Gegenstand „Officemanagement und angewandte Informatik" kennen.

E-Mails werden immer wichtiger. Gegenüber dem Geschäftsbrief weisen sie einige Vorteile für die rationelle Unternehmenskommunikation auf:

- E-Mails sind kostengünstiger.
- Sie sind schneller.
- Sie können vom Empfänger sofort weiterbearbeitet oder beantwortet werden.
- Mehrere Empfänger können gleichzeitig dieselbe Nachricht erhalten.

Wenn mit E-Mails nicht nur einfache Textnachrichten versendet werden sollen, können auch Dateien als Anhang mitgeschickt werden. Auch die Versendung von Bild- oder Audiodateien ist leicht möglich.

Formulierung von E-Mails

Eine E-Mail muss ebenso sorgfältig formuliert und wohlüberlegt aufgesetzt werden wie ein individuell gestalteter Geschäftsbrief.

# Üben – Anwenden

SbX ID: 6022

A B C D E

SbX
Ü 6.07
mit automatischer Aufgabenkontrolle
ID: 6022

**Ü 6.06: Kommunikation mit den unternehmensexternen Partnern** C

Ein Sportartikelhändler hat zahlreiche Kunden und verschiedene Lieferanten als unternehmensexterne Partner.

1. Überlegen Sie, welche Anliegen und Interessen die Kunden und Lieferanten des Sportartikelhändlers haben.
2. Mit welchen Informationen muss der Sportartikelhändler seine Kunden und Lieferanten versorgen?
3. Überlegen Sie, mit welchen Maßnahmen der direkten Kommunikation diese Informationen am besten übermittelt werden könnten.

**Ü 6.07: Aufbauschema** C

Ordnen Sie die abgebildeten Textpassagen nach dem allgemeinen Aufbauschema für Geschäftsbriefe. Nummerieren Sie die Kästchen.

| | |
|---|---|
| | Wir empfangen in dieser Geschäftsstelle oft wichtige Kunden. Daher ist eine repräsentable Gestaltung unter Einbeziehung unseres Corporate Designs besonders wichtig. |
| | Unsere Geschäftsstelle in Wien soll umgebaut werden. |
| | Bitte erstellen Sie bis zum 19. Feb. 20.. ein Konzept für die Neugestaltung. |
| | Neugestaltung unserer Geschäftsstelle |
| | Sollte uns Ihr Konzept zusagen, beauftragen wir Sie auch mit dem Umbau unserer zweiten Geschäftsstelle in Salzburg. |
| | Ihr Team sollte den gesamten Umbau planen und koordinieren. Die Arbeiten müssen bis zum Ende des 2. Quartals abgeschlossen sein. |

# Sichern

SbX ID: 6023

**unternehmensinterne Kommunikation**

*internal communication within a business organisation*

Mitarbeiter und Mitarbeiterinnen eines Unternehmens müssen aufgrund der unternehmensinternen Arbeitsteilung miteinander kommunizieren.

*Co-workers of a business organisation must communicate with one another on the basis of the internal division of labour within it.*

**unternehmensexterne Kommunikation**

*external communication of a business organisation*

Die Anliegen und Interessen von Kunden und Lieferanten sind ein wichtiges Thema der unternehmensexternen Kommunikation.

*The concerns and interests of the customers and suppliers are an important issue regarding the external communication of a business organisation.*

**vor dem Schreiben eines Geschäftsbriefs**

4 Fragen sind zu klären:

- Ziel des Schreibens
- Argumente
- mögliche Gegenargumente durch den Empfänger
- Bedeutung des Empfängers für das Unternehmen

*before writing a business letter*

*4 questions must be decided:*

- *intent of the letter*
- *arguments*
- *possible counter-arguments from the receiver*
- *significance of the receiver to the business organisation*

**Aufbauschema**

Das Aufbauschema hilft bei der Formulierung aller Geschäftsbriefe:

- Betreff
- Anlass
- Anliegen/Entscheidung
- Begründung
- Erwartung
- Konsequenzen
- Schluss

**structure**

Structure helps when composing all business letters:

- subject
- reason for writing
- concern/decision
- reasoning
- expectation
- consequences
- conclusion

**6 „Ks" des guten Briefstils**

klar, komplett, konkret, kurz, korrekt, konstruktiv

**6 „C's" for a good style of letter**

clear, complete, concrete, concise, correct, constructive

**E-Mails**

Emails sind eine schnelle und kostengünstige Alternative zu individuellen Geschäftsbriefen.

**e-mails**

E-mails are a quick and cost-effective alternative to individual business letters.

SbX ID: 6023

**Im SbX finden Sie die englische Zusammenfassung als Audio-Wiederholung sowie eine Bildschirmpräsentation mit den Grafiken dieser Lerneinheit.**

# Wissen

SbX ID: 6024

A B C D E

**W 6.07: Bedeutung der Unternehmenskommunikation** B

Warum ist die Kommunikation eines Unternehmens von großer Bedeutung?

**W 6.08: Direkte Kommunikation** B

Charakterisieren Sie die Möglichkeiten der unternehmensinternen direkten Kommunikation.

**W 6.09: Indirekte Kommunikation** B

Welche Merkmale weisen die Möglichkeiten der unternehmensexternen indirekten Kommunikation auf?

**W 6.10: Aufbauschema** A

Wie ist ein Geschäftsbrief aufgebaut?

**W 6.11: Briefstil** A

Wie sollte ein Geschäftsbrief formuliert sein?

**W 6.12: E-Mail** A

Welche Vorteile bietet die E-Mail gegenüber einem Geschäftsbrief?

**W 6.13: Direkte oder indirekte Kommunikation** D

Die Leiterin der Marketingabteilung möchte auf das unpünktliche Erscheinen ihrer Mitarbeiter reagieren. Wozu raten Sie ihr: Soll sie das persönliche Gespräch suchen oder ein Rundschreiben an alle Mitarbeiter formulieren? Begründen Sie Ihre Ansicht.

**W 6.14: Kommunikation mit dem Staat** E

1. Überlegen Sie, welche Anliegen und Interessen der Staat an der Tätigkeit eines Sportartikelhändlers haben könnte.
2. Mit welchen Informationen muss der Sportartikelhändler den Staat versorgen?
3. Überlegen Sie, mit welchen Maßnahmen der indirekten Kommunikation diese Informationen am besten übermittelt werden könnten.

SbX
W 6.15–W 6.16 mit automatischer Aufgabenkontrolle
ID: 6024

**Weitere Aufgaben zur Lernkontrolle im SbX**

**W 6.15: Arten der Kommunikation** B

Bearbeiten Sie eine Auswahlfrage mit Beispielen zu den Arten der Kommunikation!

**W 6.16: Vorteile von E-Mails** B

Bearbeiten Sie eine Auswahlfrage zu den Vorteilen von E-Mails!

English questions

**E 6.03: You communicate with many people every day. Are the following internal or external communication?**

a) You write an email to your work colleague.
b) You write a letter to your supplier.
c) You phone your customer directly.

**E 6.04: When you read a business letter by your employee, you see that he has no idea how to write it. He hasn't thought it through. The structure is all jumbled up and it is not clear what he wants.**

a) Write him a memo to help him structure his letter properly.
b) What should he do to before he even begins writing the letter?

Ein kurzer Kompetenz-Check, bevor's weitergeht!

## Kompetenz-Check

| | ☺ | 😐 | ☹ |
|---|---|---|---|
| Ich kann die Bedeutung der unternehmensinternen Kommunikation erläutern. | | | |
| Ich kann die Bedeutung der unternehmensexternen Kommunikation darstellen. | | | |
| Ich kann den Sachverhalt eines Geschäftsfalls klären. | | | |
| Ich kann direkte und indirekte Kommunikation charakterisieren. | | | |
| Ich kann das allgemeine Aufbauschema für die schriftliche Kommunikation beschreiben. | | | |
| Ich kann die Regeln des guten Briefstils in konkreten geschäftlichen Schreiben anwenden. | | | |

# 7 KAUFVERTRÄGE VORBEREITEN, ANBAHNEN UND ABSCHLIESSEN

## Worum geht's in diesem Kapitel?

Wenn Sie einen neuen Laptop benötigen, werden Sie sich in Elektrofachmärkten oder Fachgeschäften erkundigen, vermutlich auch im Internet recherchieren und Produktbeschreibungen und Preislisten herunterladen und sich schließlich entscheiden, das Gerät in einem bestimmten Geschäft zu kaufen oder im Internet zu bestellen. Das heißt, Sie werden den Kauf vorbereiten und schließlich einen Kaufvertrag anbahnen und abschließen. Auch Unternehmen müssen wissen, was sie benötigen. Für die Anbahnung und den Abschluss von Kaufverträgen haben sich im Geschäftsleben verschiedene Vorgangsweisen und Regelungen entwickelt, die helfen sollen, die angebahnten Geschäfte für alle Beteiligten erfolgreich zu gestalten. Um Streitigkeiten vorzubeugen und die Interessen der Partner abzusichern, ist vieles auch gesetzlich geregelt.

**Wenn Sie dieses Kapitel bearbeiten, erwerben Sie die folgenden in der Bildungs- und Lehraufgabe des Lehrplans angeführten Kompetenzen:**

**Sie können aus dem Bereich Kaufvertrag einschließlich Schriftverkehr**

- **Ein- und Verkaufsprozesse rechtlich korrekt und betriebswirtschaftlich reflektiert durchführen,**
- **Grundlagen des Marketings und der Beschaffung für die Anbahnung und Abwicklung von Kaufverträgen für ein Unternehmen umsetzen.**

**Sie können aus dem Bereich Wirtschaft und Gesellschaft**

- **die Wechselwirkungen zwischen Betrieb und Umfeld interpretieren und Konsequenzen daraus ableiten,**
- **Sachverhalte aus unterschiedlichen Perspektiven (Arbeitnehmerin und Arbeitnehmer, Unternehmerin und Unternehmer, Konsumentin und Konsument) bewerten.**

**Sie können durch den Einsatz von Fallstudien**

- **Ihre erworbenen Fach-, Methoden-, Sozial- und Selbstkompetenzen vernetzt anwenden.**

A B C D E

In diesem Kapitel finden Sie Übungsaufgaben, praxisbezogene Fallbeispiele und Aufgaben zur Lernkontrolle zur Überprüfung Ihrer Kompetenzen auf den Handlungsebenen A **Wiedergeben,** B **Verstehen,** C **Anwenden** und D **Analysieren & Interpretieren.**

**Dieses Kapitel umfasst folgende Lerneinheiten:**

Lerneinheit 1

# Kaufverträge vorbereiten

SbX
**Alle SbX-Inhalte zu dieser Lerneinheit finden Sie unter der ID: 7010.**

Absetzen und Beschaffen zählen zu den wichtigsten Aufgaben im Unternehmen. Dabei schließt das Unternehmen Kaufverträge mit seinen Kunden und seinen Lieferanten ab. Bevor die Kaufverträge abgeschlossen werden, muss genau geplant werden. Da Absetzen und Beschaffen in einem Unternehmen regelmäßig anfallen, gibt es in größeren Unternehmen eigens dafür zuständige Mitarbeiterinnen und Mitarbeiter, die in den Abteilungen „Marketing und Verkauf" sowie „Materialwirtschaft" bzw. „Beschaffung" arbeiten.

# Lernen

SbX ID: 7011

A B C D E

## 1 Wie Absetzen und Beschaffen zusammenhängen

[How sales and purchases are connected]

Damit ein Unternehmen etwas absetzen kann, muss es rechtzeitig beschaffen. Die Verkaufsabteilung muss dafür genau festhalten, wie viel Ware abgesetzt wird, damit die Beschaffungsabteilung rechtzeitig für Nachschub sorgen und die Verkaufsabteilung wieder absetzen kann.

**Rechtzeitiges Beschaffen ist wichtig für den Verkauf.**

Beispiele

- Ein Büroartikelhändler macht zu Schulbeginn den größten Umsatz. Aus Erfahrung weiß er, wie viele Ringmappen, Ordner, Kugelschreiber usw. er verkaufen kann. Damit er diese Dinge verkaufen kann, muss er sie rechtzeitig beschaffen. Hat er zu wenig, gehen die Schüler/innen zur Konkurrenz.
- Ein Müslihersteller liefert täglich zwischen 90 und 110 Packungen Müsli an Biomärkte. Täglich werden 100 Packungen mit Müsli für das Frühstück abgefüllt. Er muss genau planen, wie viel Haferflocken, Rosinen oder Haselnussstücke er benötigt. Sobald er von einer Zutat zu wenig auf Lager hat, kauft er die richtige Menge nach. Schließlich soll nicht zu viel, aber auch nicht zu wenig auf Lager sein.
- Ein Textilhändler muss im Frühjahr die Herbst- und Winterkollektion bestellen. Dafür braucht er viel Erfahrung im Modesektor, um die Absatzentwicklung und Modetrends abzuschätzen. Kauft er von einem Artikel zu viel ein, muss er die Ware im Winterschlussverkauf billiger verkaufen. Kauft er zu wenig ein, dann hat er weniger Umsatz und verliert unter Umständen auch Kunden.

## 2 Ein Blick in die Abteilung „Marketing und Verkauf"

[A look at the "Marketing and Sales" department]

Die Abteilung „Marketing und Verkauf" kümmert sich um die Anliegen und Interessen der Kunden. Welche Anliegen und Interessen die Kunden haben, findet die Absatzmarktforschung heraus. Sie liefert der Abteilung „Marketing und Verkauf" alle nötigen Informationen über den Absatzmarkt.

**Grafik**
**Absatzmarketing**

Die Absatzmarktforschung ist Grundlage des Absatzmarketings. Sie hilft bei der Beantwortung der 4 Marketingfragen und bei der Suche nach geeigneten Marketingmaßnahmen.

Weiters sind vier Fragen zu beantworten, woraus dann vier Maßnahmen abgeleitet werden:

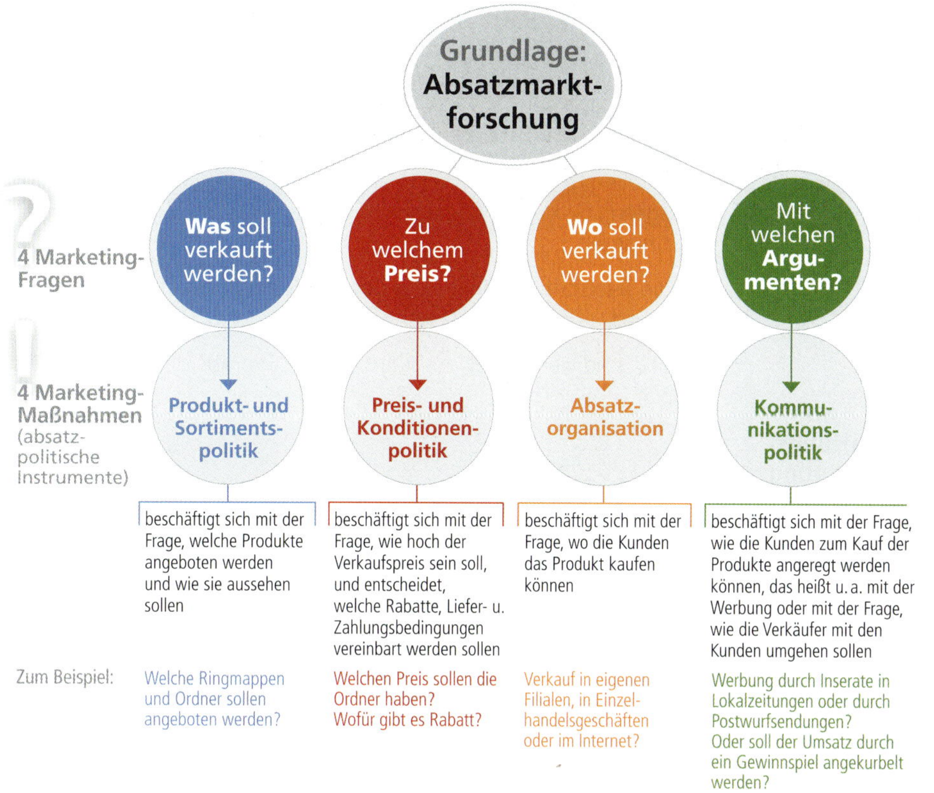


**Übungsbeispiele**

SbX
**Ü 7.02**
**mit automatischer Aufgabenkontrolle**
**ID: 7011**

### Ü 7.01: Marketingmaßnahmen eines Handyherstellers B

Nehmen Sie Ihr Handy zur Hand. Beantworten Sie, wenn nötig durch Recherche, die folgenden Fragen. Geben Sie jeweils auch an, auf welche Marketingmaßnahme sich die Frage bezieht.

a) Bietet der Hersteller auch noch andere Modelle an?
b) Wie viel zahlen Sie für das Handy?
c) Wo können Sie das Handy kaufen?
d) Welche Argumente haben Sie überzeugt?

### Ü 7.02: Marketingmaßnahmen eines Taschenherstellers B

Welche Marketingmaßnahmen hat der Taschenhersteller jeweils ergriffen? Kreuzen Sie an.

| | Produkt- und Sortiments-politik | Preis- und Konditionen-politik | Absatz-organisa-tion | Kommuni-kations-politik |
|---|---|---|---|---|
| a) Er überlegt, Taschen in roter und schwarzer Farbe anzubieten. | | | | |
| b) Er überzeugt seine Kunden und Kundinnen mit dem Hinweis auf aktuelle Modefarben. | | | | |
| c) Für eine Tasche bezahlt eine Kundin € 150,–. | | | | |
| d) Die Taschen können im Warenhaus gekauft werden. | | | | |

# 3 Was die „Materialwirtschaft" für die Beschaffung leistet

## [What "Materials Management" does for purchasing]

Wird die eingekaufte Ware nicht sofort weiterverkauft, muss sie zunächst gelagert werden. Bei größeren Unternehmen muss die Ware evtl. auf verschiedene Lager verteilt werden. Was nicht mehr benötigt wird, z. B. übriggebliebene Ware, muss entsorgt werden.

Die Abteilung „Materialwirtschaft" kümmert sich um die optimale Versorgung des Unternehmens mit allen nötigen Gütern und Leistungen. Dabei fallen folgende Tätigkeiten an:

- Beschaffen
- Verteilen
- Lagern
- Entsorgen

Für die Beschaffung findet die **Beschaffungsmarktforschung** heraus, welche Lieferanten passend sind.

Weiters sind vier Fragen zu beantworten, woraus dann vier Maßnahmen abgeleitet werden:

Grafik
**Beschaffungsmarketing**

Auch Konsumenten betreiben „Beschaffungsmarktforschung", z. B. wenn Sie sich bei einem Einkaufsbummel einen Überblick über die aktuelle Mode verschaffen.

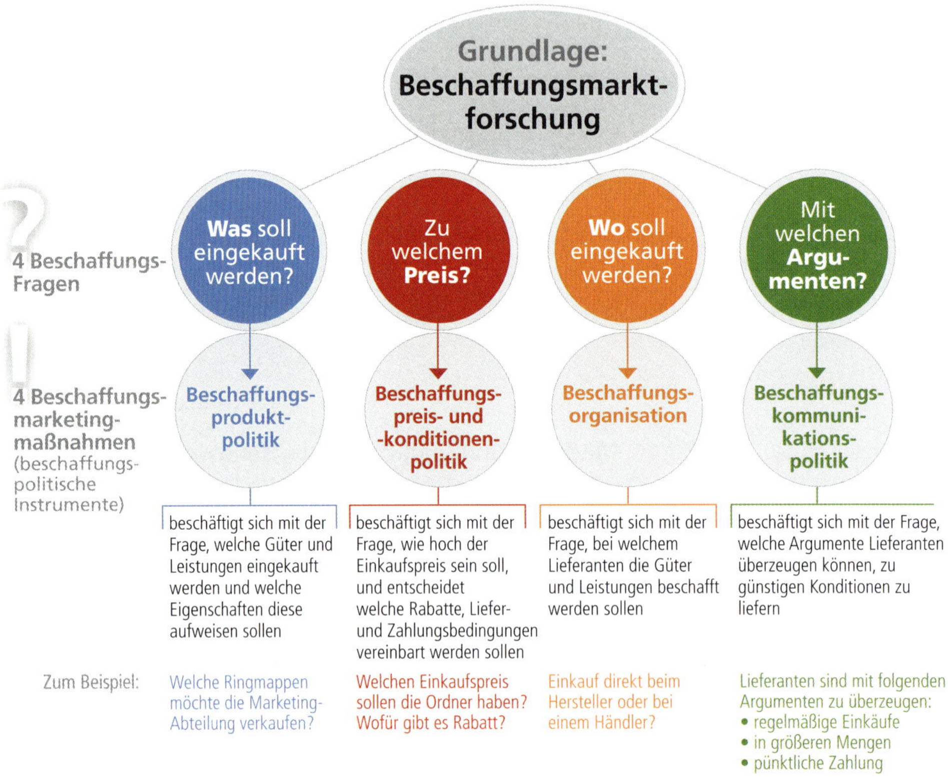


Übungsbeispiel

SbX Ü 7.03 mit automatischer Aufgabenkontrolle ID: 7011

### Ü 7.03: Beschaffungsmarketingmaßnahmen eines Taschenherstellers B

Welche Beschaffungsmarketingmaßnahmen hat der Taschenhändler jeweils ergriffen? Kreuzen Sie an.

| | Beschaffungsproduktpolitik | Beschaffungspreis- und -konditionenpolitik | Beschaffungsorganisation | Beschaffungskommunikationspolitik |
|---|---|---|---|---|
| a) Für Leder bezahlt er € 75,–. | | | | |
| b) Er benötigt rotes und schwarzes Leder. | | | | |
| c) Das Leder kauft er bei einem Lederhersteller. | | | | |
| d) Er verspricht, größere Mengen zu kaufen. | | | | |

# Üben – Anwenden

A B C D E

### Ü 7.04: Marketing eines Computerherstellers C

Der Computerhersteller DELL setzt nur über das Internet ab. Er wirbt mit günstigen Preisen, da er den Zwischenhandel ausschaltet. Im Internet kann sich der Kunde den gewünschten Computer und die gewünschten Programmpakete selbst zusammenstellen und sieht sofort den Preis für das Gesamtpaket. Damit die Internetadresse bekannt wird, wirbt DELL auch in Zeitschriften und im Fernsehen.

Welche marketingpolitischen Instrumente setzt DELL in welcher Form ein? Beschreiben Sie das bei jedem Instrument stichwortartig oder gestalten Sie ein Übersicht.

### Ü 7.05: Schokokekse für das Schulfest C

Ihre Klasse soll beim jährlich stattfindenden Schulfest selbstgemachte Schokoladenkekse anbieten. Erfahrungsgemäß kommen 400 Besucher. 75 % der Besucher kaufen 2 Schokoladenkekse. Für 15 Kekse benötigen Sie:

Beantworten Sie dazu die folgenden Fragen:

1. Welche Informationen haben Sie aus dem Bereich der „Absatzmarktforschung"?
2. Wo können Sie die nötigen Zutaten günstig kaufen?
3. Mit welchen Argumenten könnten Sie Ihren Lieferanten überzeugen, die Zutaten preisgünstiger zu verkaufen?
4. Sie haben günstig einkauft. Die nötigen Zutaten für alle Kekse haben € 45,– gekostet. Welchen Preis verlangen Sie für ein Keks?
5. Mit welchen Argumenten überzeugen Sie die Besucher, die Kekse zu kaufen?

# Sichern

SbX ID: 7013

**Absetzen und Beschaffen**

Absetzen und Beschaffen zählen zu den wichtigsten Aufgaben im Unternehmen. Dabei werden Kaufverträge mit Kunden und Lieferanten abgeschlossen.

Damit ein Unternehmen etwas absetzen kann, muss es rechtzeitig beschaffen.

**sales and purchasing**

Sales and purchasing are two of the most important activities in a business. They involve concluding contracts of sale with customers and suppliers. In order for a business to sell something, it must purchase it in time.

**Marketing und Verkauf**

Die Abteilung Marketing und Verkauf kümmert sich um den Absatz. Im Zentrum stehen die Anliegen und Interessen der Kunden.

Folgende Bereiche und Fragen sind zu behandeln:

- Produkt- und Sortimentspolitik: Was soll verkauft werden?
- Preis- und Konditionenpolitik: Zu welchem Preis und zu welchen Bedingungen?
- Absatzorganisation: Wie und wo sollen die Produkte, die Waren angeboten werden?
- Kommunikationspolitik: Mit welchen Argumenten kann der Verkauf unterstützt werden?

marketing and sales

The marketing and sales department deals with selling and distribution. The focus is on the wishes and interests of the customers.

The following areas and questions are dealt with:

- product and product mix policy: what should be sold?
- pricing policy: at what price and on what terms and conditions?
- sales and distribution organisation: how and where should the products, the goods be sold?
- communication policy: what arguments can be used to support sales?

Absatzmarktforschung

Die Absatzmarktforschung liefert dafür die nötigen Informationen.

market research

Market research provides the necessary information for marketing and sales.

Materialwirtschaft

Die Materialwirtschaft hat die Aufgabe, das Unternehmen mit den nötigen Gütern und Leistungen optimal zu versorgen.

Folgende Tätigkeiten sind zu planen:

- Beschaffen
- Lagern
- Verteilen
- Entsorgen

materials management

Materials management is responsible for supplying the business with the necessary goods and services in the best possible way.

The following activities must be planned:

- purchasing
- storage
- distribution
- disposal

Beschaffungsmarktforschung

Die Beschaffungsmarktforschung liefert die nötigen Informationen für die Beschaffung.

market research for purchasing

Market research in the markets where resources are bought provides the necessary information for purchasing.

SbX
ID: 7013

**Im SbX finden Sie die englische Zusammenfassung als Audio-Wiederholung sowie eine Bildschirmpräsentation mit den Grafiken dieser Lerneinheit.**

# Wissen

A B C D E

**W 7.01: Marketing** B

Welche Bedeutung hat das Marketing für ein Unternehmen?

**W 7.02: Materialwirtschaft** B

Ist die Materialwirtschaft ein wichtiger Unternehmensbereich?

**W 7.03: Absatzmarketing und Beschaffungsmarketing** B

Welche Unterschiede und Gemeinsamkeiten bestehen zwischen Absatzmarketing und Beschaffungsmarketing?

English questions

E 7.01: **What does a materials manager do?**

E 7.02: **Who is the most important person for the marketing and sales department?**

E 7.03: **What is the purpose of market research?**

Ein kurzer Kompetenz-Check, bevor's weitergeht!

## Kompetenz-Check

| | ☺ | 😐 | ☹ |
|---|---|---|---|
| Ich kann den Zusammenhang von Beschaffen und Absetzen anhand von konkreten Beispielen erklären. | | | |
| Ich kann die Marketingmaßnahmen von Unternehmen anhand konkreter Beispiele erklären. | | | |
| Ich kann die Aufgaben der Materialwirtschaft nennen und anhand konkreter Beispiele erklären. | | | |
| Ich kann das Beschaffungsmarketing anhand konkreter Beispiele erläutern. | | | |

SbX
Alle SbX-Inhalte zu dieser Lerneinheit finden Sie unter der ID: 7020.

## Lerneinheit 2
# Kaufverträge anbahnen

Wenn Mariana Ilicic – eine der Eigentümerinnen der Boutique MODA NOVA – morgens ihr Büro betritt, stapelt sich auf ihrem Schreibtisch bereits die Post. Da finden sich unter anderem Informationen, wie viele Blusen, Röcke und T-Shirts am Vortag verkauft wurden bzw. noch auf Lager sind, außerdem Anfragen von Kunden und Angebote von Lieferanten. Diese Informationen braucht das Unternehmen, bevor ein Kaufvertrag abgeschlossen wird. Das heißt, das Unternehmen klärt zunächst intern, wie viel es verkaufen könnte und daher beschaffen muss. Schließlich kommuniziert das Unternehmen mit Kunden und Lieferanten, um Kaufverträge anzubahnen. Die Initiative zum Abschluss eines Kaufvertrags kann sowohl von Lieferanten als auch von Kunden ausgehen.

# Lernen

SbX ID: 7021

A B C D E

## 1 Übersicht – Kommunikation beim Absetzen und Beschaffen
[Overview – communication in sales and purchasing]

Beim Absetzen und Beschaffen sind viele Kommunikationsaufgaben zu erledigen.

Grafik
**Kommunikation beim Absetzen und Beschaffen**

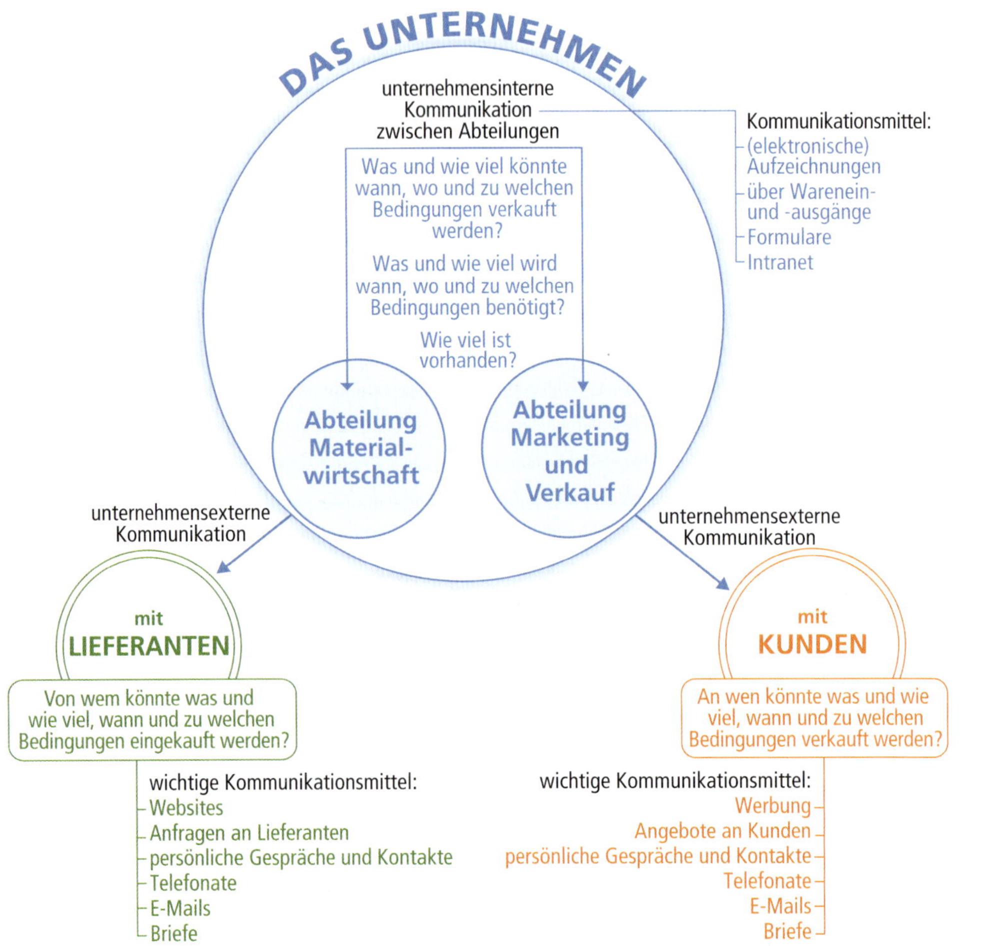

# 2 Marketing und Materialwirtschaft kommunizieren miteinander

## [Marketing and Materials Management communicate with each other]

Absatz und Beschaffung müssen gut geplant werden.

Die **Marketingabteilung** klärt:

**Absatzvorbereitung**

Was und wie viel könnte wann, wo und zu welchen Bedingungen verkauft werden?

Die **Materialwirtschaftsabteilung** klärt:

**Beschaffungsvorbereitung**

Was und wie viel wird wann, wo und zu welchen Bedingungen benötigt? Wie viel ist vorhanden?

Wie viel das Unternehmen verkaufen kann, ist stets unsicher!

Diese Informationen tauschen die Marketingabteilung und die Materialwirtschaftsabteilung regelmäßig aus. Das Marketing informiert die Materialwirtschaft über die geplanten und tatsächlichen Verkaufszahlen. Diese Daten braucht die Materialwirtschaft, um zu beschaffen, was verkauft werden soll. Da die Materialwirtschaft zunächst mehr beschafft, als der Verkauf vorerst braucht, liegen manche Waren bis zum Verkauf auf Lager.

**Grafik**
**Interner Informations- und Warenfluss**

Steht kein Computersystem zur Verfügung, werden diese Aufzeichnungen händisch geführt. Dies ist allerdings zeitaufwendig und fehleranfällig.

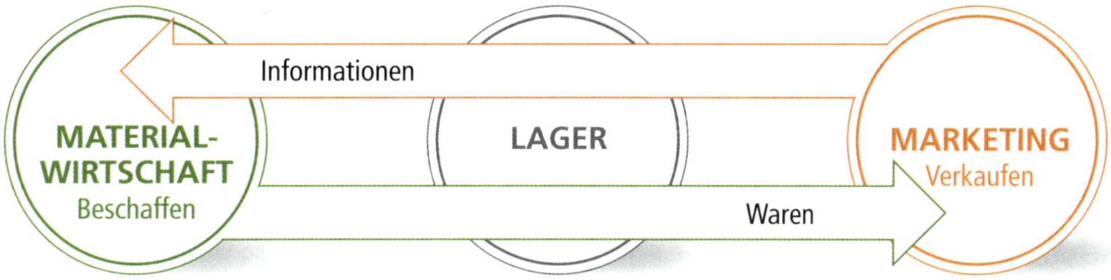


Dieser Informations- und Warenfluss wird im Unternehmen genau festgehalten. Manche Unternehmen verfügen dafür über ein Computersystem.

**Beispiel**

- Sie kaufen in einem Supermarkt drei Packungen Orangensaft. Beim Scannen der drei Saftpackungen an der Kassa wird vom Computersystem automatisch erfasst, wie viele Packungen Orangensaft noch im Geschäft, also auf Lager sind. Sind zu wenige vorhanden, muss nachbestellt werden.

**Übungsbeispiel**

### Ü 7.06: Analyse eines Computerausdrucks (Auszug) C

| Creme – Babycare | | | | | | Datum: 01.04. |
|---|---|---|---|---|---|---|
| Artikel-Nummer | Artikel | Lager-bestand | Lager-mindest-größe | Verbrauch am 31.03. | Durch-schnitts-verbrauch | Bestellung |
| 2129 | Dose 100 g | 400 | 300 | 22 | 20 | |
| 2130 | Dose 200 g | 30 | 50 | 35 | 10 | |
| 2131 | Soft 100 g | 1600 | 300 | 22 | 20 | |
| 2132 | Soft 200 g | 800 | 900 | 14 | 10 | |
| 2133 | Gesicht 100 g | 120 | 80 | 6 | 5 | |

Beantworten Sie dazu die folgenden Fragen:

1. Wie viel Stück wurden gestern von der Gesichtscreme verkauft?
2. Wie viel Stück von Dose 100 g sollen mindestens auf Lager sein?
3. Babycreme hat ein kurzes Ablaufdatum. Was soll die Marketingabteilung mit dem Artikel 2131 tun?
4. Welche Artikel sollten beim Lieferanten nachbestellt werden?

7 Kaufverträge vorbereiten usw.

# 3 Auf der Suche nach Lieferanten [Searching for suppliers]

Bei der Suche nach Lieferanten muss die Materialwirtschaftsabteilung die folgende Frage klären:

Beschaffungsplanung
Lieferantenauswahl

Von wem könnte was und wie viel, wann und zu welchen Bedingungen eingekauft werden?

Die erforderlichen Informationen können auf verschiedene Weise besorgt werden.

## Informationen über Geschäftspartner sind vorhanden
[Information about business partners is already available]

Über bereits bekannte Geschäftspartner gibt es in der Regel Aufzeichnungen im Unternehmen. Diese Informationen werden in einer Lieferantendatei gespeichert.

Übungsbeispiel

**Ü 7.07: Analyse einer Lieferantendatei** C

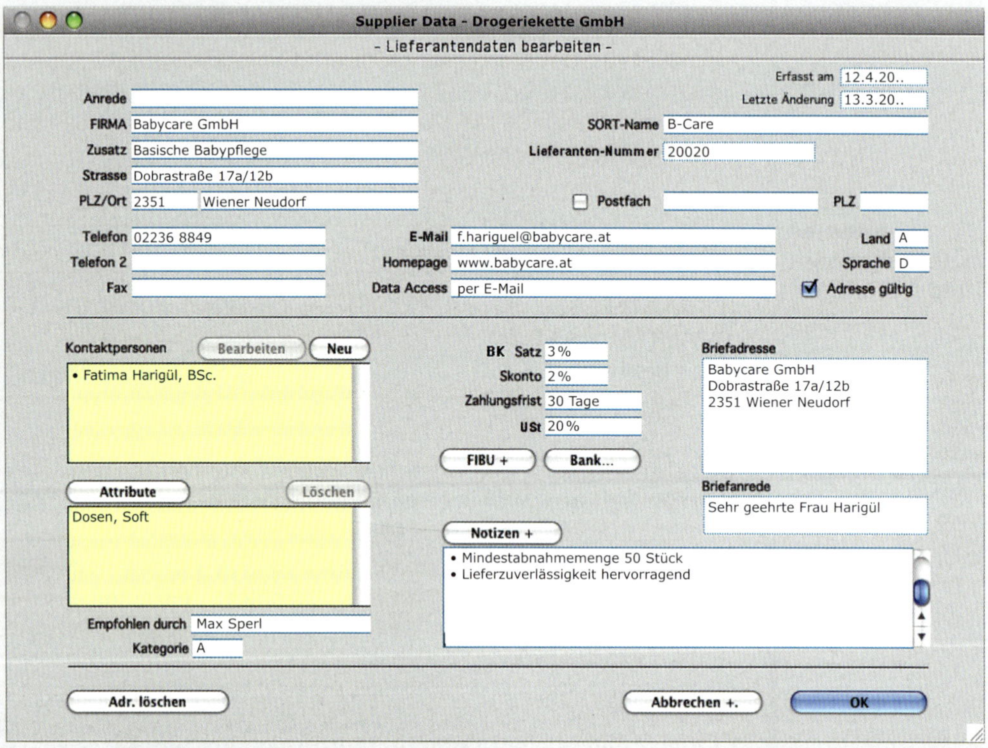
Supplier Data - Drogeriekette GmbH
- Lieferantendaten bearbeiten -
Erfasst am 12.4.20..
Letzte Änderung 13.3.20..
Anrede
FIRMA Babycare GmbH
SORT-Name B-Care
Zusatz Basische Babypflege
Lieferanten-Nummer 20020
Strasse Dobrastraße 17a/12b
PLZ/Ort 2351 Wiener Neudorf
Postfach
PLZ
Telefon 02236 8849
E-Mail f.hariguel@babycare.at
Land A
Telefon 2
Homepage www.babycare.at
Sprache D
Fax
Data Access per E-Mail
Adresse gültig
Kontaktpersonen Bearbeiten Neu
• Fatima Harigül, BSc.
BK Satz 3 %
Skonto 2 %
Zahlungsfrist 30 Tage
USt 20 %
FIBU + Bank...
Briefadresse
Babycare GmbH
Dobrastraße 17a/12b
2351 Wiener Neudorf
Attribute Löschen
Dosen, Soft
Briefanrede
Sehr geehrte Frau Harigül
Notizen +
• Mindestabnahmemenge 50 Stück
• Lieferzuverlässigkeit hervorragend
Empfohlen durch Max Sperl
Kategorie A
Adr. löschen
Abbrechen +.
OK

Beantworten Sie dazu die folgenden Fragen:

1. Wie ist die Qualität in diesem Fall geregelt?
2. Wie lauten die Zahlungsbedingungen der Babycare GmbH?
3. Wie kann der Lieferant kontaktiert werden?
4. Welche weiteren Informationen sollten Ihrer Ansicht nach in der Lieferantendatei erfasst werden?

## Informationen über Geschäftspartner müssen eingeholt werden
[Information about business partners must be found]

Auch dafür gibt es verschiedene Möglichkeiten.

### (1) Anfrage

Die Anfrage ist eine wichtige Form der Informationsbeschaffung über Geschäftspartner.

- allgemeine Anfrage
  Einholung von allgemeinen Informationen, wie z. B. Preislisten oder Kataloge
  **Hinweis:** Allgemeine Anfragen dienen auch dazu, die vorhandenen Daten in einer Lieferantendatei regelmäßig zu aktualisieren.

- **spezielle Anfrage**
  Einholung von gezielten Informationen über die Qualität der Ware, die Liefer- und Zahlungsbedingungen für eine bestimmte Ware
- **Rückfrage**
  Einholung von Zusatzinformationen, wenn ein Angebot nicht komplett ist
- **Gegenangebot**
  Abänderung eines Angebots, wenn die angebotenen Bedingungen wie z. B. der Preis oder die Liefer- und Zahlungsbedingungen nicht den Vorstellungen des Käufers entsprechen

**(2) Internetrecherche**

Zu vielen Unternehmen erhält man wichtige Informationen durch deren Websites. Die Websites können entweder über Suchmaschinen (z. B. **www.google.at**) oder über eigene Branchenverzeichnisse (z. B. **www.wlw.at, www.herold.at**) angesteuert werden. Auch die Wirtschaftskammer **(www.wko.at)** liefert wertvolle Informationen.

**(3) Professionelle Lieferantensuche**

Mittlerweile bieten spezialisierte Unternehmen Recherchedienste im Internet an (z. B. **www.beschaffungswelt.de**).

**Übungsbeispiel**

Auch für Konsumenten lohnt es sich, die Preise verschiedener Internetanbieter zu vergleichen. Hilfreich dabei sind Preisvergleichsdienste wie:
**www.geizhals.at**
**www.preisauskunft.de**
**www.mysimon.com**

**Anfragen** sind keine ausreichende Willenserklärung des Nachfragenden zum Abschluss eines Kaufvertrags. Die Beweissicherung durch Schriftstücke ist daher nicht nötig.

### Ü 7.08: Überlegungen vor der Lieferantensuche C

1. Überlegen Sie, aus welchen Gründen ein Unternehmen einen neuen Lieferanten suchen könnte. Bringen Sie Beispiele.
2. Welche Abteilung eines Unternehmens schickt Anfragen aus?
3. Welche Abteilungen eines Unternehmens müssen vor Aussendung einer Anfrage miteinander kommunizieren?
4. Wie kann die Lieferantensuche erfolgen?

## Mit Lieferanten kommunizieren [Communicating with suppliers]

**(1) Telefonische Anfrage**

Handelt es sich um eine allgemeine Anfrage, reicht ein Telefonat in der Regel aus.

**(2) Anfrage per E-Mail**

Häufig kommt für eine Anfrage eine E-Mail infrage.

**Beispiel**

Anfrage für Angebot über Bürosessel:

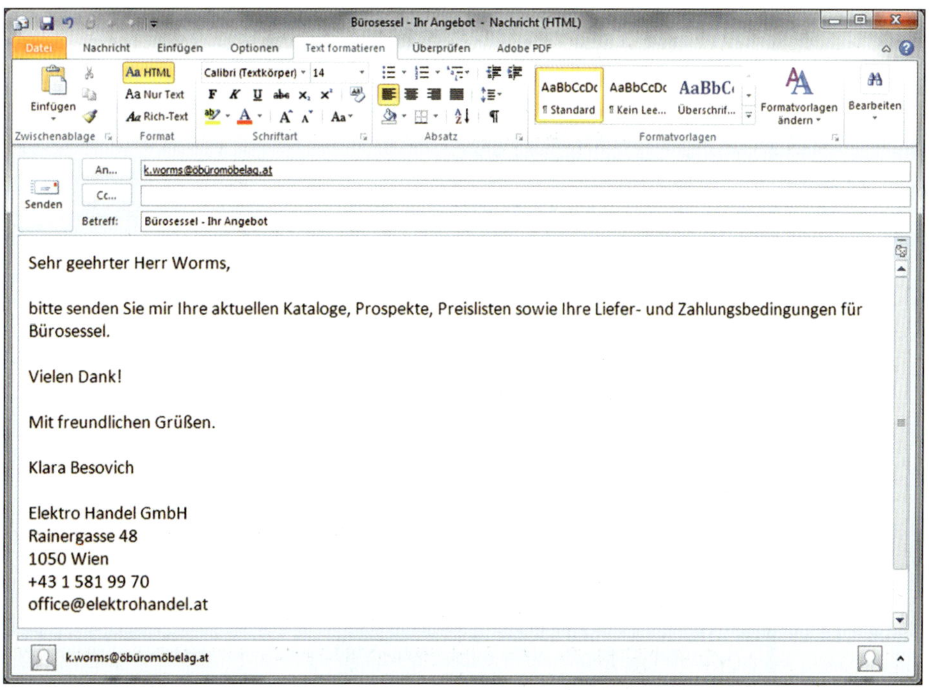
Bürosessel - Ihr Angebot - Nachricht (HTML)

An...: k.worms@obüromöbelag.at
Cc...:
Betreff: Bürosessel - Ihr Angebot

Sehr geehrter Herr Worms,

bitte senden Sie mir Ihre aktuellen Kataloge, Prospekte, Preislisten sowie Ihre Liefer- und Zahlungsbedingungen für Bürosessel.

Vielen Dank!

Mit freundlichen Grüßen.

Klara Besovich

Elektro Handel GmbH
Rainergasse 48
1050 Wien
+43 1 581 99 70
office@elektrohandel.at

### (3) Anfrage in Form eines Briefs

Eine Anfrage wird in der Form eines Briefs gestellt, wenn umfangreichere Informationen nötig sind oder eine E-Mail nicht möglich ist.

Übungsbeispiel

### Ü 7.09: Analyse einer Anfrage C

Die Boutique MODA NOVA plant, Einkaufstaschen aus Baumwolle mit Motiven aus den 4 Jahreszeiten bedrucken zu lassen. Die Entwürfe dafür liegen bereits vor.

Zum Aufbauschema siehe Kapitel 6, Lerneinheit 2.

1. Suchen Sie im folgenden Brief die einzelnen Teile laut Aufbauschema heraus und nummerieren Sie diese.
2. Welche Teile fehlen? Sind die fehlenden Teile nötig?
3. Entspricht dieser Brief den 6 „Ks" gut geschriebener Geschäftsbriefe? Begründen Sie Ihre Ansicht.
4. Wer schreibt an wen?
5. Welche Reaktion erwartet der Absender dieses Briefs?

Boutique MODA NOVA OG
1020 Wien, Kleine Sperlgasse 14
Tel.: +43 1 235 28 19
Fax: +43 1 235 28 19 04
E-Mail: office@modanova.at

Selma Print GmbH
Taborstraße 11c
1020 Wien

Datum: 20..-01-14
Telefon: +43 1 235 28 19
E-Mail: office@modanova.at

**Bitte um Angebot für bedruckte Einkaufstaschen**

Wir beabsichtigen,unsere Einkaufstaschen aus Baumwolle mit Motiven der vier Jahreszeiten bedrucken zu lassen. Die Motiventwürfe haben wir in Originalgröße beigelegt. Bitte erstellen Sie uns auf der Grundlage der folgenden Daten ein schriftliches Angebot.

Pro Quartal benötigen wir:

| | |
|---|---|
| Einkaufstaschen: | 200 Stück, Größe 60 x 120 cm |
| | 400 Stück, Größe 40 x 60 cm |
| | 300 Stück, Größe 20 x 30 cm |
| Druckqualität: | Mehrfarbendruck laut Muster, gekennzeichnet mit „Frühling", „Sommer", „Herbst" und „Winter" |

Die Lieferung der Taschen erwarten wir frei Haus und fix am:

| | |
|---|---|
| Frühlingstaschen: | 1. April 20.. |
| Sommertaschen: | 1. Juli 20.. |
| Herbsttaschen: | 1. Oktober 20.. |
| Wintertaschen: | 2. Jänner 20.. |

Für weitere Fragen stehen wir gerne telefonisch zur Verfügung.
Wir freuen uns auf Ihr Angebot.

Mit freundlichen Grüßen

*Mariana Ilicic*

MODA NOVA

Unterlagen
12 Motiventwürfe

# 4 Angebote erstellen [Preparing offers]

Zur Vorbereitung des Angebots widmet sich die Marketingabteilung der Frage:

**Angebote vorbereiten**

An wen könnte was und wie viel, wann und zu welchen Bedingungen verkauft werden?

## Arten des Angebots [Types of offers]

Auch für Konsumenten sind die unterschiedlichen Arten von Angeboten wichtig.

Angebote des Verkäufers können nach verschiedenen Überlegungen unterschieden werden:

Grafik
**Arten von Angeboten**

### (1) Verlangtes und unverlangtes Angebot

Mit einem verlangten Angebot reagiert der Verkäufer auf eine Anfrage des Käufers. Das Angebot sollte daher auf die Anliegen des Kunden eingehen.

Beim unverlangten Angebot liegt keine Anfrage des Käufers vor. Diese Angebote brauchen daher eine besondere Begründung (z. B. Hinweis auf ein neues Produkt oder ein Sonderangebot).

### (2) Bindendes Angebot

Bei einem bindenden Angebot verpflichtet sich der Anbieter (Verkäufer), zu den beschriebenen Konditionen zu liefern. Ein solches Angebot weist folgende Merkmale auf:

- Das Angebot muss alle gesetzlichen Bestandteile eines Kaufvertrags aufweisen: bestimmter Verkäufer, bestimmter Käufer, Warenart (Qualität), Menge, Preis (Prospekte, Rundschreiben etc. gelten daher nicht als Angebote im rechtlichen Sinn).
- Es muss erkennbar sein, dass der Anbieter verkaufen will.
- Das Angebot muss dem Empfänger persönlich zugehen (z. B. Brief im Briefkasten, E-Mail im Posteingang).
- Es enthält keinen Hinweis, dass es sich um ein freibleibendes Angebot handelt (z. B. „Wir bieten freibleibend an …").

Erfolgt auf ein bindendes Angebot eine Bestellung, so gilt der Kaufvertrag als abgeschlossen.

**Grafik**
**Bindungsdauer von Angeboten**

| Angebot unter **Anwesenden** (mündlich, telefonisch) | Angebot unter **Abwesenden** (per E-Mail, Fax, Brief) |
|---|---|
| keine Überlegungsfrist<br>Die Bindungsdauer endet mit dem Gespräch. Der Käufer muss sich sofort entscheiden. | doppelte Beförderungszeit (6–8 Tage) und angemessene Überlegungsfrist (einige Tage bis mehrere Wochen) |

Ist die Bindungsdauer im Angebot nicht angegeben, ist es oft schwierig, festzustellen, welche Regelung für die Bindungsdauer tatsächlich gilt.

Zu berücksichtigen ist einerseits die Überlegungsfrist und andererseits die Form, in der das Angebot erstellt wird:

**Bindungsdauer**

| Überlegungsfrist |
|---|
| Abhängig vom Inhalt des Angebots. Für einfache Güter (z. B. DVD-Player) beträgt sie nur einige Tage, für teure, komplizierte Produkte (z. B. Einbau einer Musikanlage in einer Diskothek) bis zu mehreren Wochen. |

\+

| Form der Kommunikation | |
|---|---|
| **Brief** | doppelter Postweg (6–8 Tage) |
| **E-Mail** | – |
| **Telefon** | • Ein Telefonat gilt als Angebot unter Anwesenden.<br>• Ein Angebot auf der Mailbox oder auf dem Anrufbeantworter gilt als Angebot unter Abwesenden. |
| **persönlich** | Ein persönlich gegebenes Angebot ist ein Angebot unter Anwesenden. |

### (3) Freibleibendes Angebot

Mit einem freibleibenden Angebot bindet sich der Anbieter (Verkäufer) nicht. Das heißt, er ist von der Pflicht befreit, zu den beschriebenen Konditionen liefern zu müssen. Dazu verwendet man eine „Freizeichnungsklausel".

**Beispiele**

- „Solange der Vorrat reicht"
- „Ich biete Ihnen unverbindlich an …"
- „Ich biete Ihnen freibleibend an …"

### (4) Angebotsähnliche Formen

Werbeprospekte, Kataloge, Waren in der Auslage oder Inserate in Zeitungen sind keine Angebote, sondern angebotsähnliche Formen. Zumindest ein Merkmal eines Angebots fehlt.

Übungsbeispiel

### Ü 7.10: Überlegungen zum Versenden von Angeboten C

1. Überlegen Sie einige Gründe, warum ein Unternehmen ein unverlangtes Angebot versenden könnte. Bringen Sie Beispiele.
2. Welche Unternehmensabteilung schickt Angebote aus?
3. Welche Abteilungen eines Unternehmens müssen vor Aussendung eines Angebots miteinander kommunizieren?

## Angebote wirksam formulieren [Formulating offers effectively]

### (1) Angebote per E-Mail

Angebote jeder Art können als E-Mail versendet werden. Umfangreichere Informationen werden als Attachment mitgesendet.

Übungsbeispiel

### Ü 7.11: Analyse eines Angebots C

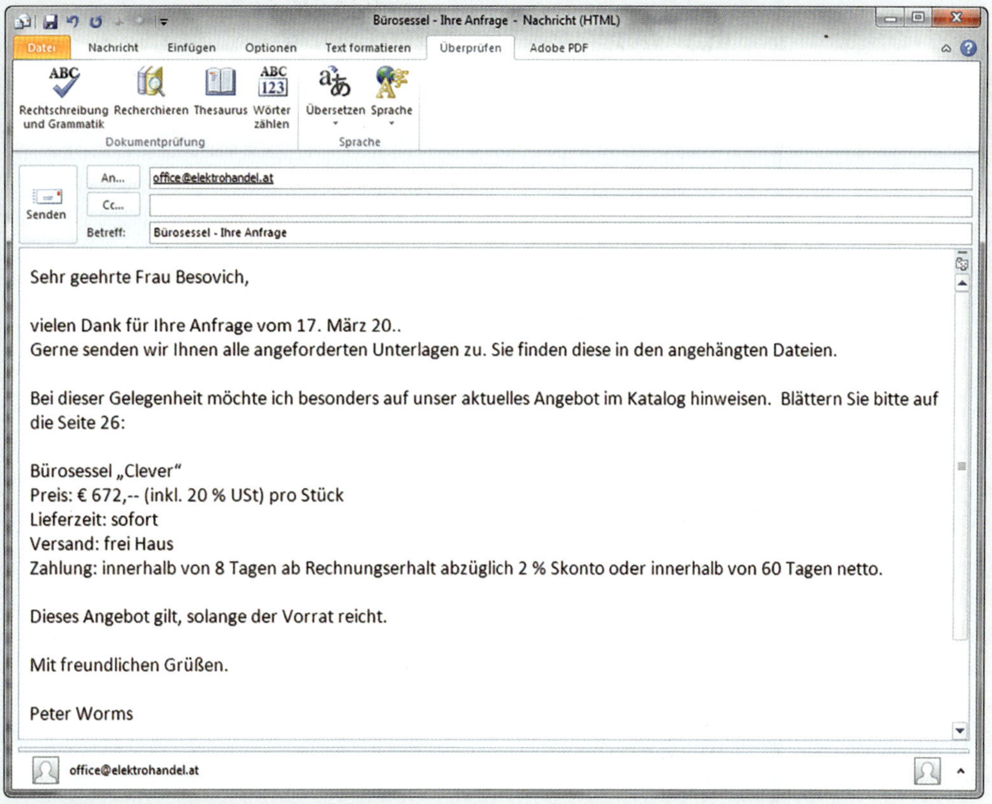


Zum Aufbauschema siehe Kapitel 6, Lerneinheit 2.

1. Suchen Sie in der abgebildeten E-Mail die einzelnen Teile laut Aufbauschema heraus und nummerieren Sie diese.
2. Welche Teile fehlen? Sind die fehlenden Teile nötig?
3. Um welche Art von Angebot handelt es sich in diesem Fall? Begründen Sie Ihre Ansicht.
4. Warum formuliert der Anbieter dieses Angebot als freibleibendes Angebot? Begründen Sie Ihre Ansicht.

### (2) Angebote in Form eines Briefs

Ein Angebot als Brief ist nur nötig, wenn eine E-Mail nicht möglich ist.

**Übungsbeispiel**

Nicht alle österreichischen Haushalte verfügen über einen Internetzugang. Angebote an Konsumenten werden daher noch häufig in der Form eines Briefs verfasst.

### Ü 7.12: Analyse eines Angebots C

1. Suchen Sie im folgenden Brief die einzelnen Teile laut Aufbauschema heraus und nummerieren Sie diese.
2. Welche Teile fehlen? Sind die fehlenden Teile nötig?
3. Um welche Art von Angebot handelt es sich in diesem Fall? Begründen Sie Ihre Ansicht.
4. Warum wird das Angebot in diesem Fall als Brief und nicht als E-Mail versendet?

**Selma Print GmbH**
Taborstraße 11c, 1020 Wien
Tel.: +43 1 214 7232, Fax: +43 1 214 72 32 25
E-Mail: office@selmaprint.at

Frau
Mariana Ilcic
Boutique MODA NOVA
Kleine Sperlgasse 14
1020 Wien

Datum: 20..-01-17
Telefon: +43 1 214 72 32
E-Mail: office@selmaprint.at

**Ihre Einkaufstaschen im Mehrfarbendruck**

Sehr geehrte Frau Ilicic,
vielen Dank für Ihre Anfrage. Hier unser Angebot für Ihre Print-Einkaufstaschen:

| | |
|---|---|
| Einkaufstaschen: | € 1,20/Stück für die Größe 60 x 120 cm<br>€ 0,90/Stück für die Größe 40 x 60 cm<br>€ 0,75/Stück für die Größe 20 x 30 cm<br>Alle Preise exkl. USt |
| Lieferzeit: | Wie gewünscht, werden die Lieferungen frei Haus zu den genannten Terminen erfolgen. |
| Zahlung: | Innerhalb von 10 Tagen abzüglich 3 % Skonto oder innerhalb von 30 Tagen netto. |

Bitte überzeugen Sie sich selbst von der Druckqualität. Wir haben 4 Mustertaschen beigelegt.

Mit freundlichen Grüßen

Selma Bartha

Selma Print GmbH

4 Mustertaschen

## Üben – Anwenden

SbX ID: 7022

A B C D E

### Ü 7.13: Computerkassa C

Die Zustell-Pizzeria „Donna Carla" überlegt, eine Computerkassa anzuschaffen. Die Pizzas können per Internet über die Website oder per Telefon bestellt werden. Das Angebot umfasst 32 verschiedene Sorten, diverse Getränke und Nachspeisen.

Welche Vorteile hätte das Unternehmen von der Anschaffung einer Computerkassa?

SbX
**Ü 7.14–Ü 7.15 mit automatischer Aufgabenkontrolle ID: 7022**

## Ü 7.14: Arten des Angebots C

Um welche Angebotsform handelt es sich in den folgenden Fällen? Ordnen Sie zu und kreuzen Sie die jeweilige Angebotsform an.

| | Unverlangtes Angebot | Verlangtes Angebot | Bindendes Angebot | Freibleibendes Angebot | Angebotsähnliche Form |
|---|---|---|---|---|---|
| a) Auf Anfrage der Massimo GmbH bietet die Buchbinderei Alois Mayer an, 100 Stück Bücher um je € 10,– zu binden. Die Massimo GmbH hat 10 Tage Zeit, sich zu entscheiden. | | X | X | | |
| b) Der Taschengroßhändler Alexander Huber hat einen Restposten Rucksäcke in China gekauft und bietet diese ausgewählten Kunden aus der Kundendatei „solange der Vorrat reicht" um € 5,– pro Stück an. | X | | | X | |
| c) Sie erhalten einen Werbefolder der Firma Hofer als Postwurfsendung. Besonders günstig ist ein Flachbett-Scanner um € 50,– pro Stück. | X | | | | X |
| d) Nach einem Telefonat mit der Kundin Franziska Berger schicken Sie der Angestellten ein unverbindliches Angebot über den Einbau einer automatischen Rollmarkise. Der Preis dafür beträgt € 479,–. | | X | | X | |

## Ü 7.15: Bindungsdauer von Angeboten C

Wie lange sind die folgenden Angebote gültig? Ordnen Sie zu und kreuzen Sie die jeweils geltende Regelung an.

| | Bindungsdauer laut Angebot | Keine Überlegungsfrist | Doppelte Beförderungszeit und angemessene Überlegungsfrist |
|---|---|---|---|
| a) Als Mitarbeiter/in der Materialwirtschaftsabteilung der Lichtplan GmbH erhalten Sie ein Angebot über 1000 italienische Deckenleuchten à € 450,–. Eine Bindungsdauer ist im Angebot nicht enthalten. | | | X |
| b) Im Verkaufsgespräch mit einem Fahrradhändler erhalten Sie 10 % Rabatt für ein Fahrrad mit Lackschäden. | | X | |

## Ü 7.16: Anfrage

### Ihr Unternehmen

Ing. Karl Mittermaier, Sportartikelhandlung, Luthergasse 4/4, 8020 Graz,
Tel. +43 316 42 46 36, DW 15, Fax +43 316 42 46 40, E-Mail: sportartikel.mittermaier@aon.at,
DVR 0546343, FN 456897h, Firmenbuchgericht: Landesgericht Graz, ARA-Lizenz: 4546,
UID-Nr.: ATU43125467

### Sachverhalt

Es wurde bereits mehrmals nach Garten- und Wassertrampolinen gefragt. Es ist Ihnen bekannt, dass die Firma Funtramp GmbH, Südstraße 24, 8580 Köflach, Garten- und Wassertrampoline aus den USA importiert.

Da insbesondere das Gartentrampolin „Jumpking" der Firma Funtramp GmbH von den Kunden bereits einige Male verlangt wurde, beschloss die Geschäftsleitung Ihrer Firma, diesen Artikel ins Sortiment aufzunehmen; geschätzter Jahresbedarf etwa 20 Stück.

### Aufgabe

a) Betriebswirtschaftliche Analyse D
Nehmen Sie an, es wird aufgrund der Anfrage sofort geliefert. Kommt dadurch bereits der Kaufvertrag zustande bzw. unter welchen Umständen könnte er zustande kommen?

b) Betriebswirtschaftslehre – Schriftverkehr C
Entwerfen Sie zum Sachverhalt
- eine allgemeine Anfrage,
- eine spezielle Anfrage.

In beiden Fällen handelt es sich um den ersten Kontakt mit der Firma Funtramp GmbH.

c) Textverarbeitung C
Gestalten Sie die Briefe formal einwandfrei.

## Ü 7.17: Fallbeispiel Spielwarengroßhandel: Anfrage

### Ihr Unternehmen

Spielwarengroßhandlung Friedrich Zirngast GmbH, Rotenturmstraße 15, 1010 Wien,
Tel. +43 1 843 54 60, E-Mail: f.zirngast@spielwaren.at

### Sachverhalt und Arbeitsunterlagen

a) Auszug aus einem Bericht des Reisenden Gerhard Popper vom 16. Mai 20... Er ist für das Gebiet Niederösterreich-West zuständig. Durch einen handschriftlichen Vermerk erteilt der Abteilungsleiter Pichler eine Arbeitsanweisung.

> 10. Die Konkurrenz bietet seit kurzem wieder die verschiedensten Spielwaren aus Holz mit großem Nachdruck und steigendem Erfolg an. Gefragt sind vor allem Bausteine für Kleinstkinder. Wir sollten daher das Sortiment für diese Artikel unbedingt erweitern. Es besteht sonst die Gefahr, dass auch bei anderen Artikeln unser Marktanteil verlorengeht.
>
> *Sofort Angebot bei Körbler & Co. einholen. Versuch des Aufbaus einer geschäftlichen Zusammenarbeit.*
> *20.. -05-22 Pichler*

b) Ausschnitt aus der Fachzeitschrift „Holzindustrie":

> **Spielwarenfabrik Körbler & Co. GmbH**
>
> Holzspielwarenerzeugung
> 3910 Zwettl, Alleegasse 137
> URL http://www.koerbler.spielwaren.at
> Tel. +43 2822 34 70, E-Mail: office@koerbler.spielwaren.at

## Aufgabe

1. Betriebswirtschaftliche Analyse **D**
   - Welche Informationen benötigen Sie?
   - Mit welchen Argumenten werden Sie versuchen, günstige Angebote zu erhalten?
2. Betriebswirtschaftslehre – Schriftverkehr **C**
   - Entwerfen Sie die Anfrage als E-Mail in einem Mailprogramm (einschließlich E-Mail-Adresse und Betreff). Drucken Sie die versandbereite E-Mail oder einen Screenshot davon aus.
   - Wann (Datum) werden Sie die E-Mail versenden?

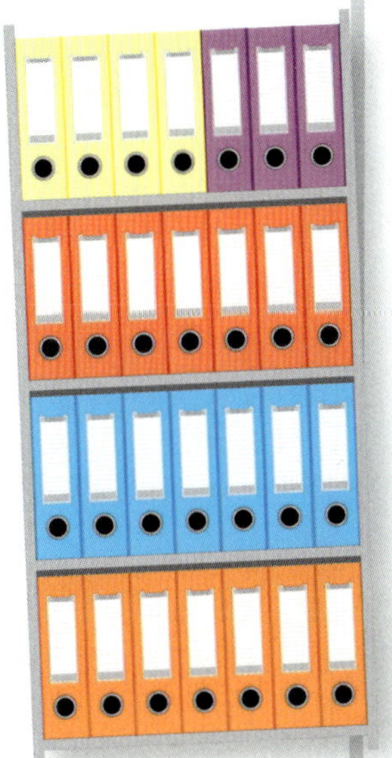

## Ü 7.18: Fallbeispiel Karl Kolta: Anfrage

### Ihr Unternehmen

Karl Kolta, Erzeugung von Elektro-, Fass- und Behälterpumpen sowie Handpumpen aller Art, Ebersgasse 34, 3040 Neulengbach

### Sachverhalt und Arbeitsunterlagen

a) Materialanforderungsschein der Abteilung „Kostenrechnung"
b) Screenshot-Ausschnitt aus dem Internet (Suche nach Büromöbeln mit Google)
c) Kopie einer alten Anfrage mit unseren üblichen Konditionen

a) Materialanforderungsschein der Abteilung „Kostenrechnung"
(ausgefülltes elektronisches Formular – Ausdruck)

**Karl Kolta**
**MATERIALANFORDERUNGSSCHEIN**

| | |
|---|---|
| Datum: | 28. April 20. . |
| Angefordert von: | Kostenrechnung / Dr. Paul |
| Anforderung:<br>2 Aktenschränke, ca. 2 m breit und 2 m hoch, Ordnertiefe<br>Bitte unbedingt bis Mitte Mai beschaffen! | |
| Unterschrift des Anfordernden:<br>Paul | Genehmigt: |

b) Screenshot-Ausschnitt aus dem Internet (Suche nach Büromöbeln mit Google)

Orte für **Büromöbel** in der Nähe von **Wien, Österreich**

Bene AG - **Büromöbel**
bene.com
1 Google-Bewertung

(A) Neutorgasse 4
Wien
01 534260

Wiesner-Hager **Möbel** GmbH
www.wiesner-hager.com
Google Places-Seite

(B) Gonzagagasse 15
Wien
01 5326162

c) Kopie einer alten Anfrage mit unseren üblichen Konditionen

**Karl Kolta**

Erzeugung von Elektro-, Fass- und Behälterpumpen
sowie Handpumpen aller Art
Ebersgasse 34, 3040 Neulengbach – Tel. +43 2772 388 64

**KOPIE**

Rudolf Klein
Bürobedarf und Papierwaren
Alte Gasse 134
3040 Neulengbach

| | |
|---|---|
| Datum: | 20..-01-13 |
| Zeichen: | L/Os |
| Bearb.: | Herr Ludwig |
| Telefon: | +43 2772 388 64-1 |

**Anfrage**

Wir beabsichtigen den Kauf von

2 Aktenvernichtern
mit einer Schnittleistung von 8 bis 10 Blatt pro Durchgang
und einer Schnittbreite von 3 mm.

Bitte erstellen Sie uns ein Angebot mit Ihren günstigsten Preisen für prompte Lieferung frei unser Materiallager Neulengbach-Nord, Schwartzweg 25.

Wir bezahlen üblicherweise unsere Rechnungen unter Abzug von 3% Skonto innerhalb von 8 Tagen nach Erhalt der Rechnung.

Mit freundlichen Grüßen

Karl Kolta & Co.

*Ludwig*

Franz Ludwig

### Aufgabe

1. Betriebswirtschaftliche Analyse D
   - Welche Art der Qualitätsfestlegung kommt in diesem Fall infrage?
   - Nehmen Sie an, Sie benötigen die Aktenschränke unbedingt bis Mitte Mai. Wie werden Sie dies im Kaufvertrag (bzw. bereits in der Anfrage) formulieren?
   - Nehmen Sie an, die übliche Zahlungskondition im Büromöbelhandel beträgt 60 Tage netto Kassa. Ist es in diesem Fall günstig, so zu bezahlen, wie es aus der obigen Kopie ersichtlich ist? (Begründen Sie Ihre Antwort durch eine Rechnung.)
2. Betriebswirtschaftslehre – Schriftverkehr C
   Entwerfen Sie eine Anfrage an die Bene AG und nehmen Sie die Kopie der alten Anfrage zu Hilfe. Die Lieferung soll jedoch frei Haus Ebersgasse 34 erfolgen.
3. Textverarbeitung C
   Gestalten Sie den Brief formal einwandfrei.

## Ü 7.19: Angebot

### Ihr Unternehmen

Autohaus Prugger, Autobedarf und Zubehör, 9020 Klagenfurt am Wörthersee, Villacher Str. 121, Tel. +43 463 895 47, Fax-DW: 10, E-Mail: office@auto-prugger.at

### Aufgaben

1. Betriebswirtschaftslehre – Schriftverkehr C
   Entwerfen Sie ein Angebot als Geschäftsbrief. Berücksichtigen Sie die Hinweise, die Ihnen Ihr Vorgesetzter mündlich mitgeteilt hat und die Sie sich auf einem Memo notiert haben.

2. Textverarbeitung C
   Gestalten Sie den Brief formal einwandfrei.

### Arbeitsunterlagen

a) E-Mail des Reifenhändlers Bierbaum GmbH

**Von:** Michael Bierbaum
**Gesendet:** Mittwoch 6. Februar 20 .. 14:47
**An:** office@auto-prugger.at
**Cc:** lprugger@auto-prugger.at
**Betreff:** neuer Produktkatalog

Sehr geehrter Herr Prugger,

nachdem bereits laufend Anfragen für neue Sommerreifenmodelle bei mir eingehen und ich mein Lager entsprechend auffüllen möchte, ersuche ich um Übermittlung des Produktkatalogs für die neue Sommersaison.
Um meinen Kunden passende Reifen empfehlen zu können, bitte ich Sie, mir auch die entsprechenden Testergebnisse für die Reifenmodelle durch die Autofahrerclubs zuzusenden.

Mit freundlichen Grüßen,

Michael Bierbaum

**Bierbaum Gesellschaft mbH**
Ihr professioneller Partner zum Thema Autoreifen
9500 Villach, Nordring 45-47
Tel.: +43 4242 239 87
www.bierbaum-reifen.at

b) Ihre Notizen

- *unseren aktuellen Sommerkatalog per Post schicken*
- *Testberichte von ÖAMTC und ARBÖ kopieren und ebenfalls beilegen*
- *auf Februarangebote hinweisen (Extrabeilage) bzw. Infos auf Website – Achtung: Mindestabnahme 100 Stück*
- *Neuer Ansprechpartner für den Verkauf ist Thomas Dehner – er wird sich kommende Woche beim Autohaus melden und einen Besuchstermin ausmachen, bei dem er sich persönlich vorstellen möchte und auch die neuen Sommerreifenmodelle präsentieren wird.*

## Ü 7.20: **Angebot**

### Ihr Unternehmen

Florians Catering e. U., 6850 Dornbirn, Hauptstraße 45/5
E-Mail: florian@naegele.at

### Aufgaben C

1. Bei der Communicationsdesigns GmbH handelt es sich um einen Neukunden. Entwerfen Sie ein Angebot als Geschäftsbrief. Ansprechperson für die Menüvorbesprechung ist Frau Anja Saskin. Eventuelle fehlende Angaben sind zu ergänzen.
2. Wie lange ist die Bindungsfrist dieses Angebots? Begründen Sie Ihre Ansicht.
3. Welche Beilagen sollten diesem Schreiben beigefügt werden?
4. In welcher Form könnten die Beilagen übermittelt werden, wenn statt dem Brief eine E-Mail geschickt werden soll?
5. Welche Argumente sprechen in diesem Fall für die Angebotslegung in Form eines individuell verfassten Briefs?

## Arbeitsunterlagen

a) Aktennotiz über ein Telefongespräch

Florians Catering e. U.

| An | Abteilung | |
|---|---|---|
| Fr. Anja Saskin | Verkauf | |

**Telefonnotiz**

| Anruf von | Datum | Uhrzeit |
|---|---|---|
| Peter Wippel | 12.04.20.. | 09:30 |
| **Firma** | **Tel. Nr.** | **Fax Nr.** |
| Communicationsdesigns GmbH | 0699 54 895 21 | |

| | | |
|---|---|---|
| ☐ hat angerufen | ☐ ruft wieder an | ☐ erbittet Rückruf |
| ☐ hat zurückgerufen | ☐ möchte Sie treffen | ☐ war hier |

**Nachricht:**

Hr. Wippel möchte ein Angebot über ein Seminarcatering für ca. 15 Teilnehmer eines eintägigen Kommunikationsseminars am 25.06., das eine warme Mittagspausenverpflegung ohne Getränkeservice (wird vom Veranstaltungsort direkt übernommen) beinhaltet.

Lieferort: Seminarhotel Gruber, Messestraße 5, 3850 Dornbirn

Bitte HEUTE noch ein Anbot legen an:
Communicationsdesigns GmbH, 6900 Bregenz, Mariahilfstraße 15

| Datum | Uhrzeit | Aufgenommen von |
|---|---|---|
| 12.04.20.. | 09:40 | Lisa Gruber |

b) Auszug aus dem Verkaufskatalog von Florians Catering und den AGBs

**Klassisches Catering**

**Warmes Catering**

**Basisangebot (Bestell-Nr. C008) € 33 pro Person**

Sie können aus der beiliegenden Speisen- und Getränkeliste Ihr individuelles Catering selbst zusammenstellen.

Das Basisangebot beinhaltet:

- Vorspeise:
  - 4 verschiedene Vorspeisen (inkl. Suppe)
- Hauptspeise:
  - 4 verschiedene Hauptspeisen
- Desserts:
  - 4 verschiedene Desserts
- Getränke werden extra nach Verbrauch berechnet.

Menü wird durch Vorbesprechung festgelegt.
Alle Preise inkl. Ust.

### Allgemeines

Die Geschäftsbedingungen gelten für alle Lieferungen und Leistungen. Abweichende Regelungen bedürfen der Schriftform sowie unsere Zustimmung.

### Zustellungskosten

Unsere Preise verstehen sich frei Kunde. Verpackungsmaterial ist im Preis inkludiert.

### Lieferfristen

Die Lieferung der Cateringangebote erfolgt, falls im Bestellauftrag nicht anders vereinbart, mindestens vier Stunden vor Veranstaltungsbeginn.

Die Eventtickets werden binnen 14 Tagen nach Auftragseingang versendet.

### Preise

Alle Preise inkl. USt variieren je nach der Personenanzahl und der Größe des Caterings (nach individueller Vereinbarung).

### Zahlungsbedingungen

Der Rechnungsbetrag ist innerhalb von 21 Tagen ab Rechnungsdatum mit 2% Skonto oder 45 Tagen netto ohne Abzug zu begleichen.

Bei Nichteinhaltung der Zahlungsfristen müssen wir bankübliche Verzugszinsen und Mahngebühren berechnen.

## Ü 7.21: **Angebot**

### Ihr Unternehmen

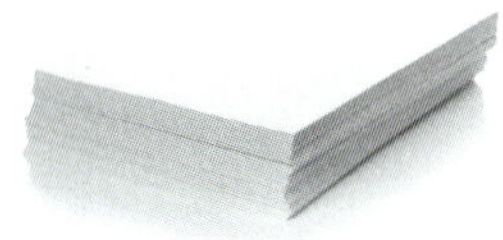

Inge Neuner Büromax GmbH, Hubertusweg 45, 2500 Baden,
E-Mail: office@bueromax.at

**Bearbeitungshinweis:** Verwenden Sie für die E-Mail die abgebildete Mailvorlage oder entwerfen Sie das Angebot als versandfertige E-Mail in einem Mailprogramm und drucken Sie die E-Mail als Screenshot aus.

### Aufgaben C

1. Entwerfen Sie ein unverlangtes Angebot, das als Fax an die wichtigsten Stammkunden des Unternehmens gesendet werden kann.
2. Entwerfen Sie ein Angebot als E-Mail, das an die wichtigsten Stammkunden des Unternehmens gesendet werden kann.

### Sachverhalt und Arbeitsunterlagen

Der Einkaufsleiter teilt Ihnen mit, dass er soeben eine günstige Ladung Kopierpapier gekauft hat. Diese ist bereits per Lkw zu Ihnen unterwegs und wird Anfang kommender Woche bei Ihnen im Lager eintreffen. Bei der Ladung handelt es sich um insgesamt 3 Paletten mit je 50 Kartons à 10 Packungen Kopierpapier der Marke „G-Connect", 80 g/m², white, 500 Blatt je Packung. Das Kopierpapier soll rasch weiterverkauft werden, da im Lager derzeit großer Platzmangel herrscht und eine Einlagerung der gesamten Liefermenge nur schwer möglich ist. Preis: € 9,99 je Karton exklusive USt, bei der Bestellung einer ganzen Palette wird ein Mengenrabatt von 10 % gewährt.

a) Unterlagen für das Fax

Richten Sie das Fax an folgenden Stammkunden und verwenden Sie dafür die abgebildete Fax-Vorlage.

Papierwaren HIRSCH Bürobedarf
Inhaberin: Carina Hirsch
2700 Wr. Neustadt
+43 02262 567 89-15

PER FAX

INGE NEUNER
BÜROMAX GMBH
2500 Baden, Hubertusweg 45

TEL: +43 2252 89 90-0
FAX: +43 2252 89 90-11
E-Mail: office@bueromax.at

DATUM:

| | |
|---|---|
| Senden an: | Von: |
| Zu Händen von: | Niederlassung: |
| Niederlassung: | Telefonnummer: |
| Faxnummer: | Anzahl der Seiten, einschließlich Deckblatt: |

☐ EILT ☐ UMGEHENDE ANTWORT ☐ BITTE UM STELLUNGNAHME ☐ ZUR PRÜFUNG ☐ ZUR KENNTNISNAHME

**NACHRICHT:**

b) Unterlagen für die E-Mail

Beachten Sie bei der Erstellung Ihrer E-Mail auch das Memo des Einkaufsleiters:

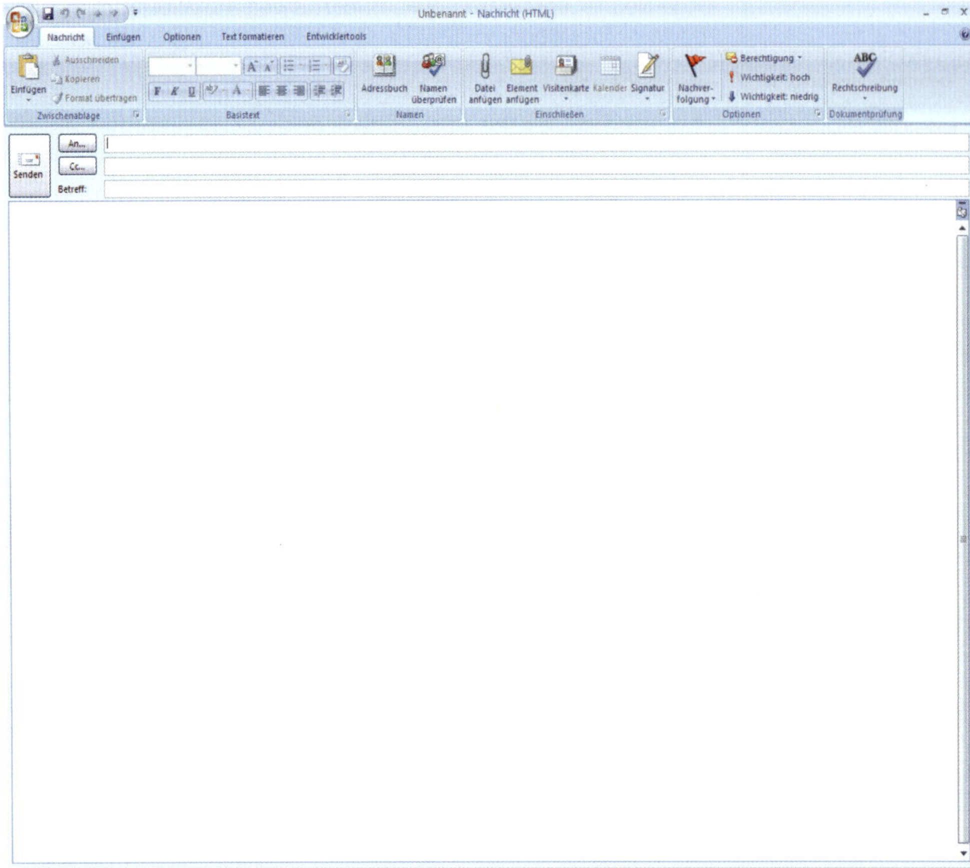


c) Memo des Einkaufsleiters

*Bitte Anbot-Mail an folgende Stammkunden versenden:*

*office@uhle.at*
*bernd.kuhn@aon.at*
*lisa.pohl@edinger.at*

*Bitte beachten Sie beim Versand, dass keiner der Stammkunden sieht, an wen das Mail noch gesendet wurde.*

*Moritz Zuber*

## Ü 7.22: Angebot

### Ihr Unternehmen

Großküchen Österreich GmbH,
Erzeugung von und Handel mit Großküchen
1040 Wien, Favoritenstraße 27

Internet: www.gkoe.at
Sachbearbeiterin: Friederike Mayrhofer
Tel: +43 1 505 28 40
E-Mail: fmayrhofer@gkoe.at

### Aufgaben C

1. Entwerfen Sie das Angebot als E-Mail in einem Mailprogramm (inklusive E-Mail-Adresse, Betreff und Signatur) und drucken Sie einen Screenshot davon aus.
2. Überlegen Sie, mit welchen Argumenten Sie den Kunden dazu bewegen könnten, das zusätzliche Angebot der Mikrowelle anzunehmen.

## Sachverhalt und Arbeitsunterlagen

Ihr Unternehmen hat im April dieses Jahres an der Messe „Hotel und Gast" als Aussteller teilgenommen. Ein Mitarbeiter hat eine Messenotiz über ein Gespräch mit einem interessierten Kunden verfasst und an Sie weitergeleitet.

a) Messenotiz

**Messe-Notiz**

**Messe:** Hotel und Gast **Berater:** Fr. Wernhart **Datum:** 9.4.20..

( ) Privatkunde (X) Gastronom ( )
( ) Fachhändler ( ) Kellerei ( )

| | |
|---|---|
| Name: YILMAZ | Straße: Linzer Straße 411 |
| Vorname: Onur | Plz/Ort: 1140 Wien |
| Funktion Grillrestaurantbetreiber | Tel: 01 9831615 |
| Firma: „Grillparadies" | Fax: 01 9831615-10 |
| | E-Mail: o.yilmaz@grillparadies.at |

**Unterlagen übergeben:**

( ) Preisliste (X) Image-Broschüre ( ) Hausprospekt

(X) Fachhandels-Prospekt ( ) ( )

**Kundenwünsche:**

| | |
|---|---|
| Elektro-Hühnergrill 3EE, 3 Spieße für 18 Hühner | € 2.052,– |
| oder Elektro-Hühnergrill 2EE, 2 Spieße für 12 Hühner | € 1.688,– |
| Backwarenfriteuse mit Untergestell 1x30l | € 998,– |
| Elektro-Gyros-Dönergrill 50kg | € 890,– |
| (Preise exkl. USt.) | |

**Besonders interessiert an:**

| | |
|---|---|
| zusätzlich anbieten: | |
| Mikrowelle 1.800 Watt 425 x 559 x 343 mm, Edelstahl | € 1.122,– |

**Zu erledigen:**

(X) Angebot erstellen bis: 15.4.20..
( ) weiterleiten an:
(X) in Adressdatei aufnehmen:
( ) folgende Unterlagen nachschicken:

b) Verkaufsbedingungen der Großküchen Österreich GmbH

- Lieferbedingungen: frei Haus
- Zahlungsbedingungen: prompt netto Kassa nach Rechnungserhalt

## Ü 7.23: Gegenangebot

### Ihr Unternehmen

Baufreund AG, Breitenfurter Straße 267, 1230 Wien
Vertrieb von hochwertigen Fliesen, Parkettböden und Materialien für den Innenausbau
zuständige Einkaufssachbearbeiterin: Gerlinde Heller, g.heller@baufreund.at

### Aufgaben D

1. Um welche Art von Angebot handelt es sich in diesem Fall? Begründen Sie Ihre Ansicht.
2. Wie lange ist das Angebot gültig? Begründen Sie Ihre Ansicht.
3. Entwerfen Sie das Gegenangebot als E-Mail in einem Mailprogramm (inklusive E-Mail-Adresse, Betreff und Signatur).

### Sachverhalt und Arbeitsunterlagen

Sie haben heute folgende E-Mail erhalten und sind an einer Bestellung interessiert.
Üblicherweise zahlen Sie zu folgenden Bedingungen:
3 % Skonto innerhalb 10 Tagen ab Rechnungserhalt, 60 Tage Ziel

E-Mail-Ausdruck: Angebot

**Systembau Baustoff AG**

**Von:** Systembau AG (vkbaumaerkte@systembau.at)
**Gesendet:** Dienstag, 15. Oktober 20.. 9:05
**An:** einkauf@baufreund.at
**Betreff:** Angebot Feinsteinzeug

Wir freuen uns, Ihnen auch für diese Wintersaison wieder ein aktuelles und unschlagbares Angebot zu machen. Ihre Kunden werden begeistert sein!

| Artikel | Bestellmenge | Bestell-nummer | Preis/Palette |
|---|---|---|---|
| Planziegel 45S (30 St./Palette) | 35 Paletten | 11567 | € 210,00 |
| Planziegel 38S (30 St./Palette) | 25 Paletten | 11568 | € 305,00 |

| Artikel | Bestellmenge | Bestell-nummer | Preis/Karton |
|---|---|---|---|
| Feinsteinzeug „Pietra Serena" 30 x 30 cm (1,67 $m^2$/Karton) | 100 Kartons | 12870 | € 19,90 |
| Sockelleiste „Pietra Serena" (10 St./Karton) | 50 Kartons | 12871 | € 27,90 |
| Treppenplatte „Pietra Serena" (5 St./Karton) | 50 Kartons | 12872 | € 44,90 |

Die genauen Produktbeschreibungen entnehmen Sie bitte unserer Website:
http://www.systembau-info.at/Kataloge/2013/Produkte

Die Preise verstehen sich wie immer exklusive 20 % USt.
Lieferbedingung: ab Werk
Zahlungsbedingungen: 2 % Skonto innerhalb von 8 Tagen, 30 Tage Ziel

Wir freuen uns schon auf Ihre Bestellung!

Mit freundlichen Grüßen

**Gabriel Thurner**

Mag. Gabriel Thurner
Verkauf Baumärkte
Systembau Baustoffindustrie AG
Systembaustraße 7
1100 Wien

## Ü 7.24: Angebot

### Ihr Unternehmen

Baufreund AG, Breitenfurter Straße 267, 1230 Wien
Vertrieb von hochwertigen Fliesen, Parkettböden und Materialien für den Innenausbau
zuständiger Verkaufssachbearbeiter: Fritz Füger, f.fueger@baufreund.at

### Aufgaben D

1. Welche Art des Angebots soll erstellt werden?
2. Entwerfen Sie die Aussendung einschließlich Gutschein als Brief. Gestalten Sie ihn kreativ und formal einwandfrei.
3. Wie müsste die Aussendung umgestaltet werden, wenn Sie die Aussendung per E-Mail vornehmen wollen?
4. Sie rechnen mit einer großen Anzahl von Kataloganforderungen. Entwerfen Sie ein standardisiertes Schreiben, das Sie jeder dieser Anforderungen beilegen können.

### Sachverhalt und Arbeitsunterlagen

Zu Beginn der Hausbausaison versuchen Sie heuer erstmals, potenzielle Kundinnen und Kunden über Ihre Partnerunternehmen (Fertighausproduzenten, Innenausstatter) zu erreichen.

Dafür wollen Sie eine Aussendung im Umfang von etwa einer Seite gestalten, die die Hausbauer kurz über die Produktpalette der Baufreund AG informiert. Als Kontaktmöglichkeit wollen Sie dieses Schreiben mit einem abtrennbaren Gutschein versehen, mit dem die Kunden einen detaillierten Katalog anfordern können.

## Ü 7.25: Chocoletto GmbH: Angebot und Reaktion auf Kundenbeschwerde

### Ihr Unternehmen

Chocoletto GmbH

Industriestraße 2

2421 Kittsee

Das burgenländische Traditionsunternehmen produziert und bietet Früchte in Schokolade, Marzipanrollen, Tafelschokolade und diverse Pralinen im günstigen Preissegment an. Der Verkauf erfolgt sowohl über verschiedene Bäckereien und Konditoreien als auch über eigene Geschäfte in Wien, Graz und Salzburg. Geplant ist eine Expansion in den ungarischen Markt.

### Sachverhalt

Heute müssen Sie die Krankenstandsvertretung von Frau Haberl aus der Verkaufsabteilung übernehmen. Alle Unterlagen mit Arbeitsanweisungen Ihres Chefs – Stefano Ferrini – haben Sie sich bereits hergerichtet.

### Unterlagen aus der Verkaufsabteilung

Auszug aus einer E-Mail von Frau Amalia Blunkert:

Sehr geehrter Herr Ferrini,

angeregt durch Ihre an mich persönlich adressierte Postwurfsendung von vor 2 Tagen, war ich heute in Ihrer Filiale 1010 Wien, Kärntner Straße 11, und wollte die von Ihnen angebotenen Marzipanrollen um € 8,40 pro Stück für eine Kinderparty kaufen. Der Verkäufer, Hr. Matic, hat mir erklärt, dass die Marzipanrollen nicht mehr vorrätig sind. Ich bestehe darauf, dass Sie mir 30 Stück Marzipanrollen verkaufen! Bitte senden Sie mir die Ware auf Ihre Kosten zu.

Vielen Dank!

Amalia Blunkert
Baumannstraße 34
1030 Wien

### Aufgabe D

Arbeitsanweisungen Ihres Chefs

**Memo**

1. Hat Frau Blunkert recht? Bitte klären Sie die Frage für mich und reagieren Sie anschließend auf die E-Mail von Frau Blunkert. Übrigens: Ab morgen haben wir Schokoladefrüchte im Angebot.
2. Aufgrund eines Produktionsfehlers müssen wir 1000 kg der leicht verformten Pralinensorte „Valentin" rasch absetzen. Üblicherweise verlangen wir € 6,00 + 10 % USt. Bei den verformten Pralinen senken wir den Preis um 30 %. Übliche Zahlungsbedingungen 30/8/2, Lieferung ab Werk, übrige Bedingungen wie gewohnt.

Bitte schreiben Sie unseren Stammkunden ein Angebot.

Vielen Dank!

Stefano Ferrini

# Sichern

SbX ID: 7023

Vorbereitung des Kaufvertrags

Kaufverträge werden vom Unternehmen sowohl beim Absetzen als auch beim Beschaffen abgeschlossen. Vor Anbahnung eines Kaufvertrags im Rahmen der Beschaffung überlegt und überprüft das Unternehmen, wie viel es verkauft bzw. verkaufen wird, wie viel es noch auf Lager hat und wie viel es daher beschaffen muss.

- Kommunikation zur Vorbereitung des Kaufvertrags bei der Beschaffung:
  Für die unternehmensinterne Kommunikation zwischen Marketing und Materialwirtschaft stehen Computersysteme oder Listenausdrucke zur Verfügung.

preparing a contract of sale

Contracts of sale are concluded by businesses for both sales and purchases of goods. Before initiating a contract of sale for purchasing, the business considers and checks how much it sells or will sell, how much it still has in stock, and how much it therefore needs to purchase.

- communication in preparation for a contract of sale in purchasing:
  For internal communication marketing and materials management can use computer systems or printouts of lists.

Anbahnung des Kaufvertrags

Der Kaufvertrag kann durch eine Anfrage des Käufers oder durch ein Angebot des Verkäufers angebahnt werden.

initiating a contract of sale

A contract of sale can be initiated by an enquiry from a buyer or by an offer from a seller.

Anfrage

- Inhalt der Anfrage:
  Mit einer Anfrage sucht der Käufer geeignete Lieferanten.
- Kommunikation bei der Anfrage:
  Der Käufer muss klar machen, welche Informationen er benötigt.

enquiry

- Content of an enquiry:
  Buyers write enquiries to find suitable suppliers.
- Communication in an enquiry:
  Buyers must be clear about what information they need.

Angebot

Ein Angebot liegt vor, wenn es an eine bestimmte Person gerichtet ist und Menge, Qualität und Preis eindeutig bestimmt sind. Im Angebot sollte immer angegeben werden, wie lange es gilt bzw. ob es nur „freibleibend" gestellt wurde.

offer

An offer is made when a particular person is addressed, and the quantity, quality and price are clearly stated. An offer should always state how long it is valid for, or if it is actually only an "invitation to treat".

verlangtes bzw. unverlangtes Angebot

- Inhalt des Angebots:
  Reagiert der Verkäufer auf eine Anfrage, dann handelt es sich um ein verlangtes Angebot. Ein Angebot ohne vorherige Anfrage ist ein unverlangtes Angebot.
- Kommunikation beim Angebot:
  Bei verlangten Angeboten sollen alle Anliegen des Käufers bearbeitet werden. Ein unverlangtes Angebot braucht eine Begründung.

solicited or unsolicited offer

- Content of an offer:
  If the seller responds to an enquiry, it is a solicited offer.
  If the offer was not preceded by an enquiry, it is an unsolicited offer.
- Communication in an offer:
  A solicited offer should deal with the wishes of the buyer. An unsolicited offer needs an explanation.

bindendes Angebot

Mit einem bindenden Angebot verpflichtet sich der Verkäufer, zu den genannten Bedingungen zu liefern.

binding offer

With a binding offer the seller agrees to supply goods on the stated terms.

| | |
|---|---|
| **Bindungsfrist** | Die Bindungsfrist ist entweder genannt oder es gilt die gesetzliche Bindungsdauer. |
| period of validity | The offer either states the period of validity, or it is valid for the legally required period. |
| **freibleibendes Angebot** | Enthält das Angebot eine Freizeichnungsklausel, dann ist der Verkäufer nicht an sein Angebot gebunden. |
| non-binding offer | If the offer includes an **exemption from liability clause,** then the seller is not bound by the offer. |
| **angebotsähnliche Formen** | Fehlt ein gesetzlicher Bestandteil eines Angebots, so handelt es sich um eine angebotsähnliche Form. |
| invitation to treat | If a legal requirement of an offer is missing, then it is an invitation to treat. |

SbX ID: 7023

**Im SbX finden Sie die englische Zusammenfassung als Audio-Wiederholung sowie eine Bildschirmpräsentation mit den Grafiken dieser Lerneinheit.**

# Wissen

SbX ID: 7024

A B C D E

### W 7.04: Angebot A

Welcher Unterschied besteht zwischen einem verlangten und einem unverlangten Angebot?

### W 7.05: Angebot A

Wie werden Angebote nach der Bindung unterschieden?

### W 7.06: Angebotsfrist A

Bis wann muss auf ein bindendes Angebot bestellt werden, damit ein Kaufvertrag zustande kommt?

### W 7.07: Bindungsdauer Angebot B

Die Firma Bike Nord GmbH (Motorradimport) stellt ein schriftliches Angebot über 30 Motorräder an einen Motorradhändler. Wie lange ist sie an das Angebot gebunden (im Angebot ist keine Bindungsdauer angegeben)?

### W 7.08: Freizeichnungsklausel B

Was versteht man unter einer Freizeichnungsklausel? Geben Sie Beispiele.

### W 7.09: Angebot B

Sie erhalten ein besonders günstiges Angebot über 200 Skateboards, gültig bis 15. Februar. Am 15. Februar um 9 Uhr morgens bestellen Sie per E-Mail. Entscheiden Sie für die folgenden Fälle, ob rechtzeitig bestellt wurde.

a) Aufgrund von technischen Schwierigkeiten mit dem Firmennetzwerk kann der Anbietende die erhaltenen E-Mails erst wieder am 16. Februar vom Mailserver abrufen.
b) Aufgrund eines Übertragungsfehlers trifft die E-Mail erst am 16. Februar beim Anbietenden ein.

### W 7.10: Postwurfsendung B

Die Firma Ludwig Berghofer e. U. verteilt Postwurfsendungen an Haushalte.

a) Handelt es sich bei den Postwurfsendungen um ein Angebot?
b) Muss die Berghofer e. U. zu den in den Postwurfsendungen angegebenen Bedingungen verkaufen?

### W 7.11: Angebotsähnliche Formen A

Geben Sie Beispiele für angebotsähnliche Formen. Erklären Sie jeweils, warum diese den Anbietenden nicht binden.

SbX
W 7.12–W 7.17
mit automatischer
Aufgabenkontrolle
ID: 7024

**Weitere Aufgaben zur Lernkontrolle im SbX**

**W 7.12: Anfrage: Regalsystem für Souvenirgeschäft** C
Bearbeiten Sie Aufgaben zum Thema Anfrage anhand eines Fallbeispiels!

**W 7.13: Anfrage: Speisen und Getränke für Hochzeitsfeier** C
Bearbeiten Sie Aufgaben zum Thema Anfrage anhand eines Fallbeispiels!

**W 7.14: Angebot für Autoreifen** D
Bearbeiten Sie Aufgaben zum Thema Angebot anhand eines Fallbeispiels!

**W 7.15: Angebot und Bindungsdauer** B
Stellen Sie sich einem Quiz mit fünf Fragen zum Thema Angebot und Bindungsdauer!

**W 7.16: Arten von Angeboten** A
Vervollständigen Sie die Übersicht zu den Arten von Angeboten!

**W 7.17: Test: Kaufverträge anbahnen** B
Überprüfen Sie mit diesem Test, ob Sie Ihr Wissen erfolgreich anwenden können!

$H_2Ö$
MUSTERUNTERNEHMEN

**Bearbeiten Sie das Fallbeispiel zur H2Ö GmbH im SbX.**

**H2Ö-Aufgabe: Quellwasser und Biofruchtsaft für eine Konferenz in Graz** C

**Die Ausgangssituation**

Die H2Ö GmbH in Aflenz handelt mit österreichischem Quellwasser höchster Qualität, Fruchtsirupen aus biologischer Landwirtschaft und Erzeugnissen aus österreichischen Glasmanufakturen.

**Ihre Aufgabe im Unternehmen**

Sie arbeiten in den Sommerferien als Praktikantin/Praktikant in der H2Ö GmbH. Auf Ihrem Schreibtisch finden Sie ein Ansuchen der Grazer Messe Partner GmbH um Angebotslegung für die Belieferung einer Konferenz mit H2Ö-Quellwasser und Biofruchtsäften sowie eine Angebotskalkulation der H2Ö GmbH mit angefügtem Memo Ihrer Vorgesetzten.

SbX
H2Ö-Aufgabe
ID: 7024

**Das Ansuchen und die Angebotskalkulation mit dem Memo Ihrer Vorgesetzten sowie die Aufgabenstellungen finden Sie im SbX.**

English questions

**E 7.04: Match the correct English term to the following descriptions:**

| Description | Term |
|---|---|
| A contract of sale begins with a buyer looking for information or a seller offering a product for sale. | binding offer |
| The terms stated are fixed for the seller. | invitation to treat |
| The price stated in the advertisement is offered only until the end of the week. | non-binding offer |
| A letter is addressed to you about a product but the one of the legal components of an offer is missing. | period of validity |
| You make an enquiry. The seller sends you a reply that answers your questions about quantity, quality and price but also includes an exemption from liability clause. | initiating a contract of sale |

**E 7.05: What is the difference between a solicited and an unsolicited offer?**

Ein kurzer Kompetenz-Check, bevor's weitergeht!

## Kompetenz-Check

| | ☺ | 😐 | ☹ |
|---|---|---|---|
| Ich kann Anfragen präzise stellen. | | | |
| Ich kann Angebote präzise und kundenwirksam formulieren. | | | |
| Ich kann die Bindungsfrist von Angeboten beurteilen bzw. präzise formulieren. | | | |
| Ich kann angebotsähnliche Formen von Angeboten im engeren Sinn unterscheiden und die Rechtsfolgen angeben. | | | |

# Lerneinheit 3
# Kaufverträge abschließen

SbX
Alle SbX-Inhalte zu dieser Lerneinheit finden Sie unter der ID: 7030.

Wenn Sie privat etwas kaufen oder bestellen, dann werden Sie zuerst vergleichen, wo Sie diese Waren bzw. Dienstleistungen in der von Ihnen gewünschten Qualität am günstigsten bekommen.

Auch Unternehmen vergleichen und wählen die für sie besten Lieferanten aus. Bei der Bestellung ist dann auf alle gewünschten Details zu achten, um Missverständnisse, Rückfragen oder Fehllieferungen zu vermeiden.

## Lernen

SbX ID: 7031

### 1 Den passenden Lieferanten auswählen
[Selecting the most suitable supplier]

A B C D E

Nach sorgfältiger Vorbereitung des Kaufvertrags, wenn klar ist, was und wie viel, wann, wo und zu welchen Bedingungen benötigt wird, kann das Unternehmen die Frage klären:

**Lieferanten auswählen**

Bei wem könnte was, wie viel und zu welchen Bedingungen bestellt werden?

Stehen mehrere Lieferanten zur Wahl, muss das Unternehmen eine Entscheidung treffen. Wichtige Auswahlkriterien sind:

- Qualität
- Preis
- Lieferbedingungen
- Zahlungsbedingungen
- Pünktlichkeit
- Zuverlässigkeit
- Nebenleistungen (Service, Schulung etc.)

Abhängig von den Zielen des Unternehmens haben diese Auswahlkriterien unterschiedliche Bedeutung.

**Beispiele**

- Ein Luxusrestaurant wird der Qualität der gelieferten Ware besondere Bedeutung zumessen.
- Besteht die Gefahr einer Konventionalstrafe für das eigene Unternehmen, wird die Pünktlichkeit des Lieferanten sehr wichtig sein.

**Übungsbeispiel**

**Ü 7.26: Lieferantenauswahl** C

Versuchen Sie, für einen Lebensmitteldiskonter 100 Punkte auf folgende Kriterien für die Lieferantenauswahl zu verteilen. Begründen Sie Ihre Ansicht.

- Qualität
- Preis
- Lieferbedingungen
- Zahlungsbedingungen
- Pünktlichkeit
- Zuverlässigkeit

## 2 Die Bestellung vornehmen [Placing the order]

### Wege zum Abschluss von Kaufverträgen
[Ways to conclude a contract of sale]

Der Abschluss eines Kaufvertrags erfolgt in mehreren Schritten. Die beiden wichtigsten Wege zum Abschluss sind:

**Grafik**
**Abschluss des Kaufvertrags**

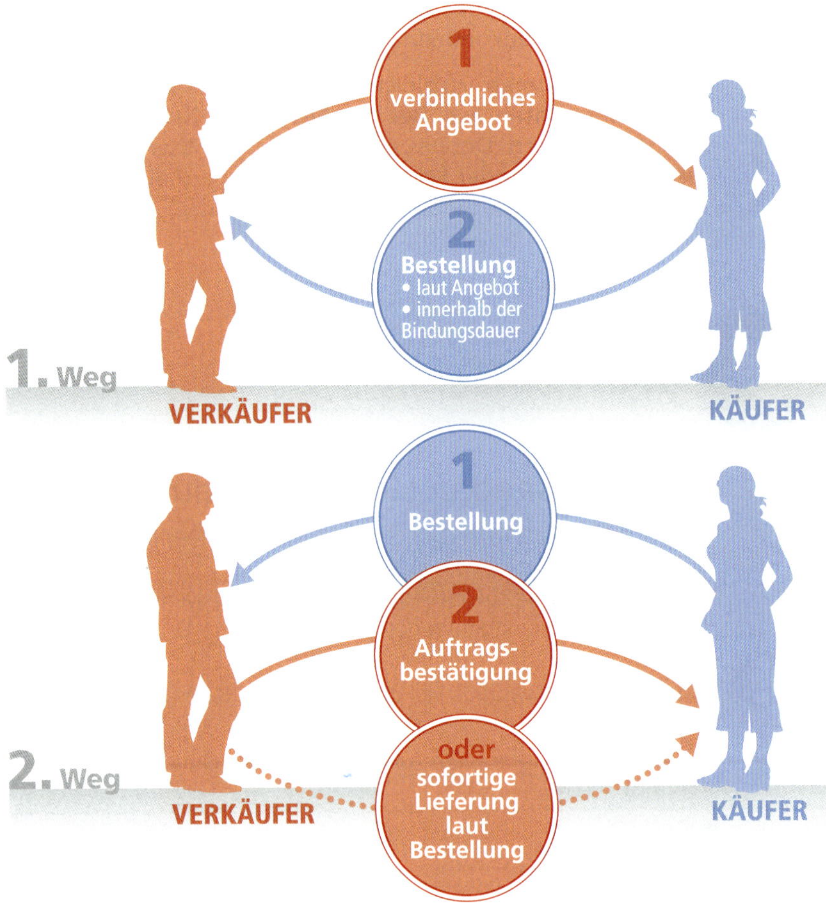


### Bestellungen durchführen [Placing orders]

Die einzelnen Schritte können erfolgen:

- **mündlich (telefonisch)**
  Telefonische Bestellungen sind üblich, wenn Wiederholungsaufträge erteilt werden und über Qualität, Preis, Liefer- und Zahlungsbedingungen kein Zweifel herrscht. Mitgeteilt wird dann nur die gewünschte Menge.
- **elektronisch**
  Für elektronische Bestellungen stehen folgende Möglichkeiten zur Verfügung:
  - E-Mail
  - Webformular (z. B. im Onlineshopping).
- **mit Bestellschein**
  Im Versandhandel ist die Bestellung mit Bestellschein eine Alternative zum Webformular.
- **mit einem Brief**
  Da das Abfassen von Briefen aufwendig ist, Zeit kostet und daher teuer ist, werden Bestellungen selten mit Bestellbriefen durchgeführt.

Übungsbeispiel

Zum Aufbauschema siehe Kapitel 6, Lerneinheit 2

**Ü 7.27: Analyse einer Bestellung per E-Mail** C

1. Suchen Sie in der folgenden E-Mail die einzelnen Teile laut Aufbauschema heraus und nummerieren Sie diese.
2. Welche Teile fehlen? Sind die fehlenden Teile nötig?

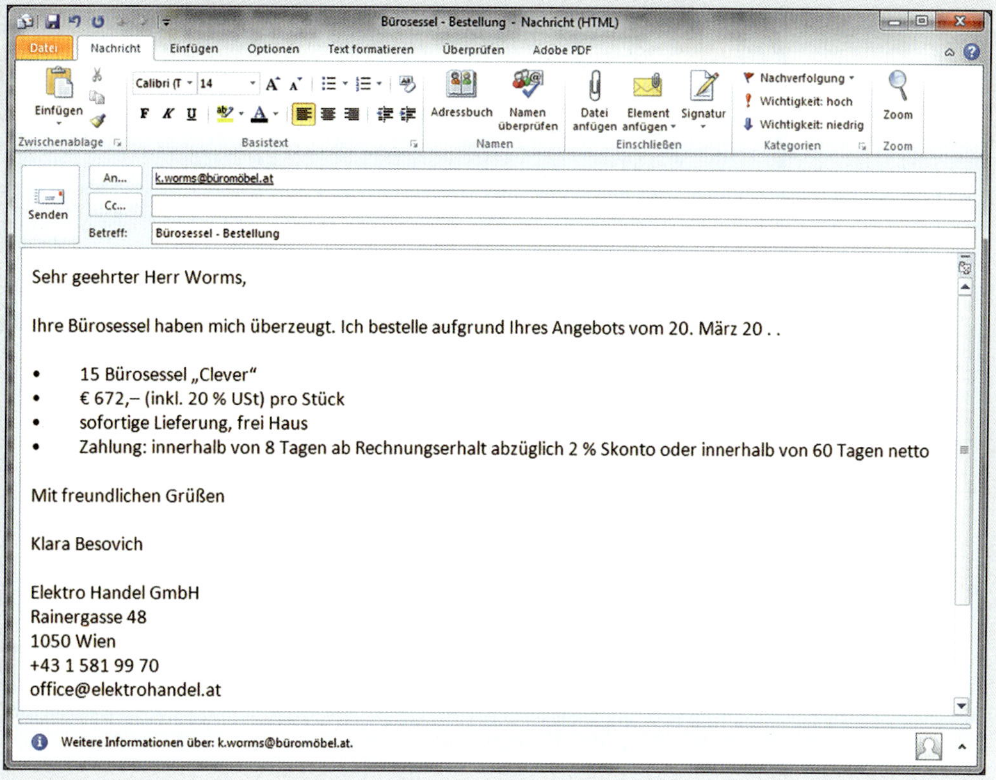

Bürosessel - Bestellung - Nachricht (HTML)

An...: k.worms@büromöbel.at
Cc...:
Betreff: Bürosessel - Bestellung

Sehr geehrter Herr Worms,

Ihre Bürosessel haben mich überzeugt. Ich bestelle aufgrund Ihres Angebots vom 20. März 20 . .

- 15 Bürosessel „Clever"
- € 672,– (inkl. 20 % USt) pro Stück
- sofortige Lieferung, frei Haus
- Zahlung: innerhalb von 8 Tagen ab Rechnungserhalt abzüglich 2 % Skonto oder innerhalb von 60 Tagen netto

Mit freundlichen Grüßen

Klara Besovich

Elektro Handel GmbH
Rainergasse 48
1050 Wien
+43 1 581 99 70
office@elektrohandel.at

Weitere Informationen über: k.worms@büromöbel.at.

# 3 Bestellungen bestätigen oder ablehnen
## [Confirming or rejecting orders]

### Auftragsbestätigung [Order confirmation]

Nach der Bestellung kann der Verkäufer entweder sofort liefern oder eine Auftragsbestätigung schicken. Auftragsbestätigungen sind üblich, wenn

- der Bestellung kein bindendes Angebot vorausgegangen ist,
- die Bestellung vom Angebot wesentlich abweicht,
- die Bestellung mündlich (telefonisch) erteilt wurde.
- Bei Online-Bestellungen muss eine Auftragsbestätigung erteilt werden.

Die Versendung der Auftragsbestätigung erfolgt in der Regel als:

- automatisierte (computergenerierte) E-Mail im Onlineshopping
- individuell erstellte E-Mail

Die Auftragsbestätigung enthält folgende Punkte:

- ausdrückliche Bestätigung des Auftrags mit Hinweis auf die eingegangene Bestellung (z. B. „Wir bestätigen Ihre Bestellung vom …")
- Die Vertragsbedingungen können wiederholt werden.

Kann der Verkäufer nicht liefern, sollte er den Besteller auf jeden Fall benachrichtigen.

**Übungsbeispiel**

Zum Aufbauschema siehe Kapitel 6, Lerneinheit 2

## Ü 7.28: Analyse einer Auftragsbestätigung C

1. Suchen Sie in der folgenden E-Mail die einzelnen Teile laut Aufbauschema heraus und nummerieren Sie diese.
2. Welche Teile fehlen? Sind die fehlenden Teile nötig?

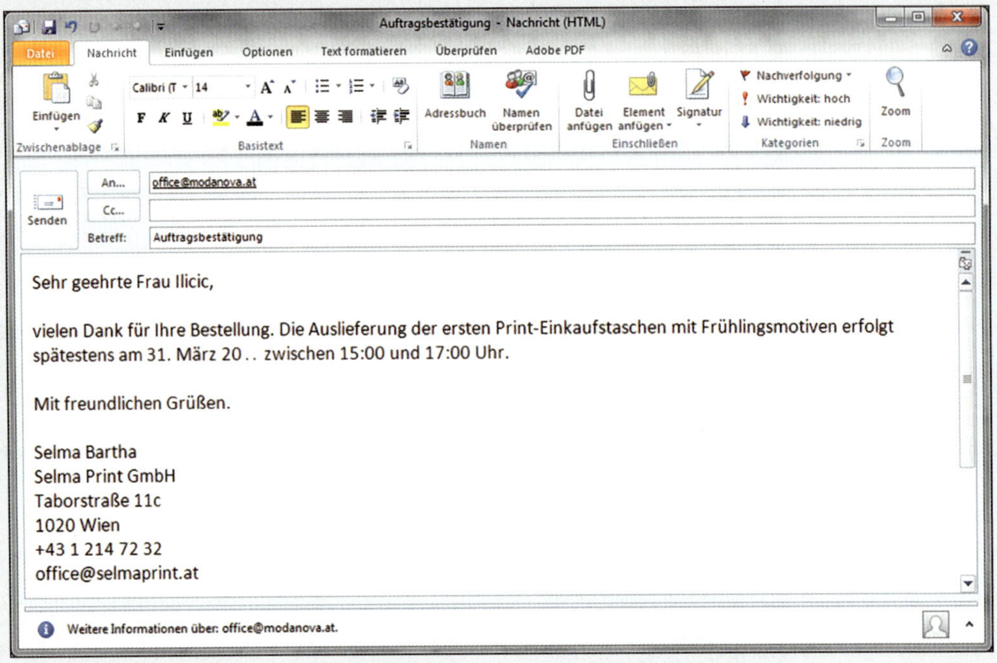


An... office@modanova.at

Cc...

Betreff: Auftragsbestätigung

Sehr geehrte Frau Ilicic,

vielen Dank für Ihre Bestellung. Die Auslieferung der ersten Print-Einkaufstaschen mit Frühlingsmotiven erfolgt spätestens am 31. März 20.. zwischen 15:00 und 17:00 Uhr.

Mit freundlichen Grüßen.

Selma Bartha
Selma Print GmbH
Taborstraße 11c
1020 Wien
+43 1 214 72 32
office@selmaprint.at

## Schlussbrief [Letters of intent]

Schlussbriefe werden ausgestellt, wenn

- der Kaufvertrag erst nach längeren Verhandlungen zustande gekommen ist, um den Vertragsinhalt nochmals zusammenzufassen;
- es sich um ein umfangreiches Geschäft mit komplizierten Konditionen handelt.

Schlussbriefe werden meist vom Verkäufer ausgestellt und per Post oder als Attachment zu einer E-Mail versandt. Anschließend werden sie von beiden Vertragspartnern wechselseitig unterschrieben und zurückgesendet. Sowohl der Käufer als auch der Verkäufer bekommt daher ein Exemplar mit den Unterschriften beider Kaufvertragspartner.

## Eine Bestellung ablehnen, widerrufen oder ändern

### [Rejecting, cancelling or changing an order]

Trotz Bestellung innerhalb der Bindungsdauer kommt der Kaufvertrag nicht zustande, wenn

- der Käufer die Bestellung widerruft,
- der Käufer die Bestellung abändert,
- der Verkäufer die Bestellung ablehnt (z. B. bei einem freibleibenden Angebot),
- der Verkäufer die Auftragsbestätigung widerruft.

Die Änderung bzw. der Widerruf einer Bestellung oder einer Auftragsbestätigung muss spätestens gleichzeitig mit der Bestellung bzw. der Auftragsbestätigung beim Geschäftspartner ankommen, um zu verhindern, dass der Kaufvertrag zustande kommt.

Der Widerruf muss daher schnell erfolgen:

- telefonisch mit späterer schriftlicher Bestätigung
- per E-Mail

Aufgrund der Übermittlungsgeschwindigkeit von E-Mails ist ein rechtzeitiger Widerruf einer per E-Mail versandten Bestellung oder Auftragsbestätigung kaum möglich.

**Übungsbeispiele**

Zum Aufbauschema siehe Kapitel 6, Lerneinheit 2

## Ü 7.29: Analyse einer Ablehnung einer Bestellung C

1. Suchen Sie in der folgenden E-Mail die einzelnen Teile laut Aufbauschema heraus und nummerieren Sie diese.
2. Welche Teile fehlen? Sind die fehlenden Teile nötig?
3. Warum bietet der Verkäufer in diesem Fall das Modell „Creativ“ an? Begründen Sie Ihre Ansicht.

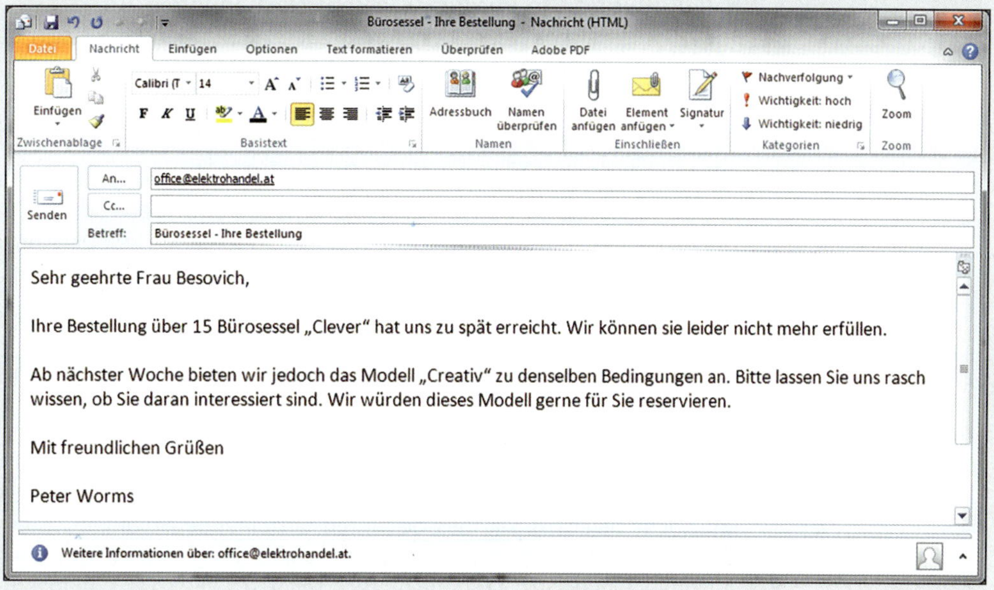

Bürosessel - Ihre Bestellung - Nachricht (HTML)

An... office@elektrohandel.at

Cc...

Betreff: Bürosessel - Ihre Bestellung

Sehr geehrte Frau Besovich,

Ihre Bestellung über 15 Bürosessel „Clever“ hat uns zu spät erreicht. Wir können sie leider nicht mehr erfüllen.

Ab nächster Woche bieten wir jedoch das Modell „Creativ“ zu denselben Bedingungen an. Bitte lassen Sie uns rasch wissen, ob Sie daran interessiert sind. Wir würden dieses Modell gerne für Sie reservieren.

Mit freundlichen Grüßen

Peter Worms

Weitere Informationen über: office@elektrohandel.at.

## Ü 7.30: Analyse eines Widerrufs einer Bestellung C

1. Suchen Sie in der folgenden E-Mail die einzelnen Teile laut Aufbauschema heraus und nummerieren Sie diese.
2. Welche Teile fehlen? Sind die fehlenden Teile nötig?
3. Unter welchen Voraussetzungen würden Sie als Unternehmer den Widerruf einer Bestellung akzeptieren?

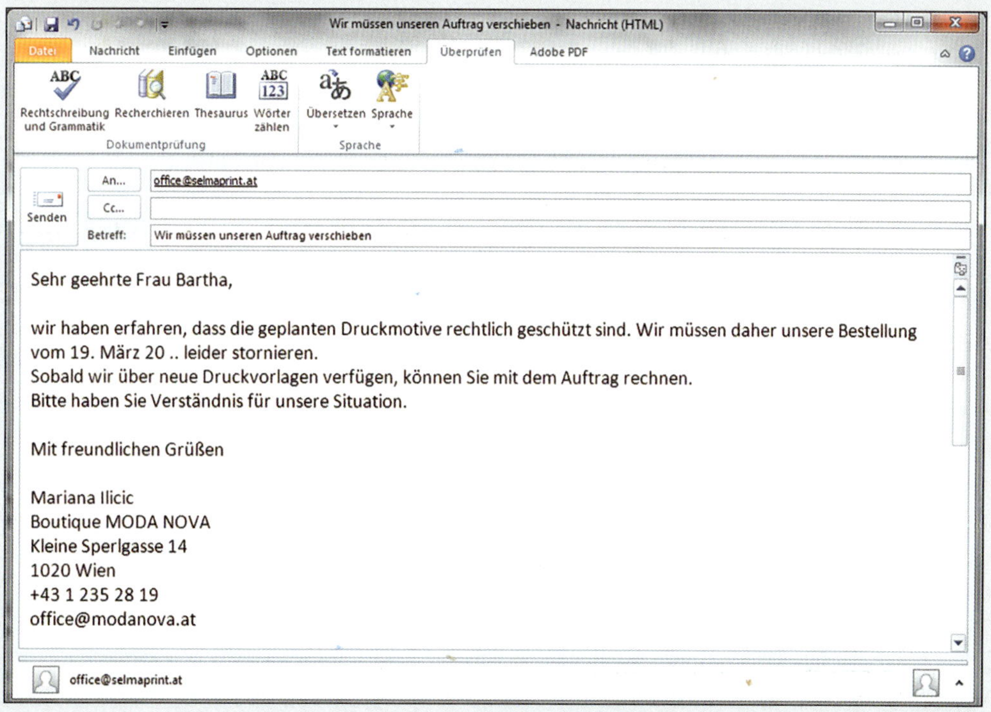

Wir müssen unseren Auftrag verschieben - Nachricht (HTML)

An... office@selmaprint.at

Cc...

Betreff: Wir müssen unseren Auftrag verschieben

Sehr geehrte Frau Bartha,

wir haben erfahren, dass die geplanten Druckmotive rechtlich geschützt sind. Wir müssen daher unsere Bestellung vom 19. März 20 .. leider stornieren.
Sobald wir über neue Druckvorlagen verfügen, können Sie mit dem Auftrag rechnen.
Bitte haben Sie Verständnis für unsere Situation.

Mit freundlichen Grüßen

Mariana Ilicic
Boutique MODA NOVA
Kleine Sperlgasse 14
1020 Wien
+43 1 235 28 19
office@modanova.at

office@selmaprint.at

# 4 Bestellungen über das Internet [Orders on the internet]

## Onlineshopping (Internet-Shopping) im E-Commerce [Online shopping (Internet shopping) in e-commerce]

Beim Onlineshopping unterscheidet man zwei Arten von Geschäftsbeziehungen:

- B2B-(Business-to-Business-)Geschäftsbeziehungen
  B2B-Geschäfte werden immer wichtiger. Häufig handelt es sich dabei um Bestellungen im Rahmen von bereits bestehenden Geschäftsbeziehungen.
  - Bestellungen können sowohl automatisch vorgenommen wie automatisch bestätigt werden.
  - Die Weiterleitung der Bestellung an die Auslieferung erfolgt ebenfalls elektronisch.
  - Die Rechnung kann elektronisch erstellt werden.
- B2C-(Business-to-Consumer-)Geschäftsbeziehungen
  Derzeit werden von Konsumenten vor allem folgende Produkte über das Internet bestellt:
  - digitale Produkte (downloadable Goods); das sind Produkte, die direkt über das Internet lieferbar sind (Musik, Computersoftware, Filme, Bilder, eBooks, Reisebuchungen, Karten für Veranstaltungen usw.)
  - Produkte, die standardisiert sind (Bücher, CD bzw. DVD, Kleidung, Computer und Computerzubehör usw.)

**Welche Bedeutung hat der E-Commerce derzeit?**

Der Bruttojahresumsatz im heimischen Internet-Einzelhandel steigt 2013 auf 2,9 Mrd. Euro, das entspricht bereits 4,5 % des gesamten Einzelhandelsvolumens. Diese Entwicklung ist extrem dynamisch – der Umsatz ist in innerhalb von 3 Jahren um 30 % gestiegen.
Auch die Zahl der Onlineshops hat sich seit 2010 vergrößert, mittlerweile verkaufen 7.500 Handelsunternehmen ihre Waren via Internet, im Jahr 2010 waren es noch 5.700, im Jahr 2006 3.200.

(Aus der Studie „Internet-Einzelhandel 2014“ der Wirtschaftskammer Österreich)

## Der Ablauf der Bestellung im Internet [The order process on the internet]

Im Internet bietet ein Unternehmen seine Produkte in einem Onlineshop an. Der Käufer kann direkt im Webformular des Onlineshops bestellen und bezahlen. Der Bestellungsablauf ist in verschiedenen Onlineshops unterschiedlich. Auf spezielle Darstellungen wird daher verzichtet.

## Vorteile des Onlineshoppings [Advantages of online shopping]

Vorteile für den **Käufer** sind:

- Die Preise können weltweit verglichen werden.
- Die elektronischen Kataloge bieten flexible Suchmöglichkeiten.
- Es kann rund um die Uhr bequem und zeitsparend bestellt werden.

Vorteile für den **Verkäufer** sind:

- Durch die elektronische Weiterverarbeitung der Bestellungen können Kosten gespart werden.
- Die Druckkosten für die gedruckten Kataloge entfallen, daher ist auch eine umfangreichere Produktbeschreibung möglich.
- Das Angebot kann jederzeit aktualisiert werden.

## Hauptprobleme des Onlineshoppings [The main problems with online shopping]

Viele Internetbenutzer nützen die Onlineshops nur zur Informationsbeschaffung. Bestellt und bezahlt wird aber auf traditionellem Weg.

Die Hauptprobleme des Onlineshoppings sind:

- die Warenzustellung im Mailorder-Vertrieb
  Der Transport ist langsam und teuer, Internetbesteller verlangen jedoch eine schnelle Lieferung und sind in der Regel nicht bereit, hohe Transportkosten (z. B. für Lieferungen aus dem Ausland) zu bezahlen. Nicht per Post zugestellte Waren können nur zu bestimmten Zeiten an Konsumenten geliefert werden, da die Ware übernommen werden muss.
- die mangelnde Zahlungssicherheit
  Üblich ist derzeit vor allem die Bezahlung per Kreditkarte. Dabei müssen dem Internetanbieter die Kreditkartendaten (Kreditkartennummer und Ablaufdatum der Kreditkarte) übermittelt werden. Viele Kunden fürchten, ihre Kreditkartendaten anzugeben, da dann jeder, der die Kreditkartendaten erfährt, selbst Internetbestellungen vornehmen könnte.

- **die Betrugsgefahr aufgrund der mangelnden Bekanntheit des Internetanbieters**
  Der Internetanbieter kann seine Website jederzeit wieder löschen. Hat der Käufer Waren bestellt und diese per Kreditkarte auch bereits bezahlt, wird die Bestellung aber nicht ausgeführt, kann es vor allem bei ausländischen Onlineshops sehr schwierig bis unmöglich sein, einen vertragswidrig handelnden Internetanbieter ausfindig zu machen.

Näheres zu den Gefahren der Internetbestellung für Konsumenten finden Sie z. B. unter **www.ombudsmann.at**.

Durch verschiedene Maßnahmen wird daher versucht, die Sicherheit im Onlineshopping zu erhöhen:

- Gemäß ECG und KSchG sind die Internetanbieter verpflichtet, ihren Firmennamen, ihre E-Mail-Adresse, ihre Postadresse, ihre UID, Einzelheiten der Bezahlung und der Lieferung (Versandkosten) auf der Website anzugeben.
- Internetanbieter, die das österreichische E-Commerce-Gütezeichen auf ihre Website stellen dürfen, garantieren eine höhere Sicherheit für den Käufer. Näheres finden Sie unter **www.guetezeichen.at**.

Übungsbeispiel

## Ü 7.31: AGB C

Lösen Sie die folgenden Fragen für die untenstehenden AGB aus einem Onlineshop.

a) Werden zusätzlich zum Kaufpreis noch andere Kosten bei der Bestellung verrechnet?
b) Welche Zahlungsformen bietet der Internetanbieter dem Käufer an?
c) Nehmen Sie an, es handelt sich nicht um eine österreichische Website, sondern um einen ausländischen Internetanbieter. Welche Gefahren können sich ergeben, wenn Sie die AGB nicht durchlesen?

### AGB aus einem Onlineshop

**Kauf- und Lieferbedingungen**
- Wir liefern nur innerhalb Österreichs.
- Zuzüglich zum Kaufpreis berechnen wir einen Versandspesenanteil von € 3,99. Außer diesen Versandspesen fallen für Sie keine weiteren Kosten an, es sei denn, Sie machen von einem besonderen Lieferservice Gebrauch.
- Jugendliche unter 18 Jahren benötigen die Unterschrift des gesetzlichen Vertreters.
- Die gelieferten Waren bleiben bis zur vollständigen Bezahlung unser Eigentum.
- Bei Wohnsitzwechsel sind Sie verpflichtet, uns binnen 14 Tagen die neue Wohnanschrift bekanntzugeben; widrigenfalls müssten Sie die uns entstehenden Wohnsitzerhebungskosten tragen und gelten unsere an Ihre zuletzt genannte Anschrift gerichteten rechtlichen Erklärungen als Ihnen zugegangen.

**Barkauf**
- Mit Ihrer Lieferung erhalten Sie die Rechnung und den Zahlschein. Der Rechnungsbetrag ist spätestens 14 Tage nach Warenerhalt bzw. zu dem auf der Rechnung angedruckten Termin zu bezahlen.
- Bei Zahlungsverzug verrechnen wir Verzugszinsen in Höhe der nachfolgend beim Teilzahlungskauf angeführten Kreditkosten und sind auch berechtigt, die dort angeführten Mahnspesen, Kontoführungs- bzw. Evidenzhaltungsaufwand sowie die Kosten für Inkassoinstitute und Rechtsanwälte zu verrechnen.

**Teilzahlungskauf**
- Der 1. Monat ist zinsfrei!
- Die bei Übergabe zu leistende Anzahlung beträgt bei einer Kaufsumme bis € 250,00 10 %, bei einer Kaufsumme über € 250,00 20 %.
  Mindestteilzahlung: € 15,00
  Max. Laufzeit: 36 Monate
  Sie haben auch die jederzeitige Möglichkeit, Ihre Verbindlichkeiten ganz oder teilweise vorzeitig zu erfüllen.
- Kreditkosten betragen monatlich € 0,11 je € 7,50 offenem Restbetrag. Bei einer Laufzeit von 12 Monaten sind das 9,5 % vom Kreditbetrag; dies ergibt bei kontokorrentmäßiger Verrechnung einen effektiven Zinssatz von 17,79 %.
- Terminsverlust: Wenn Sie auch nur mit einem Teilbetrag mehr als 6 Wochen im Rückstand sind, sind wir berechtigt, nach Setzung einer Nachfrist von mindestens 2 Wochen unter Androhung eines Terminsverlustes den gesamten aushaftenden Rechnungsbetrag fälligzustellen.
- Bei Zahlungsverzug sind wir berechtigt, die Kosten für unseren Mahnaufwand (maximal € 10,60 pro Mahnschrift), den zusätzlich anfallenden Kontoführungs- bzw. Evidenzhaltungsaufwand (bis € 150,00 offener Restschuld ein ermäßigter Pauschalbetrag von € 18,50, über € 150,00 € 33,00) sowie die zur zweckentsprechenden Rechtsverfolgung erforderlichen Mahn- und Inkassospesen für die von uns eingeschaltenen Inkassoinstitute und Rechtsanwälte zu verlangen. Diese richten sich bei Inkassoinstituten nach den gesetzlichen Berechnungssätzen der Inkassoinstitute, bei Rechtsanwälten nach dem Rechtsanwaltstarif.

**Nachnahme**
- Sie bezahlen gleich beim Überbringer den Rechnungsbetrag. Sollten Sie die Sendung per Nachnahme wünschen, hebt die Post eine Nachnahmegebühr ein.

**Umtausch- und Rückgabegarantie**
- Sie haben die Möglichkeit, von Ihren Bestellungen binnen 14 Tagen ab Erhalt der Ware zurückzutreten, indem Sie eine entsprechende schriftliche Erklärung innerhalb dieser Frist an uns absenden. Für eine vereinfachte Abwicklung bitten wir Sie, die Ware möglichst in Originalverpackung und mit unserem Rücksendeschein an uns zurückzusenden. Auf Ihren Wunsch tauschen wir die Waren um oder Sie erhalten Ihr Geld zurück. Kreuzen Sie bitte die von Ihnen gewünschte Variante an.
- Nach Ablauf der zweiwöchigen Probefrist wird der Kauf automatisch wirksam.
- Von der Umtausch- und Rückgabegarantie ausgenommen: bespielte CDs, Filme, DVDs, Computersoftware und Computerspiele, GPRS-Handys, sofern diese Sachen von Ihnen entsiegelt worden sind, sowie sämtliche Waren, welche nach Ihrer Spezifikation angefertigt wurden bzw. welche auf Ihre persönlichen Bedürfnisse zugeschnitten sind, wie z. B. gravierte Uhren und Schmuckstücke, individuell gefertigte Stempel, Selbstklebe-Etiketten, Visitkarten und Schlüsselanhänger sowie maßgefertigte Artikel wie z. B. Möbel, Küchen, Spannteppiche und Läufer sowie Store, Dekor und Meterware.
- Ein Rücktrittsrecht besteht auch nicht bei Verträgen über Dienstleistungen, mit deren Ausführungen innerhalb von 7 Werktagen ab Vertragsabschluss begonnen wird.

**Datenschutz**
- Garantierter Datenschutz!
  DVR 0021172

## Mobile Shopping [Mobile shopping]

Beim Mobile Shopping kann der Käufer wie mit dem Computer z. B. mit einem Smartphone im Onlineshop einkaufen.

Beispiele

- Kino- und Theaterkarten
- Bahn-Tickets
- Flugreservierungen

7 Kaufverträge vorbereiten usw.

# 5 Der Konsument hat viele Rechte
[The consumer has many rights]

Der Konsument wird beim Abschluss von Kaufverträgen mit Unternehmen vor allem durch das Konsumentenschutzgesetz (KSchG) besonders geschützt. Das KSchG enthält u.a. Sonderregelungen für den Widerruf der Bestellung bei Haustürgeschäften sowie beim Onlineshopping und im Versandhandel.

## Widerruf der Bestellung bei Haustürgeschäften
[Withdrawing (cancelling) an order in door-to-door sales]

**Beachten Sie:** Nicht als Haustürgeschäfte gelten Geschäfte bei Messe- und Marktständen, Zeitungsständen, Blumenständen etc.

**(1) Was ist ein Haustürgeschäft lt. KSchG?**

Haustürgeschäfte sind Geschäfte außerhalb der Geschäftsräumlichkeiten des Verkäufers, wobei der Verkäufer Unternehmer und der Käufer Konsument ist. Zu den Haustürgeschäften zählen auch die **„Werbefahrten"** und wenn der Konsument auf der Straße angesprochen und ins Geschäft gebracht wird.

**(2) Wann hat der Käufer ein Rücktrittsrecht?**

Der Käufer kann bei Haustürgeschäften zurücktreten, auch wenn er die Ware bereits übernommen, bezahlt und teilweise verbraucht oder benützt hat.

Der Käufer kann jedoch nicht zurücktreten, wenn er einen Vertreter selbst zu sich bestellt hat oder es sich um ein sogenanntes Bagatellgeschäft mit geringem Warenwert (bis € 50,–) handelt.

In der EU wird über eine Vereinheitlichung der Bestimmungen diskutiert.

**(3) Wie lange kann der Käufer zurücktreten („Rücktrittsfristen")?**

Der Käufer kann **innerhalb von zwei Wochen** nach Erhalt der Ware bzw. bei Dienstleistungen nach Vertragsabschluss zurücktreten.

Erfolgt **keine Rücktrittsbelehrung** durch den Unternehmer, dann kann der Käufer **innerhalb von einem Jahr und zwei Wochen** nach Erhalt der Ware bzw. bei Dienstleistungen nach Vertragsabschluss zurücktreten.

Am besten eignet sich für den **Rücktritt von einem Haustürgeschäft** ein eingeschriebener Brief.

**(4) In welcher Form muss der Rücktritt erfolgen?**

Der Rücktritt muss in keiner besonderen Form erfolgen, am besten erfolgt er allerdings in nachweisbarer (schriftlicher) Form.

Die Rücksendekosten sind vom Käufer zu bezahlen, wenn er vom Unternehmer vor Bestellung darauf hingewiesen wurde.

**(5) Was geschieht nach dem (rechtzeitigen) Rücktritt?**

Hat der Käufer bereits bezahlt, dann muss der Verkäufer den Betrag zurückerstatten. Wurde die Ware bereits übergeben, dann kann sie der Käufer **innerhalb von 14 Tagen** zurücksenden.

Wurde die Ware teilweise verbraucht oder bereits benützt (z.B. Mixer), so kann der Verkäufer eine „angemessene" Wertminderung abziehen. Diese kann natürlich umstritten sein.

## Widerruf der Bestellung beim Onlineshopping und im Versandhandel („Fernabsatz")
[Withdrawing (cancelling) an order in online shopping and in mail order ("distance selling")]

**(1) Welche Rücktrittsfristen gelten?**

Der Käufer hat das Recht, **innerhalb von 14 Tagen ab Erhalt der Ware** vom Kaufvertrag bzw. bei Dienstleistungen ab Vertragsabschluss zurückzutreten. Informiert der Lieferant den Kunden nicht spätestens bei Zusendung der Ware bzw. bei Dienstleistungen bei Vertragsabschluss über dieses Rücktrittsrecht, so verlängert sich die Frist auf **1 Jahr und 14 Tage**.

**Beachten Sie:** Wurde eine Ware bereits benützt oder teilweise verbraucht und der Käufer tritt zurück, kann der Verkäufer – wie beim Haustürgeschäft – eine „angemessene" Wertminderung verlangen.

### (2) Wann hat der Käufer kein Rücktrittsrecht?

Von diesem Rücktrittsrecht bestehen einige Ausnahmen. Die wichtigsten sind:

- Hauslieferungen von Lebensmitteln (z. B. Pizza)
- Zeitungen und Zeitschriften (Bei Abonnements gilt jedoch das Rücktrittsrecht.)
- Freizeitdienstleistungen (Kino- und Theaterkarten, Hotelbestellungen)
- CDs, DVDs, Videos usw. und Software, sofern die Versiegelung vom Verbraucher aufgebrochen wurde
- Wertpapiergeschäfte und Wett- und Lotteriedienstleistungen
- nach Kundenwünschen angefertigte Waren (z. B. Maßanzug)

### (3) Was geschieht nach dem (rechtzeitigen) Rücktritt?

Der Käufer muss die Ware **auf seine Kosten** zurücksenden, wenn er bereits bei der Bestellung darauf hingewiesen wurde. Der Verkäufer muss bereits geleistete Zahlungen (z. B. bei sofortiger Bezahlung mit Kreditkarte im Onlineshopping) rückerstatten. Viele Onlineshops übernehmen jedoch freiwillig die Kosten für die Rücksendung.



Übungsbeispiel

**Ü 7.32: Rücktritt vom Kaufvertrag** C

Kann man in den folgenden Fällen vom Kauf zurücktreten? Ist ein Rücktritt möglich, geben Sie bitte die Rücktrittsfrist an.

a) Inges Vater bestellt auf der Welser Gartenmesse einen Patentrasensprenger. Die Zusendung soll in vier Wochen erfolgen. Inges Vater erhält die Durchschrift eines Bestellscheines ohne Rücktrittsbelehrung.

b) Hans kauft bei einem Vertreter an der Haustür ein Computerspiel. Der Vertreter lässt das Computerspiel gleich hier. Die Rechnung wird er später schicken. Kaufvertrag gibt es keinen, jedoch steht die Adresse der Firma auf der Packung. Die Rechnung wird € 276,– betragen. Hans ist 15 Jahre alt.
Wie wäre der Sachverhalt, wenn der Bruder von Hans (23 Jahre) die Bestellung unterschrieben hätte?

c) Frau Huber bestellt bei einem Pizza-Zustelldienst telefonisch eine Pizza.

d) Tamara bestellt mit ihrem Smartphone zwei Konzertkarten für ein Konzert in 3 Wochen.

e) Hannes bestellt in einem Onlineshop am 10. Oktober ein Snowboard. Am 22. Oktober wird das Snowboard zugestellt.
Kann Hannes überhaupt zurücktreten und wovon hängt es ab, wie lange die Rücktrittsfrist läuft?
Wie wäre der Sachverhalt, wenn Hannes nicht in einem Onlineshop, sondern mit einem Bestellschein bei einem Versandhändler bestellt hätte?

# Üben – Anwenden

A B C D E

**Ü 7.33: Lieferantenauswahl**

Ihr Unternehmen

Huber & Kainz, Klimatechnik, St. Pölten

Sachverhalt

Ihr Unternehmen hat den Auftrag erhalten, die Klimaanlage für ein neues Finanzamtsgebäude zu konstruieren und zu installieren. Wenn der Auftrag zur Zufriedenheit des Auftraggebers ausgeführt wird, kann mit Folgeaufträgen gerechnet werden.

Folgende Vertragsbedingungen wurden ausgehandelt: (Auszug, Punkt 18 des Vertrags)

> 18. Die Installation der Klimaanlage muss bis spätestens 30. Juni erfolgen. Für jeden Tag, den Sie diese Frist überschreiten, müssen wir Ihnen ein Pönale von 5 % verrechnen.

Für die Konstruktion des Kühlsystems benötigt die Firma Huber & Kainz 2000 m Kühlschläuche.

Die Bezugsquellendatei enthält folgende Informationen:

| Lieferant | Preis | Lieferbedingung | Lieferfrist | Zahlungsbedingung | Beförderungskosten | Bemerkungen |
|---|---|---|---|---|---|---|
| Salm KG, 4020 Linz | € 19,–/m | ab Werk | 2 Wochen | 30 Tage netto | € 31,– pro 10 m | maximaler Lieferverzug: 3 Tage (häufig) |
| Fischer & Semmler, 3300 Amstetten | € 22,–/m | ab Werk | 10 Tage | 60/8, 2 % | € 29,– pro 10 m | maximaler Lieferverzug: 8 Tage (selten) |
| Kühlschläuche GesmbH, 1220 Wien | € 26,–/m | frei Haus | 8 Tage | 30/8, 2 % | – | sehr zuverlässig |
| Alle Lieferanten liefern etwa in gleicher Qualität. | | | | | | |

Folgende Informationen stehen aus anderen Abteilungen des Unternehmens zur Verfügung:

**Information aus der Rechnungswesenabteilung**
Die Preise sind sehr knapp kalkuliert. Die Beschaffungsabteilung muss die Kühlschläuche um höchstens € 25,20 / m einkaufen. Sonst kein Gewinn!

**Information aus der technischen Abteilung**
Wir müssen spätestens am 31. Mai mit der Verarbeitung der Kühlschläuche beginnen. Sonst können wir den Termin nicht einhalten!

### Aufgabe – betriebswirtschaftliche Analyse

a) Sie sind Angestellter/Angestellte in der Beschaffungsabteilung der Firma Huber & Kainz.
**Heute ist der 16. Mai.**
Wählen Sie einen geeigneten Lieferanten aus! Begründen Sie Ihre Wahl sorgfältig. Nebenrechnungen sind anzugeben. D

b) Bei der Bestellung bei dem von Ihnen ausgewählten Lieferanten versuchen Sie, diesen zu Ihren Gunsten zu beeinflussen. Formulieren Sie stichwortartig, was Sie von diesem Lieferanten fordern und welche Argumente Sie anführen werden. C

## Ü 7.34: Innerbetriebliche Kommunikation

### Ihr Unternehmen

Interback AG, Produktion von Backzutaten,
Walderstrasse 57, 8680 Mürzzuschlag

### Sachverhalt

Sie arbeiten in der Einkaufsabteilung des Unternehmens und haben die Aufgabe, die Bezugsquellen für die unterschiedlichen Rohstoffe laufend zu optimieren. Im Moment suchen Sie einen neuen Lieferanten für die beiden Backtriebmittel Weinstein und Sauerteigstarter.

Der Mindestlagerbestand wird in der Praxis als **Meldebestand** bezeichnet. Dieser gibt an, bei welcher Mindestmenge eine Bestellung vorgenommen werden sollte.

### Aufgaben D

1. Von welchen Faktoren hängt der Meldebestand (Mindestlagerbestand) eines Artikels ab? Begründen Sie Ihre Ansicht.
1. Welche Konsequenzen hat der unterschiedliche Verbrauch von Weinstein und Sauerteigstartern auf den Zeitpunkt der Bestellung? Bitte begründen Sie Ihre Lösung.
2. Warum ist es für jedes Unternehmen wichtig, den Einkauf laufend zu optimieren?
3. Welche Abteilungen sind an der Bestellung beteiligt?
4. Entwerfen Sie ein Formular, das die Einkaufsabteilung für die Information über laufende Bestellungen an die Finanzabteilung einsetzen kann. Die Einkaufsabteilung hat die Möglichkeit, unbeschränkt Einkäufe vorzunehmen. Die Formatvorlage soll über das Intranet des Unternehmens verschickt werden können.

### Arbeitsunterlagen

Über das Intranet können Sie folgende Informationen über den Verbrauch von Backtriebmitteln abrufen:

| Backtriebmittel | Durchschnittlicher Verbrauch März | Durchschnittlicher Verbrauch Februar | Durchschnittlicher Monatsverbrauch im Vorjahr |
|---|---|---|---|
| Weinstein | 4500 | 4480 | 4520 |
| Sauerteigstarter | 80 | 200 (Höchstwert!) | 60 |

## Ü 7.35: Rücktrittsschreiben bei Haustürgeschäften

### Sachverhalt

Herr Herbert Grubmaier wurde auf dem Weg zu seinem Büro von einem Mitarbeiter eines Gesundheits-Centers angesprochen. Er hat gerade an diesem Morgen den Vorsatz gefasst, mehr für seine Gesundheit zu tun, und unterschreibt einen Jahresvertrag.

Herr Grubmaier hat zusammen mit der Vertragsdurchschrift auch die ersten vier Dosen eines Wellnessgetränks, die aktuelle Ausgabe einer Zeitschrift zum Thema Fitness sowie eine vorläufige Mitgliedskarte erhalten und dafür € 50 bezahlt. Auf der Zahlungsquittung wurden keine weiteren Daten vermerkt.

### Aufgaben C

1. Innerhalb welcher Frist kann Herr Grubmaier von diesem Vertrag zurücktreten?
2. Kann er auch die vier Getränkedosen und die Zeitschrift zurücksenden? Er hat die Dosen nicht geöffnet, aber die Zeitschrift gelesen – sie sieht nicht mehr neu aus, im Handel kostet sie € 6,70.
3. Entwerfen Sie ein formal einwandfreies Rücktrittsschreiben, das Herr Grubmaier an das Gesundheits-Center schicken kann.

### Arbeitsunterlage

Vertragsdurchschrift

Go in – be *fit*!
Ihr persönliches Gesundheits-Center – alles für Ihre Fitness
1040 Wien, Wiedner Hauptstrasse 55
www.goin-befit.com

Herr/Frau

Herbert Grubmaier
1220 Wien, Strohblumengasse 104
Tel. 0676 53 65 921, grubmaier@gmx.at

schließt mit **Go in – be fit**, dem persönlichen Gesundheits-Center, einen Jahresvertrag ab. Beginn ab Datum der Unterschrift – ein Monat Gratistraining für Sie als Neukunde! Zusätzlich erhalten Sie jeden Monat 4 Dosen des Wellness-Getränks „Aktiv.Fit“, das Sie aufbauen und verjüngen wird, sowie die Zeitschrift Men's Fitness.

Ihr Jahresbeitrag: nur € 550,00

Alle Unterlagen, die Geschäfts- und Trainingsbedingungen sowie Ihre persönliche Mitgliedskarte werden Ihnen selbstverständlich umgehend zugestellt!

J. Ölkani
........................................
Go in – be fit!

Ort und Datum: Wien, 20..-03-31

Herbert Grubmaier
........................................
Unterschrift des Kunden

Wir freuen uns, dass wir Sie als neuen Kunden begrüßen dürfen! Sie werden wie alle unsere Kunden zufrieden sein – und bald schon gesund und **fit**!

### Ü 7.36: Rücktrittsschreiben im Fernabsatz

Sachverhalt

Frau Gabriele Sonntag hat am 15. Aug. 20.. im Onlineshop **www.tri-tech.com** (Betreiber TriTech GmbH, 1230 Wien, Gewerbestrasse 87/1, E-Mail-Adresse: office@tri-tech.com) einen E-Reader zum Preis von € 79,90 (inkl. 20 % USt) bestellt.

Das Gerät wird am 21. August 20.. von der Post geliefert, die Rechnung und der Lieferschein Nr. 572-7884 liegen bei. Währenddessen hat Frau Sonntag in einer Buchhandlung einen anderen E-Reader gesehen, der ihr viel besser gefällt. Daher möchte sie das Gerät der TriTech GmbH nicht behalten. Sie packt die Ware nicht aus, sondern retourniert sie sofort nach Erhalt. Gleichzeitig schreibt sie eine E-Mail, in der sie der TriTech GmbH ihre Entscheidung mitteilt.

Aufgaben C

1. Kann Frau Sonntag von diesem Kauf zurücktreten? Wenn ja, innerhalb welcher Frist?
2. Wie kann Frau Sonntag sicher sein, dass der Verkäufer ihre E-Mail gelesen hat?
3. Welche Probleme hätten sich ergeben können, wenn Frau Sonntag das Gerät ausgepackt und getestet hätte?
4. Muss Frau Sonntag die Kosten für die Rücksendung des E-Readers tragen?
5. Verfassen Sie das Rücktrittsschreiben als E-Mail.

### Ü 7.37: Antwort auf ein Rücktrittsschreiben

Ihr Unternehmen

Alpen-Spa Hohe Tauern, 5723 Salzburg, Uttendorf 52

Sachverhalt

Sie arbeiten in der Rezeption und sind auch für die eingehenden Zimmerreservierungen zuständig. Heute ist der 26. April. Soeben haben Sie eine E-Mail von Sabine Dobert bekommen.

Aufgaben C

1. Kann Frau Dobert von dem Vertrag zurücktreten? Begründen Sie Ihre Entscheidung!
2. Entwerfen Sie eine Antwort als E-Mail an Frau Dobert und drucken Sie die E-Mail aus.

Arbeitsunterlagen

a) E-Mail-Ausdruck der E-Mail von Frau Dobert

**Alpen-Spa Hohe Tauern**

Von : Sabine Dobert[sabine.dobert@a1.net]
Gesendet: 26. April 20..
An: service@alpenspa-hohetauern.at
Betreff: Rücktritt

Ich habe am 23. April d.J. ein verlängertes Wochenende über die Hotelplattform www.holiday-last-minute.com in Ihrem Hotel gebucht (1. bis 4. Mai 20..). Leider kann ich diesen Kurzurlaub nun doch nicht genießen, da ich beruflich verhindert bin. Es tut mir sehr leid, mein Mann und ich haben uns schon sehr auf die Zeit bei Ihnen gefreut.

Bitte haben Sie Verständnis, dass ich mein 7-tägiges Rücktrittsrecht (rechtliche Bestimmungen über den Fernabsatz) in Anspruch nehme.

Möglicherweise klappt es ja im Juni!

Mit freundlichen Grüßen,
Sabine Dobert

Am Hofgartl 23/3/2
1100 Wien

b) Information von der Rezeption

Aufgrund der aktuellen Wetterlage mussten gestern zwei Reisegruppen ihre Reservierung für die erste Maiwoche stornieren.

# Sichern

SbX ID: 7033

**Lieferanten auswählen**

Lieferanten können mithilfe folgender Kriterien ausgewählt werden:

- Qualität
- Preis
- Lieferbedingungen
- Zahlungsbedingungen
- Pünktlichkeit
- Zuverlässigkeit
- Nebenleistungen (Service, Schulung etc.)

**selecting suppliers**

Suppliers can be selected with the help of the following criteria:

- quality
- price
- terms of delivery
- terms of payment
- punctuality
- reliability
- additional benefits (service, training, etc.)

**Wege zum Abschluss von Kaufverträgen**

Kaufverträge gelten u. a. als abgeschlossen, wenn

- der Verkäufer ein verbindliches Angebot legt und der Käufer innerhalb der Bindungsfrist bestellt,
- der Käufer ohne vorheriges Angebot bestellt und der Verkäufer die Bestellung mit einer Auftragsbestätigung bestätigt oder wenn er sofort liefert.

Kommunikation beim Abschluss von Kaufverträgen:

Die einzelnen Schritte können mündlich (telefonisch), schriftlich per Brief, E-Mail oder elektronisch über ein Webformular erfolgen.

**ways to conclude a contract of sale**

Contracts of sale are considered concluded, when

- the seller submits a binding offer and the buyer orders within the period of validity,
- the buyer orders without a prior offer, and the seller confirms the order by sending a confirmation of the order, or by delivering immediately

Communication when concluding a contract of sale:

The individual steps can be oral (over the phone), written in a letter, e-mail or electronically in a web form.

**Bestätigung der Bestellung**

Auftragsbestätigungen werden bei freibleibenden Angeboten, wenn die Bestellung vom Angebot wesentlich abweicht, wenn die Bestellung mündlich (telefonisch) erfolgt ist oder im Onlineshopping erteilt.

Kommunikation bei der Auftragsbestätigung:

Die Auftragsbestätigung erfolgt in der Regel durch eine (automatisierte) E-Mail.

**order confirmation**

Confirmations of orders are sent when the offer was an invitation to treat, and when the order differs greatly from the offer, or when the order is placed orally (on the phone) or in an online shop.

**Schlussbrief**

Schlussbriefe sind eine Kombination von Bestellung und Auftragsbestätigung. Sie werden ausgestellt, wenn der Kaufvertrag erst nach längeren Verhandlungen zustande gekommen ist oder wenn es sich um ein umfangreiches Geschäft mit komplizierten Lieferbedingungen handelt.

**letter of intent**

Letters of intent are a combination of order and confirmation of order. They are issued when contracts of sale are concluded following long negotiations or when the contract is large with complicated terms of delivery.

**Ablehnung einer Bestellung durch den Verkäufer**

Die Ablehnung der Bestellung und auch der Widerruf der Auftragsbestätigung muss eine Begründung enthalten, ein Gegenangebot ist sinnvoll. Widerruft der Verkäufer seine bereits erteilte Auftragsbestätigung, muss der Widerruf spätestens gleichzeitig mit der Auftragsbestätigung beim Käufer eintreffen.

**rejection of an order by the seller**

A rejection of an order and also the cancellation of a confirmation of an order must include a reason why. A counteroffer would make sense. If a seller cancels an already issued confirmation of order, the buyer must receive the cancellation at the same time as the confirmation of order at the latest.

**Widerruf oder Änderung der Bestellung durch den Käufer**

Der Widerruf oder die Änderung der Bestellung sollte eine Begründung enthalten. Rechtlich müssen beide (ebenso wie der Widerruf der Auftragsbestätigung durch den Verkäufer) noch vor bzw. spätestens gleichzeitig mit der Bestellung beim Verkäufer eintreffen. In der Praxis werden auftretende Rechtsprobleme meist im Kulanzweg gelöst.

**cancellation of or change in the order by the buyer**

The cancellation of, or change in an order must include a reason. Legally the seller must receive both (same as when the seller cancels a confirmation of order) prior to or at the same time as the order at the latest. In practice any legal problems which arise are usually solved between the two parties as a gesture of goodwill.

**Onlineshopping**

Das Onlineshopping hat derzeit vor allem im B2B Bedeutung, da eine weitgehend elektronische Bearbeitung der Bestellung möglich ist.

**online shopping**

Online shopping is of particular importance in B2B, as extensive electronic processing of the order is possible.

**Vorteile**

Das Onlineshopping bietet sowohl dem Käufer als auch dem Verkäufer Vorteile:

- Der Käufer kann die Preise weltweit bequem vergleichen und rund um die Uhr bestellen.
- Der Verkäufer kann durch die elektronische Weiterbearbeitung der Bestellungen und durch
- den Entfall des Druckens der Kataloge Kosten sparen und sein Angebot jederzeit aktualisieren.

**advantages**

Online shopping has advantages for both the buyer and the seller:

- the buyer can easily compare prices worldwide and order anytime 24/7
- the seller can cut costs by electronically processing the order
- and by not having to print catalogues; and can update their offer anytime

**Hauptprobleme**

Trotz der Vorteile nutzen viele Käufer die Onlineshops nur zur Informationsbeschaffung, bestellt und bezahlt wird aber auf traditionellem Weg. Die Gründe dafür sind die langsame und teure Warenzustellung im Mailorder-Vertrieb, die mangelnde Zahlungssicherheit sowie die Betrugsgefahr aufgrund einer mangelnden Bekanntheit des Internetanbieters.

**main problems**

Despite the benefits many buyers use online shopping only as a source of information. Ordering and payment are still done in the traditional way. The reasons for this are slow and expensive product delivery by mail order, poor payment security, as well as the risk of fraud due to unknown internet providers.

**Mobile Shopping**

Beim Mobile Shopping kann z. B. mit einem Smartphone im Onlineshop eingekauft werden.

**mobile shopping**

With mobile shopping, you can, for example, make purchases from an online shop using your smart phone.

**besondere Rechte des Konsumenten**

Der Konsument wird beim Abschluss von Kaufverträgen mit Unternehmen u. a. bei Haustürgeschäften sowie im Fernabsatz v. a. durch das KSchG besonders geschützt.

**special rights of the consumer**

The consumer is specially protected by the Consumer Protection Act (KSchG) when concluding certain types of contracts of sale, such as in door-to-door selling and distance selling.

**Haustürgeschäft**

Haustürgeschäfte sind Geschäfte außerhalb der Geschäftsräumlichkeiten des Verkäufers (z. B. Werbefahrten, Ansprechen auf der Straße vor dem Geschäftslokal).

Der Käufer kann vom Kaufvertrag zurücktreten:

- innerhalb von 14 Tagen (wenn er bei Erhalt der Ware oder beim Abschluss des Vertrags (bei Dienstleistungen) über sein Rücktrittsrecht informiert wurde)
- ansonsten innerhalb von 1 Jahr und 14 Tagen

Der Verkäufer muss bereits geleistete Zahlungen zurückerstatten, der Käufer muss die bereits übergebenen Waren auf Kosten des Verkäufers zurücksenden.

**door-to-door selling/sales**

Door-to-door selling is business not done on the seller's business premises (e.g. promotional tours, speaking to people on the street in front of the business premises).

The buyer can withdraw from the contract of sales:

- within two weeks, if the buyer was informed about his right to withdraw provision on receiving the goods or on closing the contract.
- otherwise within 1 year and 2 weeks

The seller must reimburse the buyer for any payments already made, and the buyer must return any goods already received at the expense of the seller.

**Fernabsatz**

Der Fernabsatz umfasst Bestellungen beim Onlineshopping und im Versandhandel.
Der Käufer kann innerhalb von 14 Werktagen ab Erhalt der Ware vom Kaufvertrag zurücktreten.

Informiert ihn der Verkäufer nicht über sein Rücktrittsrecht, beträgt die Frist 1 Jahr und 14 Tage. Es bestehen jedoch einige Ausnahmen von diesem Rücktrittsrecht.

Der Verkäufer muss bereits geleistete Zahlungen zurückerstatten, der Käufer muss die Ware auf eigene Kosten zurücksenden. Viele Onlineshops übernehmen diese Kosten jedoch freiwillig.

**distance selling**

Distance selling includes orders placed online and by mail order. The buyer can withdraw from the contract of sale within fourteen working days of receipt of the goods.

If the seller does not inform the buyer of their right to withdraw, the cancellation period is 1 year and 14 days. There are, however, several exceptions to this right to cancel.

The seller must reimburse the buyer for any payments already made, the buyer must return the goods at their own expense. Many online shops, however, offer free returns voluntarily.

SbX ID: 7033

**Im SbX finden Sie die englische Zusammenfassung als Audio-Wiederholung sowie eine Bildschirmpräsentation mit den Grafiken dieser Lerneinheit.**

# Wissen

SbX ID: 7034

A B C D E

### W 7.18: Abschluss des Kaufvertrags A

Beschreiben Sie die beiden wichtigsten Wege, wie es zum Abschluss eines Kaufvertrags kommen kann.

### W 7.19: Bestellung A

Welche Informationen benötigen Sie für eine Bestellung?

### W 7.20: Informationsbeschaffung A

Welche Quellen stehen für die Informationsbeschaffung zur Verfügung?

### W 7.21: Auftragsbestätigung A

Wann werden für gewöhnlich Auftragsbestätigungen erteilt?

### W 7.22: Schlussbrief A

Wann werden Schlussbriefe ausgestellt?

### W 7.23: Schlussbrief A

Wie können Schlussbriefe versendet werden? Begründen Sie Ihre Antwort bitte.

### W 7.24: E-Commerce A

Welche Geschäftsbeziehungen umfasst der E-Commerce? Wer ist jeweils Unternehmer, wer Konsument?

**W 7.25: B2C** A

Welche Produkte werden derzeit von Konsumenten häufig im Internet gekauft?

**W 7.26: Vorteile des Onlineshoppings** A

Welche Vorteile bietet das Onlineshopping
a) für den Käufer?
b) für den Verkäufer?

**W 7.27: Probleme des Onlineshoppings** A

Welche Probleme ergeben sich im Onlineshopping?

**W 7.28: Mobile Shopping** A

Was versteht man unter Mobile Shopping?

**W 7.29: Haustürgeschäft** A

Was versteht man unter einem Haustürgeschäft? Nennen Sie auch 3 Ausnahmen.

**W 7.30: Rücktritt vom Haustürgeschäft** A

Welche Rücktrittsfristen gelten für Haustürgeschäfte?

**W 7.31: Rücktritt beim Onlineshopping** A

Wie lange können Sie von Einkäufen in einem Onlineshop zurücktreten?

**W 7.32: Kosten beim Rücktritt** A

Wer trägt die Kosten für den Rücktransport bei Haustürgeschäften bzw. im Fernabsatz, wenn nichts vereinbart wurde?

SbX
**W 7.33–W 7.39 mit automatischer Aufgabenkontrolle ID: 7034**

**Weitere Aufgaben zur Lernkontrolle im SbX**

**W 7.33: Bestellung, Onlineshopping und Auftragsbestätigung** B

Quiz mit Fragen zum Thema Bestellung, Onlineshopping und Auftragsbestätigung

**W 7.34: Haustürgeschäft** B

Quiz mit Fragen zum Thema Haustürgeschäft

**W 7.35: Die Bestellung** B

Bearbeiten Sie Aufgaben zur Bestellung anhand eines Fallbeispiels!

**W 7.36: Änderung einer Bestellung** C

Bearbeiten Sie Aufgaben zur Änderung einer Bestellung anhand eines Fallbeispiels!

**W 7.37: Bestellung und Auftragsbestätigung** B

Bearbeiten Sie Aufgaben zum Thema Bestellung und Auftragsbestätigung anhand eines Fallbeispiels!

**W 7.38: Richtig bestellen** A

Vervollständigen Sie eine Übersicht zum Thema richtig bestellen!

**W 7.39: Test: Kaufverträge abschließen** B

Überprüfen Sie mit diesem Test, ob Sie Ihr Wissen erfolgreich anwenden können!

English questions

**E 7.06: Decide in each of the following cases what kind of shopping it is:**

a) You download a song on your mobile phone.
b) You order a camera from a mail order catalogue.
c) A woman knocks on your door and offers you a bunch of red roses for money.
d) You order a book on the internet.

**E 7.07: When will a confirmation of an order be sent by the seller?**

**E 7.08: When (meaning timing and under what conditions) can a consumer cancel a contract of sale in the case of**

e) distance selling?
f) door-to-door selling?
g) normal contract of sale?

Ein kurzer Kompetenz-Check, bevor's weitergeht!

## Kompetenz-Check

| | ☺ | 😐 | ☹ |
|---|---|---|---|
| Ich kann Lieferanten auswählen. | | | |
| Ich kann die verschiedenen Wege beschreiben, die zum Abschluss eines Kaufvertrags führen. | | | |
| Ich kann Bestellungen vorbereiten und präzise und rechtlich einwandfrei bestellen. | | | |
| Ich kann Bestellungen bestätigen. | | | |
| Ich kenne die Besonderheiten bei Online-Bestellungen, deren Vorteile für Käufer und Verkäufer und die Hauptprobleme des Onlineshoppings. | | | |
| Ich kenne die besonderen Bestimmungen, die für Kaufvertragsabschlüsse im Internet und für Haustürgeschäfte, insbesondere für Konsumentengeschäfte, gelten und kann sie in konkreten Situationen anwenden. | | | |
| Ich kann Bestellungen rechtlich einwandfrei widerrufen bzw. auf den Widerruf von Bestellungen reagieren. | | | |

## Lerneinheit 4
# Fallbeispiel

# Üben – Anwenden

A B C D E

**Ü 7.38: Fallbeispiel Chocoletto GmbH: Einkauf von Kakao** D

Ihr Unternehmen

Chocoletto GmbH
Industriestraße 2
2421 Kittsee

Die Chocoletto GmbH

Die Chocoletto GmbH wurde 1957 von Giacomo Ferrini gegründet. Herr Ferrini ist in einer alten italienischen Schokoladendynastie aufgewachsen. Nachdem er mit seiner Familie im Jahr 1955 nach Österreich ins Burgenland übersiedelt ist, wurde sehr bald darauf die Schokoladenproduktion in Kittsee im Nordburgenland aufgenommen, wobei sich Chocoletto neben der Herstellung von Tafelschokolade auf die Produktion von Schokoladenhohlkörpern, Früchten in Schokolade und verschiedenen Pralinen im preisgünstigen Segment spezialisierte. Bald zählten auch Supermarktketten zu den Kunden für die Osterhasen und Nikolausfiguren aus Schokolade.

Mit der Übernahme des Betriebs durch Sohn Carlo wurden am Standort Kittsee weitreichende Investitionen in neue Technologien zur maschinellen Fertigung der Schokofiguren getätigt. Chocoletto wurde zu einem der größten Hersteller von saisonalen Schokoprodukten in Österreich. Seit 2006 wird der Betrieb von den Brüdern Giacomo und Stefano in der dritten Generation geführt.

Sachverhalt

Als neuer Mitarbeiter/neue Mitarbeiterin der Chocoletto GmbH orientieren Sie sich auch an den Prozessen des Unternehmens. Aus den vorhandenen Schriftverkehrsdokumenten haben Sie sich Ende letzter Woche eine Mappe mit Schriftstücken und Informationen zu einem Geschäftsfall zusammengestellt und einige Fragen zusammengeschrieben.

Ihre Aufgaben

Beantworten Sie die Fragen in Ihrem Memo und formulieren Sie gegebenenfalls für sich selbst Musterbriefe.

Ein Blick auf die Uhr sagt Ihnen, dass Sie dafür rund 2 Stunden Zeiten haben werden, denn anschließend können Sie sich mit Ihrem Chef treffen und mögliche weitere Fragen stellen und Antworten finden.

Unterlagen

Ihre Mappe

Auf den folgenden Seiten finden Sie das Memo und die Schriftstücke, die Sie bereits zusammengestellt haben.

memo

Chocoletto
Seit 1957

**1. Schriftstück**

a) Um welches Schriftstück handelt es sich hier? (Worum geht es inhaltlich?)
b) Warum geht dieses Schriftstück an mehrere mögliche Lieferanten? (kurze Begründung)
c) Mit welchen Argumenten könnte man grundsätzlich versuchen, günstige Angebote zu erhalten?
d) Warum verlangt der Käufer die Preise „ab Werk" und „frei Haus"?

**2. Schriftstück**

a) Um welche Art von Angebot handelt es sich hier? (kurze Begründung)
b) Wie lange ist das Angebot gültig?
c) Wie ist die Qualität in diesem Fall geregelt? Geben Sie 3 Möglichkeiten an!
d) Wie bezeichnet man die angegebene Preisregelung?
e) Wie ist der Liefertermin in diesem Fall geregelt? (Begründung)

**3. Schriftstück**

a) Um welches Schriftstück handelt es sich hier?
b) Warum verlangt der Käufer Zahlung abzüglich Skonto? (kurze Begründung und Nebenrechnung)
c) Mit welcher Kaufvertragsklausel ist der Lieferantenkredit in der Regel besichert?

**4. Schriftstück**

a) Um welches Schriftstück handelt es sich hier?
b) Um welche Art von Rabatt handelt sich in diesem Fall genau? (kurze Begründung)

**5. Schriftstück**

a) Um welches Schriftstück handelt es sich hier?
b) Warum verlangt der Käufer vermutlich in diesem Fall eine Auftragsbestätigung? (kurze Begründung)

**6. Schriftstück**

a) Um welches Schriftstück handelt es sich hier?

**7. Fragen zu allen Unterlagen**

a) Mit welchem Schriftstück kommt der Kaufvertrag zustande? (kurze Begründung)
b) Welche gesetzliche Grundlage hat dieser Kaufvertrag? (kurze Begründung)
c) Wer müsste sich im Fall eines Bahntransportschadens zwischen Linz und Kittsee mit der Versicherung auseinandersetzen? (kurze Begründung)
d) Wer zahlt die Transportkosten bis Wien Westbahnhof? (kurze Begründung)
e) Wer zahlt die Versicherung?
f) Wie könnte die Auswahl des Lieferanten erfolgt sein?

1. Schriftstück

Bitte um Angebot! - Nachricht (Nur-Text)

An...: Kakao und Kaffe GmbH (office@kakaoundkaffee.at)

Cc...:

Betreff: Bitte um Angebot!

Wir haben Bedarf an 120 t Kakao und suchen neue Lieferanten für Abrufgeschäfte.
Bitte erstellen Sie uns ein Angebot über verschiedene Kakaoqualitäten, Preis „ab Werk“ und „frei Haus“ sowie Ihre Zahlungsbedingungen.
Für Ihr rasches Angebot danken wir Ihnen.

Mit freundlichen Grüßen
i. V. Peter Schüler

Chocoletto GmbH
Industriestraße 2
2421 Kittsee

Chocoletto

Diese E-Mail geht an folgende Unternehmen:

- Manx Cacao
- Kakao und Kaffee GmbH
- Telar Cacao and Coffee Company
- Atelcam Cacao Agro Company
- Simply Cacao

2. Schriftstück

**KuK** Kakao und Kaffee GmbH
Süßgasse 9, 3500 Krems an der Donau
Firmensitz: Linz, Firmenbuchgericht: Landesgericht Linz
FN 19181 7h

Chocoletto GmbH
Industriestraße 2
2421 Kittsee

Datum: 10. Jänner 20. .
Zeichen: Z/Zo
Telefon: +43 2732 13 88 0

**Kakao**
**Ihre Anfrage vom 7. Jänner 20. .**

Sehr geehrter Herr Schüler!

Wir danken für Ihre Anfrage und unterbreiten Ihnen gemäß unseren beiliegenden allgemeinen Verkaufs- und Lieferbedingungen folgendes Angebot:

120 Tonnen Kakaopulver bis Ende Jänner nächsten Jahres.
Preis auf Basis A-Qualität € 2.400,– pro Tonne
Zuschläge:
für A+Qualität 20 %
für A++Qualität 30 %

Lieferung auf Abruf innerhalb eines Jahres.
Der Käufer verpflichtet sich, jeweils 2 Wochen vor dem gewünschten Liefertermin die Liefermenge und die gewünschte Qualität dem Verkäufer bekannt zu geben.
Wir liefern frachtfrei, versichert Wien Westbahnhof. Die Teillieferungen erfolgen jeweils am Monatsersten fix.
Die Teillieferungen sind binnen 30 Tagen netto Kassa nach Erhalt zu bezahlen.

Mit freundlichen Grüßen

ppa. Zoran Zoltic

3. Schriftstück

Chocoletto GmbH
Industriestraße 2
2421 Kittsee

Kakao und Kaffee GmbH
z. H. Herrn Zoran Zoltic
Süßgasse 9
3500 Krems an der Donau

Datum: 11. Jänner 20..
Telefon: +43 2143 804
FAX: +43 2143 804 17

**Ihr Angebot vom 10. Jänner 20..**

Sehr geehrter Herr Zoltic!

Vielen Dank für Ihr Angebot. Allerdings stellen wir uns bei einer so großen Bestellmenge einen Mengenrabatt von 10 % vor.

Außerdem erwarten wir uns die Möglichkeit, binnen 8 Tagen abzüglich 3 % Skonto zu bezahlen.

Bitte verständigen Sie uns, ob Sie mit diesen Zahlungsbedingungen einverstanden sind.

Mit freundlichen Grüßen

i.V. Peter Schüler

Peter Schüler

4. Schriftstück

KuK Kakao und Kaffee GmbH
Süßgasse 9, 3500 Krems an der Donau
Firmensitz: Linz, Firmenbuchgericht: Landesgericht Linz
FN 19181 7h

Chocoletto GmbH
Industriestraße 2
A-2421 Kittsee

Datum: 14. Jänner 20..
Zeichen: Z/Zo
Telefon: +43 2732 13 88 0

**Ihr Schreiben vom 11. Jänner 20..**

Sehr geehrter Herr Schüler!

Auch wir müssen unsere Preise knapp kalkulieren. Wir können Ihnen daher nur einen Rabatt in der Höhe von 5 % einräumen. Die Zahlung abzüglich 3 % Skonto binnen 8 Tagen nach Erhalt der Ware ist kein Problem.

Wir freuen uns auf Ihre Bestellung.

Mit freundlichen Grüßen

ppa. Zoran Zoltic

Zoran Zoltic

5. Schrifstück

Chocoletto GmbH
Industriestraße 2
2421 Kittsee

Chocoletto Seit 1937

Kakao und Kaffee GmbH
z. H. Herrn Zoran Zoltic
Süßgasse 9
3500 Krems an der Donau

Datum: 17. Jänner 20..
Telefon: +43 2143 804
FAX: +43 2143 804 17

**Bestellung**

Sehr geehrter Herr Zoltic!

Wir bestellen aufgrund Ihres Angebots vom 10. Jänner 20.. abzüglich 5% Rabatt.

Ihre Rechnungen werden wir innerhalb von 8 Tagen nach Erhalt der Ware abzüglich 3% Skonto begleichen.

Bitte senden Sie uns eine kurze Auftragsbestätigung zu.

Mit freundlichen Grüßen

i.V. Peter Schüler

Peter Schüler

6. Schriftstück

FAXNACHRICHT DER KAKAO UND KAFFEE GMBH – ZORAN ZOLTIC VOM 19.01.20..

Chocoletto GmbH
Industriestraße 2
2421 Kittsee

Chocoletto Seit 1937

Kakao und Kaffee GmbH
z. H. Herrn Zoran Zoltic
Süßgasse 9
3500 Krems an der Donau

Datum: 17. Jänner 20..
Telefon: +43 2143 804
FAX: +43 2143 804 17

**Bestellung**

Sehr geehrter Herr Zoltic!

Wir bestellen aufgrund Ihres Angebots vom 10. Jänner 20.. abzüglich 5% Rabatt.

Ihre Rechnungen werden wir innerhalb von 8 Tagen nach Erhalt der Ware abzüglich 3% Skonto begleichen.

Bitte senden Sie uns eine kurze Auftragsbestätigung zu.

Mit freundlichen Grüßen

i.V. Peter Schüler

Peter Schüler

Wir bestätigen mit Dank Ihren Auftrag und sichern Ihnen sorgfältige Ausführung zu.

Ried, 19. Jänner 20..

pa. Zoran Zoltic

ENDE DER FAXNACHRICHT

# 8 ORDNUNGSGEMÄSSE ERFÜLLUNG DES KAUFVERTRAGS

## Worum geht's in diesem Kapitel?

Wenn ein Kaufvertrag abgeschlossen wird, gehen Verkäufer und Käufer davon aus, dass der jeweilige Vertragspartner seine Pflichten wie vereinbart erfüllt. Der Verkäufer erfüllt den Vertrag, indem er die Ware in der vereinbarten Qualität an den Käufer übergibt oder liefert und ihm eine Rechnung ausstellt, die den richtigen Preis enthält und den vereinbarten Zahlungsbedingungen entspricht. Der Käufer erfüllt den Vertrag, indem er die Ware annimmt, gegebenenfalls überprüft, ob sie der Bestellung entspricht, und die Rechnung bzw. die übernommene Ware rechtzeitig bezahlt.

Es ist daher wichtig, dass beide Vertragspartner ihre Rechte und Pflichten bei der Erfüllung des Kaufvertrags kennen und wissen, worauf sie besonders achten müssen.

**Wenn Sie dieses Kapitel bearbeiten, erwerben Sie die folgenden in der Bildungs- und Lehraufgabe des Lehrplans angeführten Kompetenzen:**

**Sie können aus dem Bereich Kaufvertrag einschließlich Schriftverkehr**

- **alle Schritte zur ordnungsgemäßen Erfüllung des Kaufvertrags aus Sicht des Unternehmens und der Konsumentin und des Konsumenten umsetzen sowie situationsadäquat kommunizieren.**

**Sie können durch den Einsatz von Fallstudien**

- **Ihre erworbenen Fach-, Methoden-, Sozial- und Selbstkompetenzen vernetzt anwenden.**

A B C D E

In diesem Kapitel finden Sie Übungsaufgaben, praxisbezogene Fallbeispiele und Aufgaben zur Lernkontrolle zur Überprüfung Ihrer Kompetenzen auf den Handlungsebenen A **Wiedergeben,** B **Verstehen,** C **Anwenden,** D **Analysieren & Interpretieren** und E **Entwickeln.**

**Dieses Kapitel umfasst folgende Lerneinheiten:**

Lerneinheit 1

# Wie Verkäufer und Käufer den Vertrag erfüllen

SbX
Alle SbX-Inhalte zu dieser Lerneinheit finden Sie unter der ID: 8010.

Sie haben bei einem Möbelhaus ein Bücherregal in Birke natur bestellt. Sie haben die Bestellung unterschrieben und Ihnen wurde die Lieferung in drei Wochen zugesagt. Sowohl das Möbelhaus als auch Sie müssen den Kaufvertrag erfüllen. Das Möbelhaus muss rechtzeitig liefern und eine Rechnung senden, Sie müssen die Ware abnehmen und bezahlen. Kommt das Bücherregal ganz oder teilweise verpackt, werden Sie nicht sofort prüfen können, ob es Ihrer Bestellung entspricht. Das Beispiel zeigt: Bei der Erfüllung eines Kaufvertrags mit späterer Lieferung und Zahlung ist einiges zu berücksichtigen.

# Lernen

SbX ID: 8011

## 1 Übersicht [Overview]

Kaufen und Verkaufen sind mit Rechten und Pflichten verbunden. Ist der Kaufvertrag abgeschlossen, muss er auch von beiden Geschäftspartnern ordnungsgemäß erfüllt werden:

A B C D E

Grafik
**Pflichten bei der Erfüllung des Kaufvertrags**

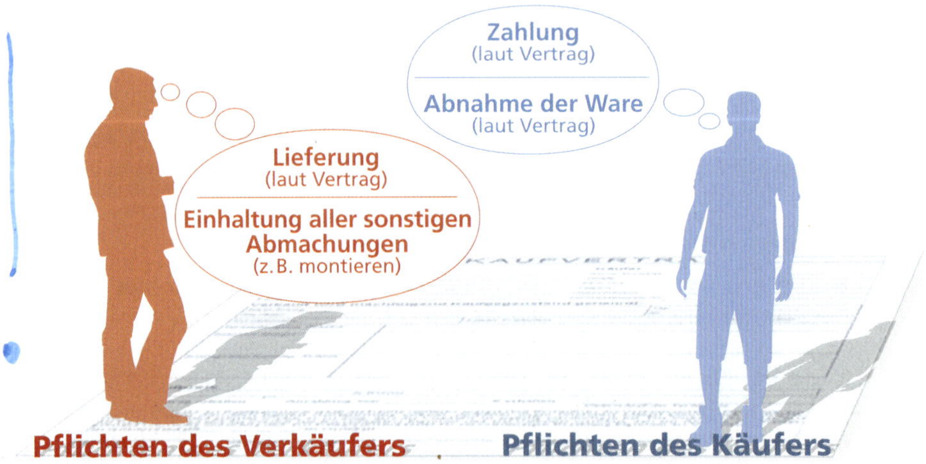


## 2 Die Ware liefern [Delivering the goods]

Bei Sendungen von geringem Umfang oder geringem Wert sind Versandanzeigen nicht üblich.

Vor allem bei größeren Sendungen wird die Lieferung der Ware angekündigt (Versandanzeige), damit

- der Käufer Vorbereitungen für die Übernahme der Ware treffen kann (z. B. die Bereitstellung von Lagerräumen oder von Personal für das Ausladen),
- der Käufer Entscheidungen über den Weiterverkauf treffen kann,
- der Käufer eventuell Nachforschungen anstellen kann, wenn die Ware nicht rechtzeitig eintrifft.

Wenn vereinbart wurde, dass der Käufer die Ware abholt oder abholen lässt, wird der Käufer über die Bereitstellung der Ware informiert (Bereitstellungsanzeige).

Versand- und Bereitstellungsanzeigen werden entweder direkt bei der Auftragsbearbeitung ausgedruckt und gefaxt oder per Post bzw. per E-Mail versendet oder sie erfolgen telefonisch.

Übungsbeispiel

**Ü 8.01: Versandanzeige** E

Überlegen Sie mithilfe des „allgemeinen Aufbauschemas" (siehe Kapitel 6, Seite 148 f.), was in einer Versandanzeige angegeben sein sollte.

## Versandwege [Methods of delivery]

**Beachten Sie:** Auch wenn der Käufer die Transportkosten und das Risiko laut Vertrag tragen muss, wählt der Verkäufer häufig das Transportmittel aus oder beauftragt einen Spediteur. Der Verkäufer darf nicht irgendein Transportmittel auswählen, sondern muss **„mit der Sorgfalt eines ordentlichen Unternehmers"** einen günstigen Weg wählen.

Im Kaufvertrag wird meist durch Kaufvertragsklauseln (ab, frei, frachtfrei) vereinbart, wer die Kosten und das Risiko des Transports trägt.

Bei längeren Transportwegen ist es auch sinnvoll, das Transportmittel festzulegen. Es gibt folgende Möglichkeiten, die selbstverständlich auch kombiniert werden können:

- Zustellung mit dem Fahrzeug des Verkäufers oder Abholung mit dem Fahrzeug des Käufers
- Transport durch Dritte, z. B.:
  - Post (derzeit nur bis 31,5 kg pro Paket)
  - Eisenbahn (ist umweltfreundlich, jedoch sind nicht alle Orte erreichbar)
  - Straßenfrächter mit Lkw (Ein Haus-zu-Haus-Transport ist möglich, jedoch werden die Straßen verstopft und die Umwelt stark belastet.)

Im Paketdienst konkurrieren private Paket- und Zustelldienste mit der Post, z. B.:

- DPD (Direct Parcel Distribution), www.dpd.at
- General Parcel Austria, www.gls-group.eu
- Hermes, www.hermespaketshop.at
- DHL, www.dhl.at
- UPS, www.ups.com

### Frachtführer und Spediteur

In der Umgangssprache werden Frachtführer oft auch Spediteure genannt, obwohl dies aus rechtlicher Sicht nicht richtig ist.

- Der **Frachtführer** führt den physischen Transport durch (z. B. die Post, die Bahn, die AUA, private Straßenfrächter).
- Der **Spediteur** ist der Vermittler zwischen dem Auftraggeber und dem Frachtführer, d. h., er führt den Transport nicht selbst durch. Er ist ein Spezialist für die Wahl eines sicheren, preisgünstigen Transportwegs und besorgt auch zahlreiche Nebenleistungen (Verzollung, Versicherung, Inkasso etc.).

### Selbsteintritt

Manche Spediteure sind zugleich Frachtführer und führen einen Teil der Transporte selbst durch.

Übungsbeispiel

**Ü 8.02: Entscheidung für einen Versandweg** D

Sie sollen entscheiden, ob ein Spezialmikroskop (Gewicht 60 kg) mit der Bahn, mit dem Lkw oder mit dem Flugzeug transportiert werden soll. Welche Gründe sprechen für, welche gegen diese Transportmittel?

8 Ordnungsgemäße Erfüllung

## Begleitpapiere [Accompanying documents]

Eine Lieferung wird immer von einem Dokument begleitet.

Als Begleitpapiere werden Papiere bezeichnet, die die Ware auf dem Transport begleiten. Dazu zählen der Lieferschein, die Frachtpapiere (vor allem Frachtbriefe) sowie sonstige Begleitpapiere (z. B. die Zollerklärung oder das Ursprungszeugnis).

**Warenlieferungen werden immer von einem Dokument begleitet, z. B. Lieferschein.**

### Der Lieferschein

**Stellt der Verkäufer die Ware selbst zu** (z. B. mit dem eigenen Lkw), wird die Ware von einem **Lieferschein** auf dem Transport begleitet.

Der Formularsatz besteht zumindest aus zwei Teilen:

- dem **Lieferschein** → Dieser **bleibt beim Käufer.**
- dem **Gegenschein** → Auf ihm bestätigt der Käufer die Übernahme; **der Gegenschein bleibt beim Verkäufer.**

Die Lieferscheine werden von Fakturierungsprogrammen als EDV-Ausdrucke erstellt. Sie enthalten die Art und die Menge der Ware, zusätzlich meist auch das Bestelldatum und/oder die Auftragsnummer, nicht aber das Entgelt! Individuelle Formulierungen sind daher nicht erforderlich.

Übungsbeispiel

### Ü 8.03: Lieferschein B

Stellen Sie fest, welche Kaufvertragsbestandteile enthalten sind und welche fehlen.

**Hinweis:** Am Gegenschein ist das Wort „Lieferschein" durch „Gegenschein" ersetzt – der Gegenschein ist nicht abgebildet.

**ABC Buerosysteme Handelsgesellschaft mbH**

3100 St. Pölten, Wiener Straße 99
☎ +43 2752 33 24 18 Fax +43 2752 33 00 23 office@abc.at
URL http://www.abc-buerosysteme.at

Otto Kittenberger KG
Lüftungsbau
Kremser Straße 14
3100 St. Pölten

| Lieferschein Nr. | Kundennummer | Lieferdatum |
|---|---|---|
| 9611155 | 21335 | 20..-11-13 |
| Ihre Bestellung vom 20..-11-10 | | |

| Art.-Nr. | Bezeichnung | Menge | Einheit |
|---|---|---|---|
| 00355 | Gehäuse SUNNY Big Tower, ATX-Format für P4, 300W | 1 | Stück |
| 00358 | Mainboard MSI, MS-845E, DDR 3, Dual Channel | 1 | Stück |
| 00205 | Prozessor INTEL 1195 95 W, 3,4 GHz | 1 | Stück |
| 00233 | EVERCOOL CPU Kühler Socket A bis 3,4 GHz | 1 | Stück |
| 00256 | DDR-RAM 400 MHz, 2 GB | 2 | Stück |
| 00130 | Grafikkarte CHAINTECH TI-200, GeForce 3, TV-out, 2048 MB | 1 | Stück |
| 00195 | Soundkarte CREATIVE Audigy Platinum EX Ret. | 1 | Stück |
| 00313 | Schnittstellenkarte 3x IEEE 1394 FireWire Buchsen, PCI | 1 | Stück |
| 00456 | Festplatte MAXTOR MAX4G160UDMA, 1 TB, 7200 U/min, 32 MB Cache | 1 | Stück |
| 00716 | DVD Laufwerk PIONEER DVD-A065, 16xDVD, 40xCD, DIE, Slot in | 1 | Stück |
| 00559 | ISDN Modem AVM Fritz XPC ISDN V2.0, USB | 1 | Stück |
| 00536 | CD-ReWriter HP 9600I, 32I, 12s, 8w, SCSI | 1 | Stück |
| 00203 | Maus-Tastatur-Set LOGITECH Optical Cordless Maus+Tastatur | 1 | Stück |
| 00586 | Monitor TFT PHILIPS, 170 B, 17", TC099, VOS | 1 | Stück |

**Zahlungsbedingungen: Banküberweisung prompt netto Kassa nach Rechnungserhalt.**
**Reklamationsfrist 8 Tage.**
**Die Waren bleiben bis zur vollständigen Bezahlung unser Eigentum.**
**Erfüllungsort und Gerichtsstand ist St. Pölten.**

FN 11341k, LG St. Pölten, DVR 0088617, ARA 34969, UID ATU75886763
Erste Bank, IBAN AT472011100003218500, BIC GIBAATWW, Kto.-Nr. 03218500, BLZ 20111

**Die Frachtpapiere**

Erfolgt die Lieferung durch einen Frachtführer, wird die Ware von einem Frachtpapier (Frachtdokument) auf dem Transport begleitet.

**Beispiele**

- beim Bahnversand von einem Eisenbahnfrachtbrief
- in der Binnenschifffahrt von einem Ladeschein
- beim Luftversand von einem Luftfrachtbrief

Die Frachtpapiere sind Formularsätze mit mehreren Durchschlägen. Sie werden auf einem Formular ausgedruckt oder über das Internet in einem Webformular erstellt.

**Sonstige Begleitpapiere**

Vor allem beim Versand ins Ausland wird die Ware neben dem Frachtdokument oft noch von weiteren Papieren begleitet.

**Beispiele**

- Zollerklärung
- Ursprungszeugnis
- Devisenerklärung (Exportvalutaerklärung)
- ausländische Einfuhrbewilligung

# 3 Die Rechnung erstellen [Preparing the invoice]

## Die Rechnungslegung [Issuing invoices]

**Die Rechnung bildet die Grundlage für die Bezahlung.**

Die Erstellung und Übersendung der Rechnung („Rechnungslegung") bildet die Grundlage für die Abrechnung der Lieferung (bzw. der erbrachten Leistung) mit dem Käufer. Preis, Nebenkosten, Preisnachlässe und Zahlungsbedingungen müssen dem Kaufvertrag entsprechen.

Rechnungen werden

- vom Computer ausgedruckt und per Post versendet oder
- elektronisch erstellt und versendet („elektronische Rechnung") – dies ist erlaubt, wenn der Empfänger zustimmt und die Echtheit und Unversehrtheit des Inhalts gewährleistet sind – oder
- direkt beim Einkauf ausgestellt (z. B. im Einzelhandel).

In EDV-Systemen zur Auftragsbearbeitung werden Versandanzeige, Lieferschein und Rechnung in einem Arbeitsgang erstellt.

Rechnungen sollten möglichst gleichzeitig mit der Ware oder zumindest bald nach der Lieferung oder Dienstleistung beim Käufer einlangen (Zeit ist hier tatsächlich Geld).

## Die gesetzlichen Bestandteile der Rechnung (Übersicht)
[The legal elements of an invoice (overview)]

Bei innergemeinschaftlichen Lieferungen (das sind Lieferungen in einen EU-Mitgliedstaat) entfallen die Begünstigungen für Kleinbetragsrechnungen.

**Beachten Sie:** Die Ware bzw. Leistung muss auf der Rechnung „handelsüblich" bezeichnet werden, z. B. würde für Kugelschreiber oder Kopierpapier die Bezeichnung „Schreibwaren" nicht ausreichen.

Die Rechnung muss laut Umsatzsteuergesetz (UStG) folgende Bestandteile enthalten:

| Gesetzliche Bestandteile der Rechnung: | RECHNUNGSBETRAG über € 400,– (inkl. USt) | RECHNUNGSBETRAG bis € 400,– (inkl. USt) „Kleinbetragsrechnung" |
|---|---|---|
| **1. Verkäufer** (Name und Anschrift) | ✓ | ✓ |
| **2. Umsatzsteuer-Identifikationsnummer (UID) des Verkäufers** | ✓ | kann entfallen |
| **3. Käufer** (Name und Anschrift; bei Rechnungen über € 10.000,– inkl. USt auch die UID des Käufers) | ✓ | kann entfallen |
| **4. Fortlaufende Rechnungsnummer** | ✓ | kann entfallen |
| **5. Ausstellungsdatum der Rechnung** | ✓ | ✓ |
| **6. Tag bzw. Zeitraum der Lieferung oder sonstigen Leistung** (Lieferdatum) | ✓ | ✓ |
| **7. Menge und Bezeichnung der Ware oder der sonstigen Leistung** | ✓ | * ✓ |
| **8. Entgelt ohne USt** (Währung anführen) | ✓ | Endbetrag der Rechnung (inkl. USt) ✓ |
| **9. Umsatzsteuersatz** (oder Hinweis auf Steuerbefreiung) | ✓ | ✓ |
| **10. Steuerbetrag** | ✓ | kann entfallen |

* kann durch Nr. 8 (Entgelt ohne USt) ersetzt werden

**Umsatzsteuer-Identifikationsnummer (UID)**

Die **Umsatzsteuer-Identifikationsnummer (UID)** wird vom Finanzamt an jeden umsatzsteuerpflichtigen österreichischen Unternehmer vergeben. Fehlt die UID des Verkäufers, dann verliert der Käufer den Vorsteuerabzug für diese Rechnung. (Dies gilt jedoch nicht für Kleinbetragsrechnungen.)

Die Angabe von „Verkäufer", „Käufer", „Menge und Bezeichnung der Ware" und die Steuersätze dürfen unter bestimmten Voraussetzungen durch Schlüsselzahlen oder Symbole angegeben werden.

### Preisabzüge [Discounts]

Vereinbarte Rabatte werden auf der Rechnung ausgewiesen und abgezogen. Die Umsatzsteuer wird erst vom verminderten Betrag berechnet und addiert.

Der Skonto wird in der Regel zunächst nicht abgezogen. Es ist ja bei Erstellung der Rechnung nicht bekannt, ob der Kunde innerhalb der Kassafrist zahlt.

**Preisabzüge sind Rabatte und Skonto. Sie müssen dem Kaufvertrag entsprechen.**

### Weitere Bestandteile der Rechnung [Further elements of an invoice]

Neben den gesetzlich vorgeschriebenen Bestandteilen können Rechnungen noch viele weitere Bestandteile enthalten, die auf den vereinbarten Kaufvertrag hinweisen.

**Beispiele**

- Bestelldatum
- Vertreternummer
- Versandart
- Kaufvertragsklauseln

- Eigentumsvorbehalt
- Nebenkosten (z. B. Verpackung, Transportkosten)
- Zahlungsbedingungen
- Höhe der Verzugszinsen
- Reklamationsfrist
- Gerichtsstand

Übungsbeispiel

**Ü 8.04: Rechnung**

**HARTMANN Vertriebs GmbH**

**2230 Gänserndorf, Angerer Straße 52**

☎ +43 2282 26 60 DW, Fax +43 2282 26 60 81, ✉ office@hartmann.at
URL www.hartmann.at

MOOR-Baustoffe GmbH
Scheibser Straße 33
3250 Wieselburg

| Rechnungsnummer | Rechnungsdatum | UID Verkäufer: ATU92246282 |
|---|---|---|
| 294529 | 20..-02-24 | UID Käufer: ATU18819476 |
| Ihre Bestellung vom 20..-02-10 | | Lieferdatum 20..-02-24 |

| Menge | Artikelbezeichnung | Preis/St. € | Rab. | Gesamt € |
|---|---|---|---|---|
| 10 | FENSTER MI 10-12 RE | 204,00 | 25,0 | 1.530,00 |
| 20 | FENSTER MI 10-12 LI | 204,00 | 25,0 | 3.060,00 |
| 15 | FENSTER MI 11-12 RE | 220,00 | 25,0 | 2.475,00 |
| 20 | FENSTER MI 11-12 LI | 220,00 | 25,0 | 3.300,00 |
| 30 | FENSTER MI 12-13 RE | 250,00 | 25,0 | 5.625,00 |
| 15 | FENSTER MI 19-13 | 380,00 | 10,0 | 5.130,00 |
| | Summe | | | 21.120,00 |
| | + USt 20 % | | | 4.224,00 |
| | Gesamtbetrag | | | 25.344,00 |

Wir danken für den uns erteilten Auftrag und fakturieren diesen aufgrund unserer Verkaufs- und Lieferbedingungen.

Auslieferungslager: 1140 Wien, Linzer Straße 18, Tel. +43 1 94 33 66
Zahlbar innerhalb von 14 Tagen ab Rechnungsdatum mit 2 % Skonto oder 30 Tage netto. Bei Zahlung unbedingt die Rechnungsnummer angeben.
Bei Zielüberschreitung werden 12 % p. a. Verzugszinsen berechnet.
Die Waren bleiben bis zur vollständigen Bezahlung unser Eigentum.
Zahlbar und klagbar in Korneuburg.

FN 18238m, LG Korneuburg, DVR 0261842, ARA 02639
Erste Bank, Kto.-Nr. 4072667570, BLZ 20111
IBAN AT472011104072667570, BIC GIBAATWW
Bank Austria, Kto.-Nr. 79631800, BLZ 12000
IBAN AT881200000079631800, BIC BKAUATWW

Aufgabe: a) Wie lauten die Zahlungsbedingungen? B

b) Überprüfen Sie, ob die Rechnung dem Umsatzsteuergesetz entspricht und in welcher Form die Bestimmungen des UStG eingehalten wurden. C

## 4 Die Ware abnehmen [Accepting the goods]

Der Käufer muss die gelieferten Waren abnehmen. Der Abnahmevorgang umfasst u. a. folgende Schritte:

**(1) Die Annahme der Ware**

Der Käufer muss die Ware am vereinbarten Ort und zur vereinbarten Zeit annehmen.

### (2) Die Prüfung der Ware und der Rechnung

Sind beide Partner Unternehmer, so hat „der Käufer dem Verkäufer Mängel der Ware, die er bei ordnungsgemäßem Geschäftsgang nach Ablieferung durch Untersuchung festgestellt hat oder feststellen hätte müssen, binnen angemessener Frist anzuzeigen" (§ 377 UGB).

Die **Prüfung der Ware** erfolgt formell und materiell:

- Bei der **formellen Prüfung** werden sofort bei der Übernahme die Packstücke abgezählt und es wird kontrolliert, ob die Verpackung Schäden aufweist.
- Die **materielle Prüfung** ist je nach Warenart sehr verschieden. Man unterscheidet:
  - bloße Besichtigung (bei Möbeln, Spielwaren usw.)
  - Probelauf (bei technischen Geräten)
  - chemische Analyse (Lacke, Chemikalien, Treibstoffe usw.)
  - Prüfung physikalischer Eigenschaften, wie Festigkeit (Gewebe, Papier), Härte (Stahl)

Bei vielen Waren kann die materielle Prüfung nur in Form von Stichproben erfolgen, und zwar

- bei großen Mengen,
- weil die Ware durch die Prüfung unbrauchbar wird (z. B. Konserven) oder
- weil die Ware in der Fabriksverpackung weiterverkauft wird (z. B. Elektrogeräte).

Bei der Rechnungskontrolle wird überprüft, ob Preis, Preisabzüge, Zahlungsbedingungen, Nebenkosten (Fracht, Verpackung etc.) und Gesamtbetrag dem Kaufvertrag entsprechen.

Übungsbeispiel

**Ü 8.05: Annahme mit Prüfung der Ware** C

Es wird Ihnen ein Kühlschrank gut verpackt ins Haus geliefert. Der Zusteller verlangt die Bestätigung des ordnungsgemäßen Empfangs der Ware. Was werden Sie tun?

## 5 Die Rechnung bezahlen [Paying the invoice]

Hat der Verkäufer den Vertrag erfüllt, muss der Käufer auch bezahlen.

Fällt die Prüfung der Ware und die Rechnungskontrolle zur Zufriedenheit des Käufers aus, so gibt er dies durch Stillschweigen zu erkennen. Er verpflichtet sich damit zur Zahlung, die er zur vereinbarten Zeit, am vereinbarten Ort und in der vereinbarten Art zu leisten hat.

Wie Zahlungen durchgeführt werden, wird in der folgenden Lerneinheit behandelt.

# Üben

A B C D E

**Ü 8.06: Versandwege: Transport mit dem eigenen Lkw oder durch Dritte** D

Überlegen Sie, warum die Zustellung bzw. Abholung von Gütern mit dem eigenen Lkw (des Verkäufers oder des Käufers) zumindest bei längeren Zustell-(Abhol-)Wegen eher selten ist.

**Ü 8.07: Transport in die Schweiz** C

Die Siemens AG liefert einen Spezialtransformator zu einem Kraftwerksbau in die Schweiz. Die Lieferung wird für Ende März vereinbart.

a) Warum wird die Siemens AG den Schweizer Käufer rechtzeitig vom Abgehen des Transports durch eine Versandanzeige verständigen?
b) Warum, glauben Sie, hat der Schweizer Käufer eine Preiserstellung „frei Baustelle" verlangt?
c) Wer wird diesen Transport vermutlich durchführen?

### Ü 8.08: Wahl des Transportmittels und Vereinbarungen im Kaufvertrag C

Ein österreichisches Unternehmen kauft eine Formpresse von einem Düsseldorfer Maschinenfabrikanten ab Werk. Da über die Versendungsart nichts vereinbart wurde, sendet der Maschinenfabrikant die 1800 kg schwere Presse mit dem Flugzeug.

Ist der Maschinenfabrikant dazu berechtigt?

### Ü 8.09: Prüfung der Ware durch Unternehmer C

Einem Souvenirhändler werden während der Geschäftszeit drei Kartons mit bestellten Porzellanfiguren der Marke Augarten geliefert. Er packt die Figuren nicht sofort aus. Am nächsten Morgen ruft er den Lieferanten an und teilt ihm mit, dass er beim Auspacken nach Geschäftsschluss drei Figuren zerbrochen in der Verpackung vorgefunden habe.

Hat der Souvenirhändler die Ware rechtzeitig geprüft?

### Ü 8.10: Prüfung der Ware in der Praxis D

Überlegen Sie, warum in der Praxis eine Prüfung der Ware durch den Unternehmer, der die Ware übernimmt, oft nicht möglich ist.

### Ü 8.11: Büroeinrichtung: Liefer- und Gegenschein

#### Ihr Unternehmen

Büroeinrichtungs GmbH & Co. KG, Alser Straße 57, 1090 Wien, Tel. +43 1 552 40 81-0, Fax +43 1 554 60 81-9, E-Mail: office@bueroeinrichtung.at, FN 67759g, HG Wien, DVR 0050885, UID ATU27464698, ARA 12334, Erste Bank, IBAN AT472011100035400740, BIC GIBAATWW

#### Sachverhalt

Bestellung des Rechtsanwalts Dr. Franz Schumacher, Laudongasse 39/11, 1080 Wien, Kundennummer 4119, am 27. Februar 20.. , über

- 1 Neudörfler-L-Kombination, Modell 2455, Gestell verchromt, Korpus Mahagoni
- 1 Sedus-Stoff-Chefdrehsessel, Modell 4631, gepolstert mit Stoffmuster Nr. 3467
- 4 Wihag-Trapeztische, Modell 3877, Platte Max Mahagoni, Gestell verchromt

Lieferung am 11. März 20.. , Lieferschein Nr. 172940, Reklamationsfrist 8 Tage, Zahlungsziel 30 Tage, Eigentumsvorbehalt, Erfüllungsort und Gerichtsstand ist Wien.

#### Aufgabe

1. Betriebswirtschaftliche Analyse D
   - Aus welchen Teilen besteht der Formularsatz zumindest?
   - Wer erhält welchen Formularteil?
   - Wann erhält der Käufer seinen Formularteil?
   - Wie werden die Formularteile in der Regel erstellt?
2. Textverarbeitung C
   Gestalten Sie den Lieferschein formal einwandfrei.

### Ü 8.12: Lieferschein

#### Ihr Unternehmen

Office-Online GmbH, Alpenstraße 67, 5020 Salzburg, Tel. +43 662 118 40-0, Fax +43 662 118 50-4, E-Mail: bestellung@office-online.at, URL http://www.office-online.at, FN 25889k, LG Salzburg, DVR 4241620, UID ATU63864491, ARA 57632, Bank Austria, IBAN AT881200000076020614, BIC BKAUATWW

### Sachverhalt

Bestellung der Firma MBS Marketing Services GmbH, Inntalstraße 86, 6330 Kufstein, im Onlineshop der Office-Online GmbH, am 16. Juni 20.. , über:

- 20 Permanent Marker, Art.-Nr. LA1-W10, schwarz
- 50 Blöcke (à 100 Blatt) Haftnotizen „Post-it", Art.-Nr. LA1-VH657, 51 × 76 mm
- 3 Kraftlocher, Art.-Nr. LA1-8181-SZ, rot
- 50 Standordner, Art.-Nr. LA1-291460, 8,0 cm, Rückenschilder, grau
- 30 Pack (à 500 Blatt) Office-Papier, Art.-Nr. LA1-ALKOFF, A4, 80 g

Die MBS Marketing Services GmbH hat sich als Neukunde im Onlineshop registriert, es wurde die Kundennummer 217480 vergeben. Office-Online garantiert die Zustellung innerhalb von 24 Stunden, Lieferschein Nr. 093417, Reklamationsfrist 8 Tage, Zahlungsziel 30 Tage, Eigentumsvorbehalt, Erfüllungsort und Gerichtsstand ist Salzburg.

### Aufgabe

a) Betriebswirtschaftliche Analyse D
- Wie wird die Office-Online GmbH die Ware zustellen?
- Welcher Formularteil bleibt bei der MBS Marketing Services GmbH, welcher bei Office-Online?

b) Betriebswirtschaftslehre – Schriftverkehr C
Entwerfen Sie einen Lieferschein nach dem Übungsbeispiel **8.03** auf Seite 210.

c) Textverarbeitung C
Gestalten Sie den Lieferschein formal einwandfrei.

## Ü 8.13: **Rechnung**

### Ihr Unternehmen

Otto Schwarzenberger GmbH, 3100 St. Pölten, Kaiserallee 25, Tel. +43 2742 61 49-20, Fax +43 2742 61 49-01, E-Mail: office@schwarzenberger.at, URL http://www.buero-schwarzenberger.at, FN 16312z, LG St. Pölten, DVR 9916064, UID ATU76672084, ARA 59416, Erste Bank, IBAN AT472011100047400900, BIC GIBAATWW

### Arbeitsunterlagen und Sachverhalt

a) Notiz über eine telefonische Bestellung:

**OTTO SCHWARZENBERGER GMBH**
**ALLES FÜR DAS BÜRO**
3100 St. Pölten, Kaiserallee 25

Verteiler: *Verkauf*

A K T E N N O T I Z ÜBER
TELEFONAT / ~~BESUCH~~

Anrufer / ~~Besucher~~
*Ing. Andreas Eminger KG, Feuerschutztechnik*
*3133 Traismauer,*
*Theodor-Körner-Straße 14*

Aufgenommen von: *Aumann*

Datum: *18. März 20..* Uhrzeit: *14:45*

Betreff:

*Bestellung von*

*3000 St. Fensterkuvert C 5/6 links*
*5000 St. Selbstklebekuvert C 5/6*
*1500 St. Versandtaschen C 4*

*Aumann*

b) Auszug aus der Preisliste

Preise per 1000 Stück bei Abnahme von:

| Nr. | ARTIKEL | 1000 | 2000 | 5000 | 10000 | 20000 |
|---|---|---|---|---|---|---|
| 400501 | Kuvert C 5/6, weiß (110 × 220 mm) | – | 28,00 | 25,40 | 23,10 | 20,90 |
| 400510 | Fensterkuvert C 5/6, weiß (110 × 220 mm), Fenster links | – | 31,40 | 28,00 | 25,50 | 23,10 |
| 400511 | Fensterkuvert C 5/6, weiß (110 × 220 mm), Fenster rechts | – | 32,00 | 28,60 | 26,20 | 23,90 |
| 400520 | Selbstklebekuvert C 5/6, weiß (110 × 220 mm) | – | 35,20 | 32,00 | 29,10 | 26,50 |
| 400521 | Selbstklebekuvert C 5/6, weiß (110 × 220 mm), Fenster links | – | 37,40 | 34,20 | 30,90 | 28,20 |
| 400522 | Selbstklebekuvert C 5/6, weiß (110 × 220 mm), Fenster rechts | – | 38,50 | 35,30 | 31,80 | 28,90 |
| 400530 | Versandtaschen C 5, orange (162 × 229 mm) | 45,20 | 40,90 | 37,10 | – | – |
| 400531 | Versandtaschen C 4, orange (229 × 324 mm) | 117,40 | 104,90 | 97,10 | – | – |

Preise exklusive Umsatzsteuer. Lieferung ab Warenwert von € 200,00 frei Haus, darunter ab Lager St. Pölten.
Bestellungen unter € 50,00 werden gegen Nachnahme geliefert.
Zahlungsbedingungen: innerhalb von 14 Tagen mit 2 % Skonto oder 30 Tage netto

Rechnungsnummer 4329-04, Rechnungs- und Lieferdatum 19. März 20.., zahlbar innerhalb von 14 Tagen mit 2 % Skonto oder 30 Tage netto, Verzugszinsen 12 % p. a., Eigentumsvorbehalt, zahlbar und klagbar in St. Pölten

### Aufgabe

a) Betriebswirtschaftliche Analyse D
- Welcher Umsatzsteuersatz ist zu berücksichtigen?
- Worin liegt die betriebswirtschaftliche Begründung für die gestaffelten Preise?
- Worin könnte die Begründung dafür liegen, dass ab einem Warenwert von € 200,– frei Haus, bei einem Warenwert darunter ab Lager St. Pölten geliefert wird?

b) Betriebswirtschaftslehre/Schriftverkehr C
Erstellen Sie die Rechnung nach dem Muster in Übungsbeispiel **8.04** auf Seite 213.

## Ü 8.14: Elektrogroßhandel Albert Steger GmbH: Rechnung

### Ihr Unternehmen

Elektrogroßhandel Albert Steger GmbH, Kremser Straße 75, 3100 St. Pölten,
Tel. +43 2742 812 200, Fax + 43 2742 812 202, E-Mail: office@steger.at,
Internet: www.steger.at, FN 82009g, LG St. Pölten, DVR 6101212, UID ATU55258901,
ARA 60108, PSK Bank, IBAN AT866000000073419860, BIC OPSKATWW

### Sachverhalt

Auftrag Ihres Vertreters Hermann Meister vom 24. Juni 20.. betreffend den Kunden Ernst Nußdorfer e. U., Hi-Fi-Einzelhandel, Donaustraße 28, 3500 Krems, Rechnungsnummer 1843, Rechnungsdatum 3. Juli 20.., Lieferung am 5. Juli 20..

Es wurden geliefert:

| | | |
|---|---|---|
| 3 Internetradios Grundig Logitech 930 | à | € 118,– |
| 5 Pioneer Heimkino-Receiver VSX 921 | à | € 450,– |
| 1 Projektor BENQ MX 813 | à | € 864,– |
| 2 JVC TV-Geräte K18 | à | € 1.215,– |

Preise exkl. 20 % USt

Zustellung frei Haus, zahlbar innerhalb von 14 Tagen ab Rechnungsdatum mit 3 % Skonto oder 60 Tage netto, Verzugszinsen 12 % p. a., Eigentumsvorbehalt, zahlbar und klagbar in St. Pölten

### Aufgabe

1. Betriebswirtschaftliche Analyse D
   - Aus welchem Grund sind die Preise exkl. USt von Bedeutung?
   - Welchen Betrag muss der Kunde überweisen, wenn er am 12. Juli 20.. bezahlt?
   - Welchen Betrag muss er überweisen, wenn er am 27. August bezahlt?
   - Ist es sinnvoll, wenn er am 20. Juli bezahlt?
2. Textverarbeitung C
   Gestalten Sie die Rechnung formal einwandfrei.

# Sichern

SbX ID: 8013

**ordnungsgemäße Erfüllung des Kaufvertrags**

Der Verkäufer muss laut Vertrag liefern und alle vereinbarten Nebenleistungen erbringen. Der Käufer muss die Ware laut Vertrag abnehmen und bezahlen.

**proper fulfilment of a sales agreement**

The seller must supply the goods or services according to the terms of the agreement and provide all agreed additional services. The buyer must accept and pay for the goods according to the contractual terms of the agreement.

**Ankündigung der Lieferung**

Der Verkäufer kann dem Käufer ankündigen

- den Versand der Ware mit einer Versandanzeige (vor allem bei größeren Sendungen üblich) oder
- die Bereitstellung der Ware zur Abholung mit einer Bereitstellungsanzeige (zur Information des Käufers notwendig)

Schriftverkehr:
Versand- und Bereitstellungsanzeigen werden entweder auf Formularen direkt bei der Auftragsbearbeitung ausgedruckt und per Post versendet oder gefaxt, als E-Mail versendet oder sie erfolgen telefonisch.

**informing the buyer about delivery**

The seller must inform the buyer about:

- the shipment of the goods using an advice of dispatch notice (usual particularly in the case of larger consignments) or
- the availability of the goods for collection using a notification of availability of goods.

Correspondence:
An advice of dispatch or a notification of availability is a form created during order processing and is either printed and sent by post, or faxed, or it is sent as an email. The buyer can also be informed by telephone.

**Versandweg**

Der Versandweg ist entweder im Kaufvertrag festgelegt oder der Verkäufer muss „mit der Sorgfalt eines ordentlichen Unternehmers" den günstigsten Weg wählen. Entscheidungskriterien für die Wahl des günstigsten Versandwegs sind die Kosten, die Schnelligkeit und die Sicherheit.

Die Waren können entweder mit dem Fahrzeug des Verkäufers zugestellt, mit dem Fahrzeug des Käufers abgeholt oder durch Dritte transportiert werden.

**method of transport**

The method of transport is stated in the sales agreement, or the seller must, in keeping with "sound business practice", choose the most cost-effective method. The criteria for choosing the most suitable method of transport are costs, speed and safety.

The goods can be delivered using the seller's vehicle, or collected using the buyer's vehicle, or transported by third parties.

**Frachtführer und Spediteur**

Der Frachtführer führt den Transport durch. Der Spediteur vermittelt die Transportleistung zwischen dem Verkäufer und dem Frachtführer und erbringt verschiedene Nebenleistungen. Beim Selbsteintritt ist der Spediteur zugleich auch Frachtführer.

**carrier and forwarding agent**

A carrier transports the goods. A forwarding agent makes the transport arrangements between the seller and the carrier, and provides various additional services.

When forwarding agents perform the transport themselves, they are then also the carrier.

**Begleitpapiere**

Begleitpapiere sind Papiere, die die Ware auf dem Transport begleiten.

**accompanying documents**

Accompanying documents are the documents that travel with the goods in transit.

**Liefer- und Gegenschein**

Wenn der Verkäufer selbst zustellt, dann bleibt der Lieferschein beim Käufer und der Gegenschein beim Verkäufer (auf ihm bestätigt der Käufer die Übernahme der Ware). Angegeben werden die Art und die Menge der Ware, zumeist auch das Bestelldatum und/oder die Auftragsnummer, nicht aber das Entgelt!

**delivery note and receipt**

When the seller delivers the goods, the **delivery note** remains with the buyer, and the **receipt** (signed by the buyer to confirm that they have received the goods) is returned to the seller. The delivery note and receipt state the type and quantity of the goods, usually the order date and/or order number, but not the price or amount payable.

**Frachtpapiere**

Erfolgt die Lieferung durch einen Frachtführer, werden Frachtpapiere verwendet (z. B. beim Transport mit der Bahn ein Eisenbahnfrachtbrief).

Schriftverkehr:

Die Lieferscheine werden von Fakturierungsprogrammen als EDV-Ausdrucke erstellt. Die Frachtpapiere sind Formularsätze mit Durchschlägen.

**shipping documents**

If a carrier performs the transport, shipping documents are used (e.g. in case of transport by rail – consignment note or waybill).

correspondence:

Delivery notes are created as computer printouts using invoicing programmes. The shipping documents are forms with carbon copies.

**Rechnung („Faktura")**

Die Rechnungslegung bildet die Grundlage für die Abrechnung. Die Rechnung muss dem Kaufvertrag entsprechen.

Schriftverkehr:

Rechnungen werden entweder vom Computer ausgedruckt und per Post versendet, elektronisch erstellt und versendet („elektronische Rechnung") oder direkt beim Einkauf auf einem Formular ausgestellt.

**invoice**

Invoicing is the basis for settling accounts. The invoice must correspond to the sales agreement.

correspondence:

Invoices are printed out from a computer, and sent by post. They can also be created and sent electronically ("e-invoice"), or provided on a form at the time of purchase.

**Bestandteile der Rechnung (laut Umsatzsteuergesetz)**

Laut UStG muss die Rechnung enthalten: Verkäufer, UID des Verkäufers, Käufer (ab € 10.000,– inkl. USt auch die UID des Käufers), Rechnungsnummer, Ausstellungsdatum, Tag der Lieferung, Menge und genauere Bezeichnung der Ware oder Leistung, Entgelt, Umsatzsteuersatz (bzw. Hinweis auf Steuerbefreiung) und Steuerbetrag.

**elements of an invoice (according to the Value Added Tax Act)**

According to the Value Added Tax Act, an invoice must contain: seller, VAT number of the seller, buyer (for amounts over € 10,000.– incl. VAT also the VAT number of the buyer), invoice number, date of issue, date of delivery, quantity and exact description of the goods or service, price, rate of VAT (or indication of any exemptions from tax) and the amount of tax.

**Kleinbetragsrechnung**

Kleinbetragsrechnungen sind Rechnungen mit einem Betrag bis € 150,– (inkl. USt). Für sie gelten einige Vereinfachungen:

- Entfallen können die UID des Verkäufers, der Käufer und die Rechnungsnummer.
- Die Angabe des Rechnungsbetrags inkl. USt und der Umsatzsteuersatz genügt.

**invoice for small amounts**

Invoices for small amounts are invoices for amounts up to € 150.- (incl. VAT). Some simplifications can be made for these:

- The VAT numbers of the seller and the buyer, and the invoice number can be left out.
- The amount of the invoice including VAT and an indication of the tax rate are sufficient.

**Preisabzüge**

Die vereinbarten Rabatte werden auf der Rechnung ausgewiesen und abgezogen, der Skonto in der Regel nicht.

**discounts**

Agreed discounts are shown on the invoice and deducted; cash discounts are generally not deducted.

**Annahme der Ware**
Der Käufer muss die Ware am vereinbarten Ort und zur vereinbarten Zeit annehmen.

*accepting the goods*
The buyer must accept the goods at the agreed place and time.

**Prüfung der Ware**
Der Käufer prüft die Ware
- formell sofort bei der Übernahme durch Abzählen der Packstücke und Kontrolle der Verpackung auf Schäden,
- materiell durch Besichtigung, Probelauf, chemische Analyse oder Prüfung physikalischer Eigenschaften.

*inspecting the goods*
The buyer inspects the goods
- superficially – immediately on taking delivery of the goods by counting the number of packages and checking the packing for damage,
- in detail – by inspection, trial run, chemical analysis or testing of physical characteristics.

**Rechnungskontrolle**
Bei der Rechnungskontrolle wird überprüft, ob die Rechnung dem Kaufvertrag entspricht.

*checking the invoice*
The invoice is checked to ensure that it corresponds to the sales agreement.

**Empfangsanzeige**
In Ausnahmefällen (z. B. bei empfindlichen Waren) oder wenn es der Lieferant wünscht, übersendet ihm der Käufer eine Empfangsanzeige.

*confirmation of receipt*
In exceptional cases (e. g. sensitive goods) or at the supplier's request, the buyer sends the supplier a confirmation of receipt.

**Zahlung**
Der Käufer verpflichtet sich durch Stillschweigen nach dem Erhalt der Lieferung zur Zahlung des Rechnungsbetrags.

*payment*
Buyers must pay the invoice if they accept the delivery without objections.

SbX ID: 8013

**Im SbX finden Sie die englische Zusammenfassung als Audio-Wiederholung sowie eine Bildschirmpräsentation mit den Grafiken dieser Lerneinheit.**

# Wissen

SbX ID: 8014

A B C D E

**W 8.01: Erfüllung des Kaufvertrags** A
Nennen Sie die Pflichten des Verkäufers und des Käufers bei der Erfüllung des Kaufvertrags.

**W 8.02: Versandanzeige/Bereitstellungsanzeige** A
In welchen Fällen ist eine Versandanzeige bzw. eine Bereitstellungsanzeige erforderlich?

**W 8.03: Versandwege** D
Welche Versandwege kennen Sie? Machen Sie eine Übersicht über Schnelligkeit, Kosten und Sicherheit der wichtigsten Versandwege.

**W 8.04: Versand per Flugzeug** B
Bringen Sie Beispiele für Waren, bei denen der Versand per Flugzeug sinnvoll ist.

**W 8.05: Lieferschein** A
Wozu dient ein Lieferschein?

**W 8.06: Rechnungsausstellung** B
Muss der Verkäufer unbedingt eine Rechnung ausstellen?

**W 8.07: Bestandteile der Rechnung** A

Welche Bestandteile muss eine Rechnung laut USt-Gesetz aufweisen und welche Bestandteile können bei Kleinbetragsrechnungen entfallen?

**W 8.08: Bestandteile der Rechnung, Kassazettel** B

Sehen Sie sich den „Kassazettel" einer Lebensmitteleinzelhandelskette an (z. B. von Spar, Billa, Zielpunkt oder Hofer). Welche Bestandteile einer Rechnung sind enthalten?

**W 8.09: Rechnungseingang** B

Wann sollte die Rechnung beim Käufer einlangen?

**W 8.10: Rechnungsbetrag** B

Warum werden vereinbarte Rabatte auf der Rechnung ausgewiesen und abgezogen, Skonti aber nicht?

**W 8.11: Warenprüfung** A

Wann müssen gelieferte Waren geprüft werden?

**W 8.12: Warenprüfung** A

Welche konkreten Maßnahmen umfasst der Prüfungsvorgang?

SbX
W 8.13–W 8.15
mit automatischer
Aufgabenkontrolle
ID: 8014

**Weitere Aufgaben zur Lernkontrolle im SbX**

**W 8.13: Ordnungsgemäße Erfüllung des Kaufvertrags** B

Stellen Sie sich einem Quiz mit fünf Fragen zum Thema ordnungsgemäße Erfüllung des Kaufvertrags!

**W 8.14: Ausstellung einer Rechnung** B

Bearbeiten Sie Aufgaben zur Ausstellung einer Rechnung anhand eines Fallbeispiels!

**W 8.15: Test: Kaufverträge erfüllen** B

Überprüfen Sie mit einem Test, ob Sie Ihr Wissen erfolgreich anwenden können!



English questions

E 8.01: **Explain in your own words the difference between a carrier and a forwarding agent.**

E 8.02: **What information must be shown on an invoice for the buyer to be able to reclaim VAT?**

E 8.03: **In what ways are invoices for amounts under € 150.– gross treated differently?**

E 8.04: **How can the buyer inspect the goods?**

E 8.05: **Under what conditions is the buyer obliged to pay the invoice?**

Ein kurzer Kompetenz-Check, bevor's weitergeht!

## Kompetenz-Check

| | ☺ | 😐 | ☹ |
|---|---|---|---|
| Ich kenne die Rechte und Pflichten von Käufern und Verkäufern bei der Erfüllung von Kaufverträgen. | | | |
| Ich kann Lieferungen ankündigen und Versandwege vertragsgerecht auswählen. | | | |
| Ich kann Lieferscheine erstellen und überprüfen. | | | |
| Ich kann Rechnungen unter Berücksichtigung von Preisabzügen und der umsatzsteuerlichen Bestimmungen ausstellen und überprüfen. | | | |
| Ich kann Sendungen annehmen und überprüfen. | | | |

## Lerneinheit 2
# Wie der Käufer zahlen kann

SbX
**Alle SbX-Inhalte zu dieser Lerneinheit finden Sie unter der ID: 8020.**

Es gibt immer noch viele Situationen, in denen bar bezahlt wird, z. B. beim Zeitungsverkäufer, bei Marktständen, im Eisgeschäft. Das „Plastikgeld" ist jedoch auf dem Vormarsch. Bankomatkarten und Kreditkarten werden von fast allen Einzelhandelsgeschäften und in vielen Restaurants angenommen. Viele Zahlungen erfolgen bargeldlos mithilfe der Banken. Daueraufträge und Einziehungsaufträge erleichtern wiederholte Zahlungen von Mieten, Stromrechnungen oder ORF-Gebühren. Auch Konsumenten erledigen ihre Bankgeschäfte mittels E-Banking.

# Lernen

SbX ID: 8021

## 1 Übersicht [Overview]

A B C D E

Über die unterschiedlichen Zahlungsmethoden gibt die folgende Grafik eine Übersicht:

Grafik
**Zahlungsmethoden**

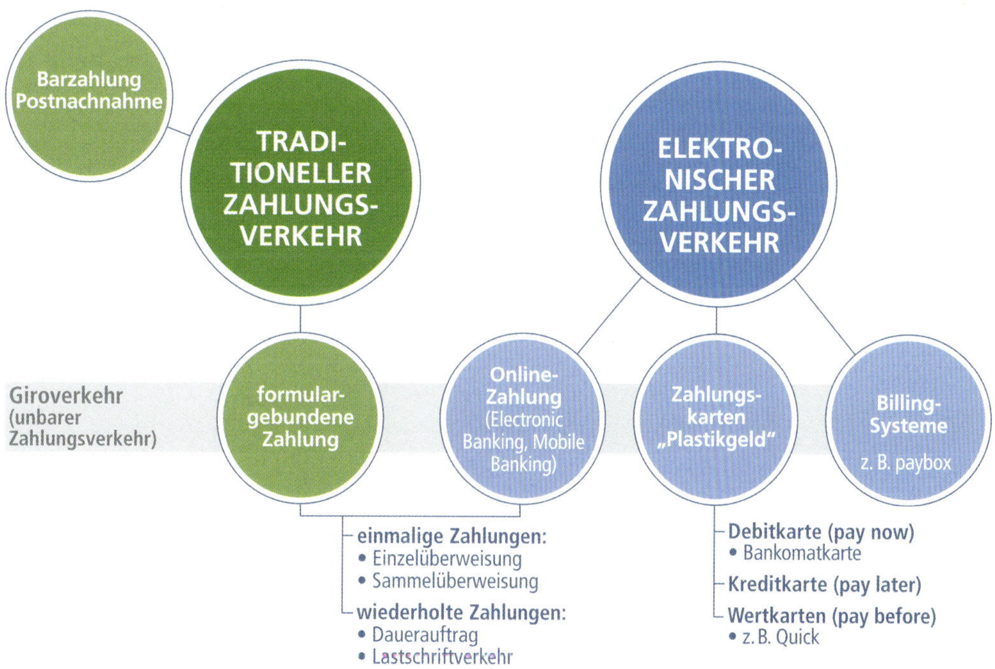


## 2 Bar bezahlen (einschließlich Nachnahme) [Cash payment (including cash on delivery – COD)]

Bei Barzahlungen ist es sinnvoll, eine Zahlungsbestätigung zu verlangen, damit Sie Ihre Zahlung beweisen können. Nur bei Kleinbeträgen (z. B. beim Kauf von Eis, einer Zeitung oder eines Imbisses) kann man auf eine Zahlungsbestätigung verzichten.

**Rechtlich ist der Verkäufer verpflichtet, eine Zahlungsbestätigung auszustellen.**

Unternehmer, die Einkäufe in der Einnahmen-Ausgaben-Rechnung oder in der Buchhaltung erfassen müssen, brauchen für jede Zahlung einen Beleg. Ohne eine Zahlungsbestätigung ist keine Buchung möglich!

Zahlungsbestätigungen finden Sie in der Praxis in folgenden Formen:

- Auf Ausdrucken von Kassenterminals bzw. von Registrierkassen oder auf einfachen Kassenblocks ist die Zahlungsbestätigung bereits aufgedruckt oder wird automatisch aufgestempelt („Betrag dankend erhalten").
- Auf Rechnungen wird ein „Saldierungsvermerk" angebracht und der Geldempfänger unterschreibt.
- Manchmal wird eine gesonderte Quittung ausgestellt. Dies erfolgt meist auf einem gesonderten Formular.

Kassazettel, Streifen von Registrierkassen bzw. Quittungen erfüllen in der Regel nicht alle Anforderungen, die an Rechnungen laut Umsatzsteuergesetz gestellt werden. Sind Sie Unternehmer und zum Vorsteuerabzug berechtigt, müssen Sie zusätzlich eine Rechnung verlangen, die dem Umsatzsteuergesetz entspricht.

Übungsbeispiel

**Ü 8.15: Quittung**

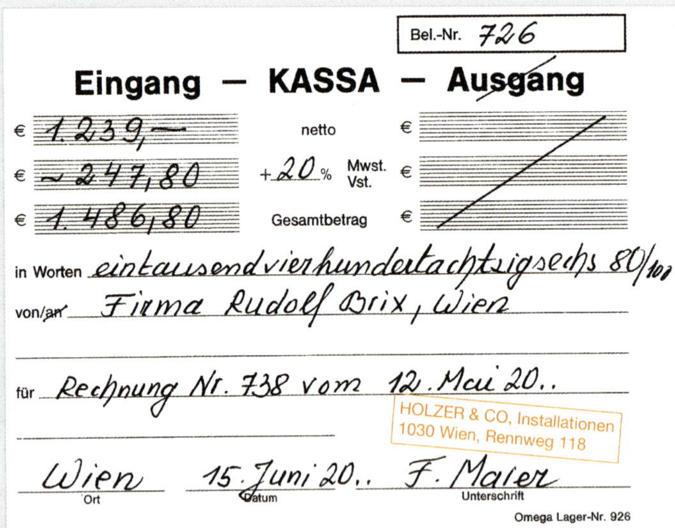
Bel.-Nr. 726

Eingang — KASSA — Ausgang

€ 1.239,– netto €

€ 247,80 + 20 % Mwst. Vst. €

€ 1.486,80 Gesamtbetrag €

in Worten eintausendvierhundertachtzigsechs 80/100

von/an Firma Rudolf Brix, Wien

für Rechnung Nr. 738 vom 12. Mai 20..

HOLZER & CO. Installationen 1030 Wien, Rennweg 118

Wien (Ort) 15. Juni 20.. (Datum) F. Maier (Unterschrift)

Omega Lager-Nr. 926

Aufgaben:

a) Welche Bestandteile enthält die Quittung? B
b) Warum ist es sinnvoll, den Betrag auch in Worten zu schreiben? B
c) Wer hat an wen welchen Betrag bezahlt? B
d) Beschreiben Sie den Grund der Zahlung. B

## Postnachnahmen [Postal cash on delivery]

Die Postnachnahme hat vor allem im Fernabsatz große Bedeutung. Der Auftraggeber weist dabei die Post an, dem Käufer eine Postsendung (Brief oder Paket) zuzustellen. Die **Postsendung** wird aber nur gegen **sofortige Bezahlung ausgefolgt.** Der durch die Post einkassierte Geldbetrag wird anschließend dem Auftraggeber (Zahlungsempfänger)

- auf seinem **Konto gutgeschrieben** oder
- **bar ausbezahlt.**

An Gebühren sind das Beförderungsentgelt für die Sendung und ein Nachnahmeentgelt zu entrichten. Näheres über die Gebühren finden Sie unter **www.post.at** oder im Post-Tarifrechner (dieser ist auf jedem Postamt erhältlich).

# 3 Überweisungen, Daueraufträge, Lastschriften [Transfers, standing orders, direct debits]

Den bargeldlosen Geldverkehr von Konto zu Konto nennt man Giroverkehr.

## Der Giroverkehr [Funds (Credit) transfer system]

giro (sprich: schiro) = italienisch für Kreis

Bei Überweisungen, Daueraufträgen und Lastschriften erfolgen **Zahlungen bargeldlos von Konto zu Konto.**

Im gesamten Zahlungsverkehr ist wesentlich **mehr Buchgeld als Bargeld** im Umlauf.

Beim Giroverkehr werden die Beträge vom Konto des Zahlers abgebucht und dem Konto des Empfängers gutgeschrieben. Das direkt über die Konten fließende Geld heißt **Buchgeld** (bzw. **Giralgeld**).

Um am Giroverkehr teilnehmen zu können, muss man **über ein Konto** (auch als Girokonto oder Kontokorrentkonto bezeichnet) **verfügungsberechtigt** sein.

**Provisionen, Gebühren, Spesen**

Spesenvergleiche finden Sie unter **www.arbeiterkammer.at.**

Die Kreditinstitute berechnen für die Kontoführung Provisionen (z. B. Kontoführungsprovision, Überziehungsprovision), Gebühren (z. B. Manipulationsgebühr) und Spesen (z. B. Buchungskostenbeitrag, Porto). Die meisten Institute bieten jedoch auch Pauschalregelungen an. (Ab einem bestimmten durchschnittlichen Kontostand ist die Kontoführung manchmal sogar kostenlos.)

Übungsbeispiel

**Ü 8.16: Kontoeröffnung und Kosten für die Kontoführung** C

Erkundigen Sie sich bei Bankfilialen in Ihrer Umgebung oder über die Websites verschiedener Banken nach den Antworten auf folgende Fragen:

a) Wie wird ein Konto eröffnet? Wer kann ein Konto eröffnen? Welche Unterlagen müssen bei der Kontoeröffnung vorgelegt werden?

b) Welche Kosten entstehen durch die Kontoführung bei den unterschiedlichen Banken?

## Der Kontoauszug [Account statement]

Der Kontoauszug informiert den Kontoinhaber laufend über:

- die Zahlungsvorgänge

  Einzahlungen (z. B. Gehalt bzw. Pension auf einem Privatkonto, Zahlung einer Ausgangsrechnung auf einem Geschäftskonto)

  Auszahlungen (z. B. Telefonrechnung sowohl auf einem Privat- als auch auf einem Geschäftskonto)

- den aktuellen Kontostand

  Der aktuelle Kontostand ergibt sich aus dem alten Kontostand und den seither ausgeführten Ein- und Auszahlungen.

Valuta (Wert)

IBAN

BIC

Der Kontoauszug enthält folgende Informationen:

PSK BANK BAWAG P.S.K. Bank für Arbeit und Wirtschaft und Österreichische Postsparkasse Aktiengesellschaft

KONTOAUSZUG 3 [10] Blatt 1 von 1 vom 08.03.20 . . [9]

Gleissner Stefan

| Kontonummer | Währung | Letzter Auszug | Alter Kontostand |
|---|---|---|---|
| 00068-244-300 [11] | EUR | 10.02.20 . . | [5] 488,36 |

| Buch.-Tag | Buchungstext [1] | | Wert | |
|---|---|---|---|---|
| 09.02 | 12000 51678240481 WEG WIEN 9<br>GLEISSNER STEFAN<br>1090 WIEN AUGASSE 30 | OG/000000231 | 09.02 [2] | [3] 222,96- |
| 27.02 | 12000 58204430572 T-MOBILE AUSTRIA GMBH<br>T-MOBILE RECHNUNG 803073373910 VOM 22.02.20. | OG/000000233 | 27.02 | 35,97- |
| 02.03 | Gutschrift Überweisung entgeltfrei | VD/000000234 | 03.03 | [4] 1.786,76 |
| 04.03 | Auszahlung Maestro<br>BANKOMAT 14735 KARTE 1 04.03 UM 12.47 | MC/000000235 | 04.03 | 290,00- |

BAWAG P.S.K., Bereich: RCM2, A-1018 Wien

Gleissner Stefan
Augasse 13/7
1090 Wien

Beilagen: 2 Summe Ein: [6] 1.786,76
Summe Aus: [7] 548,93
Neuer Kontostand zu Ihren Gunsten EUR [8] 1.726,19

Bei Rückfragen erreichen Sie uns unter: 05 99 05-990
Sofern Sie nicht binnen zwei Monaten dem Kontoauszug schriftlich widersprechen, anerkennen Sie diesen.

[13] BIC: OPSKATWW [12] IBAN: AT866000000068244300

DVR 1075217 D04MMK040201PV02850P30/P1-3 0002/2064/2

000008265357 BAWAG P.S.K. Bank für Arbeit und Wirtschaft und Österreichische Postsparkasse Aktiengesellschaft

[1] Buchungstext: gibt Auskunft über die Art der Kontobewegung

[2] Wert: jener Zeitpunkt, ab welchem die Ein- und Ausgänge zinswirksam am Konto gebucht werden

[3] Ausgänge: Beträge, die vom Konto abgebucht werden

[4] Eingänge: Beträge, die dem Konto gutgeschrieben werden

[5] alter Kontostand: Kontostand des letzten Auszugs

[6] Summe Ein: Summe der Gutschriften (Eingänge)

[7] Summe Aus: Summe der Lastschriften (Ausgänge, Abbuchungen)

[8] neuer Kontostand: aktueller Kontostand zum Erstellungsdatum des Kontoauszugs
Berechnung des neuen Kontostands:

| | | |
|---|---|---|
| alter Kontostand | | 488,36 |
| + Summe der Gutschriften | + 1.786,76 | |
| – Summe der Lastschriften | – 222,96 | |
| | – 35,97 | |
| | – 290,00 | |
| neuer Kontostand (= alter Kontostand des nächsten Kontoauszugs) | | 1.726,19 |

[9] Erstellungsdatum: Datum des Ausdrucks des Kontoauszugs

[10] Nummer des Kontoauszugs und Anzahl der ausgestellten Blätter

[11] Kontonummer des Kontos, über das der Kontoauszug informiert

[12] Die IBAN (International Bank Account Number) ist die internationale Darstellung der Kontonummer. Sie enthält Informationen über Staat, Kreditinstitut und Kontonummer sowie eine Prüfziffer.

[13] Der BIC (Bank Identifier Code) ist die weltweit eindeutige Kurzbezeichnung der Bank.

Übungsbeispiel

**Ü 8.17: Kontoauszug**

**Aufgaben zum dargestellten Kontoauszug:**

a) Bei welchem Kreditinstitut wird das Konto geführt? B
b) Wer ist der Kontoinhaber? B
c) Welche weiteren Informationen können Sie dem Kontoauszug entnehmen? C

## Überweisungen (Zahlungsanweisungen) [Bank or credit transfers]

Mittels Überweisung (Zahlungsanweisung) werden im Giroverkehr **einmalige Zahlungen** durchgeführt.

Grafik
**Ablauf von Überweisungen (Zahlungsanweisungen)**

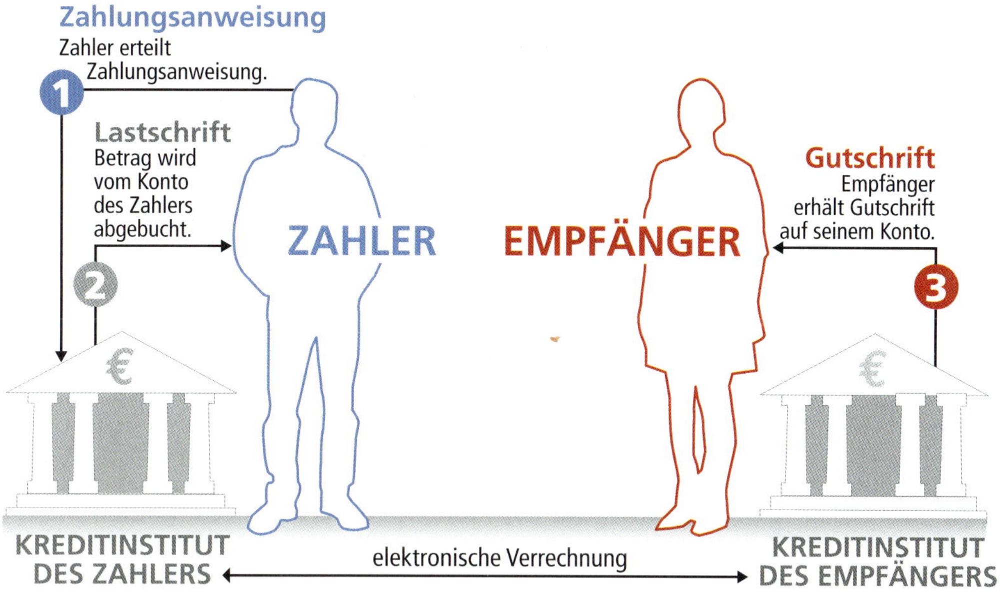


(1) Der Zahler erteilt eine Zahlungsanweisung.

(2) Der Betrag wird vom Konto des Zahlers abgebucht (Lastschrift).

(3) Der Empfänger erhält auf seinem Konto eine Gutschrift.

### Einzelüberweisung mit der Zahlungsanweisung

**Hinweis:**
Die Zahlungsanweisung wird auch in **Sonderausführungen** hergestellt (z. B. für Steuerzahlungen an das Finanzamt, Zahlungsanweisungen mit Anhang für die 1. und 2. Mahnung usw.).

Eine Einzelüberweisung wird mit der Zahlungsanweisung durchgeführt. Sie ist bei allen Kreditinstituten vereinheitlicht und besteht aus zwei Teilen, der **Zahlungsanweisung (rot)** und der **Auftragsbestätigung (schwarz).**

- Hat der Gläubiger (Verkäufer) bereits einige Angaben vorgedruckt, muss der Zahler (Schuldner, Käufer) in der Regel nur noch seine IBAN, den BIC und seine Unterschrift einsetzen (vgl. **Ü 8.18**).
- Ist am Formular hingegen nichts vorgedruckt, dann liegen die beiden Teile übereinander. Beim Ausfüllen der Zahlungsanweisung (Original) wird mittels Durchschlag zugleich die Auftragsbestätigung (Durchschrift) ausgefüllt (vgl. **Ü 8.19**).

**Beachten Sie:**
Unvollständig ausgefüllte Zahlungsanweisungen können vom Kreditinstitut nicht ordnungsgemäß bearbeitet werden. Für die Richtigstellung verrechnen die Geldinstitute zusätzliche Gebühren. Außerdem können sich die Zahlungen verzögern.

Der **Zahler (Auftraggeber)** behält die **Auftragsbestätigung** als Beleg für die durchgeführte Zahlung, der **Zahlungsempfänger** erhält die **Zahlungsanweisung.**

In einer Übergangszeit können für Einzelüberweisungen auch noch der Zahlschein (bzw. Erlagschein der PSK Bank) und das Überweisungsformular verwendet werden. Sie bestehen ebenso wie die Zahlungsanweisung aus zwei Teilen, nämlich dem Zahlschein (Erlagschein) bzw. der Überweisung und der Auftragsbestätigung. Am Zahlschein sind bereits einige Angaben vorgedruckt, das Überweisungsformular mit Durchschlag ist zur Gänze auszufüllen.

Worauf ist beim **Ausfüllen des Formulars** zu achten?

- Da die Belege soweit wie möglich computerunterstützt gelesen werden, ersuchen die Kreditinstitute, **schwarze oder blaue Kugelschreiber** zu verwenden (auf keinen Fall rot). Auch **gedruckter Text** sollte **schwarz** sein (wenn möglich **keine Stempel**).
- Lesen Sie den **Text auf allen Formularen** genau. Es ist dann leicht, die Formulare richtig auszufüllen.
- Füllen Sie den **Verwendungszweck genau aus.** Sie selbst und der Empfänger können dadurch erkennen, wofür gezahlt wurde und wie der Betrag zu verbuchen ist.

Übungsbeispiele

**Ü 8.18: Einzelüberweisung mittels teilweise vorgedruckter Zahlungsanweisung**

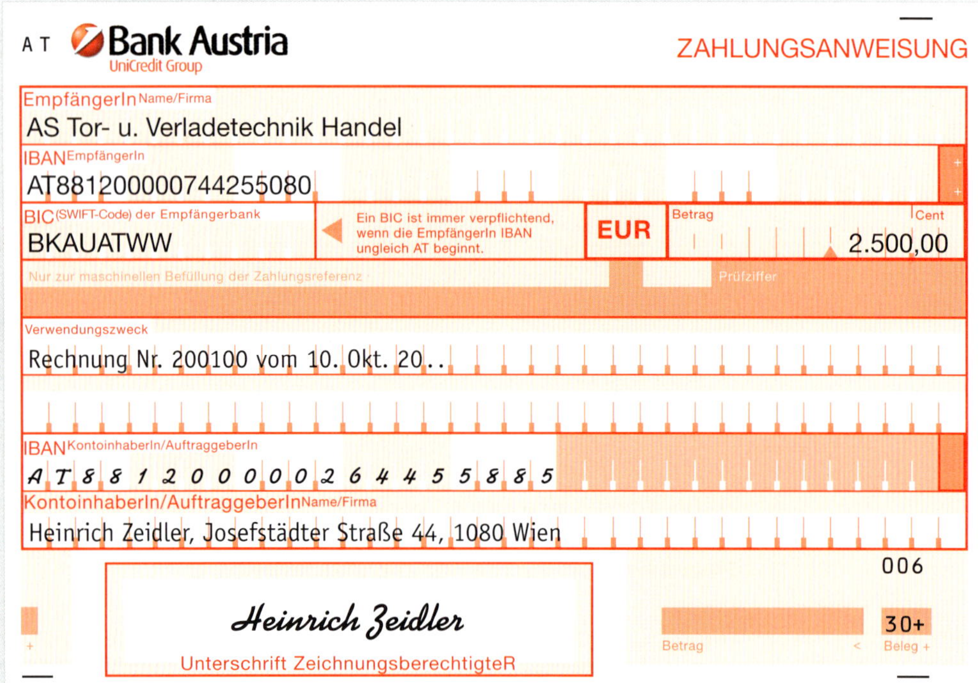
AT Bank Austria UniCredit Group

ZAHLUNGSANWEISUNG

EmpfängerIn Name/Firma
AS Tor- u. Verladetechnik Handel

IBAN EmpfängerIn
AT881200000744255080

BIC (SWIFT-Code) der Empfängerbank
BKAUATWW

Ein BIC ist immer verpflichtend, wenn die EmpfängerIn IBAN ungleich AT beginnt.

EUR | Betrag 2.500,00 Cent

Nur zur maschinellen Befüllung der Zahlungsreferenz | Prüfziffer

Verwendungszweck
Rechnung Nr. 200100 vom 10. Okt. 20..

IBAN KontoinhaberIn/AuftraggeberIn
AT881200000264455885

KontoinhaberIn/AuftraggeberIn Name/Firma
Heinrich Zeidler, Josefstädter Straße 44, 1080 Wien

006

Heinrich Zeidler

Unterschrift ZeichnungsberechtigteR

Betrag | 30+ Beleg +

**Aufgabe:**

a) Wer zahlt an wen welchen Betrag? B

b) Welchem Konto wird der Betrag gutgeschrieben, von welchem Konto wird abgebucht? B

c) Beschreiben Sie den diesem Beleg zugrunde liegenden Geschäftsfall (Hinweis: Austausch des alten Garagentors im Betriebsgebäude). C

### Ü 8.19: Einzelüberweisung mittels teilweise vorgedruckter Zahlungsanweisung

**IBAN**
am linken Rand des Felds beginnen; bei Handschrift für jede Ziffer nur ein Kästchen verwenden

**BIC**
am linken Rand des Felds beginnen; bei Handschrift nur ein Zeichen pro Kästchen

**Beispiele:**
- OPSKATWW für die PSK Bank
- GIBAATWW für die Erste Bank
- BKAUATWW für die Bank Austria

**Betrag**
**Handschrift:** Kästchen in EUR- und Cent-Feld genau einhalten; **kein** Komma setzen; verbleibende **Leerkästchen** vor der ersten Ziffer des Betrags **entwerten**
**Druckschrift:** am linken Rand des Betragsfelds beginnen; Komma und Tausenderpunkt setzen

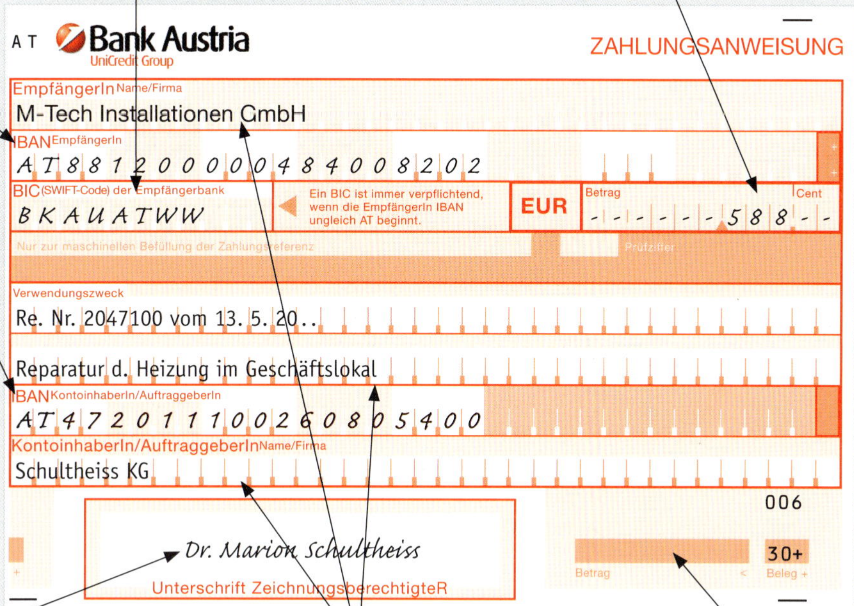


**Unterschrift**
auf jeden Fall im dafür vorgesehenen Kästchen beginnen und beenden

**Empfänger/in, Auftraggeber/in, Verwendungszweck**
**Handschrift:** in Blockbuchstaben ausfüllen und – falls erforderlich – so verständlich wie möglich abkürzen; nur ein Zeichen pro Kästchen
**Druckschrift:** Kästcheneinteilung spielt keine Rolle. Es können auch zwei Zeilen pro Formularzeile verwendet werden.

„Schreiben Sie keinesfalls in die Lesezone!"

**Aufgabe:**

a) Wer zahlt an wen welchen Betrag? B
b) Welchem Bankkonto wird der Betrag gutgeschrieben, von welchem Konto wird abgebucht? B
c) Beschreiben Sie den Geschäftsfall, der diesem Beleg zugrunde liegt. C

## Der Dauerauftrag [standing order]

Daueraufträge eignen sich für **regelmäßig wiederkehrende Zahlungen in derselben Höhe und an denselben Empfänger.**

**Beispiele**

- Kreditrückzahlung
- Ratenzahlung
- Zahlung der Miete am 1. jedes Monats

Daueraufträge werden der kontoführenden Bank erteilt. Sie können unbefristet (bis auf Widerruf) oder befristet (z. B. letzte Zahlung am 5. Juli 20..) sein.

Die Erteilung von Daueraufträgen erfolgt am Schalter der Bank oder elektronisch.

**Daueraufträge helfen** also, **Zahlungstermine nicht zu vergessen,** und ersparen dem Zahler die regelmäßigen Überweisungen. Für den **Zahlungsempfänger** haben sie den Vorteil, dass **er sich** auf den **pünktlichen Eingang der Beträge verlassen** kann, wenn das Konto des Schuldners gedeckt ist. Vor allem Vermieter legen daher oft großen Wert darauf, dass der Mieter Daueraufträge für die Mietzahlungen erteilt.

Eine **Sonderform des Dauerauftrags ist der Sparabschöpfungsauftrag.** Durch diesen wird das Restguthaben, das sich zu einem bestimmten Termin noch auf einem Gehalts- oder Girokonto befindet, bis zu einer bestimmten Höhe automatisch auf ein Sparbuch übertragen. Vorteil: Das Sparbuch bietet eine höhere Verzinsung.

## Der Lastschriftverkehr [Direct debit system]

Beim Lastschriftverkehr erhält der **Zahlungsempfänger** vom Zahlungspflichtigen die **Berechtigung** („Einzugsermächtigung"), **Beträge** von dessen Konto bei Fälligkeit **eigenständig abzubuchen (einzuziehen). Der Zahlungsempfänger verfügt daher in gewissem Rahmen über das Konto des Zahlungspflichtigen!**

Der Lastschriftverkehr eignet sich, wenn

- beim **Zahlungsempfänger** ein **umfangreicher Zahlungsverkehr** besteht und
- beim **Zahlungspflichtigen wiederkehrende Zahlungen in ungleicher Höhe** und/oder zu **ungleichen Terminen** anfallen.

**Beispiele**

- Abbuchung monatlich unterschiedlich hoher Betriebskosten durch die Hausverwaltung
- Strom- und Gasrechnungen einschließlich der Jahresabrechnung
- Telefonrechnungen
- Rundfunkgebühren

### Vorteile des Lastschriftverkehrs

Der **Zahlungsempfänger** kann sich auf einen **pünktlichen Eingang der Zahlungen verlassen** (soweit das Konto des Schuldners gedeckt ist) und er **erspart sich die Fälligkeitskontrolle, eventuelle Mahnungen und die Kosten für die Bearbeitung der Zahlungsanweisungen.**

Der **Zahlungspflichtige** erspart sich die Terminkontrolle und die Durchführung der einzelnen Überweisungen. Außerdem entstehen ihm **geringere Kosten,** da manche Unternehmen Zahlscheingebühren verrechnen.

### Nachteile des Lastschriftverkehrs

**Beachten Sie:** Es muss ein bestimmtes Vertrauensverhältnis zwischen dem Zahlungspflichtigen und dem Empfänger bestehen, da der Empfänger über das Konto des Zahlers verfügen kann.

Die einzelnen Lastschriften **erfolgen ohne Zutun des Zahlungspflichtigen** und sind nur mehr **nachträglich aus dem Kontoauszug** ersichtlich. Der Zahler muss die **abgebuchten Beträge** daher regelmäßig und **genau kontrollieren.**

Der Zahlungspflichtige kann jedoch einem **ungerechtfertigten Einzug widersprechen.** Die **Bank muss dann den Betrag** seinem Konto gebührenfrei und rückwirkend zum Datum der falschen Abbuchung wieder **gutschreiben.**

Eine Beschränkung der Höhe der Abbuchung ist bei Erteilung eines Einziehungsauftrags möglich.

**Übungsbeispiel**

**Ü 8.20: Einzugsermächtigung für Rundfunkgebühren** C

Stellen Sie sich vor, Sie treten nach Abschluss der Handelsschule eine Stelle als Angestellte/r in einem Betrieb an, der weit entfernt von Ihrem Elternhaus liegt. Sie mieten daher eine eigene kleine Wohnung und stellen darin einen Fernseher auf. Sie sind daher verpflichtet, Rundfunkgebühren zu bezahlen. Damit Sie nicht immer an die fällige Überweisung denken müssen, erteilen Sie der GIS die Einzugsermächtigung für die Abbuchung der Gebühren. Füllen Sie dazu das folgende Formular aus.

Mit einer **Einzugsermächtigung** für Ihre Rundfunkgebühren ersparen Sie sich den Weg zur Post oder Bank, eventuelle Einzahlungsentgelte, das Beobachten der Zahlungsfristen sowie mögliche Säumniszuschläge durch nicht fristgerechte Einzahlung. Sofern Sie die Vorteile dieser Zahlungsart nutzen möchten, füllen Sie bitte untenstehende Einzugsermächtigung aus.

GIS GEBÜHREN INFO SERVICE

Nachname | Vornamen

Straße/Gasse/Platz

Hausnummer | Stiege | Stock | Tür | Vorwahl | Telefonnummer

PLZ | Ortsgemeinde | Teilnehmernummer

Bankverbindung/Ort | Bankleitzahl

Kontonummer

Hiermit ermächtige ich Sie widerruflich, die von mir zu entrichtenden Zahlungen bei Fälligkeit zu Lasten meines Kontos mittels Lastschrift abzuziehen. Damit ist auch meine kontoführende Bank ermächtigt, die Lastschrift einzulösen, wobei für diese keine Verpflichtung zur Einlösung besteht, insbesondere dann, wenn mein Konto die erforderliche Deckung nicht aufweist. Ich habe das Recht, innerhalb von 56 Kalendertagen ab Abbuchungstag ohne Angabe von Gründen die Rückbuchung bei meiner Bank zu veranlassen.

Ich wähle die Verrechnung:

☐ 1 x jährlich ☐ 2 x jährlich ☐ 6 x jährlich

Die Rundfunkgebühr ist im Voraus zu entrichten.

Unterschrift/kontomäßige Führung

20052A

Senden Sie bitte die ausgefüllte Einzugsermächtigungskarte an:

**GIS GEBÜHREN INFO SERVICE GMBH**
Postfach 1000
1051 Wien

Dokument drucken | Dokument speichern

# 4 Elektronisch bezahlen [Electronic payments]

## Online-Zahlung [Online payments]

Die Abwicklung von Bankgeschäften mit dem Computer oder dem Handy bzw. dem Smartphone löst den herkömmlichen, formulargebundenen Zahlungsverkehr mehr und mehr ab. Die Vorteile des elektronischen Zahlungsverkehrs liegen vor allem in der **Kostenersparnis.**

Derzeit gibt es vor allem folgende Möglichkeiten des elektronischen Zahlungsverkehrs:

**Grafik**
**Online-Zahlung**

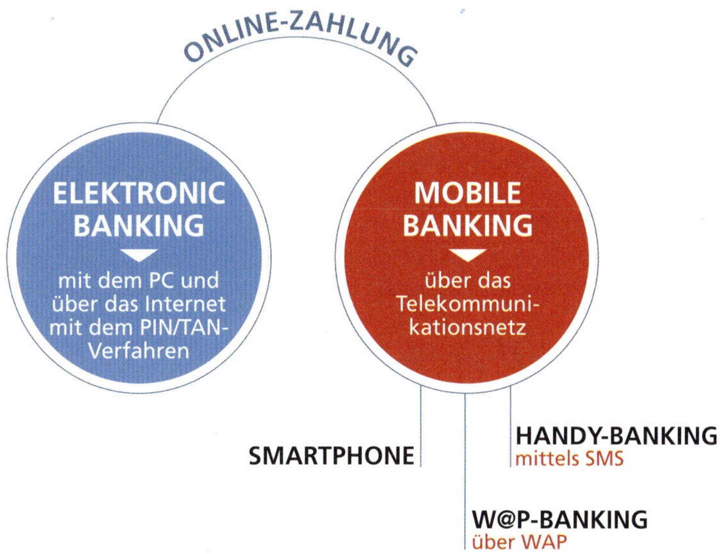


8 Ordnungsgemäße Erfüllung

### (1) Electronic Banking (E-Banking) mit PC und Internet

Im E-Banking werden die Zahlungen online über das Internet abgewickelt. Die Websites der Banken sind dazu mit einer speziellen Banking-Software ausgestattet. Der Zahlungspflichtige erhält über die Website einen Zugang zum Bankserver und kann so auf sein Bankkonto zugreifen und die Zahlungen durchführen.

Zur Teilnahme am E-Banking ist der Abschluss eines E-Banking-Vertrags (die Banken stellen diesen z. B. auf der Website zum Download zur Verfügung) erforderlich, damit das vorhandene Girokonto für E-Banking freigeschaltet wird.

#### Datensicherheit

Da die Daten über das Internet übertragen werden, kommt der Datensicherheit besondere Bedeutung zu. Sie wird erreicht durch:

- die **Legitimation** des Nutzers durch Benutzerkennung und PIN

  Einen Zugang zum Bankserver erhält man nur über einen **Login.** Bei diesem muss man sich durch Eingabe der **Benutzerkennung** (User-Identifikation) und der **PIN** (Persönliche Identifikationsnummer) legitimieren.

  Als PIN können Zahlen- und/oder Buchstabenkombinationen verwendet werden. Die PIN sollte nicht mit dem Kontoinhaber in Verbindung gebracht werden können. **Ungeeignet sind** daher z. B. **Geburtsdaten, Namen, Konto- bzw. Telefonnummern,** da diese zu leicht zu erraten sind.
- die **Autorisierung** jeder einzelnen Überweisung mit der TAN

  Für jede Überweisung ist eine **TAN** (Transaktionsnummer) einzugeben. Mit ihr wird die Überweisung „elektronisch unterschrieben". Die TAN ist ein Einweg-Passwort, das aus einer Zufallszahl/Buchstabenkombination besteht.

  Eine **TAN** kann für **eine Überweisung oder für mehrere Überweisungen,** die gleichzeitig erfolgen sollen, **verwendet werden.** Sie wird **nach Ausführung des Auftrags ungültig** und kann daher von einem Dritten nicht missbräuchlich für weitere Überweisungen verwendet werden.

  Die **TAN erhält man** entweder direkt bei der Zahlung in **einer SMS auf das Handy** („TAC-SMS") oder man kann sich im Vorhinein eine **schriftliche TAN-Liste** zusenden lassen.

#### Vorteile des Electronic Banking

Auf den Bankserver kann rund um die Uhr an jedem Tag im Jahr zugegriffen werden (es gibt keine begrenzten Banköffnungszeiten, keine Sonn- und Feiertage). Außerdem können die Bankgeschäfte rasch und bequem erledigt werden:

- Es gibt keine Warteschlange vor dem Schalter, dem Kontoauszugsdrucker usw.
- Auf das Konto kann von zu Hause aus, vom Büro aus oder auch von unterwegs zugegriffen werden. Ein Kontoauszug kann direkt am eigenen Drucker ausgedruckt werden.

### (2) Mobile Banking

Beim Mobile Banking (mobiles Online-Banking) wird die Verbindung zum Bankserver über das Telekommunikationsnetz hergestellt. Folgende Varianten sind derzeit von Bedeutung:

- Smartphones

  Mit Smartphones können die Zahlungen gleich wie mit dem PC über das Internet abgewickelt werden. Über das Smartphone erhält der Zahler über sogenannte Internet-Zugriffspunkte einen vollständigen Zugang zum Bankserver.

- W@p-Banking

  Der Zahler benötigt ein WAP-fähiges Handy, mit dem er seine Zahlungen über die Website der Bank abwickeln kann.

  Der W@p-Dienst bietet einen hohen Grad an Sicherheit, da wie im E-Banking mit dem PIN/TAN-Verfahren gearbeitet wird.

- Handy-Banking

  Das Handy-Banking wird vor allem zur Kontostands- und Kontoumsatzabfrage verwendet. Der Kunde schickt ein Anfrage-SMS an eine spezielle Rufnummer der Bank, diese übermittelt Kontostand und Kontoumsatz wiederum per SMS.

## 5 Mit Karten zahlen [Card payments]

Folgende Zahlungskarten gibt es:

**Grafik Zahlungskarten**

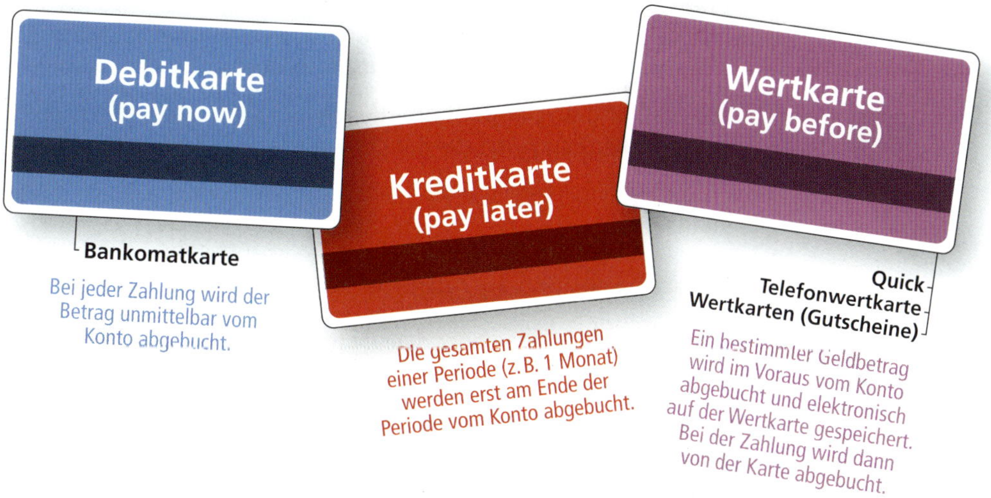


### Bankomatkarte (Maestro-Karte) [Debit card]

Die Bankomatkarte ist eine Magnetstreifenkarte mit Chip, auf dem Daten gespeichert sind.

**Beispiel für eine Bankomatkarte (Vorderseite):**

Für die Bankomatkarte muss meistens eine Gebühr entrichtet werden; manche Banken bieten sie aber auch gratis an.

*1 Bankomatkarte-Terminal*
*Terminal ist online mit Bankomatkarte verbunden und prüft ob man bezahlen kann.*

Mit der Bankomatkarte kann man sowohl Bargeld abheben als auch bargeldlos bezahlen. Der Betrag wird sofort vom Konto abgebucht.

Mit der Bankomatkarte bekommt man eine PIN, die sowohl bei der Abhebung von Bargeld am Geldautomaten (Bankomaten) als auch bei der Bezahlung an einer Bankomatkasse eingegeben werden muss. Wer im Besitz der Bankomatkarte ist und die PIN kennt, kann an jedem Geldautomaten Bargeld abheben und an Bankomatkassen bezahlen.

Beachten Sie daher folgende **Sicherheitsvorkehrungen:**

Sicherheitsvorkehrungen

**Lernen Sie die PIN auswendig** und/oder **notieren** Sie sie **so**, dass **niemand einen Zusammenhang mit der Bankomatkarte herstellen kann.** Sie vermeiden dadurch den Missbrauch bei Verlust oder Diebstahl der Karte.

Geben Sie acht, dass bei der **PIN-Eingabe niemand unmittelbar hinter Ihnen steht** (und Ihnen über die Schulter schaut).

**Kontrollieren** Sie regelmäßig die Bankomatkarten-Abbuchungen auf Ihren Kontoauszügen.

Lassen Sie bei Verlust der Bankomatkarte Ihr **Konto sofort sperren!** Die entsprechenden Notruftelefonnummern sind auf jedem Bankomat angegeben.

8 Ordnungsgemäße Erfüllung

Bankomat

- **Bargeldabhebung**
  Im Inland und in der Eurozone können an Geldautomaten (Bankomaten) pro Abhebung und Tag bis zu € 400,– abgehoben werden.

  Im Foyer der kontoführenden Bank können in der Regel höhere Beträge (z. B. bis zu € 3.000,–) abgehoben werden, wenn das Konto gedeckt ist, d. h., wenn ein ausreichendes Guthaben zur Verfügung steht oder ein entsprechender Kontoüberziehungsrahmen eingeräumt wird.

- **Bezahlung an der Bankomatkasse**
  Für die Bezahlung mit der Bankomatkarte wird das Limit von der jeweiligen Bank festgelegt.

Weitere Informationen zu den Funktionen der Bankomatkarte finden Sie unter **www.bankomatkarte.at.**

## Kreditkarte [Credit card]

Die Kreditkarte ist neben der Bankomatkarte das zweite große Kartenzahlungssystem für Privatpersonen.

**Beispiel für eine Kreditkarte:**

Die Kreditkarte wird zur **Bezahlung direkt am Point of Sale** (im Geschäft) sowie im **Onlineshopping** verwendet:

- Bei der Bezahlung direkt am Point of Sale stellt der Verkäufer einen speziellen **Kreditkartenleistungsbeleg** entweder elektronisch von einem „Point-of-Sale-Terminal" oder mit einer Handdruckmaschine (Imprinter) aus. Der Kreditkarteninhaber unterschreibt den Leistungsbeleg und bestätigt damit die Richtigkeit des bezahlten Betrags.
- Im **Onlineshopping** erfolgt die Bezahlung im **„unterschriftslosen Verfahren".** Der Käufer gibt bei der Zahlung seine **Kreditkartennummer, das Ablaufdatum der Kreditkarte und die Kartenprüfnummer** (auf der Rückseite der Kreditkarte) in die Bestellmaske ein. Die Kreditkarte ist derzeit das am weitesten verbreitete Zahlungsmittel im Onlineshopping.

**Kosten** der Kreditkarte:

- Der **Kreditkarteninhaber** muss je nach Kreditkartenorganisation derzeit etwa € 20,– bis € 70,– pro Jahr bezahlen. Manche Online-Banken bieten Kreditkarten jedoch gratis an. Der mit der Kreditkarte bezahlte Betrag wird erst dann vom Konto abgebucht, wenn die Monatsrechnung eintrifft (etwa 4 bis 6 Wochen später). Zinsen werden dabei keine berechnet.
- Der **Verkäufer** muss je nach Umsatzhöhe derzeit 2 bis 4 % des Umsatzes an die Kreditkartenorganisation abführen. Diese Provision stellt zwar für den Verkäufer zusätzliche Kosten dar, andererseits sind aber die Käufer, die mit Kreditkarte bezahlen, meist zahlungskräftigere Kunden.

Weltweit gibt es derzeit vier große **Kreditkartenorganisationen:**

- VISA **(www.visaeurope.at)**
- MasterCard **(www.mastercard.at)**
- American Express **(www.americanexpress.at)**
- Diners Club **(www.dinersclub.at)**

VISA und MasterCard sind sowohl weltweit als auch in Österreich die beiden führenden Systeme.

Mit der Verwendung einer Kreditkarte sind mehrere **Gefahren** verbunden:

- **Verlustgefahr:**
  Solange die Kreditkarte nicht gesperrt ist, kann der Finder die Unterschrift fälschen und am Point of Sale einkaufen (in der Regel haftet der Inhaber aber nur bis zu einem bestimmten Betrag).

- **Verschuldungsgefahr:**
  Das einfache bargeldlose Einkaufen erhöht die Gefahr der Verschuldung. Man sollte sich daher Aufzeichnungen über die mit der Kreditkarte bezahlten Rechnungsbeträge machen und Belege sammeln.

- **Betrugsgefahr** bei Internetzahlungen mit dem unterschriftslosen Verfahren:
  Die Gefahr kann sich durch den Missbrauch der Kreditkartendaten durch betrügerische Internetanbieter oder durch die Ausspähung der Kreditkartendaten während der Online-Übermittlung mit anschließendem Missbrauch ergeben.

  **Achten Sie** daher bei Bezahlungen mit der Kreditkarte im Internet immer **darauf, dass** die entsprechende **Website verschlüsselt** ist. Sie erkennen diese **SSL-Verschlüsselung** z. B. an der Internetadresse, die mit https:// beginnt.

## Wertkarten (Smartcards) [Pre-paid reloadable cards]

Bei den Wertkarten wird ein bestimmter Geldbetrag im Voraus vom Konto abgebucht und elektronisch auf der Wertkarte gespeichert. Bei der Zahlung wird dann vom Guthaben auf der Karte abgebucht.

- **Quick (elektronische Geldbörse)**
  Quick ist eine elektronische Geldbörse, in der Geld elektronisch gespeichert wird. Es eignet sich besonders zur Bezahlung kleinerer Beträge an Bankomatkassen, Parkscheinautomaten, Tankstellen, Fahrscheinautomaten, Getränkeautomaten, Kopierern usw. Für den Zahler vermindert sich dadurch vor allem der Bedarf an Münzgeld, für den Verkäufer das aufwendige Handling der Münzen.

  Am weitesten verbreitet ist Quick derzeit als eine Zusatzfunktion auf der Bankomatkarte. Der Chip kann bei allen Bankomaten jederzeit wieder aufgeladen werden (derzeit bis maximal € 400,–). Der geladene Betrag wird vom Konto abgebucht. Bei Zahlung wird der Rechnungsbetrag vom Chip-Guthaben abgebucht.

  Quick ist nicht sicherer als herkömmliches Bargeld (Verlustrisiko). Beim Aufladen ist die PIN einzugeben, gezahlt werden kann jedoch ohne PIN.

- **Telefonwertkarte und sonstige Wertkarten (Gutscheine)**
  Telefonwertkarten können z. B. auf der Post, an Tankstellen, in Trafiken oder im Internet gekauft werden. Die Karten sind mit verschiedenen Guthaben erhältlich. Der Kartenverkäufer leitet den Kaufpreis an die jeweilige Telefongesellschaft weiter. Während des Telefonats mit dem Wertkartentelefon wird die Gesprächsgebühr abgebucht. Der aktuelle Kartenstand kann jederzeit telefonisch oder im Internet abgerufen werden. Viele Unternehmen (z. B. H&M) bieten Gutscheine in Form von Wertkarten an. Die Karten sind ebenfalls meist mit unterschiedlichen Guthaben erhältlich.

## Billing-Systeme [Telecommunications billing systems]

Billing-Systeme ermöglichen eine Bezahlung direkt mit dem Mobiltelefon. Im Gegensatz zum Mobile Banking wird die Zahlung nicht über die Website der Banken abgewickelt.

Ein derzeit gängiges Billing-System ist „paybox" (mobile Geldbörse). Käufer und Verkäufer müssen dazu bei paybox registriert sein (paybox PIN). Es kann sowohl im Internet (Zahlungsoption „paybox") als auch offline (z. B. Einzelhandel, Taxi, Kino, Aufladung der Telefonwertkarte) bezahlt werden.

# Üben

A B C D E

## Ü 8.21: Kassazettel B

Sehen Sie sich den Ausdruck der Computerkasse Ihres letzten Einkaufs im Supermarkt an. Enthält er eine Zahlungsbestätigung?

## Ü 8.22: Rechnung, gesetzliche Bestandteile B

Ein Unternehmer zahlt im Restaurant für ein Essen für 4 Personen € 156,–.

a) Kann er eine Rechnung verlangen?
b) Er will das Essen als Geschäftsessen verrechnen. Welche Anforderungen muss die Rechnung in diesem Fall erfüllen?
c) Welche Anforderungen müsste die Rechnung zumindest erfüllen, würde der Rechnungsbetrag nur € 136,– betragen?

## Ü 8.23: Barinkasso C

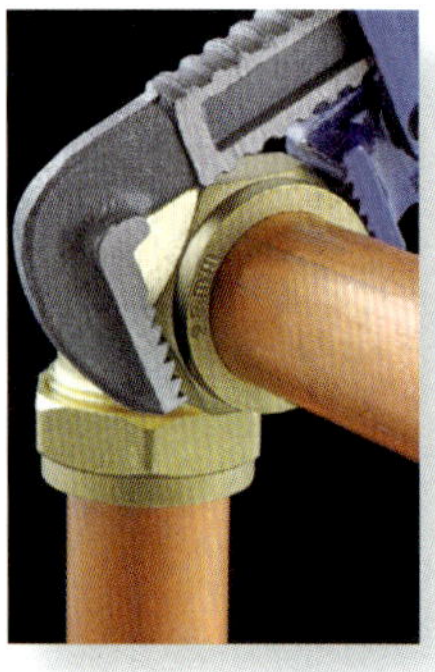

Ein Handwerker repariert eine Heizung. Anschließend drängt er darauf, den Rechnungsbetrag sofort bar zu kassieren.

a) Welchen Grund könnte er dafür haben?
b) Welchen Beleg muss er ausstellen, wenn er € 480,– (inkl. 20 % USt) kassiert und die Reparatur für einen Unternehmer durchgeführt wurde?

## Ü 8.24: Zahlung im Onlineshopping C

Ein Internetanbieter übersendet die in seinem Onlineshop bestellte Ware per Post.
Welche Zahlungsform wird er wählen, wenn der Käufer bei Übernahme der Ware bezahlen soll?

## Ü 8.25: Abbuchungen kontrollieren B

Eine Stromrechnung wird ungerechtfertigterweise von Ihrem Konto abgebucht.

a) Wie können Sie dies feststellen?
b) Was können Sie tun?

## Ü 8.26: Unterschied Dauerauftrag und Lastschriftverkehr B

Ein Rauchfangkehrer muss bei den Hausverwaltungen der von ihm betreuten Häuser vierteljährlich die Kehrgebühr einheben.

a) Wovon hängt es ab, ob sich dafür besser ein Dauerauftrag oder ein Lastschrifteinzug eignet?
b) Von wem geht die Initiative beim Dauerauftrag und von wem geht sie beim Lastschriftverkehr aus?

## Ü 8.27: Vergleich verschiedener Kreditkarten: Recherche- und Projektaufgabe D

Vergleichen Sie die Kosten und die Nebenleistungen bei verschiedenen Kreditkartenorganisationen. Stellen Sie fest, an welche Bedingungen diese Nebenleistungen gebunden sind. Prüfen Sie, bis zu welchem Selbstbehalt den Karteninhaber Verlust- und Betrugsgefahr treffen. Ermitteln Sie, was die Teilzahlung der Monatsrechnung an Zinsen kostet. Stellen Sie die Ergebnisse übersichtlich dar.

Stellen Sie in Ihrer Umgebung fest, welche Unternehmen welche Kreditkarten akzeptieren. Vielleicht können Sie sogar bei einigen Unternehmen, die keine Kreditkarten akzeptieren, fragen, warum dies so ist.

Stellen Sie stichprobenweise fest, ob in Unternehmen, die sowohl über Bankomatkassen verfügen als auch Kreditkarten akzeptieren, häufiger die Bankomatkarte oder häufiger die Kreditkarte verwendet wird.

## Ü 8.28: **Vergleich Zahlungskarten** B

Reihen Sie die Kreditkarte, Quick und die Bankomatkarte nach dem Zeitpunkt der Abbuchung des Zahlungsbetrags vom Konto des Zahlers, beginnend mit der frühesten Abbuchung:

| Rang | Zahlungskarte |
|---|---|
| 1. | Quick |
| 2. | Bankomat |
| 3. | Kredit |

*Zusatzfrage:*

Welche Karte ist im Hinblick auf den Zeitpunkt der Abbuchung des Zahlungsbetrags von seinem Konto für den Karteninhaber am günstigsten? (Begründen Sie Ihre Antwort.)

## Ü 8.29: **Barzahlung**

### Ihr Unternehmen

Notarin Dr. Manuela Heiss, 1010 Wien, Kärntner Straße 50/4

### Sachverhalt

Sie arbeiten im Sekretariat der Notariatskanzlei. Der Klient Mag. Michael Herzog, Gärtnersteg 39/19, 1210 Wien, kommt am 19. Dezember 20 . . in die Notariatskanzlei und leistet die vereinbarte Anzahlung in der Höhe von € 600,– (inkl. 20 % USt) für die Notariatsgebühr für den Kaufvertrag 022/34/ . . über eine Eigentumswohnung in der Werdertorgasse 27/11, 1010 Wien.

### Aufgabe

Bestätigen Sie dem Klienten die Akontozahlung mit untenstehender Quittung. C

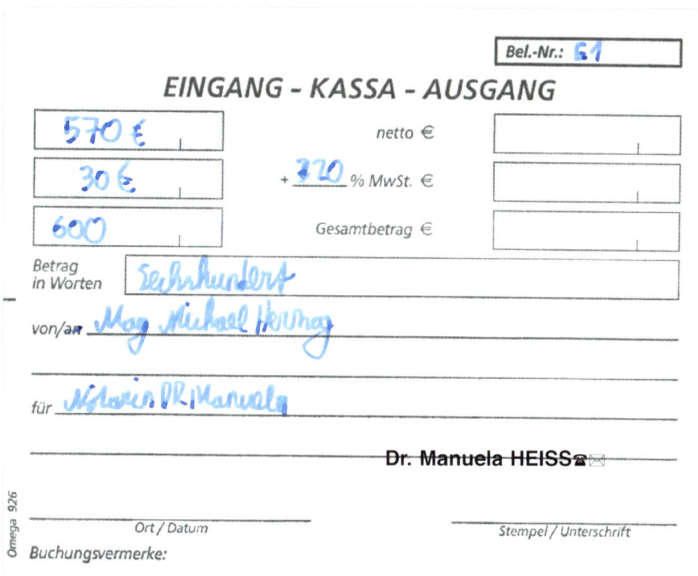
Bel.-Nr.: 61

EINGANG - KASSA - AUSGANG

| | | |
|---|---|---|
| 570 € | netto € | |
| 30 € | + 20 % MwSt. € | |
| 600 | Gesamtbetrag € | |

Betrag in Worten: Sechshundert

von/an: Mag. Michael Herzog

für: Notarin DR. Manuela

Dr. Manuela HEISS

Ort / Datum

Stempel / Unterschrift

Omega 926

Buchungsvermerke:

### Ü 8.30: Überweisung

**Ihr Unternehmen**

Euro Shop Bau GmbH, Installationen, 1160 Wien, Ottakringer Straße 245,
Erste Bank, IBAN AT472011100046411310, BIC GIBAATWW

**Arbeitsunterlage**

Sie erhalten folgende Rechnung für den Einkauf einer neuen Maschine:

**Bolz**
**Befestigungstechnik**

1030 WIEN, Franzosengraben 29 Tel. +43 1 31 26 26-0 E-Mail: office@bolz.com

Euro Shop Bau GmbH
Installationen
Ottakringer Straße 245
1160 Wien

**RECHNUNG**

| NUMMER | RE-DATUM | LIEFERUNG | KUNDEN-NR | UID |
|---|---|---|---|---|
| 327432 | 20..-03-09 | 20..-03-09 | 46756000 | ATU84729294 |

| POS. | ARTIKEL NR. | BEZEICHNUNG | MENGE | PREIS EUR | BETRAG EUR |
|---|---|---|---|---|---|
| 010 | 178061 | TP 400 MK*MEISSELHAMMER GERÄTE NR. 35560 | 1 | 1.662,00 | 1.662,00 |
| 020 | 606814 | TP 19 SM36*SPITZMEISSEL | 1 | 37,50 | 37,50 |
| 030 | 606798 | TP 19 FM36*FLACHMEISSEL | 1 | 37,50 | 37,50 |

**SKONTO: 10 TAGE 2 % 90 TAGE NETTO KASSA**

| | |
|---|---|
| AKTIONSSONDERPREIS | **1.650,00** |
| 20% UST | **330,00** |
| ENDSUMME | **1.980,00** |

BEI ZAHLUNG UNBEDINGT RECHNUNGSNUMMER ANGEBEN.
BEI ZIELÜBERSCHREITUNG WERDEN 12 % p. a. VERZUGSZINSEN BERECHNET. ZAHLBAR UND KLAGBAR IN WIEN.
LIEFER- UND ZAHLUNGSBEDINGUNGEN UMSEITIG.
PSK BANK, IBAN AT866000000064520046, BIC OPSKATWW, KTO.-NR. 64520046, BLZ 60000

**Aufgabe**

Sie überweisen den Rechnungsbetrag am 17. März 20.. vom Konto der Euro Shop Bau GmbH bei der Erste Bank. Füllen Sie die Zahlungsanweisung aus. C

AT ZAHLUNGSANWEISUNG

EmpfängerIn Name/Firma

IBAN EmpfängerIn

BIC (SWIFT-Code) der Empfängerbank

Ein BIC ist immer verpflichtend, wenn die EmpfängerIn IBAN ungleich AT beginnt.

EUR Betrag Cent

Nur zur maschinellen Befüllung der Zahlungsreferenz Prüfziffer

Verwendungszweck

IBAN KontoinhaberIn/AuftraggeberIn

KontoinhaberIn/AuftraggeberIn Name/Firma

006

Unterschrift ZeichnungsberechtigteR

Betrag < 30+ Beleg +

**Ü 8.31: Fallbeispiel Kraus & Co. GmbH: Bezahlen einer Rechnung durch Überweisung**

Ihr Unternehmen

Kraus & Co. GmbH, Klima- und Heiztechnik, 2410 Hainburg/Donau, Austraße 29, Bankverbindung: Bank Austria, IBAN AT881200000062633900, BIC BKAUATWW

Arbeitsunterlage

Sie erhalten folgende Rechnung für einen Einkauf von Handelswaren:

**KEINZE GMBH**

ARMATUREN FÜR DIE MODERNE WASSERVERSORGUNG

**AUSTRIA**

1220 WIEN,
WAGRAMER STR. 10
Tel. +43 1 26 22 27 97 oder 98
Fax +43 1 26 22 28 00
E-Mail office@keinze.at

Kraus & Co. GmbH
Klima- und Heiztechnik
Austraße 29
2410 Hainburg/Donau

R E C H N U N G 19468/Blatt 4

Wien: 20..-04-27
Rechnungsdatum ist gleich Lieferdatum
UID: ATU49904468

| ARTIKELNUMMER | ARTIKELBEZEICHNUNG | BESTELLT | GELIEFERT | GES.GEWICHT | EINZELPREIS | BETRAG |
|---|---|---|---|---|---|---|
| | | | | | ÜBERTRAG | 6.557,17 |
| 830004100 | FLACHDICHTUNG DN 65 | 10 ST. | 10 | 0,00 | 0,88 | 8,80 |
| 830004600 | FLACHDICHTUNG DN 80 | 20 ST. | 20 | 0,00 | 0,96 | 19,20 |
| 830005100 | FLACHDICHTUNG DN 100 | 10 ST. | 10 | 0,00 | 1,20 | 12,00 |
| 830006600 | FLACHDICHTUNG DN 200 | 2 ST. | 2 | 0,00 | 3,04 | 6,08 |
| DIVERSES | HYDR.REP.DICHTSÄTZE DN 80 | 5 ST. | 5 | 0,00 | 36,60 | 183,00 |
| 803004100 | SPARFLANSCH F.AZ DN 65 | 4 ST. | 4 | 14,00 | 18,16 | 72,64 |
| 803004600 | SPARFLANSCH F.AZ DN 80 | 10 ST. | 10 | 38,00 | 18,48 | 184,80 |
| 803005600 | SPARFLANSCH F.AZ DN 125 | 2 ST. | 2 | 12,40 | 28,40 | 56,80 |
| 803006100 | SPARFLANSCH F.AZ DN 150 | 4 ST. | 4 | 30,40 | 36,00 | 144,00 |
| 803006600 | SPARFLANSCH F.AZ DN 200 | 2 ST. | 2 | 17,00 | 49,92 | 99,84 |
| 8H750M95 | REP.SCHELLE EINF AZ M95 | 4 ST. | 4 | 8,00 | 62,14 | 248,56 |
| 8H750M115 | REP.SCHELLE EINF AZ M115 | 2 ST. | 2 | 4,40 | 63,32 | 126,64 |
| 8H750M140 | REP.SCHELLE EINF AZ M140 | 2 ST. | 2 | 8,00 | 100,13 | 200,26 |
| 830006100 | FLACHDICHTUNG DN 150 | 10 ST. | 10 | 0,00 | 1,84 | 18,40 |
| | | | | 1.518,35 | | 7.938,19 |

ZAHLUNGSKONDITIONEN:
Zahlbar innerhalb von 7 Tagen ab Rechnungsdatum
mit 2 % Skonto oder 30 Tage netto

| | | |
|---|---|---|
| | | 7.938,19 |
| | 20% MWST | 1.587,64 |
| Bankverbindung: Erste Bank, Kto.-Nr. 34820350, BLZ 20111 | RECHNUNGSENDBETRAG | 9.525,83 |

IBAN AT472011100034820350, BIC GIBAATWW

URLAUBSSPERRE 27.7. – 7.8.20..

Bei Zahlung bitte immer Rechnungsnummer und Kundennummer angeben! Bitte beachten Sie unsere umseitigen Liefer- und Verkaufsbedingungen!
Bei Zielüberschreitung werden 12 % p.a. Verzugszinsen berechnet. Die Waren bleiben bis zur vollständigen Bezahlung unser Eigentum. Zahlbar und klagbar in Wien.

Aufgabe C

1. Überweisung am 30. April 20.. :
   a) Welchen Betrag überweisen Sie am 30. April 20.. ?
   b) Füllen Sie die Überweisung aus. Sie überweisen von Ihrem Konto bei der Bank Austria.

AT Bank Austria UniCredit Group — ZAHLUNGSANWEISUNG

EmpfängerIn Name/Firma: KEINZE GmbH

IBAN EmpfängerIn: AT472011100034820350

BIC (SWIFT-Code) der Empfängerbank: GIBAATWW

Ein BIC ist immer verpflichtend, wenn die EmpfängerIn IBAN ungleich AT beginnt.

EUR — Betrag: 9.525 — Cent: 83

Nur zur maschinellen Befüllung der Zahlungsreferenz — Prüfziffer

Verwendungszweck: Einkauf Handelswaren

IBAN KontoinhaberIn/AuftraggeberIn: AT881200000062633900

KontoinhaberIn/AuftraggeberIn Name/Firma: Kraus & Co GmbH

006

Michael Singer

Unterschrift ZeichnungsberechtigteR

Betrag — 30+ Beleg +

2. Überweisung am 23. Mai 20.. :
   a) Bis wann läuft die Zielfrist?
   b) Bis wann müssen Sie spätestens bezahlen?
   c) Sie überweisen am 23. Mai 20... Füllen Sie die Überweisung aus.

AT Bank Austria UniCredit Group — ZAHLUNGSANWEISUNG

EmpfängerIn Name/Firma: KEINZE GmbH

IBAN EmpfängerIn: AT472011100034820350

BIC (SWIFT-Code) der Empfängerbank: GIBAATWW

Ein BIC ist immer verpflichtend, wenn die EmpfängerIn IBAN ungleich AT beginnt.

EUR — Betrag — Cent

Nur zur maschinellen Befüllung der Zahlungsreferenz — Prüfziffer

Verwendungszweck: Einkauf Handelswaren

IBAN KontoinhaberIn/AuftraggeberIn: AT881200000062633900

KontoinhaberIn/AuftraggeberIn Name/Firma

006

Michael Singer

Unterschrift ZeichnungsberechtigteR

Betrag — 30+ Beleg +

## Ü 8.32: Fallbeispiel Wienerberger AG: Überweisung für zwei Rechnungen

### Ihr Unternehmen

Wienerberger AG, Ziegelwerk Mistelbach, 2130 Mistelbach, Laaer Straße 49, Bankverbindung: Bank Austria, IBAN AT881200000090917230, BIC BKAUATWW

### Sachverhalt

Rechnungen für Treibstoff der OMV-AG, 1040 Wien, Wiedner Hauptstraße 96–99, Bankverbindung: Bank Austria, IBAN 881200000017040000, BIC BKAUATWW:
1. Rechnung Nr. 17852 vom 30. April 20.. über € 4.524,47, fällig am 30. Mai 20..
2. Rechnung Nr. 18521 vom 22. Mai 20.. über € 3.406,66, fällig am 21. Juni 20..

Zahlungsbedingungen für beide Rechnungen: 10 Tage ab Rechnungsdatum mit 2 % Skonto oder 30 Tage netto

### Aufgabe C

Heute ist der 27. Mai 20... Führen Sie die Überweisung für beide Rechnungen durch.

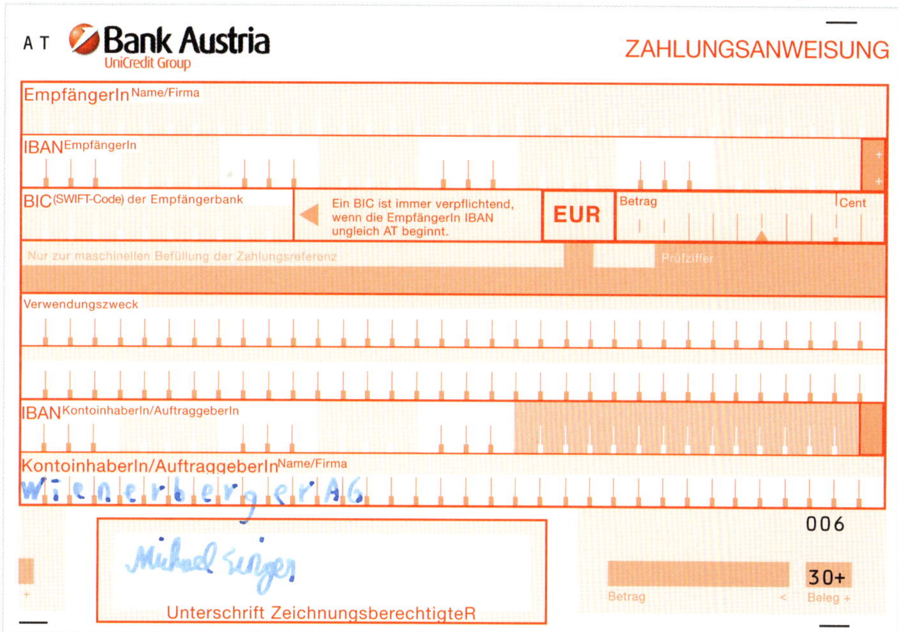

AT Bank Austria UniCredit Group

ZAHLUNGSANWEISUNG

EmpfängerIn Name/Firma

IBAN EmpfängerIn

BIC (SWIFT-Code) der Empfängerbank

Ein BIC ist immer verpflichtend, wenn die EmpfängerIn IBAN ungleich AT beginnt.

EUR Betrag Cent

Nur zur maschinellen Befüllung der Zahlungsreferenz

Prüfziffer

Verwendungszweck

IBAN KontoinhaberIn/AuftraggeberIn

KontoinhaberIn/AuftraggeberIn Name/Firma

Wienerberger AG

006

Michael Singer

Unterschrift ZeichnungsberechtigteR

Betrag

30+

Beleg +

# Sichern

SbX ID: 8023

**Barzahlung**

Die Barzahlung hat aufgrund der Vielfalt moderner elektronischer Zahlungsmethoden nur in bestimmten Bereichen Bedeutung, z. B. für kleinere Beträge bei Einkäufen des täglichen Lebens.

*cash payment*

Cash payment is now only used for certain types of transactions e.g. for small purchases (in daily life) because of the various modern electronic payment methods available.

**Zahlungsbestätigung**

Bei jeder Zahlung kann eine Zahlungsbestätigung verlangt werden:

- Auf Kassastreifen ist sie bereits automatisch gedruckt.
- Auf Rechnungen wird direkt ein Saldierungsvermerk angebracht.
- Manchmal wird eine Quittung ausgestellt.

*confirmation of payment*

A confirmation of payment can be requested for any payment:

- It is automatically printed on till receipts.
- The confirmation of payment can be shown directly on the invoice.
- Sometimes a receipt is provided.

**Rechnungslegung**

Damit Unternehmer den Vorsteuerabzug geltend machen können, muss die Rechnung den Anforderungen des Umsatzsteuergesetzes (UStG) entsprechen.

*correct invoicing*

To enable businesses to reclaim VAT charged on purchases, the invoice must comply with the Value Added Tax Act.

**Postnachnahme**

Wird eine Postsendung per Postnachnahme versendet, dann erhält sie der Empfänger nur gegen sofortige Bezahlung ausgefolgt. Die Postnachnahme hat vor allem im Fernabsatz große Bedeutung.

*postal cash on delivery*

If a consignment is sent by postal cash on delivery, the recipient may only take delivery of the goods if they pay immediately. This is particularly relevant for distance selling.

**Giroverkehr**

Der Giroverkehr umfasst alle Zahlungsmethoden, bei denen nur Buchgeld (daher kein Bargeld) verwendet wird. Er wird über die Girokonten der Beteiligten abgewickelt.

*funds transfers (credit transfers)*

Funds transfers include all non-cash methods of payment. These transactions are carried out using the participants' current accounts.

**Kontoauszug**

Der Kontoauszug informiert den Kontoinhaber laufend über die Zahlungsvorgänge (Ein- und Auszahlungen) und über den aktuellen Kontostand.

*account statement/ bank statement*

The account statement informs an account holder on a day-to-day basis of any payment transactions (deposits and withdrawals) and the current balance in the account.

**Kontostand**

Der Kontostand ergibt sich aus dem alten Kontostand zuzüglich der Einzahlungen und abzüglich der Auszahlungen.

*account balance*

The account balance is the old account balance plus any deposits and less any withdrawals.

**Einzelüberweisung**

Eine Einzelüberweisung kann mit der Zahlungsanweisung durchgeführt werden. Die Angaben müssen vollständig sein und es müssen bestimmte Ausfüllregeln beachtet werden.

*individual funds transfer*

An individual funds transfer can be carried out using a payment order. The payment information must be complete and certain rules need to be followed when filling in the payment order.

**Auftragsbestätigung**

Als Beleg für die Überweisung erhält der Zahlungsempfänger die Zahlungsanweisung, der Zahler erhält die Auftragsbestätigung.

*payment order confirmation*

As a record of the transfer, the payee receives the payment order and the payer receives a payment order confirmation.

**Dauerauftrag**

Mit einem Dauerauftrag beauftragt der Zahler sein Kreditinstitut, gleich hohe Zahlungen zu gleichbleibenden Terminen an immer denselben Empfänger zu überweisen.

Der Zahler erspart sich dadurch die regelmäßigen Überweisungen und die Evidenzhaltung der Zahlungen. Der Empfänger kann sich auf den pünktlichen Eingang der Zahlungen verlassen.

*standing order*

With a standing order, payers instruct their bank to always transfer the same amount on the same date to the same payee.

The payer therefore does not need to make regular transfers and keep records of these transfers. The payee can rely on punctual payments.

**Lastschriftverkehr**

Mit einer Einzugsermächtigung (das ist die einmalige Zustimmung im Vornhinein) darf der Empfänger wiederkehrende, aber ungleich hohe Zahlungen vom Konto des Zahlers abbuchen. Voraussetzung ist dabei ein bestimmtes Vertrauensverhältnis zwischen den Geschäftspartnern.

Der Empfänger kann sich auf einen pünktlichen Eingang der Zahlungen verlassen und er erspart sich die Fälligkeitskontrollen und eventuelle Mahnungen. Der Zahler erspart sich die Terminkontrolle und die Durchführung der einzelnen Überweisungen. Allerdings muss er die Abbuchungen regelmäßig auf den Kontoauszügen kontrollieren.

Der Auftraggeber kann die Höhe der Abbuchungen beschränken.

*direct debit*

A direct debit mandate is a one-time agreement made in advance. With this mandate, the payee can debit payments in varying amounts from the account of the payer whenever necessary. This is used when there is a certain level of trust between the business partners.

The payee can rely on punctual payments, does not need to check when payments are due, or issue any reminders. The payer doesn't need to worry about due dates and making individual transfers. However, account statements must be checked regularly for any debits.

The payer can put a limit on the amount of the direct debits.

**elektronischer Zahlungsverkehr**

Der elektronische Zahlungsverkehr umfasst die Online-Zahlung, die Bezahlung mit Zahlungskarten und Billing-Systeme.

*electronic funds transfers*

Electronic funds transfers include online transfers, payments with debit or credit cards and billing systems.

**Electronic Banking**

Beim Electronic Banking werden die Zahlungen online über das Internet abgewickelt. Anstelle der ausgefüllten Formulare werden dabei nur die Daten über die Zahlungsvorgänge übermittelt.

Voraussetzung zur Teilnahme ist die Freischaltung des Girokontos.

*electronic banking*

Electronic banking is used to make payments online using the internet. Instead of completed forms only the data about the payment transactions are transmitted.

Current accounts need to be activated for electronic banking.

**PIN/TAN-Verfahren**

Das PIN/TAN-Verfahren erhöht die Sicherheit im E-Banking:

- Für den Zugang zum Konto muss sich der Benutzer durch eine Benutzerkennung und durch die Eingabe der PIN legitimieren.
- Jede Überweisung wird mit einer TAN elektronisch unterschrieben.

*PIN/TAN procedure*

The PIN/TAN procedure makes e-banking more secure:

- Users must identify themselves with a username and PIN to access an account.
- All transactions are signed electronically with a TAN.

**Mobile Banking**

Beim Mobile Banking werden die Zahlungen über das Telekommunikationsnetz abgewickelt: über Smartphones genau wie beim E-Banking, über den WAP-Dienst ähnlich dem E-Banking oder mittels SMS.

*mobile banking*

Mobile banking enables payment using a telecommunications network: using smartphones instead of computers. It is similar to e-banking and uses a WAP service or text messaging.

**Bankomatkarte**

Mit der Bankomatkarte kann sowohl Bargeld vom Konto abgehoben als auch direkt an den Bankomatkassen bezahlt werden.

ATM/debit card

You can withdraw cash from your account or pay directly with your ATM/debit card at ATM terminals, but also in shops or other businesses.

Kreditkarte

Mit der Kreditkarte kann bezahlt werden:

- am Point of Sale mit Unterschrift am Kreditkartenleistungsbeleg
- im Onlineshopping mit dem unterschriftlosen Verfahren, d.h. nur durch Angabe der Kreditkartendaten. Die Kreditkartenzahlung ist derzeit die dominierende Zahlungsform im Onlineshopping.

credit card

Paying by credit card:

- at a point of sale by signing a credit card sales slip
- in online shopping without a signature, i.e. by providing the credit card details. This is the most popular method of payment in online-shopping.

Wertkarten

Derzeit gängige Wertkarten sind Quick, Telefonwertkarten sowie Wertkarten-Gutscheine.

prepaid cards

Popular prepaid cards include Quick, prepaid phone cards and prepaid gift-cards.

Quick

Quick ist eine elektronische Geldbörse, in der Geld elektronisch gespeichert werden kann. Am meisten verbreitet ist Quick als Zusatzfunktion auf der Bankomatkarte. Sie kann auf jedem Bankomat aufgeladen werden. Die Zahlung erfolgt ohne PIN-Eingabe.

quick

Quick is an Austrian electronic purse that stores funds electronically. Quick is most commonly used as an additional function of ATM/debit cards. It can be topped up at an ATM/cash dispenser. A PIN is not required to make payments.

Billing-Systeme

Billing-Systeme ermöglichen die Bezahlung direkt mit dem Mobiltelefon. „Paybox" ist ein derzeit gängiges System zur Bezahlung im Internet sowie im Einzelhandel, Taxi, Kino usw.

billing systems

Billing systems enable payments by mobile phone. The "Paybox" system is a commonly used system for paying online or in retail outlets, taxis, cinemas, etc.

SbX ID: 8023

**Im SbX finden Sie die englische Zusammenfassung als Audio-Wiederholung sowie eine Bildschirmpräsentation mit den Grafiken dieser Lerneinheit.**

# Wissen

SbX ID: 8024

A B C D E

**W 8.16: Zahlungsbestätigung** A

In welcher Form kann eine Zahlungsbestätigung erfolgen?

**W 8.17: Zahlungsbestätigung** A

Warum reichen für Unternehmer einfache Zahlungsbestätigungen nicht aus?

**W 8.18: Postnachnahme** A

Was geschieht mit dem durch den Postbediensteten einkassierten Nachnahmebetrag?

**W 8.19: Giroverkehr** A

Was versteht man unter dem Begriff Giroverkehr? Welche Zahlungsmethoden fallen darunter?

**W 8.20: Teilnahme am Giroverkehr** A

Was ist Voraussetzung, um am Giroverkehr teilnehmen zu können?

**W 8.21: Kontoauszug** B

Wen informiert der Kontoauszug worüber?

**W 8.22: Zahlungsanweisung** A

Aus welchen Teilen besteht die Zahlungsanweisung?

### W 8.23: Überweisungen A

Welche der folgenden Aussagen über Überweisungen sind richtig? (Mehrfachlösungen möglich)

a) Für eine Einzelüberweisung kann das Formular für die Zahlungsanweisung verwendet werden.
b) Der Zahlungsempfänger erhält als Beleg für die Durchführung der Überweisung die Auftragsbestätigung, der Überweisende die Zahlungsanweisung.
c) Der Sammelüberweisungsauftrag hat in Zeiten des Electronic Banking nur mehr geringe Bedeutung.
d) Mit einer Zahlungsanweisung können mehrere Überweisungen zugleich durchgeführt werden.

### W 8.24: IBAN und BIC A

Was versteht man unter IBAN und BIC?

### W 8.25: Vorteile des Dauerauftrags A

Welche Vorteile bietet ein Dauerauftrag?

### W 8.26: Verwendung von Restguthaben A

Sie wollen das monatliche Restguthaben auf Ihrem Konto zinsbringender anlegen. Was können Sie tun?

### W 8.27: Dauerauftrag und Lastschriftverkehr B

Welche der folgenden Aussagen über Dauerauftrag und Lastschriftverkehr sind richtig? (Mehrfachlösungen möglich)

a) Der Dauerauftrag eignet sich nur für Zahlungen, die in gleicher Höhe und in gleichen Zeitabständen an den gleichen Empfänger gehen sollen.
b) Der Dauerauftrag bietet dem Schuldner den Vorteil, dass die Evidenzhaltung der Zahlungen entfällt.
c) Der Lastschriftverkehr eignet sich nur für Zahlungen in ungleicher Höhe, die in gleichen Zeitabständen anfallen.
d) Der Lastschriftverkehr bietet dem Zahlungsempfänger den Vorteil, dass die Zahlungen pünktlich eingehen und dass er sich Fälligkeitskontrollen, Mahnungen und die Kosten für die Bearbeitung der Zahlscheine erspart.
e) Bei der Erteilung eines Dauerauftrags muss ein bestimmtes Vertrauensverhältnis zwischen dem Zahlungspflichtigen und dem Empfänger bestehen.
f) Dem Lastschriftverkehr stimmt der Empfänger durch eine Einzugsermächtigung an den Zahlungspflichtigen zu.

### W 8.28: Zahlungssicherheit A

Sicherheit ist ein wichtiges Kriterium im Electronic Banking. Wie wird sie gewährleistet?

### W 8.29: Zahlungssicherheit A

Ein Dritter überweist ungerechtfertigt per E-Banking von Ihrem Konto.

a) Welche Sicherheitssperre wurde umgangen?
b) Wie können Sie selbst dieses Risiko verringern?

### W 8.30: Electronic Banking B

Welche der folgenden Aussagen zum Electronic Banking sind richtig? (Mehrfachlösungen möglich)

a) Die Zahlungen werden über die Websites der Banken abgewickelt.
b) Zahlungen über Electronic Banking sind letztendlich nichts anderes als Überweisungen mit Formularen. Die Formulare werden lediglich mit dem Computer ausgefüllt und dann ausgedruckt.
c) Um am Electronic Banking teilnehmen zu können, muss der Bankkunde über ein Girokonto verfügen und dieses zum Electronic Banking freischalten lassen.
d) Um eine Überweisung durchzuführen, muss sich der Zahler durch Eingabe einer TAN beim Bankserver einloggen.
e) Jede Überweisung muss mit einer PIN elektronisch unterschrieben werden.

### W 8.31: Vorteile des E-Banking A

Welche Vorteile hat das Electronic Banking gegenüber dem formulargebundenen Zahlungsverkehr?

### W 8.32: Kartentypen A

Erklären Sie den Unterschied zwischen Bankomatkarte, Kreditkarte und Wertkarte.

### W 8.33: Bankomatkarte A

a) Wofür können Sie Ihre Bankomatkarte verwenden?
b) Wie wird die Sicherheit bei der Zahlung bzw. Bargeldabhebung mit der Bankomatkarte gewährleistet?

### W 8.34: Kreditkarte B

Welche der folgenden Aussagen über Kreditkarten sind richtig? (Es können auch mehrere Antworten zutreffen.)

a) Es gibt derzeit 4 große Kreditkartenorganisationen.
b) Die Monatsrechnung informiert den Kreditkarteninhaber über die Kreditkartenzahlungen.
c) Manche Verkäufer akzeptieren Kreditkarten nicht, weil sie 2 bis 4 % des Umsatzes als Provision an die Kreditkartenorganisation zahlen müssen.
d) Die Kreditkarte ist derzeit die bedeutendste Zahlungsform im Onlineshopping.
e) Bei der Bezahlung mit Kreditkarte am Point of Sale wird im unterschriftslosen Verfahren bezahlt.

### W 8.35: Kosten der Kreditkarte A

Welche Kosten entstehen dem Kreditkarteninhaber?

### W 8.36: Kreditkartenakzeptanz A

Was könnte ein Unternehmen dazu veranlassen,

a) keine Zahlungen mit Kreditkarte zu akzeptieren?
b) Zahlungen mit Kreditkarte zu akzeptieren?

### W 8.37: Gefahren der Kreditkarte A

Welche Gefahren sind mit der Verwendung einer Kreditkarte verbunden?

### W 8.38: Zahlung beim Onlineshopping A

Warum ist die Kreditkarte derzeit das wichtigste Zahlungsmittel im Onlineshopping? Welche Zahlungsmethoden werden häufig noch verwendet?

### W 8.39: Zahlungsmethoden B

Ein Handwerker repariert den Geschirrspüler im Wohnhaus von Frau Berger. Wie könnte Frau Berger bezahlen? (Mehrfachlösungen möglich)

a) ☐ Barzahlung b) ☐ Dauerauftrag
c) ☐ Einzelüberweisung d) ☐ Bankomatkarte
e) ☐ Lastschriftverkehr f) ☐ Kreditkarte

### W 8.40: Überprüfung der Monatsrechnung A

Sie stellen auf der Monatsrechnung fest, dass ein Dritter missbräuchlich mit Ihrer Karte im Internet eingekauft hat.

a) Wie ist dies möglich?
b) Was können Sie tun?
c) Ist die Gefahr eines solchen Vorfalls groß?

### W 8.41: Quick A

Sie bezahlen einen Einkauf mit Quick. Wann wird der Betrag von Ihrem Konto abgebucht?

### W 8.42: Quick A

Welche Zahlungskarte benötigen Sie, um mit Quick bezahlen zu können?

SbX
W 8.43–W 8.48 mit automatischer Aufgabenkontrolle ID: 8024

**Weitere Aufgaben zur Lernkontrolle im SbX**

### W 8.43: Zahlungsformen 1 B

Lösen Sie ein Kreuzworträtsel mit Fragen zu verschiedenen Zahlungsformen!

### W 8.44: Zahlungsformen 2 B

Lösen Sie ein Kreuzworträtsel mit Fragen zu verschiedenen Zahlungsformen!

### W 8.45: Privatkauf eines Modemkabels B

Bearbeiten Sie Aufgaben zum Thema Privatkauf anhand eines Fallbeispiels!

**W 8.46: Bezahlung einer Eingangsrechnung** B
Bearbeiten Sie Aufgaben zum Thema Bezahlung einer Eingangsrechnung anhand eines Fallbeispiels!

**W 8.47: Test: Bargeldlos zahlen** B
Überprüfen Sie mit einem Test, ob Sie Ihr Wissen erfolgreich anwenden können!

**W 8.48: Test: Elektronischer Zahlungsverkehr** B
Überprüfen Sie mit einem Test, ob Sie Ihr Wissen erfolgreich anwenden können!

English question

**E 8.06: Match the following methods of payment with the situations:**

| | | | |
|---|---|---|---|
| 1. | ATM/debit card | a) | An arrangement with your bank where they automatically transfer a certain amount at regular intervals from your current account to the current account of the person/business who should receive it. |
| 2. | cash payment | b) | Money is loaded on a card and you can use this to pay small amounts. |
| 3. | credit card | c) | Movements between the current accounts of various holders. |
| 4. | direct debit | d) | Movements between your account and other accounts which are handled electronically. |
| 5. | electronic banking | e) | You carry notes and coins and use these to buy goods and services. |
| 6. | electronic funds transfer | f) | You give permission for specified creditors to withdraw money – up to a certain limit – from your account. This permission is valid until you decide to change it. |
| 7. | funds transfers | g) | You go to a special computer terminal and using your PIN you can withdraw money or pay for goods. |
| 8. | mobile ban-king | h) | You pay the representative of the postal service who delivers the goods to your door. |
| 9. | postal cash on delivery | i) | You sign a special slip when you pay for goods, or you can simply input your details in a form online. |
| 10. | prepaid cards | j) | You use the computer to deal with your banking business. |
| 11. | standing order | k) | You use your smart phone to pay for goods and services. |

Ein kurzer Kompetenz-Check, bevor's weitergeht!

## Kompetenz-Check

| | ☺ | 😐 | ☹ |
|---|---|---|---|
| Ich kann Barzahlungen, auch mithilfe der Post, abwickeln. | | | |
| Ich kenne die Bedeutung des Giroverkehrs für den Zahlungsverkehr. | | | |
| Ich kann ein Konto eröffnen. | | | |
| Ich kann das notwendige Formular für eine Überweisung ausfüllen. | | | |
| Ich kann einen Dauerauftrag und einen Lastschrifteinzug situationsgerecht einsetzen und kenne ihre jeweiligen Vor- und Nachteile. | | | |
| Ich kann die Möglichkeiten, die Vorteile und Gefahren von Electronic Banking und Mobile Banking beschreiben. | | | |
| Ich kann den Zahlungsverkehr elektronisch durchführen. | | | |
| Ich kann Sicherungsmöglichkeiten beim Electronic Banking und beim Mobile Banking situationsgerecht einsetzen. | | | |
| Ich kann die verschiedenen Arten von Zahlungskarten (Debitkarten, Kreditkarten, Wertkarten) unterscheiden und deren Vorteile und Gefahren beschreiben. | | | |
| Ich kann Vorsichtsmaßnahmen bei der Verwendung von Zahlungskarten ergreifen. | | | |

# Lerneinheit 3
# Fallbeispiele

## Üben – Anwenden

A B C D E

### Ü 8.33: Fallbeispiel Chocoletto GmbH: Ordnungsgemäße Erfüllung des Kaufvertrags D

Ihr Unternehmen

Chocoletto GmbH
Industriestraße 2
2421 Kittsee

Die Chocoletto GmbH

Die Chocoletto GmbH wurde 1957 von Giacomo Ferrini gegründet. Herr Ferrini ist in einer alten italienischen Schokoladendynastie aufgewachsen. Nachdem er mit seiner Familie im Jahr 1955 nach Österreich ins Burgenland übersiedelt ist, wurde sehr bald darauf die Schokoladenproduktion in Kittsee im Nordburgenland aufgenommen, wobei sich Chocoletto neben der Herstellung von Tafelschokolade auf die Produktion von Schokoladenhohlkörpern, Früchten in Schokolade und verschiedenen Pralinen im preisgünstigen Segment spezialisierte. Bald zählten auch Supermarktketten zu den Kunden für die Osterhasen und Nikolausfiguren aus Schokolade.

Mit der Übernahme des Betriebs durch Sohn Carlo wurden am Standort Kittsee weitreichende Investitionen in neue Technologien zur maschinellen Fertigung der Schokofiguren getätigt. Chocoletto wurde zu einem der größten Hersteller von saisonalen Schokoprodukten in Österreich. Seit 2006 wird der Betrieb von den Brüdern Giacomo und Stefano in der dritten Generation geführt.

Sachverhalt

Als neue/r Mitarbeiter/in der Chocoletto GmbH orientieren Sie sich auch in den Prozessen des Unternehmens. Aus den vorhandenen Schriftverkehrsdokumenten haben Sie sich bereits mit dem Zustandekommen eines Kaufvertrags zwischen der Chocoletto GmbH und der KuK – Kakao und Kaffee GmbH beschäftigt (siehe Kapitel 7, Lerneinheit 3). Heute haben Sie sich wieder eine Mappe mit Schriftstücken und Informationen zusammengestellt und einige Fragen zusammengeschrieben.

Ihre Aufgaben

Beantworten Sie die Fragen in Ihrem Memo und formulieren Sie gegebenenfalls für sich selbst Musterbriefe.

Ein Blick auf die Uhr sagt Ihnen, dass Sie dafür rund 2 Stunden Zeiten haben werden, denn anschließend können Sie sich mit Ihrem Chef treffen und mögliche weitere Fragen stellen.

Unterlagen

Ihre Mappe

Auf den folgenden Seiten finden Sie das Memo und die Schriftstücke, die Sie bereits zusammengestellt haben.

memo

Chocoletto
Seit 1957

**1. Schriftstück**

a) Um welches Schriftstück handelt es sich hier? (Worum geht es inhaltlich?)
b) Warum will der Käufer vor Versand der Ware wissen, wann die Ware versendet wird?
c) Was bedeutet die Formulierung „Lieferung von 10 Tonnen Kakao in folgender Spezifikation"?

**2. Schriftstück**

a) Um welches Schriftstück handelt es sich hier? Worum geht es inhaltlich?
b) Welches Schriftstück würde der Verkäufer dem Käufer senden, wenn die Ware nicht zugestellt, sondern abgeholt werden soll?
c) Wer trägt in diesem Fall die Kosten des Transports? (Begründung)
d) Mit welcher Buchungsanweisung würde der Verkäufer die Kosten des Transports in der Buchhaltung erfassen?

**3. Schriftstück**

a) Um welches Schriftstück handelt es sich hier?
b) Wer füllt dieses Schriftstück aus?
c) Wer führt den Transport aus?
d) Wie ist die Ware verpackt?
e) Wie viele Packstücke gibt es?
f) Wer ist Herr/Frau Paulik?
g) Wer ist Frau Petra Huber?
h) Was bedeutet die Frachtzahlungsanweisung „frei"/„franco"?
i) Wie lange hat der Transport der Ware gedauert?
k) Mit welchem Transportmittel wurde die Ware geliefert?

**4. Schriftstück**

a) Um welche/s Schriftstück/e handelt es sich hier?
b) Wofür ist/sind diese/s Schriftstück/e nötig?
c) Wer ist Herr/Frau Paulik?
d) Wer erhält den Lieferschein? Wer erhält den Gegenschein? Wer könnte eine weitere Kopie benötigen?
e) Was bedeutet 30/8/3?

**5. Schriftstück**

a) Um welches Schriftstück handelt es sich hier?
b) Entspricht dieses Schriftstück dem USt-Gesetz?
c) Was bedeutet die Formulierung „Bis zur vollst. Bezahlung, bleibt die Ware unser Eigentum."?

**6. Schriftstück**

a) Um welches Schriftstück handelt es sich hier?
b) Wie lautet die IBAN des Verkäufers/des Käufers?
c) Bei welcher Bank haben Verkäufer/Käufer ihre Konten?
d) Die Zahlungsanweisung wurde am 05.03.20.. an die Bank übergeben. Wurde die Rechnung korrekt beglichen?

8 Ordnungsgemäße Erfüllung

1. Schriftstück

Chocoletto GmbH
Industriestraße 2
2421 Kittsee

Kakao und Kaffee GmbH
z. H. Herrn Zoran Zoltic
Süßgasse 9
3500 Krems an der Donau

Datum: 14. Februar 20 . .
Telefon: +43 2143 804
FAX: +43 2143 804 17

**1. Abruf für März 20 . .**

Sehr geehrter Herr Zoltic!

Gemäß unserem Vertrag vom 19. Jänner 20 . . rufen wir die erste Liefermenge ab:

Lieferung von 10 Tonnen Kakao in folgender Spezifikation:

- 4 Tonnen, Qualität A
- 4 Tonnen, Qualität A+
- 2 Tonnen, Qualität A++

Bitte informieren Sie uns etwa 3 Tage vor Versand der Ware, damit wir das Lager freimachen können.

Mit freundlichen Grüßen

i.V. Peter Schüler

Peter Schüler

2. Schriftstück

KuK Kakao und Kaffee GmbH
Süßgasse 9, 3500 Krems an der Donau
Firmensitz: Linz, Firmenbuchgericht: Landesgericht Linz
FN 19181 7h

Chocoletto GmbH
Industriestraße 2
A-2421 Kittsee

Datum: 24. Februar 20 . .
Zeichen: Z/Zo
Telefon: +43 2732 13 88 0

**Ihr Abruf vom 14. Februar 20 . .**

Sehr geehrter Herr Schüler!

Vereinbarungsgemäß werden wir die bestellte Ware am 28. Februar 20 . . abschicken. Witterungsbedingt war es uns nicht möglich, einen geeigneten Bahntransport zu organisieren. Der Transport erfolgt ausnahmsweise per Lkw unter der Bedingung „frei Ihr Lager Kittsee".

Mit freundlichen Grüßen

ppa. Zoran Zoltic

3. Schriftstück

1 Absender (Name, Anschrift, Land)
Expéditeur (nom, adresse, pays)

**KuK – Kakao und Kaffee GmbH**
**Süßgasse 9**
**3500 Krems an der Donau**

INTERNATIONALE FRACHTBRIEF
LETTRE DE VOITURE INTERNATIONAL
NR 177 399 16

CMR

Diese Beförderung unterliegt trotz einer gegenteiligen Abmachung den Bestimmungen des Übereinkommens über den Beförderungsvertrag im internationalen Straßengüterverkehr CMR

Ce Transportest soumis, toute clause contraire, a la relative au contrat de transport international de marchandises par route (CMR)

2 Empfänger (Name, Anschrift, Land)
Destinataire (nom, adresse, pays)

**Chocoletto GmbH**
**Industriestraße 2**
**2421 Kittsee**

# Frachtführer (Name, Anschrift, Land)
Transporteur (nom, adresse, pays)

**Spedition Mayeranger**
**Leitenau 2**
**3500 Krems an der Donau**

3 Auslieferungsort des Gutes
Lieu prévu pour la livrason de la marchandise

**3500 Krems an der Donau** **Österreich**
Ort / Lieu Land / Pays

#

4 Ort und Tag der Übernahme des Gutes
Lieu et date de la prise en charge de la marchandise

**2124 Kittsee** **A**
Ort / Lieu Land / Pays Datum / date

# Vorbehalte und Bemerkungen des Frachtführers
Reserves et observations du transporteur

**keine**

5 Beigefügte Dokumente
Documents annexès

**Lieferschein, Rechnung**

B Amtl. Kennzeichen

| | Amtl. Kennzeichen | Land | Nutzlast |
|---|---|---|---|
| des KFZ | **RI 2011** | **A** | **8t** |
| des Anhängers | **RI 2012** | **A** | **4t** |

| 6 Kennzeichen / Nummer Marqueset numeros | | 7+8 Anz. | Anz. + Art d. Verpackung Nombre/Mode dèmbalage | 9 Bezeichnung des Gutes Nature de la marchanc | # Statistiknummer No statistique | 11 Bruttogewicht / kg Poidsbrut. Kg | # Umfang in m³ Cubage in m³ |
|---|---|---|---|---|---|---|---|
| Pos | Ident | Anz. | Verpackung | | | | |
| **1** | **123** | **4** | **2 Container** | **Kakao A** | | | |
| **2** | **456** | **4** | **2 Container** | **Kakao A+** | | | |
| **3** | **789** | **2** | **1 Halbcontainer** | **Kakao A++** | | | |
| | | | | | | **10.000 kg** | |

13 Anweisungen des Absenders
Instructions de lexpediteur

**keine**

# Besondere Vereinbarungen
Conventions particuliers

**keine**

| A Payer par: | Expediteur | | Monnaie | Destinatair |
|---|---|---|---|---|
| Fracht Prix de transport | | | | |
| Ermäßigungen - Reductions | | | | |
| Zwischensumme Solde | | | | |
| Zuschläge Supplements | | | | |
| Nebengebühren + Frais accessoires | | | | |
| Gesamtsumme Total | | | | |

14 Frachtzahlungsanweisungen
Presciption d'affranchissement

☐ FREI / FRANCO ☐ ~~Unfrei / non Franco~~

21 Ausgefertigt in
Etablie **3500 Krems an der Donau** am le **28.02.20 . .**

15 Nachnahmegebühr
Remboursement
**ohne**

#

KuK
Kakao und Kaffee GmbH

ppa. Zoran Zoltic

Unterschrift und Stempel des Absenders
Signature et timbre du l'expediteur

Spedition Mayeranger
3500 Krems a. d. Donau

Petra Huber

Unterschrift und Stempel des Frachtführers
Signature et timbre du transporteur

# Ort Datum

Chocoletto
Seit 1937

**28.02.20 . .**

Paulik

Unterschrift und Stempel des Empfängers
Signature et timbre du destinataire

**KuK** Kakao und Kaffee GmbH
Süßgasse 9, 3500 Krems an der Donau
Firmensitz: Linz, Firmenbuchgericht: Landesgericht Linz
FN 19181 7h

## Lieferschein Nr. 402/20 . .

Chocoletto GmbH
Industriestraße 2
A-2421 Kittsee

| Ihre Bestellung vom 24.02.20 . . | Unsere Nr. 112/47 | Versandart Lkw, Mayeranger GmbH | Datum 28.02.20 . . |
|---|---|---|---|
| Pos. Nr. | Ware | | Menge |
| 1 | Kakao, Qualität, A | | 4t |
| 2 | Kakao, Qualität, A+ | | 4t |
| 3 | Kakao, Qualität, A++ | | 2t |
| | übernommen: | | |

1. Reklamationen innerhalb: 5 Tage
2. Zahlungsweise: 30/8/3
3. Erfüllungsort und Gerichtsstand: Linz

**KuK** Kakao und Kaffee GmbH
Süßgasse 9, 3500 Krems an der Donau
Firmensitz: Linz, Firmenbuchgericht: Landesgericht Linz
FN 19181 7h

## Gegenschein Nr. 402/20 . .

Chocoletto GmbH
Industriestraße 2
A-2421 Kittsee

| Ihre Bestellung vom 24.02.20 . . | Unsere Nr. 112/47 | Versandart Lkw, Angermayer GmbH | Datum 28.02.20 . . |
|---|---|---|---|
| Pos. Nr. | Ware | | Menge |
| 1 | Kakao, Qualität, A | | 4t |
| 2 | Kakao, Qualität, A+ | | 4t |
| 3 | Kakao, Qualität, A++ | | 2t |
| | übernommen: Paulik | | |

1. Reklamationen innerhalb: 5 Tage
2. Zahlungsweise: 30/8/3
3. Erfüllungsort und Gerichtsstand: Linz

5. Schriftstück

**KuK** Kakao und Kaffee GmbH
Süßgasse 9, 3500 Krems an der Donau
Firmensitz: Linz, Firmenbuchgericht: Landesgericht Linz
FN 19181 7h

Chocoletto GmbH
Industriestraße 2
A-2421 Kittsee

Zeichen: Z/Zo
Telefon: +43 2732 13 88 0

**Rechnung**

| Rechnungsdatum | Rechnungsnummer |
|---|---|
| 28.02.20 . . | 546/20 . . |
| Lieferdatum | Lieferschein Nr. |
| 28.02.20 . . | 402/20 . . |
| UID-Nr.: ATU 12345678 | |

| Pos. Nr. | Ware | Menge | Preis je Tonne | Rabatt | Betrag | USt-% |
|---|---|---|---|---|---|---|
| 1 | Kakao, Qualität A | 4 t | €2.400,-- | 5 % | € 9.120,-- | 10 |
| 2 | Kakao, Qualität A+ | 4 t | €2.880,-- | 5 % | €10.944,-- | 10 |
| 3 | Kakao, Qualität A++ | 2 t | €3.120,-- | 5 % | € 5.928,-- | 10 |
| Versandart<br>Lkw, frei | | steuerpflichtiger Betrag<br>€25.992,-- | USt-Betrag<br>€2.599,20 | Betrag inkl. USt<br>€28.591,20 | | USt-%<br>10 |
| Zahlungsbedingungen:<br>Zahlbar innerhalb von 30 Tagen oder 8 Tage abzüglich 3 % Skonto | | Eigentumsvorbehalt:<br>Bis zur vollst. Bezahlung, bleibt die Ware unser Eigentum | | | | |
| | | Bankverbindung:<br>PSK Bank, IBAN: AT96 6000 0009 8765 4321, BIC: OPSKATWW | | | | |

AT BAWAG PSK — BAWAG P.S.K. Bank für Arbeit und Wirtschaft und Österreichische Postsparkasse Aktiengesellschaft

ZAHLUNGSANWEISUNG

EmpfängerIn Name/Firma: KuK – Kakao und Kaffee GmbH

IBAN EmpfängerIn: AT96 6000 0009 8765 4321

BIC (SWIFT-Code) der Empfängerbank: OPSKATWW

Ein BIC ist immer verpflichtend, wenn die EmpfängerIn IBAN ungleich AT beginnt.

EUR — Betrag: 27.733 — Cent: 46

Nur zur maschinellen Befüllung der Zahlungsreferenz — Prüfziffer

Verwendungszweck: Re-Nr. 546/20.. vom 28.02.20..

€ 28.591,20 – 3 % Skonto von € 857,74 = € 27.733,46

IBAN KontoinhaberIn/AuftraggeberIn: AT96 6000 0001 9283 7465

KontoinhaberIn/AuftraggeberIn Name/Firma: Chocoletto GmbH, 2421 Kittsee, Industriestraße 2

006

Peter Schüler

Unterschrift ZeichnungsberechtigteR

Betrag — 30+ — Beleg +

## Ü 8.34: Fallbeispiel AVB Heiztechnik GmbH: Lieferschein

### Ihr Unternehmen

AVB Heiztechnik GmbH, Wiener Straße 78, 7000 Eisenstadt, Tel. +43 2682 57 70-0, Fax +43 2682 57 80-1, E-Mail: info@avb-heiztechnik.at, FN 39086m, LG Eisenstadt, DVR 7419197, UID ATU34897725, ARA 50722, Bank Austria, IBAN AT881200000082011640, BIC BKAUATWW

### Sachverhalt und Arbeitsunterlage

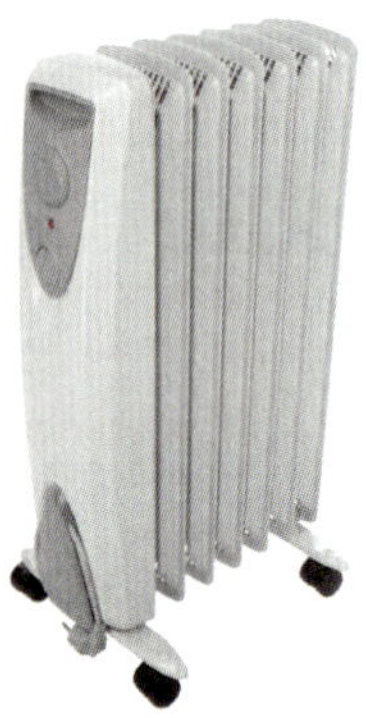

Heute ist der 16. August 20.. . Bestellung des Unternehmens Ing. Thomas Martinek GmbH, Elektroinstallationen und Beleuchtung, Südstraße 31, 7210 Mattersburg, E-Mail: martinek.elektro@aon.at, Kundennummer 23017, vom 14. August 20.. , über

- 25 Radiatoren „MAF 2009 Turbo", Art.-Nr. 4049689, H 65 × B 49 × T 17 cm, 950/1050/2000 Watt Heizleistung, Thermostat, rollbar
- 8 Gas-Heizgebläse, Art.-Nr. 3853786, 5 kW, 2,0 bar Anschlussdruck, Propan/Butan, 850 m³/h Luftdurchsatz, 2,57–4,25 kg/h Verbrauch, 13,2 kg
- 3 Kaminöfen „Tornado", Art.-Nr. 3306103, H 1035 × B 629 × T 462 mm, 194 kg, 9 kW, bis 180 m³ Raumheizvermögen, 150 mm Abgasstutzen, Verkleidung und Abdeckplatte aus Speckstein, Holzfach
- 10 Wärmewellen „Bahia 10CL", Art.-Nr. 4065314, H 46 × B 62 × T 7 cm, 3 Schaltstufen: 0/500/1000 Watt, regelbare Frostschutztiefe, Überhitzungsschutz, Wand-/Standgerät inkl. Thermostat

Vorschreibung der Lieferung durch den Besteller innerhalb von 14 Tagen. Laut Lagerverwaltung sind folgende Bestände auf Lager:

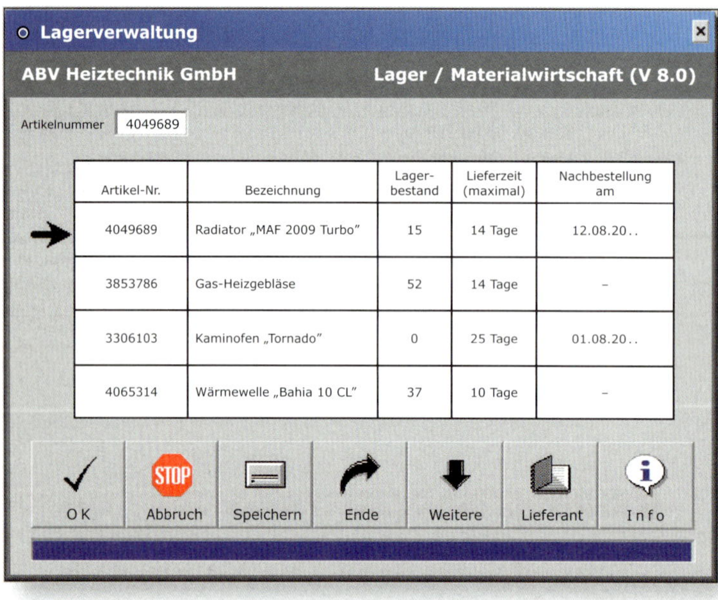

Lagerverwaltung

ABV Heiztechnik GmbH — Lager / Materialwirtschaft (V 8.0)

Artikelnummer 4049689

| Artikel-Nr. | Bezeichnung | Lager-bestand | Lieferzeit (maximal) | Nachbestellung am |
|---|---|---|---|---|
| 4049689 | Radiator „MAF 2009 Turbo" | 15 | 14 Tage | 12.08.20.. |
| 3853786 | Gas-Heizgebläse | 52 | 14 Tage | – |
| 3306103 | Kaminofen „Tornado" | 0 | 25 Tage | 01.08.20.. |
| 4065314 | Wärmewelle „Bahia 10 CL" | 37 | 10 Tage | – |



Lieferung heute, Lieferschein Nr. 45814, Reklamationsfrist 14 Tage, zahlbar innerhalb von 14 Tagen ab Rechnungsdatum mit 2 % Skonto oder 30 Tage netto, Eigentumsvorbehalt, Erfüllungsort und Gerichtsstand ist Eisenstadt.

### Aufgabe

1. Lieferschein: C
   a) Betriebswirtschaftslehre – Schriftverkehr
      Entwerfen Sie einen Lieferschein.
   b) Textverarbeitung
      Gestalten Sie den Lieferschein formal einwandfrei.
2. Fehlende Radiatoren:
   a) Betriebswirtschaftliche Analyse D
      - Wie werden Sie bei den fehlenden Radiatoren vorgehen?
      - Wann sind die nicht auf Lager befindlichen Artikel wieder lieferbar?
      - Können auch die nachzuliefernden Geräte innerhalb der vom Besteller vorgegebenen Frist geliefert werden?

b) Betriebswirtschaftslehre – Schriftverkehr C
Entwerfen Sie ein Schreiben als E-Mail in einem Mailprogramm (einschließlich E-Mail-Adresse und Betreff), in dem Sie die Lieferung ankündigen und darauf hinweisen, dass die nicht auf Lager befindlichen Artikel bereits nachbestellt wurden und bei Erhalt sofort nachgeliefert werden. Drucken Sie die versandbereite E-Mail oder einen Screenshot davon aus.

## Ü 8.35: Fallbeispiel Karl Lehner GmbH: Rechnung

### Ihr Unternehmen

Karl Lehner GmbH, 3250 Wieselburg, Rudolfstraße 44

### Arbeitsunterlagen

a) Gegenschein

**LEHNER – BÜROARTIKEL**
**Karl Lehner GmbH**
**2700 Wiener Neustadt, Rudolfstraße 44**
☎ +43 2622 96 42-0, Fax +43 2622 96 42-9, ✉ office@lehner-bueroartikel.at

**Gegenschein-Nr. 201341**

Otto Graf OG
Weststraße 16
2500 Baden

| **Kunden-Nr.** | **Vertr.-Nr.** | **Datum** |
|---|---|---|
| 16131 | 21 | 20..-04-17 |
| **Ihr Auftrag vom** | 20..-04-12 | |
| **Ihre Auftrags-Nr.** | 161821 | |

Sie erhalten aufgrund Ihrer Bestellung zu den umseitigen Verkaufsbedingungen:

**Versandanschrift:** 2500 Baden, Weststraße 16

| Art.Nr. | Artikelbezeichnung | Menge | Einheit |
|---|---|---|---|
| 2287378 | Druckerpatronen Canon R 27 | 50 | Stück |
| 2422077 | Druckerpatronen Lexmark Z 51/52 | 100 | Stück |

Ware übernommen
Kiesner
20..-04-19

Zahlbar innerhalb von 8 Tagen ab Rechnungsdatum mit 3 % Skonto oder 30 Tage netto.
Reklamationsfrist 8 Tage.
Der Versand erfolgt auf Gefahr des Empfängers.
Die Waren bleiben bis zur vollständigen Bezahlung unser Eigentum.
Erfüllungsort und Gerichtsstand ist Wiener Neustadt.

FN 76025v, LG Wr. Neustadt, DVR 8808625, ARA 76182, UID ATU76529984
Bank Austria, Kto.-Nr. 92246200, BLZ 12000
IBAN AT881200000092246200, BIC BKAUATWW

b) Auszug aus der Preisliste

| Artikel-Nr. | Bezeichnung (Druckerpatronen) | Preis inkl. USt | (€) exkl. USt |
|---|---|---|---|
| 2287378 | Canon R 27 | 38,40 | 32,00 |
| 2422077 | Lexmark Z 51/52 | 40,80 | 34,00 |

Je Bestellung werden € 3,– an Bearbeitungs- und Verpackungskosten verrechnet. Ab einem Rechnungsbetrag von € 500,– erfolgt die Lieferung frei Haus.

## Aufgabe

1. Betriebswirtschaftliche Analyse D
   - Wodurch unterscheiden sich der Liefer- bzw. der Gegenschein von der Rechnung?
   - Warum sollte die Rechnung möglichst rasch an den Käufer versendet werden?
   - Nehmen Sie an, Ihr Unternehmen gewährt dem Kunden noch einen Sonderpreisnachlass von 5 %. Wird dieser Nachlass vom Rechnungsendbetrag (= Bruttopreis einschließlich USt) oder vom Nettopreis ohne USt abgezogen?
   - Was wird Rechnungen üblicherweise beigelegt?
2. Betriebswirtschaftslehre – Schriftverkehr C
   Erstellen Sie die Rechnung nach dem Muster in **Ü 8.04** auf Seite 213; Rechnungsnummer 151617, Rechnungsdatum 22. April 20.., Verzugszinsen 12 % p.a.
3. Textverarbeitung C
   Gestalten Sie die Rechnung formal einwandfrei.

## Ü 8.36: **Fallbeispiel Möbeltischlerei Zobek GmbH** D

### Ihr Unternehmen

Möbeltischlerei Zobek GmbH
1050 Wien, Castelligasse 29

Internet: www.moebelzobek.at, E-Mail: tischlerei@moebelzobek.at
Geschäftsführung: Ing. Bernhard Zobek
UID-Nummer: ATU14365503, Firmenbuchnummer: FN52708g
Bankverbindung: Erste Bank, Kontonummer 034 128 534, BLZ 20111

### Kurzcharakteristik der Möbeltischlerei Zobek GmbH

- Möbel werden nach Kundenwünschen geplant und angefertigt.
- Fremdbezogene Möbel werden weiterverkauft.

Bevor Möbel von der Tischlerei erzeugt werden können, sind folgende Arbeitsgänge erforderlich:

- Ermittlung der Naturmaße = Ausmessen der betreffenden Räume der Kunden
- Erstellung einer Gesamt- und mehrerer Detailskizzen
- Erstellung eines Kostenvoranschlags
- Ankauf der für die Erzeugung nötigen Materialien

### Aufgaben

Heute ist Montag, der 11. Juli 20. . .
Seit einer Woche sind Sie als Sachbearbeiter/Sachbearbeiterin bei der Möbeltischlerei Zobek GmbH tätig. Bereits am Freitag der letzten Woche haben Sie sich alle Unterlagen und Arbeitsanweisungen Ihres Chefs für den heutigen Tag in verschiedenfarbigen Mappen hergerichtet, zu denen Sie folgenden To-do-Zettel verfasst haben:

**To-dos**

| | |
|---|---|
| rote Mappe: | Bestellung beim Lieferanten Glaser |
| blaue Mappe: | Widerrufe von Bestellungen |
| gelbe Mappe: | Reaktion auf eine E-Mail von Hrn. Schwab |
| grüne Mappe: | Lieferung an Zabotek weiterbearbeiten |

Inhalt rote Mappe (Aufgabe 1)

**Memo**

Am Freitag ist noch eine E-Mail von Glaser hereingekommen.
Bitte klären Sie:

- Warum schreibt uns Heinz Glaser diese E-Mail?
- In welcher Form hätte uns Heinz Glaser diese Mitteilung noch zukommen lassen können?

*Vielen Dank! Bernhard Zobek*

**Harald Glaser**

**Von:** heinz.glaser@holzhandel.at
**Gesendet:** Freitag, 8. Juli 20.. 19:02 Uhr
**An:** tischlerei@moebelzobek.at
**Betreff:** Bestellung Nr. 12889 vom 13. April 20.. – Finalisierung

Liebes Team von Möbel Zobek,

Ihre Bestellung ist versandfertig. Am 13. Juli 20.. liefern wir die bestellte Ware an Ihr Lager Castelligasse 29, 1050 Wien.

Mit freundlichen Grüßen
Heinz Glaser

Auszug aus der beigefügten PDF-Datei

| Artikel Nr. | Artikel Beschreibung | Menge | Einheit | Einzelpreis |
|---|---|---|---|---|
| 800G | Furnierholz Kirsche | 1500 | $m^2$ | 1,20 |
| 300S | Furnierholz Eiche | 2000 | $m^2$ | 1,10 |
| 700L | Furnierholz Nuss | 2500 | $m^2$ | 1,90 |

Zahlungsbedingungen: 10 Tage – 2 % Skonto, 30 Tage Ziel
Lieferung frei Haus

Inhalt blaue Mappe (Aufgabe 2)

**Memo**

Am Freitag, 8. Juli 20.. sind zwei E-Mails eingetroffen. Ich habe sie Ihnen ausgedruckt und die Vorkorrespondenz dazugelegt.

- Müssen wir diese Widerrufe aus rechtlicher Sicht akzeptieren? Bitte schreiben Sie mir eine kurze Begründung, damit ich reagieren kann, wenn einer der Kunden anruft.
- Wie sollen wir damit aus betrieblicher Sicht umgehen? Sollen wir die Widerrufe akzeptieren bzw. unter welchen Voraussetzungen sollen wir sie akzeptieren?

Was raten Sie mir? Bitte begründen Sie Ihre Ansicht bzw. Empfehlung.

*Vielen Dank! Bernhard Zobek*

## Franz Wiedner

**Von:** franz.wiedner@tapezierermeister.at
**Gesendet:** Freitag, 8. Juli 20.. 19:05 Uhr
**An:** tischlerei@moebelzobek.at
**Betreff:** Widerruf der Bestellung meiner Geschäftsausstattung

Leider muss ich Ihnen mitteilen, dass ich nicht in der Lage bin, die bei Ihnen bestellte Geschäftsausstattung zu übernehmen. Das Frühjahrsgeschäft ist leider nicht so angelaufen, wie ich es erwartet habe, sodass ich in einem finanziellen Engpass bin.

Ich hoffe, Sie haben mit dem Bau der Regale noch nicht begonnen und nehmen den Widerruf entgegen.

Mit freundlichen Grüßen
Franz Wiedner

---

Franz Wiedner GmbH
Tapezierermeister
Semmeringstrasse 5
2630 Ternitz

eingegangen am:
16. Mai 20..

Möbeltischlerei Zobek GmbH
Castelligasse 29
1050 Wien

Ternitz, 14. Mai 20..

**Bestellung meiner Geschäftsausstattung**

Ich bestelle hiermit aufgrund der von Ihnen erstellten Pläne Regale und ein Verkaufspult zum Gesamtpreis von

€ 8.460,– zuzüglich 20 % Ust

| | |
|---|---|
| Lieferkonditionen: | Lieferung frei Haus, Montage im Preis inbegriffen, Lieferung bis spätestens 18. August 20.. |
| Zahlungskonditionen: | € 4.000,– nach Fertigstellung, jedoch vor der Montage, Rest nach Montage und ordnungsgemäßer Übernahme, 5 % Kassaskonto vom Gesamtpreis bei Zahlung innerhalb von 10 Tagen ab Rechnungsdatum |

Mit freundlichen Grüßen

*Franz Wiedner*

Franz Wiedner

---

Seite 1 von 1

## Kurt Kroboth

**Von:** kurt.kroboth@taxes.at
**Gesendet:** Freitag, 8. Juli 20.. 19:10 Uhr
**An:** tischlerei@moebelzobek.at
**Betreff:** Widerruf

Unterzeichnung des Mietvertrags geplatzt, daher Widerruf meiner Bestellung vom 25. Februar 20... Sobald neue Büroräume gefunden werden, erhalten Sie erneut Auftrag zur Ausstattung dieser Räume.

MfG Kroboth

Dkfm. Kurt Kroboth
Steuerberater
Am Turm 10
2700 Wr. Neustadt

Möbel Zobek GmbH
Castelligasse 29
1050 Wien

eingegangen am:
26. März 20..

Wr. Neustadt, 25. März 20..

**Bestellung – Büroausstattung**

Aufgrund Ihrer Skizzen und Ihres Kostenvoranschlags erteile ich Ihnen den Auftrag für die Ausstattung meines neuen Büros in Wr. Neustadt, Gartengasse 5.

Im Einzelnen handelt es sich um:

| | |
|---|---|
| • 1 Wandverbau lt. Planskizze A | € 2.280,– |
| • 1 Wandverbau lt. Planskizze B | € 4.850,– |
| • 2 Schreibtische zu je | € 480,– |
| • 2 Beistelltische zu je | € 145,– |

zuzüglich 20 % Umsatzsteuer, Lieferung frei Haus, kostenlose Montage

Die Wandverbauten sind ab 15. Juli 20.. zur Lieferung bzw. Montage bereitzuhalten.

Mit freundlichen Grüßen

*Dkfm. Kurt Kroboth*

Dkfm. Kurt Kroboth

Inhalt gelbe Mappe (Aufgabe 3)

Seite 1 von 1

**Markus Schwab**

**Von:** masch@hotmail.com
**Gesendet:** Samstag, 2. Juli 20.. 13:04 Uhr
**An:** tischlerei@moebelzobek.at
**Betreff:** Ihr Schaufensterangebot

Heute war ich in Ihrem Geschäft. Im Schaufenster haben Sie groß angekündigt, dass die Esszimmerstühle „Kevin" um 30 % billiger sind.

Ich habe nachgefragt und es hat sich herausgestellt, dass die Stühle nicht mehr lagernd sind. Ich brauche die Stühle aber, außerdem können Sie nicht etwas ankündigen, was Sie nicht liefern können.

Hochachtungsvoll
Schwab Markus

*Die E-Mail von Hrn. Schwab ist am Samstag hereingekommen. Bitte reagieren Sie darauf.*
*Vielen Dank! Bernhard Zobek*

Inhalt grüne Mappe (Aufgabe 4)

Zobek MÖBELTISCHLEREI

**Memo**

Am Montag, 4. Juli 20.., haben wir die Bestellung der Zabotek GmbH teilweise ausgeführt. Da die Lieferung für unseren Lkw zu groß war, haben wir die Zustellung durch die Spedition Bauer vorgenommen. Heute Nachmittag soll der Rest der Bestellung mit unserem eigenen Lkw geliefert werden.

- Bitte richten Sie den Lieferschein her.
- Außerdem ersuche ich Sie, die Rechnung für diesen Auftrag zu erstellen.
- Ich kann die Übernahmebestätigung für die Lieferung am 4. Juli 20.. nicht finden. In der Mappe „Lieferscheine" ist nichts abgelegt. Wo könnte ich diese Warenannahme-Bestätigung durch Zabotek finden?

*Vielen Dank! Bernhard Zobek*

eingegangen am:
29. April 20..

Thomas Zabotek GmbH
Möbelhandel
Seilerwiese 17a
8020 Graz

Möbel Zobek GmbH
z.H. Ing. Bernhard Zobek
Castelligasse 29
1050 Wien

Wien, 28. April 20..

**Bestellung**

Aufgrund des Angebots in Ihrem Katalog bestelle ich:

| Artikel-Nr. | Artikel-Beschreibung | Menge | Einheit | Einzelpreis, netto |
|---|---|---|---|---|
| 720 A | Schreibtisch Oliver | 10 | Stück | € 410,– |
| 380 B | Bürostuhl Selma | 15 | Stück | € 305,– |
| 410 D | Schreibtischleuchte Nike | 10 | Stück | € 102,– |
| 530 A | Schreibtischlade Sarah | 10 | Stück | € 72,– |

Zuzüglich 20 % USt, Lieferung frei Haus. Ansonsten gelten Ihre AGB. Zustellung bis spätestens 15. Juli 20.., Vorankündigung erwünscht

Mit freundlichen Grüßen
*Thomas Zabotek*

UID: ATU 123456890, Bankverbindung: Erste Bank, BLZ 20111, Konto-Nr.: 987654321

Seite 1 von 1

**Bernhard Zobek**

**Von:** tischlerei@moebelzobek.at
**Gesendet:** Mittwoch, 28. Juni 20.. 09:12 Uhr
**An:** office@zabotek.at
**Betreff:** Versandanzeige

Sehr geehrter Herr Zabotek,

wir kündigen Ihnen die Lieferung Ihrer Bestellung vom 28. April 20.. für Montag, 4. Juli 20.. , an. Da die Zustellung unsere Ladekapazität übersteigt, führt die Spedition Bauer die Lieferung durch. Aufgrund von Lieferschwierigkeiten unseres italienischen Lieferanten können wir Ihnen die Schreibtischleuchte „Nike" erst am 11. Juli 20.. im Laufe des Nachmittags zustellen.

Ich hoffe, diese Vorgangsweise ist für Sie in Ordnung.

Mit besten Grüßen
Ing. Bernhard Zobek

*Zabotek hat die Ware übernommen. 3 Schreibtische „Oliver" sind leicht beschädigt. Dafür gewähren wir einen Rabatt von 10 %.*

*Bernhard Zobek*

Auszug aus Kundendatei:

| Kundennummer | Kunde | Anschrift |
|---|---|---|
| 056797 | Thomas Zabotek | Seilerwiese 17a, 8020 Graz |

## Formulare

Zahlungsanweisung

AT Bank Austria UniCredit Group — ZAHLUNGSANWEISUNG

EmpfängerIn Name/Firma: Thomas Zabotek GmbH
IBAN EmpfängerIn: 2011171034128534
BIC (SWIFT-Code) der Empfängerbank: —
Ein BIC ist immer verpflichtend, wenn die EmpfängerIn IBAN ungleich AT beginnt.
EUR Betrag: 889 Cent: —
Nur zur maschinellen Befüllung der Zahlungsreferenz — Prüfziffer
Verwendungszweck: —
IBAN KontoinhaberIn/AuftraggeberIn: ~~20114~~ 20111987654321
KontoinhaberIn/AuftraggeberIn Name/Firma: Möbel Zobek GmbH

[illegible]
Unterschrift ZeichnungsberechtigteR

006
Betrag: 889 — Beleg: 30+

Lieferschein

**Zobek**
MÖBELTISCHLEREI
Möbeltischlerei Zobek GmbH
Castelligasse 29, 1050 Wien

| **Lieferschein Nr.** | **Kundennummer** | **Lieferdatum** |
|---|---|---|
| 201187 | 130 | 4 Juli 2016 |

Ihre Bestellung vom

| **Artikel Nr.** | **Bezeichnung** | **Menge** | **Einheit** |
|---|---|---|---|
| 720A | Schreibtisch Alison | 10 | Stück |
| 380B | Bürostuhl Selma | 15 | Stück |
| 410D | Schreibtischleuchte Nike | 10 | Stück |
| 530A | Schreibtischlade Sarah | 10 | Stück |

Zahlbar innerhalb von 10 Tagen ab Rechnungsdatum mit 3 % Skonto oder 30 Tage netto. Bei Zahlung unbedingt die Rechnungsnummer angeben. Die Waren bleiben bis zur vollständigen Bezahlung unser Eigentum. Erfüllungsort und Gerichtsstand ist Wien.

**Bei Zielüberschreitung werden 12 % p. a. Verzugszinsen berechnet.**

Bankverbindung: Erste Bank, Kto.-Nr. 034128534, BLZ 20111, IBAN: AT472011100034128534, BIC GIBAATWW
UIDNr. ATU14365503

Rechnung

**Zobek**
MÖBELTISCHLEREI
Möbeltischlerei Zobek GmbH
Castelligasse 29, 1050 Wien

**Rechnung Nr. 176584**

| Artikel Nr. | Bezeichnung | Menge | Einheit | Einzelpreis | Gesamtpreis |
|---|---|---|---|---|---|
| 720A | Schreibtisch Oliver | 10 | Stück | 410 | 4100 € |
| 380B | Rot Bürostuhl Selma | 15 | Stück | 305 | 4575 € |
| 410D | Schreibtischlampe Nike | 10 | Stück | 102 | 1020 € |
| 530A | Schreibtischlade Sarah | 10 | Stück | 72 | 720 € |

Gesamtbetrag netto: 10415
20 % USt:
**Gesamtbetrag brutto:** 173[illegible],80 €

Zahlbar innerhalb von 10 Tagen ab Rechnungsdatum mit 3 % Skonto oder 30 Tage netto. Bei Zahlung unbedingt die Rechnungsnummer angeben. Die Waren bleiben bis zur vollständigen Bezahlung unser Eigentum. Erfüllungsort und Gerichtsstand ist Wien.

**Bei Zielüberschreitung werden 12 % p. a. Verzugszinsen berechnet.**

Bankverbindung: Erste Bank, Kto.-Nr. 034128534, BLZ 20111, IBAN: AT472011100034128534, BIC GIBAATWW
UIDNr. ATU14365503

8 Ordnungsgemäße Erfüllung

# 9 VERTRAGSWIDRIGE ERFÜLLUNG DES KAUFVERTRAGS

## Worum geht's in diesem Kapitel?

Ein Kaufvertrag wird durch die Leistung des Verkäufers und die Gegenleistung des Käufers erfüllt. Die Leistung des Verkäufers besteht in der Lieferung der Ware und in der Erstellung und Zusendung der Rechnung. Die Gegenleistung des Käufers besteht in der Annahme der Ware und in der Zahlung. Beim Abschluss des Kaufvertrags verpflichten sich beide Vertragspartner, die vereinbarten Leistungen zu erbringen.

Bei der Erfüllung des Kaufvertrags kann es jedoch auf beiden Seiten auch zu Unregelmäßigkeiten bzw. Fehlern kommen, wenn Verkäufer oder Käufer ihre Leistungen mangelhaft, nicht fristgerecht oder überhaupt nicht erbringen.

Es ist daher für beide Vertragspartner wichtig, zu wissen, worauf sie bei der Erfüllung des Kaufvertrags achten müssen und welche Rechte sie haben, wenn der jeweilige Partner seine Pflichten nicht richtig erfüllt.

**Wenn Sie dieses Kapitel bearbeiten, erwerben Sie die folgenden in der Bildungs- und Lehraufgabe des Lehrplans angeführten Kompetenzen:**

**Sie können aus dem Bereich Kaufvertrag einschließlich Schriftverkehr**

- **die vertragswidrige Erfüllung des Kaufvertrags aus Sicht des Unternehmens und der Konsumentin und des Konsumenten analysieren sowie nötige Maßnahmen ableiten und situationsadäquat kommunizieren.**

**Sie können durch den Einsatz von Fallstudien**

- **Ihre erworbenen Fach-, Methoden-, Sozial- und Selbstkompetenzen vernetzt anwenden.**

A B C D E

In diesem Kapitel finden Sie Übungsaufgaben, praxisbezogene Fallbeispiele und Aufgaben zur Lernkontrolle zur Überprüfung Ihrer Kompetenzen auf den Handlungsebenen A **Wiedergeben,** B **Verstehen,** C **Anwenden,** D **Analysieren & Interpretieren** und E **Entwickeln.**

**Dieses Kapitel umfasst folgende Lerneinheiten:**

Lerneinheit 1

# Wenn der Verkäufer seine Pflichten nicht richtig erfüllt

SbX
Alle SbX-Inhalte zu dieser Lerneinheit finden Sie unter der ID: 9010.

Der Schüler Max hat eine neue Stereoanlage mit integriertem Karaoke-Player bestellt, den er erstmalig bei seiner Geburtstagsparty im Mai verwenden möchte. Als Liefertermin wurde Anfang April vereinbart, Mitte April ist die Anlage trotz mehrmaliger Telefonate mit dem Verkäufer noch nicht eingetroffen. Ende April wird sie endlich geliefert, allerdings nicht in der bestellten und verrechneten Metallic-, sondern nur in der Standardausführung. Max akzeptiert die Lieferung trotzdem. Bei seiner Geburtstagsparty stellt sich dann heraus, dass der Karaoke-Player nicht funktioniert. Nun möchte Max seine Ansprüche gegen den Lieferanten durchsetzen.

## Lernen

SbX ID: 9011

A B C D E

### 1 Fehler bei der Erfüllung von Kaufverträgen (Übersicht)

[Mistakes when fulfilling sales agreements (overview)]

Bei der Erfüllung eines Kaufvertrags kann es sowohl aufseiten des Käufers als auch aufseiten des Verkäufers zu verschiedenen Fehlern kommen.

Die folgende Übersicht zeigt, welche Fehler auftreten können:

Grafik
**Fehler bei der Erfüllung des Kaufvertrags**

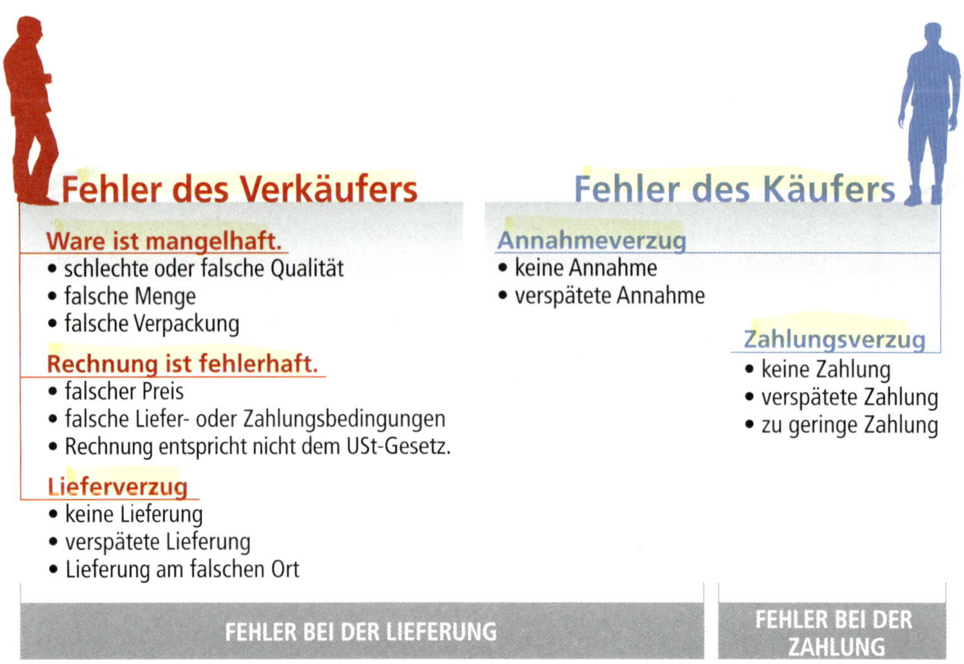


Die Fehler des Verkäufers werden in dieser Lerneinheit, die Fehler des Käufers in der nächsten Lerneinheit besprochen.

Rechtlich gesehen handelt es sich bei diesen Fehlern um Vertragsverletzungen durch vertragswidrige Erfüllung oder Nichterfüllung des Kaufvertrags.

## 2 Mangelhafte Ware liefern [Supplying defective goods]

### Arten von Mängeln [Types of defects]

Für Mängel, die bei Lieferung einer Ware bestehen, haftet der Verkäufer im Rahmen seiner Gewährleistung.

Ein Mangel liegt vor, wenn eine Ware

- die üblicherweise vorausgesetzten Eigenschaften nicht hat (z. B. wenn ein Mobiltelefon nicht läutet) oder
- dem nicht entspricht, was im Kaufvertrag vereinbart wurde (z. B. das Muster eines Kleides weicht vom Katalog ab).

**Die Art eines vorliegenden Mangels ist für die rechtzeitige Meldung und für die Rechte des Käufers wichtig.**

Die Arten der Mängel werden nach verschiedenen Kriterien unterschieden:

Grafik
**Arten der Mängel**

Nicht alle hier verwendeten Begriffe sind im Gesetz definiert. Sie sind jedoch in der Praxis üblich.

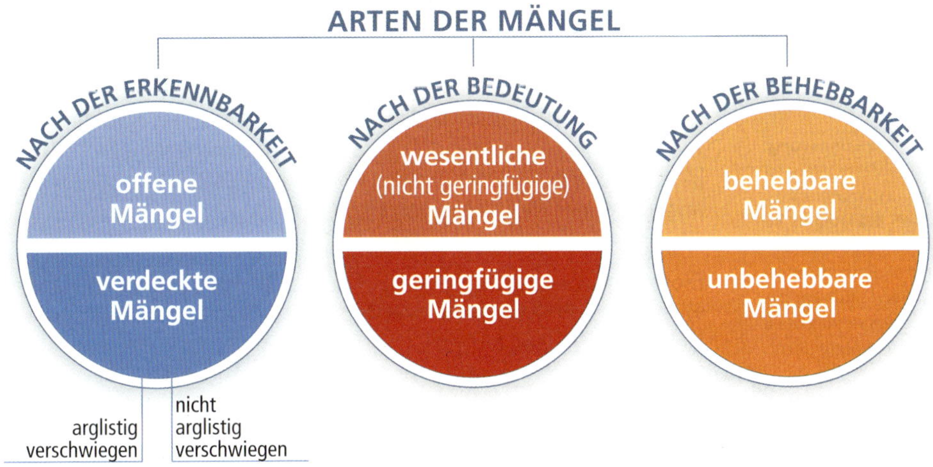


- **Offene Mängel** sind mit freiem Auge erkennbar oder werden bei Untersuchung der Ware festgestellt (z. B. gesprungener Spiegel, zerkratzte Tischplatte, Mokka statt Caffè latte).
- **Verdeckte Mängel** können auch bei Untersuchung der Ware nicht sofort festgestellt werden (z. B. ein T-Shirt verfärbt sich beim Waschen, die Klimaanlage im Auto kühlt nicht).
- **Arglistig verschwiegene Mängel** sind verdeckte Mängel, die dem Verkäufer bekannt waren und von ihm absichtlich verschwiegen wurden (z. B. ein Gebrauchtwagen wird als „unfallfrei" verkauft, obwohl er bereits einen größeren Schaden hatte).
- **Wesentliche (nicht geringfügige) Mängel** hindern den ordentlichen Gebrauch der Ware oder betreffen eine verlangte (vertraglich vereinbarte) Eigenschaft (z. B. „kochfeste" Wäsche geht beim Waschen ein; es wird ein grüner MP3-Player geliefert, obwohl ein blauer bestellt wurde).
- **Geringfügige Mängel** hindern den ordentlichen Gebrauch der Ware nicht (z. B. Lackschäden beim Auto, Kratzer am Tiefkühlschrank) bzw. betreffen keine verlangte Eigenschaft.

Beispiel

- Kauft man eine CD und ist die Hülle gesprungen, so kann man die CD trotzdem spielen, der Mangel ist daher geringfügig. Will man die CD jedoch verschenken, dann ist die beschädigte Hülle ein wesentlicher Mangel.

- **Behebbare Mängel** liegen vor, wenn die mangelhafte Ware repariert oder ausgetauscht bzw. umgetauscht werden kann (z. B. ein ausgerissener Riemen beim Rucksack wird wieder angenäht).
- **Unbehebbare Mängel** können nicht beseitigt werden (z. B. verzogener Fahrradrahmen, Riss im Stoff eines maßgeschneiderten Ballkleids).

9 Vertragswidrige Erfüllung

## Mängel feststellen und bekanntgeben
[Discovering defects and informing the supplier]

Werden Mängel nicht rechtzeitig bekanntgegeben, verliert der Käufer seinen Anspruch auf Gewährleistung.

Um keine Fristen zu versäumen, sollten Mängel immer sofort nach ihrer Entdeckung gerügt werden, d.h. offene Mängel bei Übernahme der Ware, verdeckte Mängel, sobald man sie entdeckt hat.

Die Mitteilung des Mangels an den Verkäufer, die sogenannte **„Mängelrüge"**, ist nicht an eine bestimmte Form gebunden. Sie kann auch telefonisch, per Fax oder per E-Mail erfolgen. Bei größeren Mängeln bzw. in wichtigen Fällen sollte jedoch ein eingeschriebener Brief geschickt werden (Beweissicherung).

Auf alle Fälle muss der Mangel genau beschrieben werden. Allgemeine Redewendungen, wie „Die Ware entspricht nicht den Vertragsbedingungen", genügen nicht.

Folgende Unterscheidung ist wichtig:

**Betrifft Unternehmer**

**Zur Erinnerung:** Gelieferte Ware ist formell und materiell zu prüfen. Das haben Sie schon im Zusammenhang mit der ordnungsgemäßen Erfüllung des Kaufvertrags im Kapitel 8 kennengelernt.

**Verkäufer und Käufer sind Unternehmer** (Regelung laut UGB):

Sind beide Vertragspartner Unternehmer, so hat der Käufer die Pflicht zur Untersuchung der Ware, d.h., er muss Mängel, „die er bei ordnungsgemäßem Geschäftsgang nach Ablieferung [Anm.: der Ware] durch Untersuchung festgestellt hat oder feststellen hätte müssen, binnen angemessener Frist" anzeigen (§ 377 UGB).

Diese Formulierung nimmt darauf Rücksicht, dass Waren im Handel oft in derselben Verpackung weiterverkauft werden und erst beim Endverbraucher ausgepackt und geprüft werden (z.B. Elektrogeräte, Geschirr).

**Betrifft Konsumenten**

Auch Konsumenten sollten Mängel sofort melden, sobald sie sie festgestellt haben.

**Verkäufer ist Unternehmer, Käufer ist Konsument oder beide sind Private (Regelung laut ABGB):**

Nach dem ABGB gibt es keine Untersuchungspflicht wie im UGB. Der Mangel muss nur innerhalb der gesetzlichen Fristen gemeldet werden. Jedenfalls sollte der Mangel gemeldet (gerügt) werden, sobald er entdeckt wird.

## Gewährleistung und Garantie [Warranty and guarantee]

- Bei Geschäften mit Konsumenten dürfen diese Gewährleistungsfristen laut KSchG nicht verkürzt werden (außer bei Gebrauchtwaren).
- Bei Geschäften zwischen Unternehmern ist eine Verkürzung möglich. Ein Ausschluss der Gewährleistung ist bei Neuwaren aber in keinem Fall zulässig.

**Gewährleistung**

Im Rahmen der Gewährleistung haftet der Verkäufer für Mängel, die bereits bestanden, als die Sache (die Ware) übergeben wurde. Für diese Haftung gelten bestimmte Fristen (Gewährleistungsfristen).

- **Gewährleistung bei beweglichen Sachen:** Laut ABGB gilt für bewegliche Sachen (z.B. Schuhe, Handys, Geschirr) eine Gewährleistungsfrist von 2 Jahren.
- **Gewährleistung bei unbeweglichen Sachen:** Bei unbeweglichen Sachen (z.B. bei Bauten, beim Einbau von Zentralheizungen) gilt eine Frist von 3 Jahren ab Übergabe.
- **Beweislastumkehr:** Tritt der Mangel innerhalb von 6 Monaten ab der Übernahme auf, dann muss der Verkäufer beweisen, dass der Mangel bei der Übergabe noch nicht bestanden hat. Kann er das nicht beweisen, haftet er für den Mangel. Nach dieser Frist muss der Käufer beweisen, dass es sich um einen Gewährleistungsfall handelt und der Mangel nicht erst später aufgetreten ist.
- **Gewährleistung bei Montagefehlern und bei fehlerhaften Montageanleitungen:** Die Gewährleistung gilt auch für Montagefehler und für Mängel, die auf Fehler in der Montageanleitung zurückzuführen sind.

**Beispiel**

- Ist die Montageanleitung bei Selbstbaumöbeln mangelhaft und entsteht dadurch ein Schaden, dann haftet der Verkäufer für diesen Schaden.

- **Gewährleistung für Werbeaussagen:** Gegenüber dem Konsumenten haftet der Verkäufer auch für Werbeaussagen über Eigenschaften, die das Produkt angeblich haben soll.

**Beispiel**

- Geworben wurde mit der Aussage: „Der Wendekreis des Automodells ist der kleinste seiner Klasse und beträgt nur 7,5 m." Beträgt der Wendekreis tatsächlich 9 m, kann der Käufer dies bemängeln.

- **Arglistig verschwiegene Mängel:** Die Gewährleistungsfrist beträgt 30 Jahre.
- **Gewährleistung zwischen Privaten:** Bei Geschäften zwischen Privaten kann die Gewährleistung durch einen ausdrücklichen Hinweis ausgeschlossen werden (z. B. bei eBay-Versteigerungen oder beim Verkauf eines Gebrauchtwagens von privat zu privat). Dies gilt jedoch nicht für bekannte und bewusst verschwiegene Mängel oder falsche Angaben.

## Garantie [Guarantee]

Üblicherweise gewährt der Verkäufer eine über die gesetzliche Gewährleistung hinausgehende „Garantie", d. h., er verpflichtet sich, auch Mängel zu beheben, die durch den ordnungsgemäßen Gebrauch entstanden sind. Dadurch erübrigt sich die Diskussion, ob der Mangel schon bei der Übergabe bestanden hat oder nicht. Für Verschleißteile (z. B. Bremsbeläge beim Auto) wird die Garantie manchmal beschränkt (z. B. 2 Jahre oder 30 000 km).

## Die rechtlichen Möglichkeiten des Käufers [Legal rights of the buyer]

In der Regel wird man kaum mehr als drei Verbesserungsversuche des Verkäufers zur Mängelbehebung zulassen müssen. Sicher ist es sinnvoll, dem Verkäufer den Rücktritt nach dem ersten oder zweiten Verbesserungsversuch schriftlich anzudrohen.

Grundsätzlich sieht das Gesetz für den Käufer einer mangelhaften Ware folgende Möglichkeiten vor:

- Verbesserung (Nachlieferung, Reparatur oder Austausch)
- Preisminderung
- Wandlung (d. h. Rücktritt vom Vertrag bzw. Auflösung des Vertrags)

Der Verkäufer hat zunächst das Recht zur Verbesserung oder zum Austausch.

Nur wenn beides unmöglich ist oder mehrmals nicht gelingt, kann der Käufer Preisminderung verlangen oder bei wesentlichen Mängeln vom Vertrag zurücktreten, d. h. den Vertrag auflösen.

**Beispiel**

- Eine blaue iPod Docking Station weist an der Vorderseite Absplitterungen auf. Der Mangel ist technisch nicht zu beseitigen. Der Verkäufer kann jedoch die Docking Station austauschen. Nur wenn eine gleichartige Docking Station (gleiche Farbe, gleiche Größe) nicht verfügbar ist, kann der Käufer zurücktreten, da er vermutlich die blaue Docking Station gut sichtbar aufstellen wollte.

Umstritten ist, wie oft der Verkäufer eine Verbesserung versuchen darf und wie viel Zeit er dafür zur Verfügung hat.

**Beispiel**

- Die Türe eines Neuwagens lässt sich trotz mehrerer Reparaturversuche nicht vollständig schließen und ist nicht wetterfest. Wie lange und wie oft muss man Reparaturversuche zulassen, bis man vom Kauf zurücktreten darf?

Bei geringfügigen, unbehebbaren Mängeln ist ein Rücktritt nicht möglich, allerdings kann eine Preisminderung gefordert werden.

**Beispiel**

- Eine Bücherwand wird montiert und weist nach der Montage an der Rückwand der obersten Fächer in 2,50 m Höhe einige Kratzer auf.

**Übungsbeispiele**

**Ü 9.01: Mangelhafte Ware, Gewährleistung, Rechte des Käufers** C

Ein Händler verkauft ein gebrauchtes Motorrad als „unfallfrei" und „in tadellosem Zustand", obwohl er das Motorrad mit gebrochenem Rahmen gekauft hat und den Rahmen schweißen ließ. Nach 4 Tagen bricht die Schweißnaht. Durch den Unfall ist der Käufer längere Zeit arbeitsunfähig.

a) Welcher Mangel lag hier vor?
b) Wie lange müsste der Händler für diesen Mangel Gewähr leisten?
c) Welche Ansprüche kann der Käufer aus rechtlicher Sicht an den Verkäufer stellen?

**Ü 9.02: Rechte des Käufers, Praxislösung C**

Sie kaufen bei einem Buchhändler einen Kriminalroman. 8 Monate später stellen Sie beim Lesen fest, dass 32 Seiten in der Mitte des Buchs fehlen.

a) Welcher Mangel liegt vor?
b) Welche rechtlichen Möglichkeiten haben Sie?
c) Wie wird der Fall in der Praxis gelöst werden?

## Produkthaftung (Hinweis) [Product liability (tip)]

Die Produkthaftung ist in einem eigenen Gesetz geregelt.
„Produkthaftung" bedeutet, dass der Hersteller oder der Importeur für Schäden haftet, die durch ein fehlerhaftes Produkt an Personen oder Sachen, d.h. nicht am Produkt selbst, entstehen (z.B. durch einen undichten Boiler in der Küche wird die Wand, ein Küchenschrank und der Boden beschädigt, durch eine schadhafte Leiter verletzt sich der Hausmeister).

Tritt ein Schaden ein, haftet der Hersteller auch dann, wenn er am Fehler des Produkts keine Schuld trägt.

## Der Schriftverkehr bei der Lieferung mangelhafter Ware [Correspondence about supply of defective goods]

Auch beim **Verfassen einer Mängelrüge** sollten Sie sich folgende Punkte klarmachen:

- Was wollen Sie erreichen?
- Wie wollen Sie den Empfänger überzeugen?
- Mit welcher Antwort bzw. welcher Reaktion müssen Sie rechnen?
- Welche Bedeutung hat der Empfänger für Sie?

### Die Mängelrüge des Käufers

| Allgemeines Aufbauschema | Mängelrüge |
|---|---|
| 1 Anlass des Schreibens → | • Empfang der Ware bestätigen<br>• Mangel genau beschreiben |
| 2 eigenes Anliegen → | • Erwartungen/Forderungen an den Verkäufer bzw. Ersuchen um Vorschläge |
| 3 Begründung → | • Bei nicht eindeutigen Fällen oder umfangreichen Forderungen ist eine Begründung erforderlich. |
| 4 erwartete Reaktion → | • Hoffnung auf schnelle Regelung |
| 5 mögliche Folgen → | • Was geschieht, wenn der Verkäufer den Vorschlägen nicht zustimmt oder nicht bis zu einem bestimmten Termin antwortet? |

### Form der Mängelrüge

**Telefonische Mängelrügen** sollte man zusätzlich **schriftlich bestätigen,** um im Streitfall einen Beleg zu haben (Telefonnotiz bzw. Aktenvermerk).

- telefonisch, per Fax, per E-Mail, wenn
  - ein einfacher Fall vorliegt (z.B. wenn statt Briefkuverts mit Firmenaufdruck unbedruckte Kuverts geliefert wurden)
  - ein dringender Fall vorliegt (z.B. wenn überreifes Obst geliefert wurde, das zu verfaulen droht)
- eingeschriebener Brief, wenn ein schwieriger und wirtschaftlich bedeutender Fall vorliegt (z.B. Lieferung einer Wagenladung Fischkonserven, bei der sich Stichproben als verdorben erweisen)

Übungsbeispiel

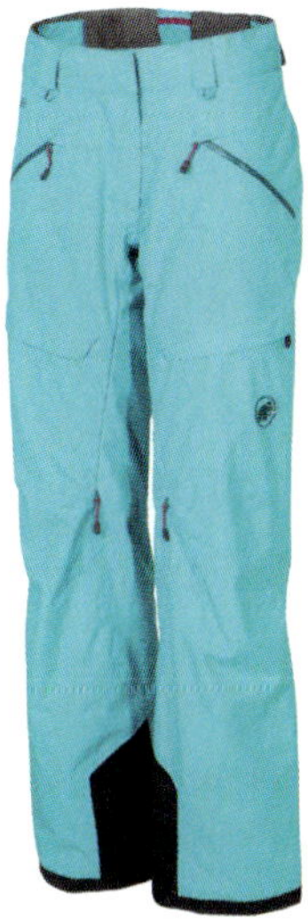

## Ü 9.03: Mängelrüge – E-Mail-Text

**Betreff:** Skihosen – Mängelrüge

Heute erhielten wir die bestellten
50 Stück Skijacken, Gr. S, M und L
50 Stück Skihosen, Gr. S, M und L.

Wir mussten leider feststellen, dass
15 Stück der Skihosen

Webfehler haben.

Bei je 5 Stück der Größe S und M sind diese Fehler so deutlich sichtbar, dass wir diese Hosen nicht verkaufen können. Bitte liefern Sie rasch Ersatz.

Bei 5 Stück der Größe L sind die Fehler nicht sofort sichtbar. Wir könnten diese Ware als zweite Wahl verkaufen. Sie müssten uns allerdings einen Preisnachlass von 20% gewähren.

Wir ersuchen um sofortige Nachlieferung und um Zusendung einer Gutschrift bzw. einer korrigierten Rechnung.

Mit freundlichen Grüßen

Aufgabe:

a) Welche Arten von Mängeln liegen vor? C
b) Welche Forderungen stellt der Käufer? B
c) Wie werden die Forderungen begründet? C
d) Welche Teile des Aufbauschemas wurden berücksichtigt? B

### Die Stellungnahme des Verkäufers

- Vor allem bei der **Ablehnung einer Bemängelung** ist genau zu überlegen, wie man vorgehen soll, um den Kunden zu halten.
- Sind **Schäden** beim Transport aufgetreten, ist zusätzlich zu prüfen, wer laut Kaufvertrag das Transportrisiko tragen muss.

Die Stellungnahme des Verkäufers zu einer Mängelrüge erfordert viel Fingerspitzengefühl.

Die Stellungnahme soll

- in einem höflichen Ton gehalten sein, selbst wenn die Bemängelung nach der Meinung des Verkäufers zu Unrecht erfolgte;
- darauf abzielen, den Käufer als Kunden zu halten.

Es gibt zwei Möglichkeiten:

- Die Bemängelung wird anerkannt.
- Die Bemängelung wird abgelehnt.

Der Verkäufer wird die Bemängelung ablehnen, wenn er davon überzeugt ist, dass er die Ware vertragsgerecht geliefert hat und ihn kein Verschulden trifft.

Wird vermutet, dass die Mängelrüge völlig unbegründet ist und dass der Käufer nur eine Verbesserung der Konditionen erreichen will, wird der Verkäufer höflich, aber sehr strikt ablehnen.

Ist unklar, wen die Schuld trifft, oder ist die Auslegung des Kaufvertrags nicht eindeutig, muss der Sachverhalt vor der Ablehnung genau untersucht werden.

Manchmal wird es ratsam sein, dem Käufer eine gemeinsame Untersuchung bzw. eine Untersuchung durch eine dritte Stelle (z. B. durch einen Sachverständigen) anzubieten.

| Allgemeines Aufbauschema | Antwort auf Mängelrügen |
|---|---|
| **1** Anlass des Schreibens → | • Bezug auf die Mängelrüge.<br>Bedauern, dass die Mängel aufgetreten sind |
| **2** Entscheidung (Stellungnnahme zum Anliegen des Partners) → | a) Anerkennung der Mängelrüge:<br>○ Entschuldigung, eventuell mit Begründung<br>○ Einigungsvorschlag bzw. Annahme des Vorschlags des Kunden<br>b) Ablehnung der Mängelrüge:<br>○ Ablehnung |
| **3** Begründung → | • Eine Begründung ist vor allem erforderlich:<br>○ bei Ablehnung bzw.<br>○ wenn man die Forderungen nicht vollständig anerkennt. |
| **4** erwartete Reaktion → | a) Bei Anerkennung des Mangels:<br>○ Bitte um Verständnis<br>b) Bei Ablehnung bzw. bei teilweiser Ablehnung:<br>○ Bitte, die Rechtslage zu akzeptieren bzw. dem Einigungsvorschlag zuzustimmen |
| **5** mögliche Folgen → | • Vor allem bei teilweiser oder vollständiger Ablehnung:<br>Kulanzangebot, Rabatte auf die nächste Lieferung etc. |

Beispiele

Anerkennung einer Mängelrüge (Antwort zu Ü 9.03)

**Betreff:** Skihosen – Ihre Beanstandung vom 10. März 20..

Wir bedauern sehr, dass ein Teil der am 10. März gelieferten Skihosen fehlerhaft war, und entschuldigen uns.

Wegen zahlreicher Krankheitsfälle mussten wir in der Endkontrolle kurzfristig Hilfskräfte einsetzen. Diese haben leider die Webfehler übersehen.

Schicken Sie uns bitte jene 10 Stück Skihosen, die für Sie unbrauchbar sind, auf unsere Kosten zurück. Wir haben die Ersatzware bereits versendet.

Für die restlichen 5 Stück, die kleine Fehler aufweisen, gewähren wir Ihnen 20 % Preisnachlass. Eine Gutschrift erhalten Sie zusammen mit der Ersatzware.

Wir hoffen, dass Sie mit dieser Regelung zufrieden sind, und danken im Voraus.

Wir erwarten weitere Aufträge, die wir gewissenhaft ausführen werden.

Mit freundlichen Grüßen

Ablehnung einer Mängelrüge (E-Mail-Text)

**Betreff:** Porzellangeschirr, Ihre Bemängelung vom 22. August 20..

Wir bedauern, dass unsere Sendung mit Porzellangeschirr bei Ihnen beschädigt angekommen ist. Der Schaden kann jedoch nur durch unsachgemäßen Transport zustande gekommen sein. Unsere Verpackungen sind widerstandsfähiger, als es vorgeschrieben ist.

Die Ware wurde ab Werk geliefert. Sie tragen daher das Transportrisiko. Wir ersuchen Sie, sich wegen des Schadensersatzes an die Post zu wenden.

Außerdem sind wir bereit, die von Ihnen als beschädigt gemeldete Ware auf Ihren Wunsch hin mit einem Kulanzrabatt von 20 % nachzuliefern.

Wir hoffen, dass Ihnen dieses Angebot zeigt, dass wir an einer weiteren Zusammenarbeit mit Ihnen sehr interessiert sind.

Mit freundlichen Grüßen

## 3 Fehlerhafte Rechnungen [Incorrect invoices]

Auch Rechnungen können Fehler enthalten. Deshalb ist es in der Praxis sehr wichtig, Rechnungen genau zu kontrollieren.

Folgende Fehler können auftreten:

- Die Rechnung weist schlechtere Bedingungen auf als vereinbart wurden.

**Beispiele**

- höhere Preise, geringere Preisabzüge, schlechtere Zahlungsbedingungen

Entspricht die Rechnung nicht den Bestimmungen des USt-Gesetzes, verliert der Käufer die Berechtigung, die USt als Vorsteuer zurückzufordern!

- Die Rechnung entspricht nicht den Bestimmungen des Umsatzsteuergesetzes.
- Die Rechnung weist Rechenfehler auf.

### Der Käufer beanstandet die Rechnung

Liegt der Fehler eindeutig beim Verkäufer (z. B. Rechenfehler, Verstoß gegen das Umsatzsteuergesetz), wird meist ein Telefongespräch genügen.

Zu einer schriftlichen Beanstandung kommt es nur, wenn Meinungsverschiedenheiten bestehen (z. B. bezüglich der Rabattsätze, der Gültigkeit von Preislisten zum Zeitpunkt der Bestellung).

### Aufbau des Schreibens

- Bezug auf die beanstandete Rechnung
- genaue Bezeichnung und Beschreibung des Fehlers mit Hinweisen oder Beilage der vereinbarten Bedingungen
- Bitte um Richtigstellung

Um die Rechnung zu berichtigen, stellt der Verkäufer meist eine neue Rechnung aus. Manchmal wird auch ein Korrekturbeleg übersandt (z. B. eine Gutschrift für einen zusätzlichen Rabatt).

**Übungsbeispiel**

### Ü 9.04: Beanstandung einer Rechnung – Brieftext

**Ihre Rechnung Nr. 223-679**

Bei der Kontrolle Ihrer Rechnung Nr. 223-679 vom 20. Nov. musste ich leider zwei Fehler feststellen.

1. Sowohl in Ihrem Angebot als auch in meiner Bestellung enthielten die Preise auch die Zustellung. Sie verrechneten aber unter Pos. 4 für den Transport € 88,37, zuzüglich € 17,67 USt.
2. Ich bestellte aufgrund der Preisliste vom Herbst 20.. . Diese enthält unter der Nr. 16 738 Sporttaschen. Für Bestellungen über 50 Stück ist ein Rabattsatz von 15 % angeführt. Sie berücksichtigten aber bei der Pos. 2 der Rechnung nur 10 %.

Ich ersuche um Richtigstellung.

Mit freundlichen Grüßen

Aufgabe:

a) Welche Mängel hat der Käufer beanstandet? C
b) Welche Kontrollen musste der Käufer vornehmen, um die Mängel zu finden? C

### Die Antwort des Verkäufers

- **Die Beanstandung wird anerkannt**

  Der Verkäufer übersendet die korrigierte Rechnung bzw. die Gutschrift
  - und vorweg eine E-Mail mit einem Hinweis auf die folgende Richtigstellung.
  - zusammen mit einem ohne viel Aufwand gestalteten Begleitschreiben (Kopie einer Aktennotiz des Telefongesprächs, Kurzantwort, Kopie der schriftlichen Bemängelung mit handschriftlicher Entschuldigung und Verweis auf die beiliegende korrigierte Rechnung).

- **Die Beanstandung wird abgelehnt**
  Der Verkäufer entwirft und schreibt einen individuellen Text (Brief oder E-Mail). Die Überlegungen und der Aufbau sind ähnlich wie bei der Ablehnung der Mängelrüge.

## 4 Zu spät liefern: Lieferverzug
### [Delivering too late: delay in delivery]

Ein Lieferverzug (verspätete Lieferung) liegt vor, wenn der Verkäufer die Ware nicht zur vereinbarten Zeit am vereinbarten Ort übergibt.

Es ergeben sich folgende Fragen:

- Wann tritt Lieferverzug ein?
  Gilt z. B. ein Liefertermin „in der 38. Woche" als fix?
- Was muss der Käufer unternehmen, wenn der Verkäufer verspätet liefert?
- Kann der Käufer vom Vertrag zurücktreten und eventuell Schadenersatz verlangen?

### Eintritt des Lieferverzugs und seine Rechtsfolgen
[Timing of a delay in delivery and its legal consequences]

**Grafik**
**Der Lieferverzug und seine Rechtsfolgen**

**Zur Erinnerung:** Die möglichen **Vereinbarungen für den Liefertermin** haben Sie schon im Zusammenhang mit den Regelungen zur Erfüllung des Kaufvertrags im Kapitel 5, Lerneinheit 2 kennengelernt.

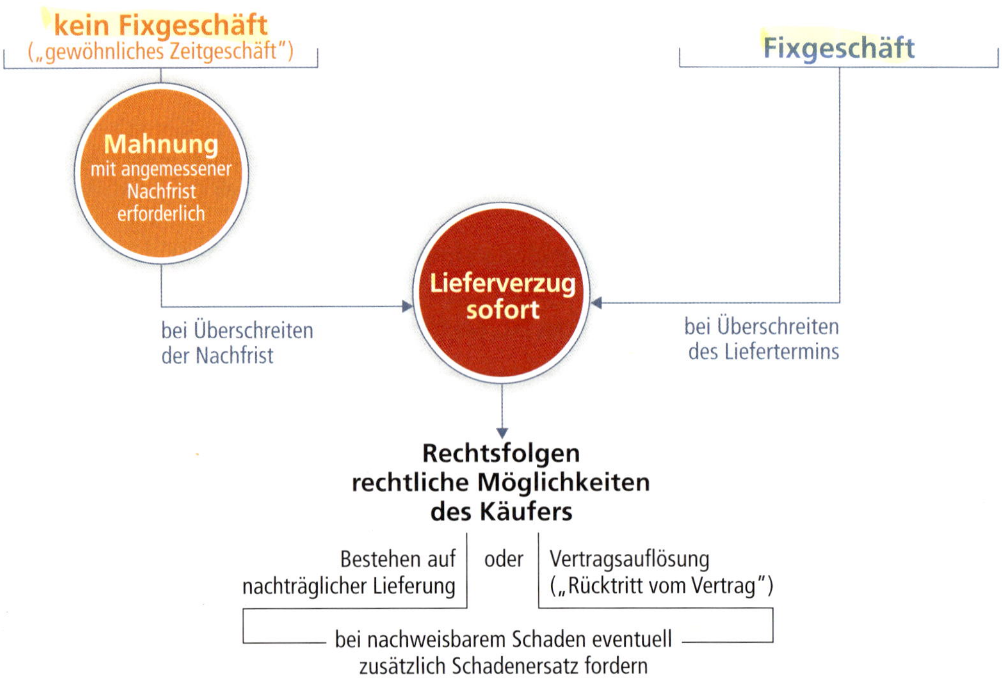


**Übungsbeispiel**

**Ü 9.05: Rechtslage bei verspäteter Lieferung** D

Sie bestellen für Ihre erste eigene Wohnung eine Küche, die von einem Tischler nach Maß angefertigt werden soll. Als Liefertermin wird „Ende November" vereinbart.

Am 15. Dezember hat der Tischler noch immer nicht geliefert. Einige Anrufe beim Tischlermeister sind erfolglos. Da entdecken Sie eine Markenküche, die um 50 % des Listenpreises abverkauft wird. Kurz entschlossen greifen Sie zu.

Am 10. Jänner kündigt der Tischler endlich die Lieferung an. Sie erklären, dass Sie auf die verspätete Lieferung keinen Wert legen.

**Aufgabe:**

Versuchen Sie, mithilfe der obigen Übersicht die Rechtslage zu klären. Zunächst ist zu unterscheiden, ob es sich um ein gewöhnliches Zeit- oder um ein Fixgeschäft handelt.

Ein Fixgeschäft liegt nur dann vor,

- wenn es ausdrücklich vereinbart wurde (z. B.: „Liefern Sie fix am 24. November ...") oder
- wenn aus der Art des Geschäfts eindeutig hervorgeht, dass es sich um ein Fixgeschäft handelt (z. B. Partybuffet, wenn der Partytermin bekannt ist).

Angaben wie „Lieferung in der 34. Woche", „Lieferung bis spätestens Ende November" weisen noch nicht auf ein Fixgeschäft hin.

In der Regel handelt es sich daher um ein **gewöhnliches Zeitgeschäft.**

Bei einem gewöhnlichen Zeitgeschäft muss der Käufer

- den säumigen Verkäufer zunächst in Lieferverzug setzen, d. h. ihm eine Mahnung senden,
- eine angemessene Nachfrist setzen (die Nachfrist sollte genau angegeben werden – z. B. „bis 15. Dezember") und
- die Rechtsfolgen bei Nichterfüllung androhen.

Durch diese Maßnahme des Käufers wird aus dem **gewöhnlichen Zeitgeschäft** ein **Fixgeschäft.**

**„Angemessene Nachfrist"** bedeutet:

- Die Nachfrist ist so lange, dass es dem Verkäufer möglich ist, doch noch zu liefern. Was als „angemessen" gilt, hängt von der Art der vereinbarten Lieferung oder Leistung ab. (Zum Beispiel wird die Nachfrist bei einem Fertighaus länger sein müssen als bei der Lieferung von Baumaterial).
- Ist die Nachfrist zu kurz, darf der Verkäufer nicht damit rechnen, dass sie wirkungslos ist, sondern er muss zeigen, dass er erfüllen will (z. B. Ansuchen um Verlängerung der Nachfrist).

In den allgemeinen Geschäftsbedingungen der Verkäufer werden die Rechte des Käufers meist erheblich verschlechtert. Etwa: „Erfolgt die Lieferung nicht zum vereinbarten Zeitpunkt, so muss der Käufer dem Verkäufer eine Nachfrist von 8 Wochen einräumen."

Der Käufer sollte daher die AGB genau lesen (z. B. beim Autokauf, bei Urlaubsreisen) und gegebenenfalls Abänderungen verlangen. Abänderungen sollten schriftlich bestätigt werden.

Bei einem Fixgeschäft treten die Rechtsfolgen ohne weitere Mahnung sofort ein, wenn die Lieferfrist überschritten ist. Teilt der Käufer nicht mit, dass er auf Lieferung besteht, gilt der Kaufvertrag als aufgelöst.

Bei einem **Fixgeschäft** ist rechtlich gesehen **keine Rücktrittserklärung nötig.** In der Praxis wird man sie dem Verkäufer jedoch trotzdem zugehen lassen.

**Schadenersatzforderungen** werden meist im Kulanzweg (durch einen Vergleich) geregelt. Gerichtlich sind sie schwer durchzusetzen, da der Verkäufer zahlreiche Einwendungen machen kann (z. B.: „Es treffe ihn kein Verschulden."; „Der Käufer hätte keinen Deckungskauf vornehmen müssen.").

## Die rechtlichen Möglichkeiten des Käufers bei Lieferverzug

[Buyer's legal rights in the case of a delay in delivery]

Liefert der Verkäufer bei einem Fixgeschäft nicht bzw. wird die gesetzte Nachfrist bei einem Zeitgeschäft überschritten, hat der Käufer folgende Möglichkeiten: Er kann

- **vom Vertrag zurücktreten**

  Ein Rücktritt vom Vertrag ist sinnvoll, wenn
  - der Preis der Ware gesunken ist und man daher billiger kaufen kann,
  - man Waren gefunden hat, die qualitativ besser entsprechen,
  - die Lieferung zu einem späteren Zeitpunkt keinen Sinn hätte.

- **auf nachträgliche Lieferung bestehen**

  Ist der Rücktritt wirtschaftlich nicht sinnvoll, dann wird der Käufer auf Lieferung bestehen.

- **Schadenersatz fordern**

  Ist dem Käufer ein nachweisbarer Schaden entstanden, kann er Schadenersatz verlangen, wenn der Verkäufer den Verzug verschuldet hat.

**Beispiele**

- Der Käufer musste die Ware von einem anderen Lieferanten beschaffen (er musste einen sogenannten Deckungskauf vornehmen). In diesem Fall kann der Käufer den Unterschied zwischen dem Vertragspreis und einem etwaigen höheren Preis beim Deckungskauf verlangen. Unter bestimmten Voraussetzungen kann der Käufer den entgangenen Gewinn fordern.
- Der Käufer musste die Miete für das alte Geschäftslokal weiterbezahlen, weil die Einrichtung für das neue Geschäftslokal nicht rechtzeitig geliefert wurde.

Übungsbeispiel

### Ü 9.06: Gewöhnliches Zeitgeschäft oder Fixgeschäft? C

Für einen Hausbau wurde Bausand „per Ende April" bestellt. Als der Sand am 2. Mai noch nicht eingetroffen ist, lässt der Käufer den Sand von einer anderen Firma liefern. Am 5. Mai wird der ursprünglich bestellte Sand zugestellt. Der Käufer verweigert die Annahme mit dem Hinweis auf den Lieferverzug.
Ist er im Recht?

## Der Schriftverkehr beim Lieferverzug

[Correspondence about a delay in delivery]

### a) Der Lieferverzug beim gewöhnlichen Zeitgeschäft

Bei guter Geschäftsbeziehung kann es sinnvoll sein, den Verkäufer zunächst nur an den Liefertermin zu erinnern, ohne eine Nachfrist zu setzen oder Folgen anzudrohen. Ein derartiges Schreiben reicht jedoch rechtlich nicht aus, um z. B. vom Vertrag zurückzutreten.

**Das Schreiben des Käufers**

- Der Käufer muss auf den vereinbarten Liefertermin hinweisen und eine Nachfrist setzen und
- dem Verkäufer die Folgen eines weiteren Terminverzugs bekanntgeben.

| Allgemeines Aufbauschema | Lieferverzug – Schreiben des Käufers |
|---|---|
| 1 Anlass des Schreibens → | • Bezug auf die Bestellung und auf den vereinbarten Liefertermin<br>• Feststellung, dass noch keine Lieferung erfolgte |
| 2 eigenes Anliegen → | • Lieferung bis spätestens … (Setzen einer Nachfrist) |
| 3 Begründung → | • eventuell Hinweis auf Dringlichkeit etc. |
| 4 erwartete Reaktion → | • Hoffnung, dass die Nachfrist eingehalten wird |
| 5 mögliche Folgen → | • Folgen, wenn die Nachfrist nicht eingehalten wird (Rücktritt, Schadenersatz) |

Übungsbeispiel

Nachfristen und mögliche Folgen bei Überschreiten der Nachfrist sollen aus dem Schreiben des Käufers eindeutig hervorgehen. Das Schreiben soll dennoch höflich sein. Zur Beweissicherung ist es zweckmäßig, einen eingeschriebenen Brief zu senden.

### Ü 9.07: Lieferverzug beim gewöhnlichen Zeitgeschäft (Einschreiben) – Brieftext

**Überschreitung des Liefertermins – Heizungsrohre**

Am 5. Juni 20.. haben wir schriftlich Heizungsrohre bestellt. Eine Kopie des Bestellscheins legen wir bei.

Sie sagten zu, die Rohre in der ersten Juliwoche zu liefern. Leider haben wir diese bis heute nicht erhalten.

Die Rohre sind für die Installation einer Heizungsanlage in einem Bürohaus bestimmt. Um die Abschlussarbeiten nicht zu behindern, muss unsere Arbeit bis zum 15. August 20.. abgeschlossen sein. Wenn wir diesen Termin nicht einhalten, müssen wir für jeden Tag der Terminüberschreitung ein Pönale von € 150,00 bezahlen.

Wir ersuchen Sie daher,

**bis spätestens 20. Juli 20..**

zu liefern.

Sollten Sie diese Nachfrist nicht einhalten, wären wir gezwungen, vom Vertrag zurückzutreten und die Rohre bei einem anderen Lieferanten zu besorgen.

Mit den Mehrkosten, den Überstundenlöhnen und dem Pönale müssten wir Sie belasten.

Mit freundlichen Grüßen

Kopie des Bestellscheins

Aufgabe:

a) Wie belegt der Käufer, dass der Verkäufer tatsächlich nicht rechtzeitig geliefert hat? B
b) Warum gibt der Käufer eine ausführliche Begründung für seine Forderungen? D
c) Nehmen Sie an, der Verkäufer liefert nicht. Halten Sie es für wahrscheinlich, dass der Käufer seine Ansprüche durchsetzen kann? D

In der Regel wird der Verkäufer bei Lieferverzug **nicht** von sich aus auf eine mögliche Schadenersatzforderung hinweisen. Er wird immer versuchen, den Lieferverzug so einleuchtend wie möglich zu erklären, und hoffen, dass der Käufer keine Schadenersatzforderung stellt.

### Das Schreiben des säumigen Verkäufers

Ist dem Verkäufer bereits vor dem Liefertermin bekannt, dass er den Termin nicht einhalten kann, so sollte er dies dem Käufer rechtzeitig mitteilen.

Ist die Mahnung des Käufers eingetroffen, so sollte sofort geantwortet werden, auch dann, wenn die Lieferung bereits unterwegs ist oder unmittelbar bevorsteht. Kann der Verkäufer auch in der vom Käufer gesetzten Nachfrist nicht liefern, so muss er versuchen,

- dies dem Käufer gegenüber zu begründen,
- den Kunden zu erhalten,
- mögliche Schadenersatzforderungen abzuwenden.

In allen genannten Fällen wird das Schreiben des Verkäufers ähnlich aufgebaut sein.

| Allgemeines Aufbauschema | Lieferverzug – Antwort des säumigen Verkäufers |
|---|---|
| 1 Anlass des Schreibens → | • Hinweis auf die Liefermahnung bzw., wenn noch nicht gemahnt wurde, auf die Lieferverpflichtung |
| 2 eigenes Anliegen → | • Bitte um Entschuldigung<br>Versprechen, die Lieferung bis ... auszuführen, bzw. Bitte, die Frist bis ... zu verlängern |
| 3 Begründung → | • unbedingt Gründe für die Verzögerung angeben |
| 4 erwartete Reaktion → | • Bitte um Verständnis bzw.<br>Bitte, die Vorschläge zu akzeptieren |
| 5 mögliche Folgen → | – |

In einer „werbenden Schlussformel" wird man nochmals um Entschuldigung bzw. um Verständnis ersuchen.

Übungsbeispiel

### Ü 9.08: Lieferverzug – Schreiben des säumigen Verkäufers D

**Auftrag Nr. 224 – Heizungsrohre**

Wir bitten um Entschuldigung, dass wir die Frist zur Lieferung der Heizungsrohre nicht einhalten konnten.

Ein Zusammentreffen widriger Umstände verursachte diese unangenehme Situation.

In unserer Walzstrecke ist ein technisches Gebrechen aufgetreten, das erst nach mehreren Tagen behoben werden konnte. Als die Anlage wieder betriebsbereit war, erkrankten jene Facharbeiter, die das Steuerungspult überwachen. Wir mussten daher die Produktion mit Ersatzleuten weiterführen.

Jetzt sind wir wieder voll leistungsfähig. Wir werden die Rohre noch in dieser Woche in zusätzlichen Nachtschichten fertigstellen. Wir werden Ihnen die Rohre am

**18. Juli 20.. zwischen 13:00 und 16:00 Uhr zustellen.**

Wir werden uns bemühen, derartige Lieferverzögerungen in Zukunft zu vermeiden. Wir hoffen, dass dieser Vorfall unsere guten Geschäftsverbindungen nicht beeinträchtigen wird.

Mit freundlichen Grüßen

Aufgabe:
Wie versucht der säumige Verkäufer, den Kunden zu halten?

### b) Der Lieferverzug beim Fixgeschäft

**Das Schreiben des Käufers**

Laut Gesetz müsste der Käufer nur dann Nachricht geben, wenn er

- auf der Lieferung besteht und/oder
- Schadenersatz fordert.

Es ist jedoch üblich, den Verkäufer auf jeden Fall zu verständigen.

Das Schreiben ist wie beim gewöhnlichen Zeitgeschäft aufgebaut, jedoch

- werden Sie ausdrücklich auf den vereinbarten fixen Liefertermin hinweisen.
- müssen Sie eine Nachfrist setzen, wenn Sie auf Lieferung bestehen. Andernfalls erklären Sie den Rücktritt vom Vertrag.

Übungsbeispiel

**Ü 9.09: Lieferverzug beim Fixgeschäft – Brieftext**

**Lieferverzug – Prospekte – Rücktritt**

Wir bestellten am 22. August 20.. 10 000 Prospekte. Der 12. September 20.. wurde als fixer Liefertermin angegeben und von Ihnen bestätigt.

Zu unserem Bedauern haben Sie diesen Termin nicht eingehalten. Wir benötigten die Prospekte zur Eröffnung unserer neuen Filiale. Eine spätere Lieferung ist daher für uns wertlos.

Wir verzichten auf die Ausführung unseres Auftrags und behalten uns vor, von Ihnen Ersatz für den entstandenen Schaden zu verlangen.

Mit freundlichen Grüßen

Aufgabe:

a) Muss diesem Schreiben eine Liefermahnung vorangehen? D
b) Für welchen Schaden könnte der Besteller eventuell Schadenersatz verlangen? D
c) Welche Antwort könnte der Verkäufer geben bzw. in welchen Fällen ist es sinnvoll, auf dieses Schreiben zu antworten? D
d) Wie sollte der Verkäufer die Nachricht übermitteln? C

**Das Schreiben des Verkäufers**

Der Verkäufer sollte in einem individuellen Schreiben versuchen,

- den Kunden zu halten,
- Schadenersatzforderungen zu verringern oder zu vermeiden.

Sein Schreiben ist daher gleich aufgebaut wie beim gewöhnlichen Lieferverzug.

# Üben – Anwenden

A B C D E

**Ü 9.10: Rechtzeitige Mängelrüge? Praxislösung** C

Ein Textilhändler bestellte eine Sendung Baumwollstoffe in der besten angebotenen Qualität. Bei der Übernahme prüft der Firmeninhaber nur die Anzahl und die Bezeichnung der Stoffe. Nach 4 Wochen reklamiert der Textilhändler, dass die Stoffe eine schlechtere Qualität als vereinbart aufweisen. Er begründet die späte Reklamation damit, dass der Mitarbeiter, der die Qualitätsprüfung üblicherweise durchführt, zur Zeit der Lieferung auf Urlaub war.

a) Welcher Mangel liegt vor?
b) Hat der Textilhändler die Mängelrüge in diesem Fall rechtzeitig vorgebracht?
c) Welche rechtlichen Möglichkeiten hat der Textilhändler, wenn Sie davon ausgehen, dass er rechtzeitig reklamiert hat?
d) Wie wird der Fall in der Praxis vermutlich geregelt?

### Ü 9.11: Mängel bei verpackter Ware, Rechte des Käufers C

Sie kaufen für Ihren Vater als Weihnachtsgeschenk bereits Ende Oktober eine Uhr. Der Verkäufer verpackt die Uhr sofort in Geschenkpapier. Als Ihr Vater die Uhr zu Weihnachten auspackt, ist das Glas zerkratzt.

a) Welche Art von Mangel weist die Uhr auf?
b) Reicht es aus, wenn Sie den Mangel nach Weihnachten rügen?
c) Welche rechtlichen Möglichkeiten haben Sie? Könnten Sie auch vom Kauf zurücktreten?

### Ü 9.12: Mängel bei originalverpackter Ware, Praxislösung C

Ein Elektrohändler erhält 10 Mikrowellenherde in Originalverpackung. Er packt die Geräte nicht aus, sondern verkauft sie in der Originalverpackung weiter. Nach 8 Monaten verkauft er das letzte Gerät. Nach zwei Tagen bemängelt der Kunde, dass das Gehäuse zerkratzt ist und dass die Zeiteinstellung nicht funktioniert.

a) Ist der Händler, rein rechtlich gesehen, bei der Überprüfung der Ware richtig vorgegangen?
b) Welche Möglichkeiten hat der Händler in diesem Fall und wie wird der Fall in der Praxis vermutlich gelöst?
c) Kann der Kunde vom Kauf zurücktreten?
d) Welche Möglichkeiten hätte der Kunde, wenn nur das Gehäuse seitlich leicht zerkratzt wäre?

### Ü 9.13: Rechercheaufgabe: Gewährleistung in der Praxis D

a) Führen Sie eine Internetrecherche zu den Verkaufsbedingungen im Bereich der Unterhaltungselektronik durch (Onlineshopping und/oder herkömmlicher Handel) und stellen Sie fest, wie die Gewährleistung geregelt ist (z. B. für TV-Geräte, MP3-Player). Überlegen Sie, warum diese Regelungen oft so umfangreich sind.
b) Finden Sie heraus, wie die Gewährleistung bei Verkäufen bzw. Käufen über eBay geregelt ist.

Notieren Sie Ihre Ergebnisse stichwortartig.

### Ü 9.14: Mängelrüge – E-Mail mit Attachment D

**Betreff:** Porzellangeschirr – Mängelrüge

**Anlagen:** Schadensaufstellung.doc

Ihre Sendung Kisten mit Porzellangeschirr vom 22. August 20.. ist teilweise stark beschädigt angekommen.

Bei der Übernahme der Kisten von der Post stellte unser Lagerverwalter sofort fest, dass bei einer Kiste ein Brett eingedrückt und bei der anderen eine Kante abgesplittert war. Er ließ sich diese Beschädigungen von der Post bestätigen.

Wir überprüften die Ware sofort. In der stark beschädigten Kiste war ca. ein Drittel des Geschirrs zerbrochen. In der anderen Kiste waren nur einige Stücke beschädigt.

Im Attachment finden Sie eine genaue Aufstellung der zerbrochenen bzw. beschädigten Stücke.

Der Schaden ist unserer Ansicht nach durch die unzureichende Verpackung verursacht worden. Sie haben zu leichte Kisten verwendet. Auch die Auskleidung der Kisten mit Füllmaterial und die Verpackung der einzelnen Stücke in Holzwolle waren offenbar nicht ausreichend.

Da die Schuld eindeutig bei Ihnen liegt, ist es wenig Erfolg versprechend, wenn wir uns wegen des Schadenersatzes an die Post wenden.

Wir müssen Sie für den Schaden verantwortlich machen und ersuchen Sie daher, uns rasch Ersatz zu liefern.

Mit freundlichen Grüßen

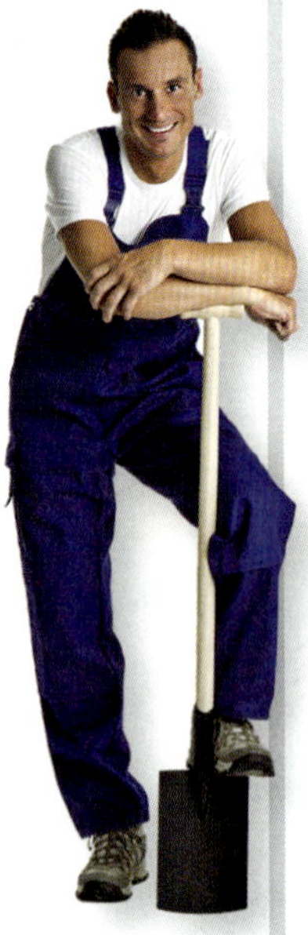

Aufgabe:

a) Welche Arten von Mängeln liegen hier vor?
b) Welche Forderungen stellt der Käufer?
c) Wie werden die Forderungen begründet?
d) Welche Teile des Aufbauschemas werden berücksichtigt?
e) Wie wurde das Problem gelöst, dass sehr umfangreiche Mängel beschrieben werden mussten?
f) Welche Kaufvertragsklausel bezüglich Kosten- und Risikoübergang könnte im Kaufvertrag vereinbart worden sein?

### Ü 9.15: Vorgehen bei Lieferverzug C

Ein Wiener Gartenbesitzer hat bei einem Bregenzer Lieferanten Gartengeräte „per Ende Mai" bestellt. Die Gartengeräte sind bis 31. Mai nicht eingetroffen und der Käufer beschließt, den Lieferanten zu mahnen.

Sind die folgenden Vorgehensweisen des Käufers ausreichend, um vom Vertrag zurücktreten zu können?

a) Der Wiener Käufer ruft den Bregenzer Lieferanten an und droht ihm: „Wenn Sie nicht bald liefern, trete ich vom Vertrag zurück."
b) Der Wiener Käufer sendet am 1. Juni folgende E-Mail: „Wenn Ihre Lieferung nicht bis 3. Juni eintrifft, trete ich vom Vertrag zurück."

### Ü 9.16: Mängel bei Küchengeräten C

Petra Zweimaier hat die Handelsakademie abgeschlossen, einen Job gefunden und ist von zu Hause ausgezogen. Möbel bekommt sie von der Großmutter. Die Eltern geben ihr das Geld für einen modernen Herd mit Grill und Umluftbackrohr.

Da sie im letzten Jahr immer am Samstag im Supermarkt ausgeholfen hat, hat sie auch etwas angespart. Es reicht für einen kleinen Gebrauchtwagen um € 6.000,–, den sie bei einem Gebrauchtwagenhändler erwirbt.

Aufgabe:

Beantworten Sie die Fragen zu den folgenden Fällen.

a) Der bestellte Herd trifft ein. Er hat jedoch statt der bestellten braunen Emailkochmulde eine Aluminiummulde.
   - Ist dies ein wesentlicher Mangel?
   - Unter welchen Bedingungen könnte Petra vom Kauf des Herds zurücktreten?
   - Welche Alternativen hat Petra?

b) Als Petra das Backrohr erstmals in Betrieb nimmt, kommt es zu einer kleinen Gasexplosion. Petra hatte zwar die Küche verlassen, jedoch wurden nicht nur der Herd, sondern auch einige Küchenmöbel beschädigt. Es stellt sich heraus, dass es sich um einen Konstruktionsfehler handelt.
   - Wer haftet in erster Linie für diesen Schaden?
   - Der Händler bedauert, der Hersteller sei in Konkurs gegangen und existiere nicht mehr. Wer haftet in diesem Fall?
   - Nehmen Sie an, der Herd wurde aus der Slowakei importiert. Könnte man auch den Importeur haftbar machen?

c) Petra kocht begeistert mit dem neuen Herd. Erst nach 4 Monaten nimmt sie erstmals den Grill in Betrieb und stellt fest, dass er nicht funktioniert.
   - Hätte Petra alle Funktionen sofort bei Übernahme überprüfen müssen?
   - Ist der Schaden durch Garantie oder durch Gewährleistung gedeckt?
   - Wie lange gilt die Gewährleistungsfrist, wenn keine besondere Vereinbarung im Kaufvertrag getroffen wurde?

d) Nach 15 Monaten werden die Flammen im Backrohr immer kleiner und fallen schließlich ganz aus. Der Brenner ist kaputt. Hat Petra Chancen auf eine kostenlose Reparatur?

e) Bei ihrem Gebrauchtwagen erhält Petra ein Jahr Gebrauchtwagengarantie.

- Muss die Garantie gesondert vereinbart werden oder entspricht sie der Rechtslage?
- Petra fährt ziemlich flott und bremst daher auch ziemlich viel. Nach 6 Monaten sind die Bremsbeläge kaputt und die Bremsen müssen neu belegt werden. Wird Petra dafür etwas zahlen müssen?

### Ü 9.17: Lieferverzug und Mängel bei Drehbank für Schlosserei C

Schlossermeister Zweimaier hat eine elektronisch gesteuerte Drehbank für seine Werkstatt bei der Mechana-AG bestellt. Als Liefertermin wurde „39. Kalenderwoche" vereinbart, die Lieferklausel lautet „frei Haus", die Zahlungsbedingung lautet „zahlbar innerhalb von 60 Tagen oder innerhalb von 10 Tagen unter Abzug von 3 % Skonto".

#### Aufgabe:

Beantworten Sie die Fragen zu den folgenden Fällen.

a) Die Drehbank ist Ende der 39. Kalenderwoche noch nicht eingetroffen. Erbost ruft Herr Zweimaier bei der Mechana-AG an. Diese beruft sich auf Lieferschwierigkeiten jener deutschen Firma, die die elektronische Steuereinheit anfertigt. Es wird aber die Lieferung für die 41. Kalenderwoche versprochen. Auch zu Beginn der 42. Woche ist die Drehbank noch nicht eingetroffen.

Zweimaier überlegt folgende Alternativen:

- Er verzichtet sofort auf die Lieferung und sucht sich einen neuen Lieferanten.
- Er setzt eine Nachfrist von drei Tagen und droht für den Fall der Überschreitung den Rücktritt an.

Wie beurteilen Sie diese Alternativen? Was sollte Herr Zweimaier tun? Welche Vereinbarungen hätte Herr Zweimaier im Kaufvertrag treffen können, um die Wahrscheinlichkeit zu verringern, dass die genannten Schwierigkeiten auftreten?

b) Endlich trifft die Drehbank ein. Sie wird durch einen Straßenfrächter geliefert. 2 Wochen später erhält Herr Zweimaier die folgende Rechnung (abgebildet werden nur der Betragsteil und die Zahlungsbedingung).

| | |
|---|---|
| Elektronische Drehbank KA 1430 | € 27.600,00 |
| zuzüglich Spezialtransport | € 1.230,00 |
| | € 28.830,00 |
| + 20 % USt | € 5.766,00 |
| Rechnungsbetrag | € 34.596,00 |

zahlbar innerhalb von 30 Tagen netto Kassa

- Welche Fehler weist die Rechnung auf?
- Nehmen Sie an, Herr Zweimaier bemängelt die Rechnung schriftlich, welche Beilage wird er verwenden?

c) Herr Zweimaier entfernt die Verpackung und stellt fest, dass ein Gerät mit einer geringeren Genauigkeit als bestellt geliefert wurde. Unter welchen Umständen könnte Herr Zweimaier vom Vertrag zurücktreten?

d) Herr Zweimaier nimmt die elektronische Drehbank in Betrieb und stellt fest, dass das Display nichts anzeigt. Er ruft sofort an, ein Servicetechniker repariert das Display am nächsten Tag. Zwei Tage später fällt das Display wieder aus. Dies wiederholt sich im nächsten Monat noch dreimal. Welche Überlegungen könnte Herr Zweimaier anstellen? Ist die Rechtslage eindeutig?

## Ü 9.18: Mängelrüge, gesetzliche Vorschriften und Praxislösung

### Ihr Unternehmen

Karl Leister OG, Selbstbaumöbel, 2340 Mödling, Ottensteinstraße 117

### Sachverhalt

Sie bestellten bei der Mobilia GmbH, 2700 Wiener Neustadt, Corvinusstraße 12,
E-Mail: office@mobilia.at, am 8. September 20.. eine Selbstbauküche „Heimfrieden" laut beigelegtem Plan „ab Werk".
Die Küche wurde am 20. September verpackt geliefert und am 24. September in derselben Verpackung dem Kunden zugestellt. Heute ist der 10. Oktober.

Gestern rief der Kunde Peter Müller, 2340 Mödling, Rainerstraße 66/4, E-Mail: p.mueller@netway.at, an und teilte mit, dass eine Hängeschranktüre 45 × 60 cm fehlt und dass überdies die Scharniersätze für insgesamt 5 Türen nicht in den Packungen enthalten sind.

### Aufgaben

1. Betriebswirtschaftliche Analyse D
   - Auf welche gesetzlichen Vorschriften könnte sich die Mobilia GmbH berufen?
   - Überlegen Sie, warum es im Handel für Unternehmer oft nicht möglich ist, Mängel von erhaltenen Waren den gesetzlichen Vorschriften entsprechend rechtzeitig festzustellen und dem Lieferanten bekanntzugeben.
   - Wie einigen sich die Vertragsparteien häufig in der Praxis?
2. Betriebswirtschaftslehre – Schriftverkehr C
   Entwerfen Sie zum Sachverhalt
   - ein Schreiben Ihrer Firma an die Mobilia GmbH als E-Mail in einem Mailprogramm (einschließlich E-Mail-Adresse und Betreff), in dem Sie um Nachlieferung der fehlenden Teile ersuchen, um die Angelegenheit mit dem Kunden im Kulanzweg bereinigen zu können;
   - ein Schreiben an Ihren Kunden ebenfalls als E-Mail, in dem Sie auf die gesetzliche Lage hinweisen und Ihren Versuch darlegen, bei der Fabrik für ihn eine Kulanzlösung zu erwirken.

   Drucken Sie in beiden Fällen die versandbereite E-Mail oder einen Screenshot davon aus.

## Ü 9.19: Mängelrüge – Feinkostgroßhandel

### Ihr Unternehmen

Hadwiger & Frank OG, Feinkostgroßhandel, 8230 Hartberg, Nordmanngasse 1,
Tel. +43 3332 44 89-0, Fax +43 3332 44 90-5, Sachbearbeiter: Wolfgang Frühwirth, DW 7,
E-Mail: w.fruehwirth@feinkost.at

### Sachverhalt und Arbeitsunterlage

Ihr Unternehmen bezog von der Eurofisch GmbH, 4840 Vöcklabruck, Ibsenstraße 45,
am 20. September 20.. 100 Kartons mit Muschelkonserven. Vereinbart wurde die Lieferung von Konserven, deren Ablaufdatum nicht vor dem Dezember des übernächsten Jahres liegen dürfe. Sie haben die Kartons ungeöffnet an verschiedene Abnehmer weiterverkauft.

In den letzten drei Tagen erhielten Sie fünf gleichlautende Beanstandungen. In circa der Hälfte der Kartons tragen die Konserven das Ablaufdatum 31. Dezember dieses Jahres. Wie viele Kartons insgesamt zu beanstanden sind, steht derzeit noch nicht fest. Da die Kunden immer häufiger das Ablaufdatum beanstanden, werden Sie alle bemängelten Kartons zurückschicken.

Adressbuch (Auszug)

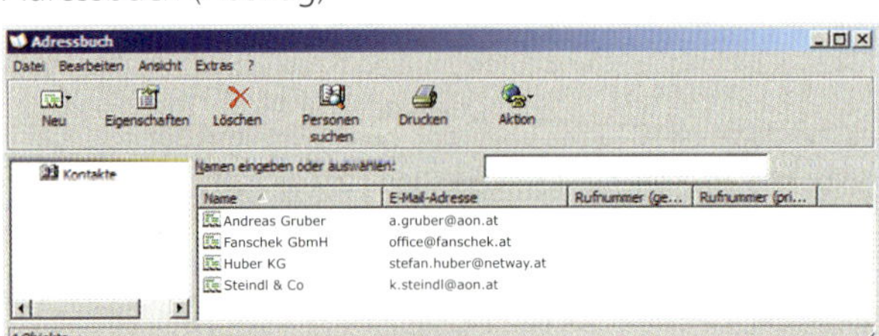

## Aufgaben

### Aufgabe 1: Betriebswirtschaftliche Analyse D

- Wie beurteilen Sie die Rechtslage im vorliegenden Fall?
- Welche Regelungen werden in der Praxis getroffen werden?

### Aufgabe 2: C

a) Betriebswirtschaftslehre – Schriftverkehr
   Entwerfen Sie die Mängelrüge an die Eurofisch GmbH (Datum 4. Oktober 20..).

b) Textverarbeitung
   Gestalten Sie den Brief formal einwandfrei.

### Aufgabe 3: Betriebswirtschaftslehre – Schriftverkehr C

- Entwerfen Sie ein Rundschreiben an Ihre Geschäftspartner als E-Mail in einem Mailprogramm (einschließlich E-Mail-Adresse und Betreff), in dem Sie auf den Mangel aufmerksam machen.
- Die E-Mail soll u. a. an die vier im Auszug aus dem Adressbuch angegebenen Geschäftspartner in einem Arbeitsschritt versendet werden. Dabei ist es sinnvoll, wenn keiner der Empfänger erfährt, wer die E-Mail außer ihm noch erhalten hat.
- Drucken Sie die versandbereite E-Mail oder einen Screenshot davon aus.

## Ü 9.20: **Mängelrüge – Textilmodengesellschaft**

### Ihr Unternehmen

Textilmoden GmbH, 9020 Klagenfurt, Völkermarkter Ring 94, Tel. +43 463 93 31 25, Fax +43 463 93 31 28, E-Mail: a.winter@textilmoden.at

### Sachverhalt und Arbeitsunterlage

Sie erhielten von der Textilimport AG eine Sendung Pullover. Mit der Ware erhielten Sie den folgenden Lieferschein. Bei der Überprüfung der Sendung stellten Sie Mängel fest und notierten diese auf dem Lieferschein.

**TEXTILIMPORT AG**

**5020 Salzburg, Itzlinger Hauptstraße 34**

☎ +43 662 570 45 20, Fax +43 662 870 45 60, ✉ office@textilimport.at, URL http://www.textilimport.at

Textilmoden GmbH
Völkermarkter Ring 94
9020 Klagenfurt

**Lieferschein-Nr.**
201341

| **Kundennummer** | **Lieferdatum** | **Bestelldatum** |
|---|---|---|
| 01326944 | 18. Juni 20.. | 9. Juni 20.. |

Versand durch Lkw

| **Art.-Nr.** | **Größe** | **Menge** | **Artikelbezeichnung** |
|---|---|---|---|
| 3.12.0015 | M | 100 | Pullover Britt |
| 4.12.0123 | S | 100 | Pullover Lydia |
| 3.14.8005 | XL | 100 | T-Shirt Europa |
| 3.14.8010 | XL | 200 | T-Shirt Vienna |

*Ein Karton mit 20 Pullovern des Modells Lydia stimmt sowohl farblich wie auch im Strickmuster mit dem vom Verkäufer vorgelegten Muster nicht überein.*
*Die Farbe hat einen Blauton anstelle eines Grüntons. Das Muster ist abweichend, da keine Goldfäden enthalten sind.*

*Winter 18. Juni 20..*

Zahlbar innerhalb von 8 Tagen ab Rechnungsdatum mit 3 % Skonto oder 30 Tage netto.
Reklamationsfrist 8 Tage.
Die Waren bleiben bis zur vollständigen Bezahlung unser Eigentum.
Erfüllungsort und Gerichtsstand ist Salzburg.

FN 80247k, LG Salzburg, DVR 2486762, ARA 042115, UID ATU92412048
Bank Austria, Kto.-Nr. 36446800, BLZ 12000
IBAN AT881200000036446800, BIC BKAUATWW

## Aufgaben

1. Betriebswirtschaftliche Analyse D
   - Zu welchem Zeitpunkt könnte in der Praxis der „Mängelvermerk" auf dem Lieferschein vorgenommen worden sein?
   - Könnte der Mangel zu einem Streitfall zwischen den Geschäftspartnern werden?
   - Welche Möglichkeiten der Qualitätsfestlegung wären in diesem Fall möglich gewesen? Welche Möglichkeiten würden Streitigkeiten weitgehend vermeiden?
   - Welche rechtlichen Möglichkeiten hat Ihr Unternehmen in diesem Fall?
   - Wovon wird es abhängen, welche Möglichkeiten Ihr Unternehmen wählt?
2. Betriebswirtschaftslehre – Schriftverkehr C
   Erstellen Sie die Mängelrüge für Ihr Unternehmen.
3. Textverarbeitung C
   Gestalten Sie den Brief formal einwandfrei.

## Ü 9.21: **Ablehnung einer Bemängelung, Kulanzlösung**

### Ihr Unternehmen

Baumeister Ing. Franz Fischer, 5700 Zell am See, Sternstraße 4, Tel. +43 6542 39 964, Fax +43 6542 39 969

### Sachverhalt und Arbeitsunterlagen

a) E-Mail (Ausdruck) des Kunden Ferdinand Gernhard

Seite 1 von 1

**Ferdinand Gernhard**

**Von:** Ferdinand Gernhard [ferdinand.gernhard@gernard.at]
**Gesendet:** Montag, 16. August 20.. 8:42 Uhr
**An:** office@fischer-bau.at
**Betreff:** Mängelrüge

Heute erst habe ich Zeit, die von Ihnen am 6. Juli 20.. gelieferte Ware

100 Säcke Zement

zu bemängeln.

Alle 5 Paletten enthalten mehrere Säcke, die sich von außen hart angreifen. Beim Öffnen einzelner Säcke stellte ich fest, dass der Zement durchwegs bröckelig ist.

Die Ware ist für mich nicht verwendbar. Ich muss Ihnen 23 Säcke wieder zur Verfügung stellen.

Bitte liefern Sie einwandfreien Zement.

Mit freundlichen Grüßen

Ferdinand Gernhard
Feldweg 15
5370 Mittersill
Tel.+43 6562 20 21
Mobil +43 664 34 33 610
E-Mail ferdinand.gernhard@gernhard.at

b) Auszug aus dem Unternehmensgesetzbuch (UGB)

**Mängelrüge**

§ 377. (1) Ist der Kauf für beide Teile ein unternehmensbezogenes Geschäft, so hat der Käufer dem Verkäufer Mängel der Ware, die er bei ordnungsgemäßem Geschäftsgang nach Ablieferung durch Untersuchung festgestellt hat oder feststellen hätte müssen, binnen angemessener Frist anzuzeigen.

(2) Unterlässt der Käufer die Anzeige, so kann er Ansprüche auf Gewährleistung (§§ 922 ff. ABGB), auf Schadenersatz wegen des Mangels selbst (§ 933a Abs. 2 ABGB) sowie aus einem Irrtum über die Mangelfreiheit der Sache (§§ 871 f. ABGB) nicht mehr geltend machen.

Die Formulierung „Ist der Kauf für beide Teile ein unternehmensbezogenes Geschäft" bedeutet: Beide Partner sind Unternehmer.

c) Laut Auskunft Ihres Lagerverwalters haben Sie einwandfreie Ware geliefert. Die Ware ist bei Herrn Gernhard vermutlich durch falsche Lagerung teilweise unbrauchbar geworden.

Aufgaben

Aufgabe 1: Betriebswirtschaftliche Analyse D

- Mit welcher Begründung werden Sie die Bemängelung ablehnen?
- Was könnte Sie veranlassen, ein Kulanzangebot zu machen bzw. worin könnte dieses Kulanzangebot bestehen?
- Nehmen Sie an, der Zement wäre wirklich nicht einwandfrei gewesen, welche Fehler hat der Kunde gemacht?
- Nehmen Sie an, es stellt sich heraus, dass der Zement beim Kunden nass geworden ist. Könnte der Kunde nicht behaupten, Zement müsste so verpackt werden, dass er auch im Regen nicht nass wird?

Aufgabe 2: C

a) Betriebswirtschaftslehre – Schriftverkehr
Entwerfen Sie eine Ablehnung zur Mängelrüge ohne Kulanzangebot.
b) Textverarbeitung
Gestalten Sie den Brief formal einwandfrei.

Aufgabe 3: Betriebswirtschaftslehre – Schriftverkehr C

- Entwerfen Sie eine Ablehnung zur Mängelrüge mit Kulanzangebot als E-Mail in einem Mailprogramm (einschließlich E-Mail-Adresse und Betreff).
- Fügen Sie eine Signatur an den Text an. Verwenden Sie dazu alle zur Verfügung stehenden Firmendaten.
- Drucken Sie die versandbereite E-Mail oder einen Screenshot davon aus.

### Ü 9.22: **Antwort auf die Beanstandung einer Rechnung**

Ihr Unternehmen

Tauschler GmbH, Lederwarenimport, Freiheitsplatz 15, 9020 Klagenfurt, Tel. +43 463 18 42 35, Fax +43 463 18 42 40

Sachverhalt und Arbeitsunterlage

Am 24. November 20.. erhielten Sie die Beanstandung einer Rechnung (siehe **Ü 9.04**). Sie stammt von Ihrem Kunden Peter Mitterhöfer, Touristenbedarf, Seepromenade 12, 9500 Villach. Ihr Vorgesetzter, Herr Tauschler, hat Ihnen folgende Aktennotiz an das Schreiben geheftet.

- Transportkosten waren Irrtum.
- Der Rabatt gilt erst ab 100 Stück und nicht ab 50 Stück.
- Zum Zeitpunkt der Bestellung war die Preisliste vom vorigen Herbst nicht mehr gültig, derzeit gültige Preisliste beilegen.
- Peter Mitterhöfer ist ein guter Kunde.

Aufgabe

1. Betriebswirtschaftliche Analyse D
   - Was werden Sie unternehmen, wenn sich herausstellt, dass der Kunde tatsächlich knapp vor der Bestellung die alte Preisliste (mit dem Vermerk gültig bis Juni dieses Jahres) erhalten hat?
   - Was werden Sie unternehmen, wenn der Kunde nur den Betrag laut seiner Rechnungsbemängelung bezahlt?
2. Betriebswirtschaftslehre – Schriftverkehr C
   Entwerfen Sie das Antwortschreiben entsprechend dem Vermerk von Herrn Tauschler.
3. Textverarbeitung C
   Gestalten Sie den Brief formal einwandfrei.

### Ü 9.23: Beanstandung einer Rechnung, Antwort des Verkäufers

**Ihr Unternehmen**

„Ihr Vorteil" Warenhandels GmbH, 8010 Graz, Merangasse 135, Tel. +43 316 24 45 76, Fax +43 316 24 45 82

**Sachverhalt und Arbeitsunterlagen**

Aufgrund einer Anfrage bei dem Textilunternehmen Stetex GmbH haben Sie das anschließend abgedruckte Angebot erhalten. Sie haben per E-Mail bestellt. Gemeinsam mit der Ware erhielten Sie auch die Rechnung.

a) Angebot des Lieferanten Stetex GmbH (E-Mail-Ausdruck). Aufgrund dieses Angebots wurde bestellt:

**„Ihr Vorteil" Warenhandelsgesellschaft mbH**

**Von:** Anton Polster [a.polster@stetex.at]
**Gesendet:** Dienstag, 23. April 20.. 10:04 Uhr
**An:** j.fanghauser@ihr-vorteil.at
**Betreff:** Angebot

Lieferbedingungen.doc

Aufgrund Ihrer Anfrage bieten wir Ihnen an:

Stetex-Frottiertücher

| Artikelnummer – Warennummer | Größe | Qualität | Preis je Packung |
|---|---|---|---|
| 50233 Frottier-Zweierset | 50 × 100 | 100 % Baumw. | 6,47 |
| 11566 Walkhandtuch 6er-Packg. | 50 × 100 | 100 % Baumw. | 13,23 |
| 25301 Velours-Frottier 3er-Packg. | 50 × 100 | 100 % Baumw. | 8,94 |
| 45211 Badetuch, stückweise | 100 × 150 | 100 % Baumw. | 7,27 |

Preis: Die angegebenen Preise gelten exklusive Umsatzsteuer frei Haus.
Lieferzeit: prompt
Zahlung: 30 Tage Ziel, bei Zahlung innerhalb 8 Tagen 2 % Skonto

Wir freuen uns auf Ihren Auftrag.

Mit freundlichen Grüßen

Stetex GmbH
Bahnstraße 5
8430 Leibnitz
Anton Polster
Tel. +43 3452 118 70
Fax +43 3452 118 80
E-Mail a.polster@stetex.at
URL http://www.stetex.at

b) Auszug aus den Lieferbedingungen (Ausdruck des Attachments)

**1. Allgemeines**
Diese Lieferbedingungen sind ein wesentlicher Bestandteil jeder Bestellung und jedes Vertrags. Abweichende Sondervereinbarungen gelten nur für den Einzelfall und sind nur wirksam, wenn sie schriftlich erfolgen.

**2. Preise**
Die Preise sind, wenn nicht ausdrücklich anders vereinbart, Nettopreise ab Lieferwerk ohne Nachlass. Sofern sich wesentliche Faktoren der Preiskalkulation, wie Personal-, Material-, Fracht- oder Kreditkosten, Steuern, Gebühren oder sonstige öffentliche Abgaben etc., ändern, sind wir berechtigt, auch verbindlich vereinbarte Preise nach Maßgabe der zusätzlichen Belastungen zu erhöhen.

**3. Zahlung**
Bezahlung, wenn nicht ausdrücklich anders vereinbart, innerhalb 10 Tagen ab Fakturendatum netto. Bei Zahlungsverzug sind alle Mahn- und Inkassospesen zu ersetzen. Erfüllungsort für die Zahlung des Käufers ist Leibnitz. Die Zahlung ist rechtzeitig, wenn sie spätestens am letzten Tag der Zahlungsfrist bei uns eintrifft.
Wechsel und Schecks werden, wenn überhaupt, nur zahlungshalber angenommen; alle damit verbundenen Spesen und Diskontzinsen, mindestens jedoch 4 % p. a. über dem jeweiligen Diskontsatz der Oesterreichischen Nationalbank, sind vom Käufer zu tragen.
Alle Zahlungen werden mangels anderer schriftlicher Vereinbarung zuerst zur Begleichung von Zinsen und Nebenspesen und weiters bei zwei oder mehreren Schuldposten zur Abstattung der ältesten verwendet.
Zahlungen an unsere Außenbeamten/Warenauslieferer werden von uns nur anerkannt, wenn sich der Zahlungsempfänger mit firmenmäßig gefertigter Inkassovollmacht ausweist und die Zahlung auf nummerierter Inkassobestätigung unserer Gesellschaft bescheinigt.

c) Rechnung des Lieferanten

**STETEX GmbH**
**8430 Leibnitz, Bahnstraße 5**
☎ +43 3452 118 70, Fax +43 3452 118 80, ✉ office@stetex.at, URL http://www.stetex.at

„Ihr Vorteil“
Warenhandels GmbH
Merangasse 135
8010 Graz

| Rechnungsnummer | Rechnungsdatum | UID |
|---|---|---|
| 3345/ . . | 20 . .-06-04 | ATU20083348 |
| Ihre Bestellung vom 20 . .-05-29 | Lieferdatum 20 . .-06-01 | |

| Menge Einheit | Artikelbezeichnung | Preis je Einheit € | Betrag € |
|---|---|---|---|
| 100 Pckg. | Art. 50233 | 6,47 | 646,79 |
| 50 Pckg. | Art. 11566 | 13,23 | 661,32 |
| 50 Pckg. | Art. 25301 | 8,94 | 446,94 |
| 100 St. | Art. 45211 | 7,27 | 726,73 |
| | | | 2.481,78 |
| | Fracht | | 63,23 |
| | Summe | | 2.545,01 |
| | + 20 % Umsatzsteuer | | 509,00 |
| | Gesamtbetrag | | 3.054,01 |

Zahlbar innerhalb von 10 Tagen ab Rechnungsdatum netto. Bei Zahlung unbedingt die Rechnungsnummer angeben.
Bei Zielüberschreitung werden 12 % p. a. Verzugszinsen berechnet.
Die Waren bleiben bis zur vollständigen Bezahlung unser Eigentum.
Zahlbar und klagbar in Leibnitz.

FN 82009g, LG Leibnitz, DVR 2340099, ATA 9806
Bank Austria, Kto-Nr. 23347890, BLZ 12000
IBAN AT881200000023347890, BIC BKAUATWW

### Aufgabe C
Betriebswirtschaftslehre – Schriftverkehr:

Entwerfen Sie zum Sachverhalt

a) die Beanstandung der Rechnung als E-Mail in einem Mailprogramm (einschl. E-Mail-Adresse und Betreff);
b) das Antwortschreiben des Verkäufers ebenfalls als E-Mail, wenn er den Mangel vollständig anerkennt.

Drucken Sie in beiden Fällen die versandbereite E-Mail oder einen Screenshot davon aus.

## Ü 9.24: **Lieferverzug**

### Ihr Unternehmen
Bon Appétit Imbissstuben GmbH, Zentrale: Schwedenplatz 66, 1010 Wien,
Tel. +43 1 177 00-80, Fax 01 177 00-87, E-Mail office@bon-appetit.at

### Sachverhalt und Arbeitsunterlage
Ihr Unternehmen eröffnet eine neue Filiale. Die Ausstattung ist nahezu vollständig. Einer Ihrer Lieferanten, die Spektrum Licht GmbH, Fabrik für moderne Beleuchtungskörper, Lerchenstraße 45, 2331 Vösendorf, bei der 25 Pendelleuchten bestellt wurden, ist jedoch säumig.
Auf Ihrem Arbeitsplatz steht ein PC mit einem Faxmodem. Am 6. September 20.. haben Sie den folgenden Text auf Ihrem PC entworfen und daraufhin die Mitteilung direkt von Ihrem PC aus an die Spektrum Licht GmbH gefaxt. Den Text haben Sie für Ihre Ablage ausgedruckt.

Ausdruck Ihrer Mitteilung an die Spektrum Licht GmbH (Ausschnitt)

**Unsere Bestellung vom 17. August 20..**

Ihre Lieferung von 25 Pendelleuchten ist noch nicht eingetroffen. Wie Sie wissen, benötigen wir die Leuchten zur Einrichtung unserer neuen Filiale in der Kärntner Straße. Die Eröffnung ist für den 15. Oktober vorgesehen.

Bitte liefern Sie

**bis spätestens 20. September 20...**

Wir müssten sonst die Leuchten anderweitig beschaffen, daher vom Vertrag zurücktreten und Ihnen eventuelle Mehrkosten anlasten.

Mit freundlichen Grüßen

Bon Appétit
ImbissstubenGmbH

Diese Mitteilung blieb unbeantwortet. Der Lieferant soll daher nun nachweislich brieflich gemahnt werden. Die Nachfrist wird nicht verlängert. Der Termin für die Eröffnung der Filiale kann nicht hinausgeschoben werden. Der kostspielige Werbefeldzug in den Tageszeitungen hat schon begonnen und alle Drucksachen etc. sind bereits in Auftrag gegeben worden.

### Aufgaben
### Aufgabe 1:
a) Betriebswirtschaftliche Analyse D
- Bereits als Sie am 6. September 20.. den säumigen Lieferanten das erste Mal erinnerten, haben Sie sich so geärgert, dass Sie am liebsten die Leuchten sofort unter Hinweis auf den Lieferverzug abbestellt hätten. Wäre dieser Rücktritt berechtigt gewesen? Begründen Sie Ihre Entscheidung.
- Angenommen, die Spektrum Licht GmbH hätte am 2. September 20.. circa die Hälfte der Leuchten geliefert, könnten Sie nun (heute ist der 15. September) die bereits gelieferte Partie zurücksenden und vom Vertrag unter Hinweis auf den Lieferverzug zurücktreten?

b) Betriebswirtschaftslehre – Schriftverkehr C
Entwerfen Sie die Mahnung an die Spektrum Licht GmbH (Datum 8. September 20..).

c) Textverarbeitung C
Gestalten Sie den Brief formal einwandfrei.

**Aufgabe 2:** C

a) Betriebswirtschaftslehre – Schriftverkehr
Die Spektrum Licht GmbH hat nicht geliefert.
Ihr Unternehmen hat die Leuchten bei einer anderen Firma erworben und in Sonntagsüberstunden montieren lassen. Dadurch sind Mehrkosten in der Höhe von € 640,– entstanden (Aufschlüsselung in der Beilage).
Entwerfen Sie das Schreiben an die Spektrum Licht GmbH (Datum 23. September 20..).

b) Textverarbeitung
Gestalten Sie den Brief formal einwandfrei.

## Ü 9.25: Lieferverzug, Nachfrist setzen, Schadenersatz (Schreiben des Käufers, Antwort des Verkäufers)

**Ihr Unternehmen**

Einrichtungshaus Sommer GmbH, Mariahilfer Straße 76, 1070 Wien, Tel +43 1 485 21-15, Fax + 43 1 485 21-20, E-Mail: office@sommer-einrichtungshaus.at

**Sachverhalt**

Am 23. März 20.. bestellten Sie bei der Teppichfabrik Franz Haidvogel & Co. GmbH, Gewerbepark Stadlau, 5. Straße 17/4, 1220 Wien, Tel. +43 1 966 31-100, Fax +43 1 966 31-155, E-Mail: bestellung@haidvogel.at, folgende Teppiche:

- 24 Rollen „Standard", Best.-Nr. 3518
- 18 Rollen „Standard", Best.-Nr. 3520
- 25 Rollen „Dora", Best.-Nr. 5617
- 34 Rollen „Iris", Best.-Nr. 8422

Als Liefertermin wurde die 16. Woche (17. bis 22. April) vereinbart.
Heute ist der 28. April und die Ware ist noch immer nicht eingetroffen. Sie wird bereits dringend benötigt. Aufgrund verstärkter Nachfrage in den letzten Wochen gehen die Lagerbestände in sämtlichen Filialen rasch zur Neige. Einige Kunden mussten bereits auf die Nachlieferung vertröstet werden.
Letzter Liefertermin 12. Mai 20.., sonst Rücktritt vom Vertrag und wenig Aussicht auf weitere Aufträge

### Aufgaben

**Aufgabe 1:**

a) Betriebswirtschaftliche Analyse D
- Könnte Ihr Unternehmen im vorliegenden Fall sofort vom Vertrag zurücktreten?
- In welcher Form wird man in der Praxis mahnen?
- Nehmen Sie an, dem Verkäufer wird eine Nachfrist bis 12. Mai 20.. gesetzt. Die Lieferung erfolgt auch bis zu diesem Termin nicht.
  Der Käufer (d.h. Ihr Unternehmen) will Schadenersatz fordern. Wie könnte der tatsächliche Schaden bewiesen werden?
- Welche Folgen wird Ihr Unternehmen androhen, wenn es
  - die Ware unbedingt benötigt, da es vorliegende Bestellungen nicht erfüllen kann?
  - die Ware in ähnlicher Qualität auch von anderen Händlern erhalten könnte?

b) Betriebswirtschaftslehre – Schriftverkehr C
Entwerfen Sie zum Sachverhalt
- das Schreiben des Käufers (d.h. Ihres Unternehmens), in dem er eine Nachfrist bis 12. Mai 20.. setzt. Überlegen Sie, welche Folgen Sie androhen werden.
- das Schreiben des Käufers, wenn der Verkäufer bis 15. Mai 20.. nicht geliefert hat. Der tatsächliche Schaden steht noch nicht fest.

c) Textverarbeitung C
Gestalten Sie die Briefe formal einwandfrei.

Aufgabe 2: C

a) Betriebswirtschaftslehre – Schriftverkehr
Entwerfen Sie das Schreiben des säumigen Verkäufers nach der ersten Mahnung.
Der Verkäufer hatte wegen mehrerer Ausfälle im Fuhrpark Auslieferungsschwierigkeiten. Die Reparaturen dauern verhältnismäßig lange. Die bereits bestellten zusätzlichen Fahrzeuge sind trotz Ablauf der vertraglich vereinbarten Lieferfrist noch immer nicht geliefert worden. Die Lieferung kann von der Teppichfabrik für 8. Mai 20.. zugesagt werden, wobei 5 % der Rechnungssumme als Frachtanteil vergütet werden.

b) Textverarbeitung
Gestalten Sie den Brief formal einwandfrei.

## Ü 9.26: **Mängelrüge (Minderlieferung, Falschlieferung)**

### Ihr Unternehmen

K. Bendler & Co, Kaufhaus, 6020 Innsbruck, Glockengasse 23, Tel. +43 512 66 486,
Fax +43 512 66 487

### Arbeitsunterlagen

a) Beanstandungszettel des Magazineurs

**BEANSTANDUNGSZETTEL**

Datum *14. Juni 20..*

Lieferant *Schild & Söhne*

Lieferschein/~~Rechnung~~ vom *14. Juni 20..*

Wareneingang am *14. Juni 20..*

Beanstandung

*1. Vom Grassamen H 15 wurden statt der im Lieferschein vermerkten 50 Sack nur 20 geliefert.*

*2. Es wurde nicht Spezialdünger G 1, sondern G 12 geliefert.*

Unterschrift *Wolf*

b) Rechnung des Lieferanten, Johann Schild & Söhne, Großhandel mit Gartengeräten, Davidgasse 11, 6330 Kufstein, vom 14. Juni 20.. mit Notiz Ihres Vorgesetzten Kleinprecht

**RECHNUNG**

Wir lieferten Ihnen am 14. Juni 20.. durch die Spedition L. Knutz, Kufstein:

| | | | |
|---|---|---|---|
| 50 Stück | BLOCH-Viereckregner AL 17 à € 12,50 ........... | € | 625,00 |
| 30 Stück | BLOCH-Viereckregner AL 27 à € 18,50 ........... | € | 555,00 |
| 20 Stück | BLOCH-Heckenschere KL à € 13,20 .............. | € | 264,00 |
| 20 Stück | BLOCH-Schlauchwagen SL à € 48,00 ............ | € | 960,00 |
| 80 Sack | HACK-Spezialdünger F 1 à € 12,30 ............... | € | 984,00 |
| 50 Sack | HACK-Grassamen H 15 à € 16,20 ................ | € | 810,00 |
| | | € | 4.198,00 |
| 20 % | Umsatzsteuer ...................................... | € | 839,60 |
| | | € | 5.037,60 |

Wir danken für Ihren Auftrag!

*1. Wareneingang bestätigen*
*2. Mängelrüge geltend machen und Nachlieferung verlangen*
*3. Ausstehende 30 Sack H 15 noch nicht bezahlen*

*Kleinprecht*
*18. Juni 20..*

Aufgabe C

a) Betriebswirtschaftslehre – Schriftverkehr
Entwerfen Sie die Mängelrüge.

b) Textverarbeitung
Gestalten Sie den Brief formal einwandfrei.

# Sichern

SbX ID: 9013

**Fehler des Verkäufers bei der Erfüllung von Kaufverträgen**

*seller's mistakes when fulfilling sales agreements*

Bei der Erfüllung von Kaufverträgen können zahlreiche Fehler passieren. Die durch den Verkäufer verursachten Probleme betreffen die Lieferung mangelhafter Ware, fehlerhafte Rechnungen und den Lieferverzug.

The seller can make various mistakes when fulfilling sales agreements. Problems caused by the seller include delivery of defective goods, incorrect invoices, and delays in delivery.

**mangelhafte Ware**
**Arten der Mängel**

Bei der Lieferung mangelhafter Ware sind folgende Arten der Mängel zu unterscheiden:

- offene und verdeckte (eventuell arglistig verschwiegene) Mängel
- wesentliche und geringfügige Mängel
- behebbare und unbehebbare Mängel

Wesentlich ist ein Mangel, wenn man die Ware nicht verwenden kann (z. B. Handy läutet nicht) oder eine verlangte Eigenschaft fehlt (z. B. falsche Farbe, falsches Muster bei Stoffen).

Ob ein Mangel wesentlich ist oder nicht, hängt vom Verwendungszweck ab (z. B. darf eine als Geschenk gedachte CD keinen Kratzer in der Hülle aufweisen).

defective goods
types of defects

When defective goods are supplied, the following types of defects are possible:

- patent and latent defects (potentially fraudulent misrepresentation)
- major and minor defects
- remediable and irremediable defects

A defect is major when the good cannot be used (e.g. mobile phone doesn't ring) or a specified feature is missing (e. g. wrong colour, wrong pattern in case of fabrics).

Whether a defect is major or not depends on the intended use (e.g. the cover of a CD intended as a gift should not be scratched)

**Feststellung der Mängel**

Ist der Käufer Unternehmer, muss er dem Verkäufer Mängel, die er bei ordnungsgemäßem Geschäftsgang festgestellt hat, in angemessener Frist melden. In der Praxis erfolgt die Prüfung oft erst beim Letztverbraucher, da viele Waren in der Originalverpackung weiterverkauft werden.

Ist der Käufer Konsument, sollte der Mangel innerhalb der Gewährleistungsfrist, am besten sofort nach Entdecken des Mangels, gemeldet werden.

discovery of the defects

Buyers who are businesses must notify the seller of the defects they discover during the normal course of business within a reasonable period of time. In practice, inspection is carried out by the end user, as many goods are sold to customers in their original packaging.

Buyers who are consumers must report defects within the warranty period. They are best reported immediately on discovery of the defect.

**Gewährleistung und Garantie**

Gewährleistung: Der Verkäufer haftet laut ABGB bei beweglichen Sachen 2 Jahre und bei unbeweglichen Sachen 3 Jahre ab Übergabe für Mängel, die bei der Übergabe bestanden haben.

Unternehmer haften laut KSchG auch für Montagemängel, Mängel bei Eigenschaften, die in der Werbung besonders betont wurden, und Mängel, die durch falsche Montageanleitungen entstanden sind.

Bei Geschäften zwischen Unternehmern können die gesetzlichen Gewährleistungsfristen verkürzt werden, bei Geschäften mit Privaten ist eine Verkürzung nur bei Gebrauchtwaren möglich. Zwischen Privaten kann die Gewährleistung ausgeschlossen werden.

Bei der Garantie verpflichtet sich der Verkäufer, auch Mängel zu beheben, die bei ordentlichem Gebrauch erst nach der Übergabe entstehen.

warranty and guarantee

Warranty: According to the Civil Code, the seller is liable for any defects which were present on delivery. In the case of movable goods the seller is liable for 2 years and in the case of immovable goods for 3 years, from the date of delivery.

According to the Consumer Protection Act, businesses are liable for any installation defects, defects in features or functions which were emphasized in any advertising, and defects resulting from poor assembly instructions.

Statutory warranty periods can be shortened in business-to-business (B2B) transactions, but when the transaction involves consumers this is only possible in the case of used goods. Warranties do not apply to transactions between private parties.

With a guarantee, the seller agrees to remedy any defects resulting from normal use after delivery.

**Mängelbehebung**

Der Verkäufer ist zunächst berechtigt, Mängel durch Reparatur oder Austausch zu beheben. Nur wenn dies nicht möglich ist, kann der Käufer Preisminderung verlangen oder bei wesentlichen Mängeln vom Vertrag zurücktreten.

Bei geringfügigen und unbehebbaren Mängeln kann der Käufer nicht zurücktreten, sondern nur eine Preisminderung fordern.

Ist durch den Mangel ein weiterer Schaden entstanden, haftet der Verkäufer auch für diesen (z. B. Verletzungen, Wasserverseuchung).

In der Praxis werden meist einvernehmliche Regelungen angestrebt (Lösung auf dem Kulanzweg).

**remedying defects**

The seller is allowed to remedy the defects by repairing or replacing the goods. Only when this isn't possible, can the buyer request a reduction in price, or in case of major defects withdraw from the sales agreement.

In case of minor but irremediable defects, the buyer cannot withdraw from the contract, but only request a reduction in price.

The seller is also liable for any damage resulting from the defect (e.g. injury, water contamination)

In practice the parties try to achieve mutually agreeable solutions (goodwill).

**Mängelrüge**

Die Mängelrüge soll

- sofort erfolgen, wenn man den Mangel festgestellt hat,
- den Mangel genau beschreiben und
- eindeutige Erwartungen oder Forderungen enthalten.

**written claim in case of defects**

The claim should

- be made immediately on discovery
- accurately describe the defect
- contain clear expectations or demands

**Antwort auf die Mängelrüge**

Ist die Mängelrüge berechtigt, wird der Verkäufer in seiner Antwort um Verständnis ersuchen und erklären, wie es zum Mangel kam. Ist die Mängelrüge unberechtigt, wird der Verkäufer höflich und mit eindeutigen Beweisen ablehnen. In beiden Fällen sollte er versuchen, den Kunden zu erhalten.

**response to written claim**

If the claim is justified, the seller will ask for the buyer's understanding and give an explanation of how the defect occurred. If the claim is not justified, the seller will politely reject the claim providing clear evidence. In both cases, the seller should try to maintain a good relationship with the customer.

**fehlerhafte Rechnungen**

Fehler in Rechnungen können sein:

- schlechtere Bedingungen als vereinbart wurden, z. B. beim Preis, bei Preisnachlässen und Zahlungsbedingungen

  Daher sind Rechnungen genau mit den Vertragsbedingungen bzw. der Bestellung zu vergleichen.
- fehlende Bestandteile bezüglich des Umsatzsteuergesetzes
- Rechenfehler

Das entsprechende Schreiben soll

- den Mangel genau beschreiben (und eventuell auf die Vertragsbedingungen hinweisen – Beilagen!) und
- eindeutige Erwartungen formulieren oder Forderungen stellen.

**incorrect invoices**

Mistakes in invoices can be:

- giving worse conditions than originally agreed, e.g. higher price, no discount and less favourable payment terms.
  This is why invoices should be compared with the terms of the agreement or the order.
- missing out elements required by the VAT Act.
- overlooking calculation errors.

The appropriate communication should

- clearly describe the mistake (and possibly refer to the terms of the agreement – specific items can be enclosed or attached)
- clearly express any expectations and outline the desired solution.

**Lieferverzug**

Beim Lieferverzug ist zwischen gewöhnlichem Zeitgeschäft und Fixgeschäft zu unterscheiden. Rechtsfolgen ergeben sich erst nach Eintritt des Lieferverzugs.

**delay in delivery**

In the case of delays in delivery, there is a difference between contracts with no fixed date of delivery and fixed-date contracts. Legal consequences only come into effect when the delivery deadline has passed.

**Eintritt des Lieferverzuges und der Rechtsfolgen**

Beim gewöhnlichen Zeitgeschäft (übliche Form), bei dem kein Fixtermin feststeht, muss der Verkäufer erst in Verzug gesetzt werden, indem man eine angemessene Nachfrist setzt und die Rechtsfolgen androht. Diese Rechtsfolgen treten erst nach Ablauf der Nachfrist ein.

Bei Fixgeschäften ist der Verkäufer sofort bei Überschreiten der Lieferfrist in Verzug und die Rechtsfolgen treten sofort ein.

Ein Fixgeschäft liegt nur vor, wenn

- der Liefertermin ausdrücklich fix vereinbart wurde oder
- der fixe Liefertermin aus der Art des Geschäfts hervorgeht (z. B. Ausstattung für Messekoje).

**delays in delivery and the legal consequences**

In the case of normal contracts with no fixed date (most usual form), the seller must first fail to deliver within the additional grace period set by the buyer, and be warned of the legal consequences. The legal consequences can only be enforced once the additional grace period has expired.

With fixed-date contracts there is a delay in delivery as soon as the fixed delivery date has passed and legal consequences can be enforced immediately.

A fixed-date contract exists only when

- a fixed date of delivery date has been agreed on or
- the date of delivery is clear based on the nature of the transaction (e.g. equipment for a booth at a trade fair)

**Rechtsfolgen des Lieferverzuges**

Ist der Fixtermin verstrichen oder die Nachfrist abgelaufen, kann der Käufer

- sofort vom Vertrag zurücktreten oder
- auf der Lieferung bestehen

und in beiden Fällen

- den Ersatz eines nachweisbaren Schadens verlangen, wenn der Lieferverzug vom Verkäufer verschuldet wurde.

Diese Rechtsfolgen sind dem Verkäufer in eindeutiger Form mitzuteilen (am besten mit eingeschriebenem Brief).

Ob der Käufer zurücktritt oder auf der Lieferung besteht, hängt von wirtschaftlichen Überlegungen ab. (Benötigt er die Ware noch? Kann er sie billiger beschaffen?)

Der Verkäufer wird versuchen,

- den Kunden zu erhalten,
- rechtzeitig die Lieferfrist zu verlängern und
- Schadenersatzforderungen durch die Angabe geeigneter Gründe für die Verzögerung herabzumindern oder zu vermeiden.

**legal consequences of delays in delivery**

If the fixed date of delivery has passed or the grace period has expired, the buyer can

- immediately withdraw from the sales agreement or
- insist on the delivery.

and in both cases

- demand to be compensated for any verifiable damages, if the delay in delivery is the seller's fault.

The legal consequences must be clearly communicated to the seller (this is best done by registered letter).

Whether the buyer decides to withdraw from the sales agreement or insists on the delivery depends on business considerations. (Are the goods still needed? Can they be bought cheaper elsewhere?)

The seller will try to
- keep the customer
- ask for an extended delivery deadline in time
- minimize or avoid the claim for damages by giving valid reasons for the delay

SbX
ID: 9013

**Im SbX finden Sie die englische Zusammenfassung als Audio-Wiederholung sowie eine Bildschirmpräsentation mit den Grafiken dieser Lerneinheit.**

# Wissen

SbX ID: 9014

A B C D E

**W 9.01: Arten der Mängel** A

Nach welchen Gesichtspunkten kann man Mängel unterscheiden?

**W 9.02: Prüfung der Ware** A

Muss ein Unternehmer die übernommene Ware sofort prüfen?

**W 9.03: Bekanntgabe von Mängeln** A

Wann müssen offene Mängel und wann müssen verdeckte Mängel dem Verkäufer mitgeteilt werden? Können diese Regelungen vertraglich abgeändert werden?

**W 9.04: Rechtliche Möglichkeiten des Käufers** A

Welche rechtlichen Möglichkeiten hat der Käufer, wenn er einen Mangel feststellt?

**W 9.05: Schadenersatz bei mangelhafter Ware** A

Kann der Käufer für die Lieferung mangelhafter Ware zusätzlich Schadenersatz verlangen?

**W 9.06: Fallbeispiel: Reklamation bei mangelhaftem Kleiderstoff** C

Ein Textilhändler erwirbt einen Ballen Kleiderstoff, der als „waschecht" und als „farbecht" angeboten wurde. Bereits vier Wochen nach der Lieferung stellt sich aufgrund zahlreicher Reklamationen der Kunden heraus, dass der Stoff beim Waschen stark eingeht und dass überdies die Farben verblassen. Der Textilhändler reklamiert bei seinem Lieferanten schriftlich nach etwa 4 Monaten.

Wie ist der Fall aus rechtlicher Sicht zu beurteilen?

a) Die Reklamation erfolgt rechtzeitig, da es sich um einen verdeckten Mangel handelt und dafür eine gesetzliche Reklamationsfrist von 6 Monaten gilt.
b) Die Reklamation erfolgt nicht rechtzeitig, da der Textilhändler die Ware nicht sofort bei Übernahme auf „Waschechtheit" und „Farbechtheit" geprüft hat.
c) Die Reklamation erfolgt zu spät, da verdeckte Mängel sofort nach ihrer Entdeckung gerügt werden müssen.
d) Die Reklamation erfolgt zu spät, da auch für verdeckte Mängel eine Frist von 3 Monaten gilt.

**W 9.07: Fristüberschreitung bei Fixgeschäft** A

Kann man bei einem Fixgeschäft sofort bei Fristüberschreitung vom Vertrag zurücktreten und Schadenersatz verlangen oder muss man eine Nachfrist setzen?

**W 9.08: Rechtslage bei Zeitgeschäft** A

Wie ist die Rechtslage bei einem gewöhnlichen Zeitgeschäft?

**W 9.09: Möglichkeiten des Käufers bei Fristüberschreitung** A

Welche Möglichkeiten hat der Käufer, wenn der Verkäufer zum Fixtermin oder zur gesetzten Nachfrist nicht liefert?

**W 9.10: Fallbeispiel: Vorgangsweise des Käufers bei Fristüberschreitung** C

Ein Gärtner bestellt eine Sendung Tulpenzwiebeln per Ende Februar. Die Sendung ist am 15. März noch nicht eingetroffen.

Welche der folgenden Vorgangsweisen entsprechen der rechtlichen Regelung? (Mehrere Antworten können richtig sein!)

a) Der Gärtner tritt sofort vom Vertrag zurück, da der Liefertermin erheblich überschritten wurde.

b) Der Gärtner stellt in einem EMS-Brief (Express Mail Service) an den Tulpenzwiebelhändler fest,
- dass der Liefertermin nicht eingehalten wurde und
- setzt eine Nachfrist von 14 Tagen.

Da die Lieferung innerhalb dieser Frist nicht erfolgt, tritt er vom Vertrag zurück.

c) Der Gärtner ruft den Tulpenzwiebelhändler an,
- setzt ihm eine Nachfrist von 14 Tagen und
- droht ihm den Rücktritt vom Vertrag an.

Da keine Lieferung erfolgt, tritt der Gärtner vom Vertrag zurück.

d) Der Gärtner schreibt dem Tulpenzwiebelhändler einen EMS-Brief.
- Er setzt ihm eine Nachfrist von 3 Tagen und
- droht ihm den Rücktritt vom Vertrag an.

Der Tulpenzwiebelhändler antwortet ebenfalls per EMS-Brief. Er weist darauf hin, dass
- die gesetzte Nachfrist zu kurz ist und
- die Lieferung in 6 Tagen möglich ist.

Als die Lieferung nach 6 Tagen tatsächlich eintrifft, weist sie der Gärtner zurück.

SbX
W 9.11–W 9.12
mit automatischer
Aufgabenkontrolle
ID: 9014

**Weitere Aufgaben zur Lernkontrolle im SbX**

**W 9.11: Fallbeispiel: Lieferverzug – rechtliche Möglichkeiten des Käufers** C

Bearbeiten Sie Aufgaben zu den rechtlichen Möglichkeiten des Käufers beim Lieferverzug anhand eines Fallbeispiels!

**W 9.12: Test: Mängel, Mängelrüge und Lieferverzug** B

Überprüfen Sie mit diesem Test, ob Sie Ihr Wissen erfolgreich anwenden können!

English questions

**E 9.01: When you buy a product, there is a sales agreement with the seller. Write a list of all the errors you think the seller can make with the sales agreement.**

**E 9.02: When you buy a product, the seller offers a warranty.**

a) How long is the warranty normally?
b) What is the seller liable for in this case?
c) What is the difference between a warranty and a guarantee?

**E 9.03: There are different types of defects a product can have when you buy it.**

a) Name the different types of defects a product can have.
b) Does the seller always have to replace the product when a defect is found? Explain your answer.

**E 9.04: Sometimes when you order a product there is a delay in delivery.**

a) What can you do if your order is delivered late?
b) What happens if the delivery was meant for your birthday (fixed date or delivery) and now you don't need it anymore?

**E 9.05: You sell books online and send an invoice out with each order.**

What mistakes can you make when you issue an invoice?

## Kompetenz-Check

| | ☺ | 😐 | ☹ |
|---|---|---|---|
| Ich kann Mängel bei Warenlieferungen bzw. bei Leistungen feststellen. | | | |
| Ich kann die verschiedenen Arten der Mängel feststellen und deren Rechtsfolgen in konkreten Situationen beurteilen. | | | |
| Ich kann beurteilen, ob ein Käufer die Ware bei der Lieferung rechtzeitig geprüft hat. | | | |
| Ich kann die Rechtsfolgen bei der Lieferung mangelhafter Ware einschätzen und Mängelrügen einwandfrei verfassen. | | | |
| Ich kann bei Mängelrügen von Kunden situationsgerecht reagieren, d.h. mich entschuldigen, Kulanzangebote machen oder die Mängelrüge höflich, aber begründet, ablehnen. | | | |
| Ich kann Rechnungen überprüfen und gegebenenfalls bemängeln. | | | |
| Ich kann beurteilen, wann ein Lieferant mit der Lieferung oder Leistung in Verzug ist, die Rechtsfolgen einschätzen und die notwendigen Mahnungen verfassen. | | | |
| Ich kann einschätzen, ob ein Rücktritt wegen mangelhafter oder verspäteter Lieferung rechtlich zulässig ist, und ein entsprechendes Rücktrittsschreiben verfassen. | | | |
| Ich kann auf Liefermahnungen meiner Kunden situationsgerecht reagieren. | | | |

Lerneinheit 2

# Wenn der Käufer seine Pflichten nicht richtig erfüllt

SbX
Alle SbX-Inhalte zu dieser Lerneinheit finden Sie unter der ID: 9020.

Petra und Herbert haben ihre erste gemeinsame Wohnung bezogen. Da wenig Platz ist, haben sie bei einem Tischler die Einrichtung für einen Schrankraum bestellt. Der Tischler liefert wie vereinbart nach sechs Wochen. Inzwischen haben sich Petra und Herbert getrennt, Herbert ist ausgezogen. Petra will die Schrankraumeinrichtung nicht mehr.

Nach längerem Schriftverkehr stimmt sie der Montage doch zu. Die Rechnung kommt, Petra hat gerade wenig Geld und zahlt nicht. Nach der zweiten Mahnung berechnet der Tischler Verzugszinsen. Petra zahlt wieder nicht. Schließlich schaltet der Tischler das Gericht ein und es wird für Petra sehr teuer.

Immer wieder kommt es vor, dass Kunden bestellte Ware bei der Lieferung nicht annehmen wollen und Rechnungen nicht oder verspätet bezahlen. Auch in diesen Fällen ist es wichtig, zu wissen, welche rechtlichen Möglichkeiten Käufer und Verkäufer haben.

# Lernen

SbX ID: 9021

A B C D E

## 1 Der Käufer nimmt die Ware nicht an

[The buyer does not accept the goods]

Um auf einen **Annahmeverzug** des Käufers richtig reagieren zu können, ist es für den Verkäufer wichtig, die beim Kaufabschluss getroffenen Vereinbarungen gut dokumentiert zu haben.

### Wann liegt ein Annahmeverzug vor?

[What is non-acceptance of the goods?]

- Annahmeverzug im engeren rechtlichen Sinn liegt nur dann vor, wenn der Verkäufer vertragsgerecht liefert (bzw. die Ware zur Abholung bereitstellt) und der Käufer die Ware nicht annimmt. Dies ist in der Praxis eher selten.
- Weitaus häufiger verweigert der Käufer die Annahme, weil (seiner Meinung nach) die Ware nicht vertragsgerecht geliefert wurde (falsche Qualität, falsche Verpackung, versäumter Liefertermin etc.).

Es ergeben sich folgende Fragen:

- Was kann der Verkäufer unternehmen, wenn der Käufer nicht annimmt?
- Welche zusätzlichen Kosten kann der Verkäufer berechnen?
- Wie sind Schreiben bei Annahmeverzug zu gestalten?

Wenn ein Unternehmer eine **verderbliche Ware** (z. B. Obst) bei der Lieferung nicht annimmt, kann sie der Verkäufer, auch ohne dies anzudrohen und eine Nachfrist zu setzen, versteigern lassen.

### Die rechtlichen Möglichkeiten für den Verkäufer

[Legal rights of the seller]

- Hinterlegung
  Ist der Käufer Unternehmer, kann der Verkäufer die Ware in sicherer Weise hinterlegen (z. B. in einem Lagerhaus). Ist der Käufer kein Unternehmer, ist nur eine Hinterlegung bei Gericht möglich.

- **Selbsthilfeverkauf**
  Ist der Käufer Unternehmer, kann ihm der Verkäufer eine Nachfrist setzen und eine öffentliche Versteigerung androhen. Wird die Versteigerung tatsächlich durchgeführt und ein Mehrerlös erzielt, gehört dieser dem Käufer. Ist der Erlös geringer als der vereinbarte Kaufpreis, kann der Verkäufer Schadenersatz vom Käufer fordern.
- **Rücktrittsrecht**
  Selbstverständlich kann der Verkäufer vom Vertrag zurücktreten.

## Der Schriftverkehr beim Annahmeverzug
[Correspondence about non-acceptance of goods]

| Allgemeines Aufbauschema | Annahmeverzug – Schreiben des Verkäufers – Einschreiben |
|---|---|
| 1 Anlass des Schreibens → | • Hinweis auf die Bestellung (eventuell Kopie der Bestellung beilegen)<br>• Hinweis auf die ordnungsgemäße Ausführung<br>• Feststellung des Annahmeverzugs |
| 2 eigenes Anliegen → | • Setzen einer Nachfrist, Mitteilung eines weiteren Zustellversuchs |
| 3 Begründung → | • vor allem dann notwendig, wenn zusätzliche Kosten ersetzt werden sollen |
| 4 erwartete Reaktion → | • Hoffnung auf vertragsgemäße Übernahme bzw. Abholung |
| 5 mögliche Folgen → | • Hinterlegung auf Kosten des Käufers, zusätzliche Lager- und Versicherungskosten etc. |

Übungsbeispiel

Bei **Annahmeverzug im Inlandsgeschäft** ist es sinnvoll, mit dem Käufer zunächst direkt (per Telefon oder E-Mail) Kontakt aufzunehmen und sich zu erkundigen, warum er die Ware nicht übernommen hat. Erst wenn er sich weiterhin weigert, die Ware anzunehmen, wird man eine Nachfrist setzen und Folgen androhen. Im nebenstehenden Schreiben wird daher auf ein derartiges Telefongespräch hingewiesen.

### Ü 9.27: Erinnerungsschreiben des Verkäufers bei Annahmeverzug (Einschreiben) – Brieftext

**Billardkugel-Sets – Ihre Annahmeverweigerung**

Sie bestellten am 19. Okt. 20.. schriftlich

**10 „Favorite" Billardkugel-Sets.**

Wir haben die Ware am 9. November 20.. der Spedition Alpentrans AG übergeben und Sie schriftlich vom Versand benachrichtigt.

Gestern teilte uns der Spediteur mit, dass Sie die Sendung nicht übernommen haben. In einem Telefongespräch teilten Sie uns mit, dass die Ware von Ihnen nicht bestellt worden sei.

Um zu belegen, dass diese Aussage auf einem Irrtum beruhen muss, legen wir Ihnen eine Kopie Ihrer Bestellung bei.

Wir werden die Ware am

**20. November 20..**

auf Ihre Rechnung nochmals zustellen lassen.

Sollten Sie die Annahme erneut verweigern, sind wir leider gezwungen, die Ware auf Ihre Kosten und Gefahr einzulagern und Ihnen nicht nur den Rechnungsbetrag, sondern auch die Lagerkosten zu verrechnen.

Mit freundlichen Grüßen

Kopie der Bestellung

Aufgabe:

a) Warum hat der Kunde die Annahme verweigert? B
b) Welche Maßnahmen hat der Verkäufer gesetzt? D
c) Wie versucht der Verkäufer, die Rechtslage zu klären? D

9 Vertragswidrige Erfüllung

**Die Antwort des säumigen Käufers**

Will der Käufer die Ware annehmen,

- wird er sich entschuldigen,
- die Gründe für das Versehen nennen und
- einen Termin für die Annahme bekanntgeben.

Will der Käufer die Waren nicht annehmen bzw. nicht sofort annehmen,

- muss er die genaue Begründung anführen und
- Vorschläge für die weitere Vorgangsweise machen.

## 2 Der Käufer zahlt nicht
### [The buyer does not pay for the goods]

Viele Forderungen werden erst nach dem Eingang einer Zahlungserinnerung bezahlt. Angeblich muss sogar jede vierte Forderung gerichtlich eingeklagt werden.

**Beispiel**

Auch Private vergessen häufig, Rechnungen rechtzeitig zu bezahlen, auch in diesen Fällen können hohe Mahnspesen und Verzugszinsen anfallen.

- In der Küche von Frau Huber war der Wasserabfluss undicht. Ihr Installateur kam sofort. Nach 14 Tagen langte die Rechnung ein: € 304,– (inkl. USt), zahlbar prompt. Frau Huber vergaß die Bezahlung und auch der Installateur mahnte nicht. Nach 3 Monaten traf eine Mahnung ein, in der Frau Huber aufgefordert wurde, den Rechnungsbetrag zuzüglich € 10,– Mahnspesen und zuzüglich € 9,10 Verzugszinsen innerhalb von 8 Tagen zu bezahlen.

Es ergeben sich folgende Fragen:

- Wann war die Rechnung fällig? Wann tritt Zahlungsverzug ein?
- Was darf der Gläubiger vom Schuldner verlangen?
- Wie kann man verhindern, dass Rechnungen erst lange nach der Fälligkeit bezahlt werden?

### Der Eintritt des Zahlungsverzugs [Timing of a delay in payment]

Um Streitigkeiten über den Zahlungstermin (die „Fälligkeit") zu vermeiden, sollte der Verkäufer in den AGB und auf der Rechnung eindeutige Formulierungen verwenden.

**Beispiel**

**In der Praxis** ist es **auch bei eindeutiger Vereinbarung des Zahlungstermins** üblich, zumindest einmal zu mahnen, eine Frist zu setzen und Rechtsfolgen anzudrohen, wenn die Rechnung trotz Fälligkeit nicht beglichen worden ist.

Eindeutige Formulierung:

- „Zahlbar innerhalb von 30 Tagen ab Lieferdatum (bzw. ab Rechnungsdatum). Unsere Zahlungstermine gelten als fix. Verzugszinsen und Mahnspesen laut AGB werden ab dem Datum der Fälligkeit ohne weitere Mahnung verrechnet."

So lässt sich eindeutig bestimmen, wann die Rechnung fällig ist. Wird dieser Zeitpunkt überschritten und der Schuldner hat noch nicht bezahlt, treten die Rechtsfolgen des Zahlungsverzugs ein.

In manchen Fällen ist die Fälligkeit jedoch gar nicht oder nicht eindeutig geregelt.

**Beispiele**

Nicht eindeutige Formulierung:

- „Zahlbar innerhalb von 14 Tagen." – Der Bezugspunkt für die 14-Tage-Frist ist unklar.
- „Zahlbar innerhalb von 30 Tagen ab Erhalt der Rechnung." – Unklar ist hier, wann der Käufer die Rechnung erhält bzw. ob er sie überhaupt erhalten hat.

Gibt es keine oder nur ungenaue Vereinbarungen zur Fälligkeit, muss der Verkäufer den säumigen Käufer mahnen und eine Nachfrist für die Bezahlung setzen. Durch die Mahnung wird die Rechnung fällig gestellt.

## Rechtsfolgen beim Zahlungsverzug
[Legal consequences of a delay in payment]

**Grafik**
**Rechtsfolgen beim Zahlungsverzug**

**Anmerkungen:**
- Mit dem Begriff unternehmensbezogenes Geschäft sind laut UGB Geschäfte gemeint, bei denen beide Partner Unternehmer sind.
- Den aktuellen Basiszinssatz der OeNB (Stand Juni 2015: –0,12 %) finden Sie unter **www.oenb.at** (unter „Service", „Zinssätze und „Wechselkurse").

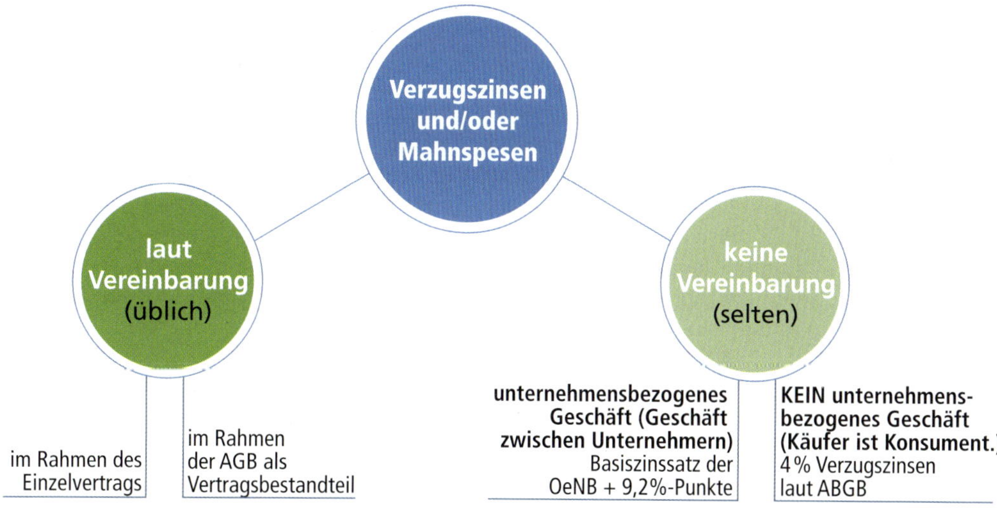


Höhere Zinsen und Kosten können bei Schadensnachweis verlangt werden, wenn den Schuldner ein Verschulden trifft (z. B. Kreditkosten, Rechtsanwaltskosten).
Vereinbarte Verzugszinsen dürfen die „Wuchergrenze" nicht überschreiten.

- Im Einzelvertrag oder in den AGB vereinbarte Verzugszinsen dürfen die „Wuchergrenze" nicht überschreiten (dzt. etwa 18 bis 20 %).
- Verzugszinsen und Mahnspesen im Rahmen von Lieferungen und Leistungen stellen einen Schadenersatz für den Verkäufer dar und unterliegen deshalb nicht der Umsatzsteuer des Grundgeschäfts.
- Lässt der Schuldner die Nachfrist verstreichen, werden die Zinsen meist ab dem Datum der ursprünglichen Fälligkeit verrechnet. Gerechnet wird bis zum Ende der neuen Nachfrist.
- Da die Frist für die Berechnung der Verzugszinsen im Einzelfall umstritten sein kann, sehen AGB immer häufiger fixe Mahnspesen vor.

Übungsbeispiel

### Ü 9.28: Rechte des Verkäufers, Praxislösung C

Rechnung über € 1.200,– zuzüglich € 240,– USt, Rechnungsdatum: 15. Oktober, Zahlungsbedingung: 14 Tage ab Rechnungsdatum netto Kassa. Verzugszinsen laut AGB 12 % p. a., Mahnspesen € 10,–

- Die Rechnung ist am 29. Oktober fällig.
- Erinnerungsschreiben am 5. November
- Mahnung am 15. November mit Nachfrist bis 30. November
  Androhung von Verzugszinsen und Mahnspesen laut AGB
- letzte Mahnung am 15. Dezember mit Frist bis 31. Dezember und Verzugszinsen und Mahnspesenberechnung:

| | |
|---|---|
| Rechnungsbetrag (inkl. USt) | € 1.440,00 |
| 12 % Verzugszinsen für 2 Monate | € 28,80 |
| Mahnspesen | € 10,00 |
| Fällig per 31. Dezember | € 1.478,80 |

Ab welchem Datum werden in diesem Fall die Verzugszinsen berechnet?
Warum ist der Verkäufer dazu berechtigt?

**Wichtig für Konsumenten**

Bei Abzahlungsgeschäften, für die das Verbraucherkreditgesetz gilt (also bei Geschäften zwischen Unternehmern und Konsumenten), wird im Ratenbrief meist „Terminsverlust" vereinbart. Das heißt, dass der Verkäufer den Gesamtbetrag fällig stellen kann, wenn der Ratenkäufer in Zahlungsverzug kommt. Das Verbraucherkreditgesetz (§ 14 VKrG) schreibt vor, dass ein derartiger Terminsverlust erst zulässig ist, wenn der Konsument mit einer Rate mindestens 6 Wochen im Verzug ist, vom Verkäufer unter Hinweis auf die Rechtsfolgen gemahnt wurde und ihm eine weitere Nachfrist von 2 Wochen gesetzt wurde.

## Die Organisation des Mahnwesens

[Organisation of a dunning (reminder) system]

**Ziel der Organisation des Mahnwesens ist es, säumige Zahler pünktlich und wenn nötig beharrlich zu mahnen.**

Der Pünktlichkeit kommt im Mahnwesen die größte Bedeutung zu, denn

- pünktliches und regelmäßiges Mahnen erzieht den Schuldner zum pünktlichen Zahler;
- wer pünktlich mahnt, kommt zuerst zu seinem Geld (vor allem dann, wenn der Schuldner Zahlungsschwierigkeiten hat und nur jene Beträge zahlt, die gemahnt wurden);
- pünktliches Mahnen verhindert, dass eine Forderung, die heute noch eintreibbar ist, morgen zweifelhaft und übermorgen uneinbringlich ist;
- pünktliches Mahnen erhöht die eigene Liquidität und vermindert die Notwendigkeit, selbst Kredite aufnehmen zu müssen;
- ein Kunde, der seine Schulden bezahlt hat, ist in der Regel ein besserer Kunde. Denn wenn ein Kunde einem Unternehmen noch Geld schuldet, wird er meist so lange bei anderen Lieferanten einkaufen, bis er seine Schulden beglichen hat.

Grafik
**Bausteine der Mahnorganisation**

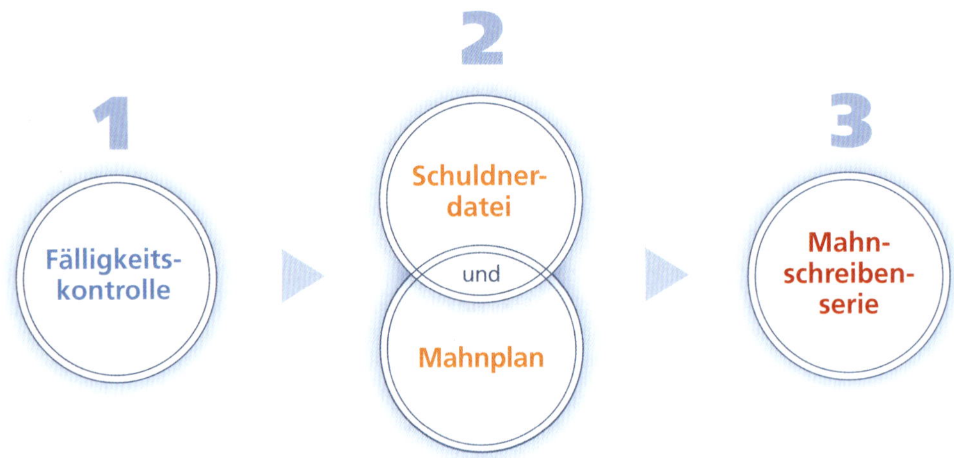


Die Verwaltung der Forderungen, einschließlich des Mahnwesens, kann auch einem Kreditinstitut übertragen werden.

### Fälligkeitskontrolle

Üblicherweise erfolgt die Fälligkeitskontrolle einschließlich des Ausdrucks der Mahnschreiben softwaregestützt über die EDV – siehe „Wie Mahnschreiben verfasst werden".

### EDV-gestützte Schuldnerdatei

In einer Schuldnerdatei können zusätzliche Informationen

- über Geschäftsumfang,
- über bisherige Zahlungsmoral (musste viel oder wenig, einmal oder oft gemahnt werden),
- aber auch Informationen von Dritten (von Geschäftsleuten, von Auskunfteien etc.) gespeichert werden.

Im Rechnungswesen wird zu diesem Zweck im Rahmen einer über die EDV geführten Finanzbuchhaltung eine sogenannte „Offene-Posten-Buchhaltung" geführt. In dieser ist neben der Fälligkeitskontrolle auch eine Zahlungskontrolle integriert.

Die Schuldnerdatei ist vor allem dann eine Entscheidungshilfe,

- wenn individuell gemahnt werden soll und
- wenn zu entscheiden ist, ob sofort oder erst später gerichtlich vorgegangen werden soll.

### Mahnplan

Der Mahnplan enthält allgemeingültige Regeln, wann und wie oft gemahnt werden soll, bis gerichtliche Schritte unternommen werden.

Der Mahnplan ermöglicht, dass die Mahnungen unabhängig vom jeweiligen Sachbearbeiter in gleicher Form vorgenommen werden.

In der Regel wird der Mahnplan folgende Phasen aufweisen:

| Phasen | Maßnahmen |
|---|---|
| Erinnerungsschreiben (1. Mahnung) | Der Kunde wird daran erinnert, dass die Rechnung bereits fällig ist. Es wird um Zahlung ersucht, jedoch wird noch keine Frist gesetzt. |
| Mahnung mit Fristsetzung („2. Mahnung") | Es wird auf das „Erinnerungsschreiben" verwiesen und eine Frist gesetzt. |
| Mahnung mit Setzen einer letzten Zahlungsfrist und Androhung der Folgen („3. Mahnung") | Es wird auf die vorangehenden Schreiben verwiesen, eine letzte Frist gesetzt und es werden Folgen angedroht. |
| Einschaltung eines Inkassobüros | Häufig hofft der Gläubiger auf die Autorität eines Inkassobüros. |
| Einschaltung eines Rechtsanwalts | Der Rechtsanwalt setzt neuerlich eine kurze Frist und droht gerichtliche Schritte an. |
| gerichtliches Mahnverfahren | Dieses wird als letzter Schritt eingeleitet. |

Rechtlich gesehen ist für die Einleitung gerichtlicher Schritte weder eine dreimalige Mahnung noch die Androhung von Rechtsfolgen erforderlich. Ist der Schuldner mit der Zahlung in Verzug, so kann der Gläubiger weitere Schritte (außergerichtliche oder gerichtliche) nach Belieben setzen.
Das Schema stellt daher nur eine übliche Vorgangsweise dar, die jedoch rechtlich gesehen auf zwei Schritte verkürzt werden kann:

- Fristsetzung
- Klage

Beispiel

Mahnplan:

| Termin | Maßnahme |
|---|---|
| 1. zwei Wochen nach Fälligkeit der Rechnung | Erinnerungsschreiben (zugleich 1. Mahnung) |
| 2. nach weiteren zwei Wochen | 2. Mahnung (mit Fristsetzung) |
| 3. nach weiteren zwei Wochen | 3. Mahnung (Setzen einer letzten Zahlungsfrist und Ankündigung eines Inkassoauftrags) |
| 4. nach einer weiteren Woche | Einschaltung eines Inkassobüros |
| 5. nach einer weiteren Woche | durch einen Rechtsanwalt letzter Versuch zur Eintreibung der Zahlung |
| 6. nach weiteren zwei Wochen | Einleitung des gerichtlichen Mahnverfahrens |

Übungsbeispiele

**Ü 9.29: Organisation des Mahnwesens** B

Elektrogroßhändler Müller sagt: „Ich warte mit dem Mahnen immer ein wenig zu, um meine Kunden nicht zu verärgern." Firmeninhaber Berger entgegnet: „Ich bin eher der Meinung, man sollte zwar höflich, aber pünktlich mahnen."

Wem würden Sie recht geben? Begründen Sie Ihre Antwort.

**Ü 9.30: Mahnplan** C

Sie wollen für Ihre Firma einen Mahnplan formulieren. Der Mahnplan soll jedoch nur drei Stufen haben.

Welche werden das sein?

Alle Mahnschreiben sollen höflich gehalten sein. Der Verkäufer hat zunächst keinen Grund, anzunehmen, dass der Kunde absichtlich nicht zahlt.

## Wie Mahnschreiben verfasst werden
### [How to write dunning letters (reminders)]

Mahnungen erfolgen grundsätzlich in standardisierter Form und werden heute fast ausschließlich EDV-gestützt erstellt:

- Der Standard-Mahnbrief wird vervollständigt, die zu ergänzenden Rechnungsdaten werden manuell, z. B. aus Excel-Tabellen (samt Berechnungen), in den Text eingefügt.
- Aus der Offene-Posten-Buchhaltung werden Mahnungen zur Gänze (Text samt Rechnungsdaten) automatisch erstellt. Das Programm kann dabei vorsehen, dass von bestimmten Kunden (z. B. Großkunden, Stammkunden) vor der dritten Mahnung eine Liste ausgedruckt wird. Erst dann wird entschieden, wie die dritte Mahnung erfolgen soll, z. B. Vertreterbesuch, Telefonanruf, individuelles Schreiben.

Individuelle Mahnschreiben werden nur in Sonderfällen verfasst.

Legen Sie bei **Mahnungen** immer eine Zahlungsanweisung (einen Zahlschein bzw. einen Erlagschein) bei. Machen Sie dem Kunden das Zahlen leicht.

- Handelt es sich um ein „Erinnerungsschreiben", ist eine freie Gestaltung möglich. Der Kunde soll genau erfahren, um welche Rechnung es sich handelt (Datum, Rechnungsnummer, Betrag, Fälligkeit, evtl. Angabe der Ware). Es kann auch eine Rechnungskopie beigelegt werden.
- Soll jedoch der Kunde eindeutig in Verzug gesetzt werden, so ist eine exakte Formulierung (Terminangabe, Androhung der Folgen – z. B. gerichtliches Vorgehen, Verzugszinsen, sonstige Mahnspesen) wichtig.
- „Letzte Mahnungen" immer als Einschreiben senden!

Da Erinnerungsschreiben frei gestaltet werden können, bezieht sich das nebenstehende Aufbauschema nur auf die 2. bzw. auf die letzte Mahnung.

Ein Beispiel einer 1. Mahnung mit EDV-gestütztem Mahnsystem und ein Beispiel einer letzten Mahnung mit Briefskelett und Excelberechnung finden Sie bei den Fallbeispielen in Lerneinheit 3 des Kapitels in den Übungsaufgaben **Ü 9.47** und **Ü 9.48**.

| **Allgemeines Aufbauschema** | **„2. Mahnung", letzte Mahnung** |
|---|---|
| 0 Betreff → | • 2. Mahnung, letzte Mahnung, Rechnungsnummer und Datum der Rechnung |
| 1 Anlass des Schreibens → | • Hinweis auf die Rechnung (Betrag, Datum, Fälligkeit)<br>• Hinweis auf vorhergehende Mahnungen<br>• Feststellung, dass noch nicht bezahlt wurde |
| 2 eigenes Anliegen → | • Setzen einer Frist (bzw. einer weiteren Frist)<br>• höfliches, aber bestimmtes Ersuchen um Zahlung |
| 3 Begründung → | eventuell Hinweis auf vertragsgerechte Lieferung |
| 4 erwartete Reaktion → | (in 2 bzw. 6 enthalten) |
| 5 mögliche Folgen → | • Hinweis auf Rechtsfolgen (Verzugszinsen, Mahnspesen, gerichtliche Schritte) |
| 6 werbende Schlussformel → | • Wiederholen der Bitte um Zahlung, Bitte, einander die Unannehmlichkeiten zu ersparen |

## Weitere außergerichtliche Schritte [Other out-of-court steps]

Keiner der hier angeführten Schritte ist rechtlich gesehen notwendig. **Rechtlich gesehen** kann sofort nach Ablauf der 1. Nachfrist Klage bei Gericht erhoben werden, auch wenn die Rechtsfolgen nicht angedroht wurden.

### Inkassobüro

Bleiben alle Mahnungen erfolglos, kann der Verkäufer die Eintreibung der Forderung im nächsten Schritt einem Inkassobüro übertragen. Die Einschaltung eines Inkassobüros wird dem Schuldner üblicherweise im letzten Mahnbrief angekündigt. Der Gläubiger hofft auf die Autorität des Inkassobüros und auch ein wenig darauf, dass dem Schuldner das Auftreten der Mitarbeiter des Inkassobüros unangenehm ist (z. B. Vorfahren des Firmenautos mit der Aufschrift „Inkassobüro Zahlschnell").

In dieser Phase des Mahnverfahrens werden dem Schuldner bereits erhebliche Gebühren in Rechnung gestellt. Inkassobüros dürfen auch Umsatzsteuer berechnen.

### Rechtsanwalt

Die Angelegenheit wird einem Rechtsanwalt übergeben,

- entweder wenn die Bemühungen des Inkassobüros ohne Erfolg bleiben oder
- häufig auch direkt nach erfolgloser letzter Mahnung (d. h., ohne dass ein Inkassobüro zwischengeschaltet wird).

Der Rechtsanwalt fordert den Schuldner auf, den Betrag innerhalb einer bestimmten (meist kurzen) Frist zu begleichen, und stellt klar, dass er andernfalls im Auftrag seines Mandanten Klage bei Gericht erheben wird.

## 3 Der Käufer will später zahlen [The buyer wants to pay later]

### Das Schreiben des Schuldners

Verlängerung des Zahlungsziels bzw. Zahlungsaufschub wird auch als **Prolongation** bezeichnet.

Weiß der Schuldner vor Fälligkeit, dass er nicht pünktlich zahlen kann, sollte er den Gläubiger rechtzeitig um eine Verlängerung des Zahlungsziels ersuchen.

Auch wenn die Mahnung bereits erfolgt ist, ist es günstiger, spätestens nach der 2. Mahnung um Prolongation zu ersuchen, als die letzte Mahnung abzuwarten.

Das Schreiben, in dem der Schuldner um Verlängerung des Zahlungsziels ersucht, sollte

- glaubwürdige Gründe anführen, warum der Schuldner nicht zahlen kann, und
- betonen, dass es sich nur um eine kurzfristige Zahlungsschwierigkeit handelt und dass der neue Zahlungstermin sicher eingehalten werden kann.

**Beispiel**

Positives Formulierungsbeispiel:

> Leider kann ich Ihre Rechnung Nr. … vom … über € …, fällig am …, nicht fristgerecht bezahlen.
>
> Ich habe einige zusätzliche Investitionen zur Modernisierung meines Verkaufslokals vorgenommen und plötzlich eine überraschende Steuervorschreibung erhalten.
>
> Meine Liquidität ist daher kurzfristig etwas angespannt. Ich ersuche Sie daher, das Zahlungsziel für Ihre Rechnung bis zum … zu erstrecken.
>
> Meine Auftragslage ist ausgezeichnet und ich kann mit größeren Eingängen im nächsten Monat rechnen. Ich werde daher den neuen Zahlungstermin pünktlich einhalten. Bitte haben Sie für meine kurzfristigen Zahlungsschwierigkeiten Verständnis.

**Ungeeignet** sind alle Aussagen, die auf **ernste geschäftliche Schwierigkeiten** hinweisen. Der Gläubiger könnte sonst veranlasst werden, die Forderung sofort einzutreiben, um den Betrag noch zu retten.

**Beispiel**

Negatives Formulierungsbeispiel:

> Leider kann ich Ihre Rechnung Nr. … vom … über € …, fällig am …, nicht fristgerecht begleichen, da mir mehrere Forderungen durch Konkurse von zwei meiner größten Abnehmer ausgefallen sind und mir überdies mein unversichertes Warenlager zur Gänze verbrannt ist.
>
> Ich muss daher weitere Kreditverhandlungen mit meiner Hausbank führen. Ich bitte Sie daher, mir Ihre Rechnung für weitere drei Monate zu stunden, da ich hoffe, meine Schwierigkeiten bis dahin überwunden zu haben.

Übungsbeispiel

**Ü 9.31: Prolongationsansuchen** E

Entwickeln Sie mithilfe des allgemeinen Aufbauschemas eine Gliederung für das Prolongationsansuchen.

| **Allgemeines Aufbauschema** | **Prolongationsansuchen:** |
| --- | --- |
| 0 Betreff → | |
| 1 Anlass des Schreibens → | |
| 2 eigenes Anliegen → | |
| 3 Begründung → | |
| 4 erwartete Reaktion → | |
| 5 mögliche Folgen - - → | |
| 6 werbende Schlussformel → | |

**Die Antwort des Gläubigers**

Stimmt der Gläubiger der Prolongation zu, wird er

- einen genauen Termin festlegen und
- eventuell Verzugszinsen und Spesen verrechnen.

Lehnt der Gläubiger ab, wird er dies begründen (z. B. häufiger Zahlungsverzug, auch der neue Zahlungstermin wurde nicht eingehalten). Es wird zur Klage kommen und die Geschäftsbeziehungen sind in der Regel zu Ende.

## 4 Manchmal hilft nur das Gericht

[Sometimes going to court is the only solution]

### Das gerichtliche Mahnverfahren (Mahnklage)

[Legal collection proceedings]

Das gerichtliche Mahnverfahren ist ein besonders geregeltes Verfahren. Es soll dazu dienen, bei kleineren Beträgen Zeit, Geld und nervenraubende Zivilprozesse zu verhindern.

**Vorbedingungen**

- Die Forderung bezieht sich auf Geld und
- der Betrag übersteigt einen bestimmten Höchstbetrag nicht (derzeit € 75.000,– (Stand Mai 2015) ohne Hinzurechnung von Zinsen und Kosten).

Sind diese Vorbedingungen nicht gegeben, bleibt nur der Weg des Zivilprozesses.

### Mahnklage

Bei der Mahnklage beantragt der Gläubiger mittels eines Formulars, dass ein Zahlungsbefehl gegen den Schuldner erlassen wird. Welches Gericht zuständig ist, hängt von der Höhe der Forderung und dem (Wohn-)Sitz des Schuldners ab.

### Zahlungsbefehl

Das Gericht erlässt ohne Anhörung des Schuldners einen sogenannten bedingten Zahlungsbefehl. Dem Schuldner wird aufgetragen, innerhalb von 14 Tagen nach Zustellung des Zahlungsbefehls die Forderung des Gläubigers samt „Anhang" zu bezahlen. Unter Anhang sind die Zinsen und Kosten zu verstehen. Der Schuldner wird belehrt, dass er gegen den Anspruch innerhalb von 4 Wochen schriftlich oder mündlich bei Gericht Einspruch erheben kann. Beim Einspruch müssen keine Gründe angegeben werden (wie z. B. „Es wurde nicht vertragsgerecht geliefert", „Die Forderung wurde schon bezahlt").

### Handlungsmöglichkeiten des Schuldners und deren Folgen

| Handlung des Schuldners | Folgen |
|---|---|
| Der Schuldner zahlt. | Das Verfahren ist abgeschlossen. |
| Der Schuldner zahlt nicht, erhebt jedoch keinen Einspruch („Stillschweigen"). | Der bedingte Zahlungsbefehl wird rechtskräftig. Der Gläubiger kann den Schuldner ohne weiteres Gerichtsverfahren pfänden lassen („Er kann Exekution in das Vermögen des Schuldners führen."). |
| Der Schuldner erhebt Einspruch. | Es schließt automatisch der Zivilprozess an. |

### Wichtig für Konsumenten

Wird Ihnen als Konsument eine Mahnklage zugestellt, müssen Sie entweder zahlen oder Einspruch erheben, sonst erhält der Betreiber der Mahnklage ohne weiteres Verfahren die Möglichkeit, Sie zu pfänden.

Fährt man für längere Zeit auf Urlaub, ist es sinnvoll, der Post mitzuteilen, wie lange man nicht erreichbar ist. Es könnte sonst geschehen, dass eine Mahnklage bei der Post rechtsgültig hinterlegt wird und der Betreiber bereits einen „Exekutionstitel" hat, wenn man vom Urlaub zurückkommt.

## Zivilprozess (Hinweis) [Civil proceedings]

Ist die Forderung höher als € 75.000,–, muss sie auf dem Wege eines Zivilprozesses eingetrieben werden. Selbstverständlich kann man auch kleinere Forderungen sofort einklagen.

Übungsbeispiel

**Ü 9.32: Zahlungsbefehl, Handlungsmöglichkeiten des Schuldners**

Frau Müller erhält einen Zahlungsbefehl aufgrund einer Mahnklage.

Aufgabe:

a) Nehmen Sie an, Frau Müller hätte die Schuld bereits bezahlt, was soll sie tun? C
b) Nehmen Sie an, die Forderung besteht zu Unrecht. Die Ware wurde zurückgesandt, da sie nicht der Bestellung entsprach, was soll sie tun? C

# Üben – Anwenden

A B C D E

**Ü 9.33: Fallbeispiel Karl Zweimaier – Zahlungstermin und Zahlungsverzug** C

Schlossermeister Zweimaier hat an Baumeister Ing. Wollinger, der gerade eine Villa errichtet, handgefertigte Zaunelemente geliefert. Die Rechnung enthält folgende Angaben:

| | |
|---|---|
| Rechnungsdatum: 15. Juni 20.. | |
| Lieferdatum: 12. Juni 20.. | |
| 40 m handgefertigter Zaun laut Auftrag à € 220,– | € 8.800,00 |
| zuzüglich Umsatzsteuer 20 % | € 1.760,00 |
| Rechnungsbetrag | € 10.560,00 |
| zahlbar innerhalb von 14 Tagen netto Kassa | |

Aufgabe:

a) Welche Zusätze hätte Herr Zweimaier verwenden müssen, wenn er einen fixen Zahlungstermin vorschreiben hätte wollen? Sind Zusätze wie der vorhandene üblich?

b) Nach 4 Wochen hat Baumeister Wollinger noch nicht bezahlt. Ist Wollinger im Zahlungsverzug?

c) Herr Zweimaier schreibt nach 5 Wochen eine Mahnung und setzt eine Nachfrist bis zum 31. Juli 20.. . Ferner droht Herr Zweimaier die Verrechnung von Verzugszinsen an.

- Welche Möglichkeiten hat Herr Zweimaier, einen Zinssatz für die Verzugszinsen festzulegen, wenn bei der Übernahme des Auftrags bezüglich der Höhe von Verzugszinsen nichts vereinbart wurde?
- Machen Sie einen Vorschlag für eine Formulierung bezüglich der Verzugszinsen in den allgemeinen Geschäftsbedingungen, der in Zukunft solche Überlegungen überflüssig macht.

d) Nehmen Sie an, Herr Zweimaier hat Verzugszinsen von 9 % angedroht und begründet. Da Baumeister Wollinger trotz der Mahnung nicht bezahlt, schickt Zweimaier eine letzte Mahnung mit einer Frist bis zum 31. August und berechnet Verzugszinsen. In welcher Höhe würden Verzugszinsen anfallen, wenn Herr Zweimaier so vorgehen würde, wie das in der Praxis üblich ist und er das Rechnungsdatum als Bezugspunkt verwendet (rechnen Sie die Tage kalendermäßig)?

e) Nehmen Sie an, Baumeister Wollinger zahlt wieder nicht. Welche weiteren Möglichkeiten hat Herr Zweimaier, zu seinem Geld zu kommen?

*Zusatzfrage:*

Nehmen Sie an, Baumeister Wollinger hätte sich bei Lieferung geweigert, die Gitter zu übernehmen, da sie nicht der Bestellung entsprechen. Herr Zweimaier verfügt jedoch über eine unterschriebene Bestellung des Baumeisters einschließlich einer Skizze der Zaunfelder und einer Planskizze mit den Maßangaben. Zweimaier ist daher sicher, dass der Zaun der Bestellung entspricht.

Was kann Herr Zweimaier tun?

## Ü 9.34: Fallbeispiel Petra Zweimaier – Verzugszinsen C

Petra Zweimaier hat ihre Wohnung tapezieren lassen. Der Tapezierer Grubinger schickt die Rechnung. Die Rechnung enthält folgende Angaben:

| | |
|---|---|
| Rechnungsdatum 12. Mai 20.. | |
| Lieferdatum (Arbeitsabschluss): 6. Mai 20.. | |
| Tapezieren von Wohnzimmer und Vorzimmer | |
| laut Angebot, inklusive Endreinigung | € 560,00 |
| zuzüglich Umsatzsteuer 20 % | € 112,00 |
| Rechnungsbetrag | € 672,00 |
| zahlbar netto Kassa nach Rechnungserhalt | |

Petra legt die Rechnung auf das Vorzimmerkästchen und vergisst die Bezahlung. Nach 10 Wochen kommt eine Mahnung, in der Tapezierer Grubinger einen letzten Zahlungstermin per 12. August festsetzt und 9 % Verzugszinsen für 3 Monate verlangt.

Aufgabe:

a) Ist diese Vorgangsweise in der Praxis üblich?
b) Ist diese Vorgangsweise gerechtfertigt?
c) Wie hätte Herr Grubinger vorgehen sollen, um rechtlich abgesichert zu sein?
d) Wie könnte Herr Grubinger einen Verzugszinsensatz von 9 % rechtfertigen, wenn er vorher nicht vereinbart wurde?
e) Welche gesetzlichen Vorschriften gelten für die Verzugszinsen, wenn nichts vereinbart wurde?
f) Was soll Petra tun? Verfassen Sie einen entsprechenden Brief an Tapezierer Grubinger.

*Zusatzfrage:*

Nehmen Sie an, Petra hätte die Rechnung rechtzeitig bezahlt. Tapezierer Grubinger ist bei der Kontrolle seiner Außenstände nicht sehr genau. Er kontrolliert nach drei Monaten und glaubt aufgrund eines Buchungsfehlers, dass Petra noch nicht bezahlt hat. Grubinger veranlasst sofort eine Mahnklage.

Petra erhält die Mahnklage, sieht in ihren Aufzeichnungen nach und stellt fest, dass sie die Rechnung bezahlt hat. Sie wirft daher die Mahnklage verärgert weg.

a) Was ist die Folge dieser Handlung?
b) Was hätte Petra tun sollen?

## Ü 9.35: Zahlungsverzug, Verzugszinsen, Skonto C

Herr Huber hat am 5. Jänner eine Rechnung über € 1.600,– zuzüglich 20 % USt (€ 320,–) erhalten. Die Zahlungsbedingungen lauteten: zahlbar innerhalb von 8 Tagen unter Abzug von 3 % Skonto oder innerhalb von 30 Tagen netto Kassa. Über die Verzugszinsen gibt es keine Vereinbarung.
Am 20. April erhält Herr Huber eine Mahnung, in der ihm 12 % Verzugszinsen für 3 Monate und € 12,– Mahnspesen vorgeschrieben werden. Als Zahlungstermin wird der 5. Mai genannt.

a) Berechnen Sie den Gesamtbetrag, den Herr Huber zuzüglich zum Rechnungsbetrag bezahlen soll.
b) Muss Herr Huber in diesem Fall bezahlen?
c) Mit welcher Begründung könnte der Gläubiger 12 % Verzugszinsen verlangen, wenn keine Vereinbarung über die Höhe der Zinsen getroffen wurde.

*Zusatzfrage zur Wiederholung:*

Nehmen Sie an, Herr Huber hätte nach 8 Tagen unter Abzug von 3 % Skonto bezahlt. Wie viel Prozent Zinsen pro Jahr hätte der Skontoabzug entsprochen?

**Ü 9.36: Zahlungsverzug, Berechnung der Verzugszinsen** C

Der Elektrohändler Krausmann hat am 15. Jänner eine Rechnung über € 2.640,– (inkl. 20 % USt) erhalten, zahlbar innerhalb von 14 Tagen netto Kassa.
Am 5. Februar wird er an die Zahlung erinnert.
Am 20. Februar wird ihm eine Frist bis zum 28. Februar gesetzt.
Am 15. März setzt ihm der Gläubiger eine neue Frist bis zum 31. März und verlangt 12 % Verzugszinsen und € 15,– Mahnspesen.

a) Für welche Zeit wird der Gläubiger die Verzugszinsen berechnen?
b) Berechnen Sie die Gesamtbelastung, die zuzüglich zum Rechnungsbetrag anfällt.
c) Wovon hängt es ab, ob der Gläubiger tatsächlich 12 % Verzugszinsen verlangen kann? Welcher andere Zinssatz käme noch infrage?

**Ü 9.37: Mahnklage: Zahlungsbefehl, rechtliche Regelungen** B

Huber & Co erheben Mahnklage gegen Maier und Obermann wegen einer seit 3 Monaten fälligen Forderung. Das Gericht erlässt einen Zahlungsbefehl.

a) Werden Maier und Obermann vor Gericht vor Erlassung des Zahlungsbefehls um Stellungnahme ersucht?
b) Was geschieht, wenn der Zahlungsbefehl bei der Post hinterlegt wird, weil das Geschäft von Maier und Obermann wegen Urlaubs geschlossen ist?

**Ü 9.38: Fallbeispiel Sport- und Spielgeräte Ardagger GmbH: Annahmeverweigerung (Schreiben des Käufers)**

Ihr Unternehmen

Sport- und Spielgeräte Ardagger GmbH, 7400 Oberwart, Josefsring 12,
Tel. +43 3352 66 280, Fax +43 3352 66 286

Sachverhalt

Heute ist der 14. November 20. . . Es trifft ein Erinnerungsschreiben Ihres Lieferanten ein (siehe das Übungsbeispiel **Ü 9.27** im Schritt „Lernen", S. 299).
Datum des Schreibens: 13. November 20. . , Unterschrift: Josef Kainz, Adresse: 1210 Wien, Jedleseer Straße 102

Aufgaben

Aufgabe 1: C

a) Betriebswirtschaftslehre – Schriftverkehr
Entwerfen Sie ein Antwortschreiben, wenn Sie in Ihrem Unternehmen folgende Informationen erhoben haben:
- Die Bestellung wurde am 23. Oktober 20. . storniert. Verkaufsleiter Rameder hat die Stornierung entgegengenommen.
- Am 25. Oktober wurde eine Aktennotiz über die Stornierung übersandt.
- Eine Versandanzeige ist nie eingelangt.
- Dieser Sachverhalt hat sich erst nach dem Telefongespräch bei einer genauen Überprüfung herausgestellt.

b) Textverarbeitung
Gestalten Sie den Brief formal einwandfrei.

Aufgabe 2: C

a) Betriebswirtschaftslehre – Schriftverkehr
Entwerfen Sie ein Antwortschreiben für den Fall, dass die Annahme am 12. November 20. . irrtümlich verweigert wurde. Verwenden Sie eine brauchbare Entschuldigung und versuchen Sie, die Kosten für die vorübergehende Einlagerung zu vermeiden.

b) Textverarbeitung
Gestalten Sie den Brief formal einwandfrei.

**Ü 9.39: Fallbeispiel Herrenmoden: verspätete Annahme (Schreiben des Käufers)**

Ihr Unternehmen

Karl Temper Herrenmoden GmbH, 9800 Spittal/Drau, Petzoldstraße 14

Sachverhalt

Sie bestellten am 15. Mai 20.. bei der Kleiderfabrik BRILKA KG, 8600 Bruck/Mur, Klostergasse 4, E-Mail: office@brilka.at, folgende Artikel:

- 20 Sportjacken aus Nappaleder (10 Stück Größe 50, Best.-Nr. 3345; je 5 Stück Größe 52, Best.-Nr. 3346 und Größe 54, Best.-Nr. 3347),
- 30 Winterjacken mit wasserabweisendem Obermaterial, warmem Innenfutter und abnehmbarer Kapuze (je 10 Stück der Größen 50, Best.-Nr. 3815, 52, Best.-Nr. 3816 und 54, Best.-Nr. 3817) und
- 30 Stück „wash-out" Jeans (je 10 Stück der Größen 50, Best.-Nr. 5678, 52, Best.-Nr. 5679 und 54, Best.-Nr. 5680)

zu den Bedingungen des Katalogs 34 und zur Abholung am 1. Juli 20...

Sie können diesen Termin nicht einhalten. Ihr Fuhrpark ist derzeit nicht voll einsatzfähig. Ein Teil der Belegschaft ist auf Urlaub und nun sind plötzlich zwei weitere Fahrer krank geworden. In 14 Tagen wird Ihr Betrieb voraussichtlich wieder voll leistungsfähig sein. Heute ist der 25. Juni 20...

Aufgabe C

Betriebswirtschaftslehre – Schriftverkehr
Entwerfen Sie das erforderliche Schreiben an den Verkäufer als E-Mail in einem Mailprogramm (einschließlich E-Mail-Adresse und Betreff). Drucken Sie die versandbereite E-Mail oder einen Screenshot davon aus.

**Ü 9.40: Fallbeispiel Installateur-Rechnung: Zahlungsverzug, Schuldprolongation**

Sachverhalt und Arbeitsunterlage

Ein Installateur montierte in der Privatwohnung von Herrn Mag. Gregor Graf, E-Mail: gregor.graf@chello.at, einen Warmwasserspeicher. Die Rechnung traf vor 4 Monaten ein.

Gestern erhielt Herr Graf folgende Mahnung:

(Die Mahnung ist auf der folgenden Seite abgedruckt.)

**Ing. Sebastian Bergmann GmbH**
Gas, Wasser, Heizung
Taborstraße 29, 1020 Wien
+43 1 844 39-00, Fax +43 1 844 39-19, office@bergmann.at

Herrn
Mag. Gregor Graf
Operngasse 13/9
1010 Wien

Datum: 20..-03-07

**Zahlungserinnerung**

Vor 4 Monaten montierten wir bei Ihnen einen Warmwasserspeicher XA 321. Bei Durchsicht unserer Konten mussten wir feststellen, dass die folgende Rechnung noch offen ist:

Rechnung Nr. 27495 vom 7. November 20.. , fällig am 7. Dezember 20..
Rechnungsbetrag: € 2.412,– (inkl. 20 % Umsatzsteuer)

Leider haben Sie es bis heute verabsäumt, den fälligen Betrag zu überweisen.

Da wir gezwungen sind, unseren laufenden Finanzbedarf selbst zum Teil über Kredite zu finanzieren, müssen wir Sie leider wie folgt belasten.

**12 % Verzugszinsen für 3 Monate, d. s. € 72,36**

Wir bitten Sie, den Rechnungsbetrag zuzüglich der Verzugszinsen –

**insgesamt € 2.484,36**

– innerhalb von 14 Tagen auf unser Konto bei der Bank Austria, Kto.-Nr. 47110820, BLZ 12000, zu überweisen. Andernfalls sehen wir uns gezwungen, gerichtliche Schritte einzuleiten.

Für etwaige Fragen stehen wir Ihnen natürlich gerne zur Verfügung. Sollten Sie den fälligen Betrag in der Zwischenzeit bezahlt haben, betrachten Sie diese Mahnung bitte als gegenstandslos.

Mit freundlichen Grüßen

Ing. Sebastian Bergmann GmbH
Deborah Bergmann

Zahlschein

FN 11845h, HG Wien, DVR 0084758, ARA 22498
Bank Austria, Kto.-Nr. 47110820, BLZ 12000
IBAN AT881200000047110820, BIC BKAUATWW

## Aufgabe

1. Betriebswirtschaftliche Analyse D
   - Darf der Installateur bei der vorliegenden Rechtslage Verzugszinsen verrechnen?
   - Mit welchem Zinssatz wurden die Verzugszinsen berechnet?
   - Wie könnte dieser Zinssatz gerechtfertigt werden?
   - Wie rechtfertigt der Installateur den Zinssatz?
2. Betriebswirtschaftslehre – Schriftverkehr C
   - Herr Graf kann den Zahlungstermin nicht einhalten.
     Entwerfen Sie eine E-Mail in einem Mailprogramm (einschließlich E-Mail-Adresse und Betreff), in der er versucht, den Installateur zur Prolongation der Schuld um 2 Monate zu bewegen. Überlegen Sie auch, ob er die Rechtslage zur Sprache bringen wird.
   - Entwerfen Sie ein Antwortschreiben des Installateurs als E-Mail in einem Mailprogramm (einschließlich E-Mail-Adresse und Betreff), wenn er dem Ansuchen zustimmt.
   - Entwerfen Sie ein Antwortschreiben des Installateurs als E-Mail in einem Mailprogramm (einschließlich E-Mail-Adresse und Betreff), wenn er das Ansuchen um Prolongation zwar ablehnt und um Zahlung bis spätestens 22. März 20.. ersucht, allerdings von der Verrechnung der Verzugszinsen absieht.

Drucken Sie jeweils die versandbereite E-Mail oder einen Screenshot davon aus.

### Ü 9.41: Fallbeispiel Sonnenbrillenproduktion: Mahnschreibenserie

Ihr Unternehmen

Friedrich Böhm Nachf. Erich Hanke, Produktion optischer Sonnenbrillen, 1070 Wien, Zieglergasse 74,
Tel. +43 1 202 66-20, Fax +43 1 202 66-22,
E-Mail: office@hanke.optik.at, Bankverbindung:
Erste Bank, IBAN: AT26 2011 1000 3474 8200,
BIC: GIBAATWWXXX

Sachverhalt

Es wird nach folgendem Mahnplan vorgegangen:

| Termin | Maßnahme |
|---|---|
| (1) 10 Tage nach Fälligkeit | Erinnerungsschreiben – Rechnung verwenden |
| (2) 3 Wochen nach Fälligkeit | 2. Erinnerungsschreiben |
| (3) 4 Wochen nach Fälligkeit | 1. Mahnung, Fristsetzung, Androhung von 12 % p. a. Verzugszinsen und € 10,– Mahnspesen laut AGB |
| (4) 6 Wochen nach Fälligkeit | letzte Mahnung, neuerliche Fristsetzung, Berechnung von Verzugszinsen und Mahnspesen bis zur Frist, Klageandrohung |
| (5) 8 Wochen nach Fälligkeit | Einleitung des gerichtlichen Mahnverfahrens durch einen Rechtsanwalt |

Aufgaben

Aufgabe 1: Betriebswirtschaftslehre – Schriftverkehr C

Entwerfen Sie Standardbriefe, die dem Mahnplan entsprechen (mit Betreff, Brieftext und Grußformel). Sehen Sie anstelle der kundenindividuellen Daten Leerfelder vor. In diesen sollen die fehlenden Daten ergänzt werden.
Bedenken Sie bei allen Texten, dass Sie die Kunden nach Möglichkeit erhalten wollen.

Aufgabe 2: C

a) Betriebswirtschaftslehre – Schriftverkehr
Gestalten Sie die Briefe für die folgenden Fälle:
- Erinnerungsschreiben vom 17. Mai 20.. an F. und L. Löffler, Optik-Spezialgeschäft, 1030 Wien, Landstraßer Hauptstraße 38; Rechnung Nr. 234-8/9 vom 26. März 20.. über € 2.426,73, fällig seit 26. April
- Mahnung vom 22. Juni 20.. an den Optiker Johann Richter, 2371 Hinterbrühl, Mödlinger Straße 197; Rechnung Nr. 311-8/9 vom 21. April 20.. über € 1.623,53, fällig seit 21. Mai; Erinnerungsschreiben vom 1. und vom 12. Juni, Frist 14 Tage
- letzte Mahnung vom 5. Oktober 20.. an den Optiker Julius Neid & Co., 1090 Wien, Sobieskigasse 78; Rechnung Nr. 423-9/9 vom 13. Juli 20.. über € 806,03, fällig seit 13. August; Erinnerungsschreiben vom 1. und 12. September; 1. Mahnung am 20. September; Frist bei 1. Mahnung 14 Tage, neuerliche Frist 8 Tage

b) Textverarbeitung
Gestalten Sie die Briefe formal einwandfrei.

# Sichern

SbX ID: 9023

**Fehler des Käufers bei der Erfüllung von Kaufverträgen**

Fehler des Käufers bei der Erfüllung von Kaufverträgen sind Annahmeverzug und Zahlungsverzug.

*buyer's mistakes when fulfilling sales agreements*

The buyer can make mistakes when fulfilling sales agreements. These include delay in acceptance and delay in payment.

**Annahmeverzug im engeren Sinn**

Annahmeverzug im engeren Sinn liegt vor, wenn der Käufer die Ware nicht annimmt (nicht abholt), obwohl sie der Verkäufer vertragsgerecht geliefert (bereitgestellt) hat. Dieser Fall ist eher selten.

*delay in acceptance in the narrow sense*

A delay in acceptance is when the buyer does not accept (does not pick up) the goods although the seller delivered (provided) the goods according to the terms of the contract. This happens rarely.

**Annahmeverzug im weiteren Sinn**

Annahmeverzug im weiteren Sinn liegt vor, wenn der Käufer die Ware nicht annimmt, weil er der Meinung ist, dass sie nicht vertragsgerecht geliefert wurde.

*delay in acceptance in the broader sense*

Delay in acceptance in a broader sense is when the buyer doesn't accept the goods, because the buyer feels that they were not delivered according to the terms of the contract.

**Rechtsfolgen bei Annahmeverzug**

Ist der Verkäufer überzeugt, dass der Käufer die Annahme der Ware zu Unrecht verweigert hat, kann er

- die Ware auf Kosten und Gefahr des Käufers hinterlegen.
- die Ware nach Androhung öffentlich versteigern (bei verderblichen Waren auch ohne Androhung). Der erzielte Mehrerlös gehört dann dem Käufer. Ist der Erlös geringer als der vereinbarte Kaufpreis, kann der Verkäufer Schadenersatz vom Käufer fordern.
- vom Vertrag zurücktreten.

*legal consequences of delays in acceptance*

IIf the seller is convinced that the buyer was wrong in refusing to accept the goods, the seller can

- store the goods at the cost and risk of the buyer
- sell the goods at a public auction after warning the buyer that this will happen (in the case of perishable goods without warning). Any additional revenue belongs to the buyer. If the revenue is less than the agreed sale price, the seller can demand compensation for damages from the buyer.
- withdraw from the sales agreement

**Schriftverkehr bei Annahmeverzug**

Der Verkäufer muss die Rechtsfolgen eindeutig androhen.
Der Käufer wird bestrebt sein, die Rechtsfolgen und damit Kosten zu vermeiden, und versuchen, zu beweisen, dass er im Recht ist.

*written communication in the case of delay in acceptance*

The seller must clearly warn of the legal consequences. The buyer will want to avoid any legal consequences and costs, and try to prove that they are in the right.

**Zahlungsverzug**

Gibt es eindeutige Vereinbarungen zur Fälligkeit der Rechnung, ist der Käufer mit der Zahlung in Verzug, sobald der Fälligkeitstermin überschritten ist.
Gibt es keine oder nur ungenaue Vereinbarungen zur Fälligkeit, muss man den säumigen Käufer mahnen und eine Nachfrist für die Bezahlung setzen. Die Rechnung wird dadurch fällig gestellt.

Je nach vertraglicher Vereinbarung bzw. AGB kann der Verkäufer Verzugszinsen und Mahnspesen verrechnen.

Berechnung der Verzugszinsen:
- meist lt. AGB

Wurde nichts vereinbart (selten):

- bei Verkäufen zwischen Unternehmern: Basiszinssatz der OeNB zuzüglich 8 %-Punkte
- bei Verkäufen an Private (Konsumenten): 4 % (lt. ABGB)

*delay in payment*

If there is a clear agreement about the due date of payment, then there is a delay in payment as soon as the due date has passed. If there is no agreement about the due date, or the agreement is unclear, the buyer must receive a clear warning, and a grace period (with deadline) for the payment must be set. Only then does the invoice have a due date for payment.

Depending on the terms and conditions of the sales agreement, or the general terms and conditions of business, the seller can charge interest on the late payment and reminder fees.

How interest on a late payment is calculated:
- usually according to general terms and conditions of business

If there is no specific agreement (rare):

- in the case of sales between businesses:
  base rate of the Austrian National Bank plus 8 %
- in the case of sales to private parties (consumers):
  4 % (according to the General Civil Code)

**Mahnorganisation**

Eine genaue Mahnorganisation ist notwendig, um für Pünktlichkeit im Mahnwesen zu sorgen und dadurch die Schuldner zu pünktlichen Zahlungen zu „erziehen".

*credit control system*

An exact credit control system is necessary in order to ensure that the collection process is timely and the debtor is "encouraged" to pay on time.

Mahnplan

Der Mahnplan umfasst meist:
- Erinnerungsschreiben (1. Mahnung; ohne Fristsetzung)
- 2. Mahnung (mit Fristsetzung)
- letzte Mahnung (Fristsetzung, Angaben der Folgen, Androhung gerichtlicher Schritte)
- Einleitung gerichtlicher Schritte
- eventuell vorher Einschaltung eines Inkassobüros

Der Mahnplan muss auf jeden Fall umfassen:
- Mahnung mit Fristsetzung und Angabe der Folgen

dunning / reminder system

A dunning / reminder system usually includes:
- reminders (1st reminder; without setting a deadline)
- 2nd reminder (setting a deadline)
- final reminder (setting a deadline, statement of consequences, warning of legal measures to be taken)
- beginning with legal measures
- (possibly previously involving a debt collection agency)

A dunning / reminder system must at least include:
- a reminder setting a deadline and a statement of the consequences

gerichtliches Vorgehen

Führen die Mahnungen nicht zum Ziel, ist für den Gläubiger noch ein gerichtliches Vorgehen durch eine Mahnklage oder einen Zivilprozess möglich.
Bei der Mahnklage erlässt das Gericht über Antrag des Gläubigers, ohne den Schuldner anzuhören, einen bedingten Zahlungsbefehl.

Der Schuldner muss
- zahlen (Verfahren ist beendet) oder
- innerhalb von 4 Wochen Einspruch erheben (es kommt zum Zivilprozess).
- Schweigt der Schuldner, ohne zu zahlen, erhält der Gläubiger das Recht, den Schuldner zu pfänden.

Höchstgrenze: € 75.000,– ohne Nebenkosten

Ein Zivilprozess ist notwendig, wenn der Betrag € 75.000,– überschreitet oder wenn der Schuldner Einspruch gegen den Zahlungsbefehl bei der Mahnklage erhebt.

legal collection proceedings

If the reminders are unsuccessful, the creditor can take legal action in form of collection proceedings or civil proceedings. In case of collection proceedings, the court issues a conditional order to pay at the request of the creditor without hearing the debtor.

The debtor must
- pay (legal proceedings are ended) or
- object within 4 weeks (civil proceedings are started).
- If the debtor does not respond, and doesn't pay, the creditor has the right to seize the funds of the debtor.

Upper limit: € 75,000.–, excluding any additional costs.

Civil proceedings are necessary when the amount exceeds € 75,000.–, or when the debtor objects to the payment order at the hearing.

Schriftverkehr mit Zahlungsverzug

Mahnungen werden überwiegend mit Formularen und Kopien gestaltet. Bei einer EDV-gestützten Kundendatenverwaltung werden meistens auch Mahnungen mithilfe der EDV automatisch erstellt. Wenn der Schuldner vor Fälligkeit weiß, dass er nicht pünktlich zahlen kann, sollte er rechtzeitig um „Prolongation", d. h. um Verlängerung des Zahlungsziels, ansuchen. Dabei sollte eine „sinnvolle" (glaubwürdige) Begründung angeführt und zugesagt werden, den neuen Zahlungstermin einzuhalten.

written communication in the case of a default in payment

Reminders are generally written using forms and copies. When using a computer-based credit control system, reminders are often issued automatically by the system. If debtors realize before the due date that they are unable to pay on time, they should ask for an extension of the deadline. A reasonable explanation should be given and a promise to keep the new payment deadline should be made.

SbX
ID: 9023

**Im SbX finden Sie die englische Zusammenfassung als Audio-Wiederholung sowie eine Bildschirmpräsentation mit den Grafiken dieser Lerneinheit.**

# Wissen

SbX ID: 9024

A B C D E

### W 9.13: Annahmeverweigerung A

Was kann ein Lieferant unternehmen, wenn ein Kunde die bestellte Ware nicht annimmt? Was wird der Lieferant tun, wenn die Ware verderblich ist (z. B. Obst oder Gemüse)?

### W 9.14: Fallbeispiel: Annahmeverweigerung C

Ein niederösterreichisches Unternehmen handelt mit Holzfertighäusern. Ein Vorarlberger Hotelier bestellt ein Blockhaus zur Errichtung einer Sauna. Bei Einlangen der Fertigteile in Vorarlberg erklärt der Hotelier plötzlich, die Lieferung nicht annehmen zu wollen, da er die Sauna vorerst nicht bauen möchte.

Aufgabe:

Welche der folgenden Aussagen entsprechen der Rechtslage? (Mehrere Lösungen können richtig sein!)

a) Der Verkäufer kann die Ware nach vorheriger Androhung öffentlich versteigern lassen.
b) Der Verkäufer kann die Ware ohne vorherige Androhung öffentlich versteigern lassen.
c) Ein Mehrerlös bei der Versteigerung gehört dem Verkäufer.
d) Ein Mehrerlös bei der Versteigerung gehört dem säumigen Käufer.
e) Der Verkäufer kann die Sendung auf Kosten des Käufers hinterlegen und den Rechnungsbetrag einklagen.
f) Der Verkäufer kann vom Vertrag zurücktreten und die Sendung anderweitig verkaufen.

### W 9.15: Verzugszinsen bei Zahlungsverzug A

Welche Möglichkeiten zur Berechnung von Verzugszinsen bei Zahlungsverzug sind Ihnen bekannt? Wovon hängt es ab, in welcher Höhe Verzugszinsen verrechnet werden dürfen?

### W 9.16: Mahnorganisation A

Warum sollte man pünktlich mahnen?

### W 9.17: Fallbeispiel: Zahlungsverzug C

Ein Installateur hat der Pensionistin Huber für eine Heizungsinstallation eine Rechnung über € 2.160,– (inkl. USt) übersandt.
Als Zahlungsbedingungen sind angeführt: zahlbar innerhalb von 8 Tagen ohne Abzug.
Weitere Angaben fehlen.
Nach vier Wochen stellt der Installateur fest, dass Frau Huber noch nicht gezahlt hat.

Aufgabe:

Sind die folgenden Handlungen des Installateurs rechtlich gedeckt? Begründen Sie bitte Ihre Antwort!

a) Der Installateur schickt Frau Huber eine Rechnungskopie mit dem handschriftlichen Vermerk „Betrag noch offen – bitte einzahlen".
Da Frau Huber nach weiteren 4 Wochen nicht gezahlt hat, übergibt er den Fall seinem Rechtsanwalt, der laut ABGB 4 % Verzugszinsen für 2 Monate sowie € 30,– Mahnspesen vorschreibt und gerichtliche Schritte androht.

Rechtlich gedeckt, weil ______________________________________________.

Rechtlich nicht gedeckt, weil ______________________________________________.

b) Der Installateur setzt Frau Huber ohne weiteres Erinnerungsschreiben eine fixe Nachfrist von einer Woche und droht gerichtliche Schritte an.
Da Frau Huber nicht zahlt, klagt der Installateur mithilfe seines Rechtsanwalts die Forderung ein und verlangt neben den Rechtsanwalts- und Gerichtskosten 9 % Verzugszinsen, da er selbst nachweislich für einen Kredit 9 % Zinsen bezahlen muss.

Rechtlich gedeckt, weil ______________________________

______________________________.

Rechtlich nicht gedeckt, weil ______________________________

______________________________.

**W 9.18: Vorgangsweise bei Zahlungsverzug** A

Welche Vorgangsweise ist im Geschäftsleben bei säumigen Zahlern üblich? Charakterisieren Sie die drei besprochenen Schritte stichwortartig.

**W 9.19: Mahnplan** A

Welche Teile weist ein Mahnplan üblicherweise auf und welche Teile sollte er aus rechtlichen Gründen auf jeden Fall aufweisen?

**W 9.20: Annahmeverzug und Zahlungsverzug bei Gericht** A

Warum wird der Schuldner häufig mittels eingeschriebenen Briefs in Verzug gesetzt?

a) Weil nur eingeschriebene Briefe als Beweismittel vor Gericht anerkannt werden.
b) Weil man eindeutig beweisen kann, dass der Schuldner in Verzug gesetzt wurde.
c) Weil für die Einleitung gerichtlicher Schritte eine eingeschriebene Mahnung Voraussetzung ist.

**W 9.21: Inkassobüro** A

Warum übergibt man vergeblich eingemahnte Rechnungen häufig einem Inkassobüro oder einem Rechtsanwalt, ohne sofort gerichtliche Schritte einzuleiten?

**W 9.22: Mahnklage** A

Welche Aussagen treffen auf die Mahnklage zu? (Mehrfachlösung möglich)

a) Der bedingte Zahlungsbefehl wird aufgrund einer Mahnklage ohne Anhörung des Schuldners ausgestellt.
b) Der Höchstbetrag für eine Mahnklage beträgt inklusive der Zinsen und Kosten € 75.000,–.
c) Der Schuldner kann gegen eine Mahnklage nur Einspruch erheben, wenn er entsprechende Beweise vorlegt.
d) Der Einspruch gegen eine Mahnklage kann auch mündlich erfolgen.

SbX
**W 9.23–W 9.28 mit automatischer Aufgabenkontrolle ID: 9024**

**Weitere Aufgaben zur Lernkontrolle im SbX**

**W 9.23: Unregelmäßigkeiten bei der Erfüllung des Kaufvertrags durch den Käufer** B

Quiz mit fünf Fragen zu verschiedenen Fällen von Unregelmäßigkeiten durch den Käufer

**W 9.24: Rechtsfolgen beim Zahlungsverzug** A

Vervollständigen Sie die Übersicht zu den Rechtsfolgen beim Zahlungsverzug!

**W 9.25: Die Phasen des Mahnplans** A

Vervollständigen Sie die Übersicht zu den Phasen des Mahnplans!

**W 9.26: Unregelmäßigkeiten bei der Erfüllung des Kaufvertrags** B

Themenübergreifendes Kreuzworträtsel zu den Unregelmäßigkeiten bei der Erfüllung des Kaufvertrags

**W 9.27: Unregelmäßigkeiten bei der Erfüllung des Kaufvertrags** A

Vervollständigen Sie die Übersicht zu den Unregelmäßigkeiten bei der Erfüllung des Kaufvertrags!

**W 9.28: Zahlungsverzug, Verzugszinsen und Mahnungen** B

Bearbeiten Sie Aufgaben zum Thema Zahlungsverzug, Verzugszinsen und Mahnungen anhand eines Fallbeispiels.

H2Ö MUSTERUNTERNEHMEN

**Bearbeiten Sie das Fallbeispiel zur H2Ö GmbH im SbX.**

**H2Ö-Aufgabe: AGB und Unregelmäßigkeiten bei der Erfüllung von Kaufverträgen** C

**Die Ausgangssituation**

Die H2Ö GmbH in Aflenz handelt mit österreichischem Quellwasser höchster Qualität, Fruchtsirupen aus biologischer Landwirtschaft und Erzeugnissen aus österreichischen Glasmanufakturen.

**Ihre Aufgabe im Unternehmen**

Sie arbeiten in den Sommerferien als Praktikantin/Praktikant in der H2Ö GmbH. Ihre Aufgabe ist es, Ihre Vorgesetzte, Frau Mag. Aynur Yürük, im Verkauf zu unterstützen. Dazu sollen Sie sich unter anderem auch mit den allgemeinen Geschäftsbedingungen der H2Ö GmbH vertraut machen und für mögliche Fälle von Unregelmäßigkeiten bei der Erfüllung von Kaufverträgen durch Geschäftspartner die richtige Vorgehensweise überlegen.

SbX
H2Ö-Aufgabe
ID: 9024

**Die AGB der H2Ö GmbH, weitere Informationen zum Unternehmen und die Aufgabenstellungen finden Sie im SbX.**

English questions

E 9.06: **You sell books online and sometimes have difficulties with your customers.**

a) What will you do if your customer doesn't pay on time?
b) Describe the process involved in trying to get your money from your customer.
c) What can you charge your customer if payment is late?
d) What will happen if your customer simply does not want to pay at all?

E 9.07: **Your customer, Mr. Black, refuses to accept the goods you delivered to him. He says that they were not delivered according to the terms of the contract.**

a) What possible reasons could there be for not accepting the goods?
b) If the customer had no reason to refuse the goods, what are the legal consequences?

Ein kurzer Kompetenz-Check zum Schluss!

## Kompetenz-Check

| | ☺ | 😐 | ☹ |
|---|---|---|---|
| Ich kann beurteilen, wann ein Annahmeverzug vorliegt, und bei Verweigerung der Annahme durch den Käufer die notwendigen rechtlichen Schritte setzen. | | | |
| Ich kann beurteilen, wann ein Zahlungsverzug vorliegt, bzw. Käufer, die nicht rechtzeitig zahlen, rechtlich einwandfrei in Zahlungsverzug setzen. | | | |
| Ich kann die Rechtsfolgen bei Zahlungsverzug in konkreten Situationen angeben. | | | |
| Ich kann Verzugszinsen berechnen und dem säumigen Zahler in Rechnung stellen. | | | |
| Ich kann die Angemessenheit von Mahnspesen und Verzugszinsen beurteilen. | | | |
| Ich kann Mahnpläne erstellen und Mahnungen kundenorientiert und rechtlich einwandfrei formulieren. | | | |
| Ich kann einschätzen, wann es sinnvoll ist, Inkassobüros oder Rechtsanwälte in das Mahnverfahren einzuschalten. | | | |
| Ich kann als Käufer bei Zahlungsschwierigkeiten rechtzeitig und begründet um Verlängerung des Zahlungsziels ansuchen. | | | |
| Ich kann als Verkäufer Ansuchen um Verlängerung des Zahlungsziels situationsgerecht beantworten. | | | |
| Ich kann die Rechtsfolgen von Mahnklagen erklären und auf Mahnklagen rechtlich einwandfrei reagieren. | | | |

# Lerneinheit 3
# Fallbeispiele

## Üben – Anwenden

A B C D E

### Ü 9.42: Fallbeispiel Chocoletto GmbH: Vertragswidrige Erfüllung des Kaufvertrags D

**Ihr Unternehmen**

Chocoletto GmbH
Industriestraße 2
2421 Kittsee

**Die Chocoletto GmbH**

Die Chocoletto GmbH wurde 1957 von Giacomo Ferrini gegründet. Herr Ferrini ist in einer alten italienischen Schokoladendynastie aufgewachsen. Nachdem er mit seiner Familie im Jahr 1955 nach Österreich ins Burgenland übersiedelt ist, wurde sehr bald darauf die Schokoladenproduktion in Kittsee im Nordburgenland aufgenommen, wobei sich Chocoletto neben der Herstellung von Tafelschokolade auf die Produktion von Schokoladenhohlkörpern, Früchten in Schokolade und verschiedenen Pralinen im preisgünstigen Segment spezialisierte. Bald zählten auch Supermarktketten zu den Kunden für die Osterhasen und Nikolausfiguren aus Schokolade.

Mit der Übernahme des Betriebs durch Sohn Carlo wurden am Standort Kittsee weitreichende Investitionen in neue Technologien zur maschinellen Fertigung der Schokofiguren getätigt. Chocoletto wurde zu einem der größten Hersteller von saisonalen Schokoprodukten in Österreich. Seit 2006 wird der Betrieb von den Brüdern Giacomo und Stefano in der dritten Generation geführt.

**Sachverhalt**

Als neue/r Mitarbeiter/in der Chocoletto GmbH orientieren Sie sich auch in den Prozessen des Unternehmens. Aus den vorhandenen Schriftverkehrsdokumenten haben Sie sich bereits mit dem Zustandekommen eines Kaufvertrags zwischen der Chocoletto GmbH und der KuK – Kakao und Kaffee GmbH beschäftigt (siehe Kapitel 7, Lerneinheit 3). Heute haben Sie sich wieder eine Mappe mit Schriftstücken und Informationen zusammengestellt und einige Fragen zusammengeschrieben.

**Ihre Aufgaben**

Beantworten Sie die Fragen in Ihrem Memo und formulieren Sie gegebenenfalls für sich selbst Musterbriefe.

Ein Blick auf die Uhr sagt Ihnen, dass Sie dafür rund 2 Stunden Zeiten haben werden, denn anschließend können Sie sich mit Ihrem Chef treffen und mögliche weitere Fragen stellen.

Unterlagen

Ihre Mappe

Auf den folgenden Seiten finden Sie das Memo und die Schriftstücke, die Sie bereits zusammengestellt haben.

memo

Chocoletto
Seit 1937

**1. Schriftstück**
a) Um welches Schriftstück handelt es sich hier?
b) Wie ist der Fall rechtlich zu beurteilen?
c) Wie würden Sie den Fall in der Praxis lösen? (Begründung)

**2. Schriftstück**
a) Um welches Schriftstück handelt es sich hier?
b) Wie ist der Fall rechtlich zu beurteilen?
c) Wie würden Sie den Fall in der Praxis lösen? (Begründung)

**3. Schriftstück**
a) Um welches Schriftstück handelt es sich hier?
b) Wie ist der Fall rechtlich zu beurteilen?
c) Wie würden Sie den Fall in der Praxis lösen? (Begründung)

**4. Schriftstück**
a) Prüfen Sie die Rechnung!
b) Wie würden Sie den Fall in der Praxis lösen? (Begründung)

**5. Schriftstück**
a) Um welches Schriftstück handelt es sich hier?
b) Wie ist der Fall rechtlich zu beurteilen?
c) Wie würden Sie den Fall in der Praxis lösen? (Begründung)

**6. Schriftstück**
a) Um welches Schriftstück handelt es sich hier?
b) Wie ist der Fall rechtlich zu beurteilen?
c) Wie würden Sie den Fall in der Praxis lösen? (Begründung)

1. Schriftstück

**Konditorei Hedwig**
**4600 Wels, Anton Baumgasse 2**
**+43 2742 215-45**

Chocoletto GmbH
Industriestraße 2
2421 Kittsee

Wels, 30. April 20..

**Sonderangebot Bonbonnieren**

Aufgrund Ihres Sonderangebots haben wir 200 Schachteln Bonbonnieren der Sorte Maruschka bestellt.

Die in Ihrer Aussendung angegebenen kleinen Fehler sind zu gravierend, um die Ware zu diesem Preis behalten zu können. Ich erwarte daher, dass Sie in der Rechnung einen Rabatt in Höhe von 20 % berücksichtigen. Sollte dies nicht der Fall sein, müsste ich die Ware zurückgeben.

Ich erwarte Ihre baldige Stellungnahme bzw. die von mir gewünschte Rechnung.

Mit freundlichen Grüßen

Hedwig Pammer

Hedwig Pammer

Chocoletto
Seit 1957

**Unser Sonderangebot – 50 %!**

Wir haben einen großen Posten Bonbonnieren der Sorte Maruschka. Einige Pralinen sind bei der Produktion leicht verformt worden. Sie sind so gut wie immer, aber so günstig wie noch nie:

**3,– Euro pro Karton exkl. Ust**

Das Angebot gilt, solange der Vorrat reicht.

memo

Chocoletto
Seit 1957

Frau Pammer hat die Bonbonnieren persönlich abgeholt!

2. Schriftstück

**Bäckerei Haberhauer**
3292 Gaming, Erlauftalstraße 45
+43 7485 623 18

Chocoletto GmbH
Industriestraße 2
2421 Kittsee

Gaming, 29. April 20..

**Ihre heutige Lieferung – Marzipanrollen**

Ich habe heute die von mir am 14. April 20.. bestellten Marzipanrollen erhalten. Leider musste ich feststellen, dass die von Ihnen gewählte Verpackung nicht geeignet war, da die Ware eingedrückt angekommen ist.

Ich bitte um rasche Nachlieferung, da ein Teil der Marzipanrollen für ein Fest am 12. Mai 20.. bestellt wurde. Sollte eine Nachlieferung bis zu diesem Termin nicht möglich sein, müsste ich Ihnen die gesamte Lieferung zur Verfügung stellen.

Mit freundlichen Grüßen

*Franz Haberhauer*

Franz Haberhauer

**Auszug aus dem Angebot an die Firma Haberbauer:**

Lieferung frachtfrei Ihr Verkaufslager Gaming,
ca. 14 Tage nach Bestelleingang

3. Schriftstück

**Johannbrot GmbH**
Ehrenpreisgasse 68
1220 Wien
Tel. +43 1 204 39 99
Fax +43 1 204 39 99/11 oder 21

Chocoletto GmbH
Industriestraße 2
2421 Kittsee

Wien, 29. April 20..

Ihre Lieferung vom 2. April 20..

Wir haben heute bereits von dem zehnten Kunden Reklamationen bezüglich der Schokoladenfrüchte erhalten, die Sie uns am 2. April 20.. geliefert haben. Alle Kunden mussten feststellen, dass die Schokolade vergraut ist.

Wir bitten um rasche Klärung und um Umtausch dieser Lieferung.

Mit freundlichen Grüßen

*Gerhard Johann*

Gerhard Johann

4. Schriftstück

a) Auszug aus dem Angebot der Firma Schoko & Co, Schulgasse 5, 8430 Leibnitz vom 3. März 20… . Aufgrund dieses Angebots erfolgte die Bestellung.

## Angebot

Aufgrund Ihrer Anfrage bieten wir Ihnen an:

| Artikelnummer | Preis je Einheit in € |
|---|---|
| 508490 – Kakaobutter | 6,47 |
| 789123 – Marzipan | 13,23 |
| 654159 – Deko-Plätzchen | 8,94 |
| 753159 – Kuvertüre | 7,27 |

Die angegebenen Preise gelten exklusive Umsatzsteuer und frei Haus. Prompte Lieferung. Wir erwarten die Zahlung 30 Tage nach Rechnungseingang, bei Zahlung innerhalb von 8 Tagen abzüglich 2 % Skonto.

Wir freuen uns auf Ihren Auftrag.

Mit freundlichen Grüßen

b) Auszug aus der Rechnung von Schoko & Co an die Chocoletto GmbH.

## Rechnung Nr. 44580

| Artikelnummer | Menge | Preis je Einheit | Betrag € |
|---|---|---|---|
| 508490 – Kakaobutter | 1000 kg | 6,47 | 6.470,00 |
| 789123 – Marzipan | 500 kg | 13,23 | 6.615,00 |
| 654159 – Deko-Plätzchen | 500 St. | 8,94 | 4.470,00 |
| 753159 – Kuvertüre | 1000 kg | 7,27 | 7.270,00 |
| | | | 24.825,00 |
| + 10 % USt | | | 2.482,50 |
| **Zwischensumme** | | | **27.307,50** |
| + Fracht | | | 632,30 |
| 20 % USt | | | 126,46 |
| **Zwischensumme** | | | **758,76** |
| **Gesamt** | | | **28.066,26** |

Zahlungsbedingungen: innerhalb von 10 Tagen ab Fakturendatum netto

*Lt. § 11 UStG korrekt. Geprüft: Marinkovic*

5. Schriftstück

Chocoletto GmbH
Industriestraße 2
2421 Kittsee

Chocoletto
Seit 1957

Lichtplan GesmbH
Lampenvertrieb
Annenstraße 57
8020 Graz

Datum: 2. März 20..
Zeichen: Schü

**Bestellung**

Wir bestellen für die Eröffnung unseres neuen Schauraums am 8. Mai 20.. aufgrund Ihrer Preisliste

40 Stück Lampen, Bestellnummer 1030
zu € 120,– (exkl. USt) pro Stück, frei Haus.

Da die Elektroinstallateure bereits bestellt sind, muss die Lieferung fix am 28. April 20.. erfolgen.

Ihre Rechnung werden wir innerhalb von 8 Tagen nach Rechnungserhalt abzüglich 3 % Skonto begleichen.

Mit freundlichen Grüßen
*i. V. Schüler*

*Lichtplan hat am 28. April nicht geliefert. Monteure sind sehr verärgert und beabsichtigen, € 3000,– zu verrechnen. Die Monteure wären evtl. bereit, nochmals in der nächsten Woche zu kommen.*

**Auszug aus E-Mail vom 23. April**

Unser Lieferant hat einen Maschinenschaden und kann daher nicht rechtzeitig liefern. Früheste Lieferung am 6. Mai 20.. möglich.

MfG Lichtplan, Graz

6. Schriftstück

| **OP-Liste Kundenkonten – Inland** | | | | | | | | | |
|---|---|---|---|---|---|---|---|---|---|
| **20804** Lognos & Pfeifer 3300 Amstetten, Sattlergasse 17, 07472/129819, lopf@office.at | | | | | | | | | |
| **Pos.** | **Text** | **Re.Nr.** | **Re.Dat** | **fällig** | **Mahnplan** | **Ziel** | **Skt.%** | **Tage** | **Re.betrag €** |
| 17 | AR | 7892 | 02.03. | 02.04. | 2 | 30 | 0 | 0 | 24.000,– |

**2. Mahnung**

Unsere Rechnung vom 2. März 20.. über € 24.000,– ist seit 2. April 20.. fällig.

Bei Durchsicht unserer Konten mussten wir jedoch feststellen, dass Sie unser Erinnerungsschreiben vom 2. Mai 20.. nicht berücksichtigt haben.

Auch wir müssen unsere Verpflichtungen rechtzeitig einhalten und ersuchen Sie daher nochmals, den Rechnungsbetrag bis 2. Juni 20.. zu begleichen. Wir sind sonst gezwungen, Verzugszinsen und Mahnspesen zu verrechnen.

Mit freundlichen Grüßen

*Kunde hat noch immer nicht bezahlt! Noch 1 x mahnen. Letzte Frist für 2. August! Verzugszinsen lt. AGB: 15 % p. a., Mahnspesen € 20,–. Danke!*

### Ü 9.43: Fallbeispiel Bikecenter Bad Aussee: Rückrufaktion wegen aufgetretener Mängel

Sachverhalt – Ihr Unternehmen

Sie sind begeisterte Mountainbikerin/begeisterter Mountainbiker, unternehmen regelmäßig Touren und nehmen auch an Amateurradrennen teil.

In den Sommerferien arbeiten Sie als Aushilfskraft im Bikecenter Bad Aussee. Dieses Unternehmen bietet Waren und Dienstleistungen für den Radsport an. Das Unternehmen betreibt auch eine Website mit Onlineshop, über die es seine Kunden regelmäßig über aktuelle Angebote und Neuigkeiten informiert, unter anderem auch über etwaige Produktrückrufaktionen.

Lesen Sie die folgenden Informationen und Unterlagen aufmerksam durch und bearbeiten Sie die anschließenden Fragen.

Unterlagen

Information zu einer Rückrufaktion vom 30.04.20.. durch das Bikecenter Bad Aussee

**Kurbel-Rückrufaktion BAC Components TX 30**

Aufgrund einer nochmaligen Qualitätsprüfung durch den Fahrradhersteller Tophill muss für die folgenden Kurbeln, welche in Tophill-Rädern eingebaut wurden, eine vorsorgliche Rückrufaktion durchgeführt werden. Folgende Kurbel-Modelle sind betroffen:

**BAC Components TX 30 LS (verstellbar)**
**BAC Components TX 30 (nicht verstellbar)**

Da bei starker Belastung ein Bruch der Kurbel nicht ausgeschlossen werden kann, besteht akute Sturz- und Verletzungsgefahr!

Wir rufen daher alle davon betroffenen Fahrradmodelle von unseren Kunden zurück und bauen neue, adäquate, qualitätsgeprüfte Kurbeln in die Fahrräder ein. Bei Verwendung gleichwertiger Kurbeln ist dieser Austausch kostenlos.

Im Mailaccount finden Sie unterschiedliche Reaktionen von Kunden auf diese Rückrufaktion. Sie haben sich diese E-Mails ausgedruckt, um Antworten vorzubereiten. Damit Sie korrekt antworten können, haben Sie sich auch die allgemeinen Geschäftsbedingungen des Bikecenters angesehen und sind auf die folgende Textstelle gestoßen.

Lesen Sie auch diesen Text und die anschließenden E-Mails der Kunden genau durch.

Auszug aus den AGBs des Bikecenters Bad Aussee

**Gewährleistung:**
Sofern nicht ausdrücklich in diesen AGB und/oder im Kaufvertrag abweichende Regelungen getroffen wurden, gelten die zum Zeitpunkt der Vertragsschließung gesetzlichen Gewährleistungsbestimmungen.

**Schadenersatz:**
Bikecenter Bad Aussee haftet für einen durch unsachgemäßen Einbau von Teilen (wie z.B. Steuerlager, Kurbel, Schaltwerk, Federgabel, Innenlager) verursachten Schaden nur dann, wenn der Einbau durch befugte Fachkräfte des Unternehmens vorgenommen wurde. Schäden, welche durch den Eigeneinbau des Kunden oder andere Werkstätten verursacht wurden, sind demnach von der Haftung ausgenommen.

E-Mail von Mario Neuner aus Gmunden (Ausdruck)

**Mario Neuner**

**Von:** mneuner@gmx.at
**Gesendet:** Montag, 16. August 20.. 8:42 Uhr
**An:** service@bikecenter_badaussee
**Betreff:** Ihre Rückrufaktion Bike-Power TX 30
**Anlage:** Auftragsbestätigung

Bezugnehmend auf die von Ihnen veröffentlichte Rückrufaktion möchte ich Ihnen mitteilen, dass ich bei Ihnen eine Kurbel der angeführten Marke gekauft habe. Diese wurde von Ihnen am 1. Februar dieses Jahres auf mein bestehendes Bike montiert. Die Auftragsbestätigung habe ich als Attachment beigefügt.

Kann ich mein Rad in Ihrer Werkstätte in Bad Aussee zum Austausch vorbeibringen oder schicken Sie mir eine fehlerfreie neue Kurbel zu und kann dann gleich meine Werkstätte in Gmunden den Austausch vornehmen?

Mit besten Grüßen aus Gmunden

Mario Neuner

E-Mail von Julia Drechsel (Ausdruck)

**Julia Drechsel**

**Von:** Julia.Drechsel@homail.com
**An:** service@bikecenter_badaussee
**Betreff:** Kurbel-Rückrufaktion vom 30.04. 20..
**Anlage:** Rechnung, Bankdaten

Sehr geehrtes Serviceteam,

habe soeben von Ihrer Rückrufaktion auf Ihrer Website gelesen. Am 13.08.20.. habe ich ein Mountainbike in Ihrem Onlineshop mit einer solchen Kurbel BAC Components TX 30 gekauft (Rechnung vom 13.08.20.. im Attachment).

Obwohl ich seit mehr als drei Jahren mit diesem Rad zufrieden bin, fühle ich mich nun nicht mehr sicher. Ich schicke Ihnen daher das Rad per Post retour. Den Kaufpreis erstatten Sie bitte umgehend auf mein Bankkonto (meine Bankdaten finden Sie im Attachment).

Mit freundlichen Grüßen

Julia Drechsel

Aufgabe D

1. Analysieren Sie die Information zur Rückrufaktion.
   a) Um welchen Fehler bei der Erfüllung von Kaufverträgen handelt es sich in diesem Fall?
   b) Geben Sie eine detaillierte Beschreibung des aufgetretenen Fehlers. Charakterisieren Sie die Art des Fehlers.
2. Analysieren Sie die beiden E-Mails. Notieren sie für jede E-Mail stichwortartig die rechtlichen Möglichkeiten des Käufers und eine betriebswirtschaftlich sinnvolle Vorgehensweise aus der Sicht des Bikecenters.
3. Entwerfen Sie abschließend geeignete Antwort-E-Mails an die jeweiligen Kunden und drucken Sie diese E-Mails aus.

### Ü 9.44: Lieferverzug (Schreiben des Käufers, Antwort des Verkäufers, Storno des Käufers)

Ihr Unternehmen

Möbel Max Eder, Hetmanekgasse 3, 5620 Schwarzach im Pongau, Tel. +43 6425 23 46, Fax +43 6425 23 467, E-Mail: m.eder@eder-moebel.at

Sachverhalt und Arbeitsunterlagen

a) Auftragsbestätigung des Lieferanten, Lechtaler Möbelfabrik

**Lechtaler Möbelfabrik**

Karl Ammler GmbH

6654 Holzgau, Vallugastraße 31

☎ +43 5633 64 140, Fax +43 5633 64 148, ✉ office@lechtaler-moebel.at

Möbel
Max Eder
Hetmanekgasse 3
5620 Schwarzach im Pongau

**AUFTRAGSBESTÄTIGUNG**

Wir danken für den uns erteilten Auftrag, den wir zu den nachstehenden Bedingungen vorgemerkt haben:

| | | | |
|---|---|---|---|
| Ihre Auftragsnummer: | S/2-3475 | vom | 20..-07-07 |
| Unsere Auftragsnummer: | 020522 | vom | 20..-07-07 |
| Datum der Auftragsbestätigung: | 20..-07-13 | Versandart: | frei Haus |

| Kommission | Menge u. Bezeichnung | Lieferwoche | Einzelpreis € | Gesamtpreis € |
|---|---|---|---|---|
| Leonhard | 1 Jugendzimmer „Emma" kompl., Best.Nr. 223467 | 34 | 553,84 | 553,84 |
| Bürger | 1 Jugendzimmer „Chiara" kompl., Best.Nr. 223499 | 34 | 607,25 | 607,25 |
| Friedl | 3 Stahlrohrfauteuil Best.Nr. 343382 | 36 | 88,69 | 266,07 |
| Fendler | 2 Schlaffauteuil Best.Nr. 111145 | 36 | 228,56 | 457,12 |
| | | Summe | | 1.884,28 |
| | | + 20 % Umsatzsteuer | | 376,86 |
| | | Gesamtbetrag | | 2.261,14 |

Zahlbar innerhalb von 14 Tagen ab Rechnungsdatum mit 2 % Skonto oder 30 Tage netto. Bei Zahlung unbedingt die Rechnungsnummer angeben.
Bei Zielüberschreitung werden 12 % p.a. Verzugszinsen berechnet.
Die Waren bleiben bis zur vollständigen Bezahlung unser Eigentum.
Zahlbar und klagbar in Innsbruck.

FN 62300c, LG Innsbruck, DVR 0030499, ARA 11258
Bank Austria, Kto.-Nr. 46084670, BLZ 12000
IBAN AT881200000046084670, BIC BKAUATWW

b) Brief (Auszug) eines Ihrer Kunden, Michael Bürger, Pfarrstraße 22, 5602 Wagrain, vom 4. Sep. 20..

> Ich vermisse Ihre Lieferung, Jugendzimmer „Chiara".
>
> Ich beziehe mich auf meine Bestellung vom 2. Juli 20.. (Ihre Auftragsnummer 3422) über ein Jugendzimmer aus dem Programm „Chiara".
>
> Der von Ihnen zugesagte Liefertermin per 25. August 20.. ist längst abgelaufen und ich habe von Ihnen weder die Ware noch eine sonstige Nachricht erhalten. Wann kann ich nun endlich mit Ihrer Lieferung rechnen?
>
> Ich erwarte Ihre baldige Antwort.
>
> Mit freundlichen Grüßen

Auch andere Kunden haben bereits ähnliche Briefe bzw. E-Mails geschrieben oder telefonisch bei Ihnen reklamiert. Sie sind daher gezwungen, am 10. September 20.. bei Ihrem Lieferanten zu urgieren.

### Aufgaben

### Aufgabe 1:

a) Betriebswirtschaftslehre – Schriftverkehr **C**
   Entwerfen Sie das Erinnerungsschreiben an die Lechtaler Möbelfabrik als E-Mail in einem Mailprogramm (einschl. E-Mail-Adresse und Betreff). Die Kommissionen Leonhard und Bürger sind bis spätestens 24. September 20.. und die Kommissionen Friedl und Fendler bis spätestens 1. Oktober 20.. zu liefern.

b) Betriebswirtschaftliche Analyse **D**
   - Was werden Sie unternehmen, um Kenntnis davon zu erlangen, wann die Lechtaler Möbelfabrik die E-Mail gelesen hat?
   - Wie gehen Sie vor, wenn Sie kurzfristig (innerhalb von 2 Tagen) keine Antwort bekommen?

### Aufgabe 2: Betriebswirtschaftslehre – Schriftverkehr **C**

Die Lechtaler Möbelfabrik kann den versprochenen Liefertermin nicht einhalten. Am 4. August 20.. hat ein Großbrand nahezu die gesamten Lagerräume sowie Teile der Fabrikationsanlagen und des Verwaltungsgebäudes vernichtet. Es entstand ein Sachschaden in Höhe von mehreren Millionen Euro. Es wurde zwar bereits wenige Tage nach dem Brand in den von den Flammen verschont gebliebenen Produktionshallen die Produktion wieder aufgenommen, im Vergleich zur bisherigen Kapazität erfolgt die Erzeugung aber in so bescheidenem Umfang, dass ein Großteil der Aufträge (zu denen auch jene von Max Eder gehören) erst Ende des Jahres ausgeführt werden könnten. Die Kunden von Max Eder, die eine so lange Lieferfrist nicht in Kauf nehmen können oder wollen, müssen sich die Möbel anderweitig besorgen.

Entwerfen Sie die Stellungnahme der Lechtaler Möbelfabrik als Standardbrief (mit Betreff, Brieftext und Grußformel), der an alle urgierenden Kunden versendet werden kann. Sehen Sie anstelle der kundenindividuellen Daten Leerfelder vor. In diesen sollen die fehlenden Daten ergänzt werden.

### Aufgabe 3: Betriebswirtschaftslehre – Schriftverkehr **C**

Entwerfen Sie die Mitteilung von Max Eder an seine Kunden als Standardbrief (mit Betreff, Brieftext und Grußformel), der den einzelnen Fällen angepasst werden kann.

### Aufgabe 4: **C**

Da sämtliche Kunden von Max Eder von Ihren Verträgen zurückgetreten sind, ist auch dieser gezwungen, den gesamten Auftrag zu stornieren.

a) Betriebswirtschaftslehre – Schriftverkehr
   Entwerfen Sie das Stornoschreiben an die Lechtaler Möbelfabrik (Datum 28. Oktober 20..).
b) Textverarbeitung
   Gestalten Sie den Brief formal einwandfrei.

## Ü 9.45: Fallbeispiel Karl Sterner & Co. KG: Annahmeverweigerung (Schreiben des Verkäufers)

### Ihr Unternehmen

Karl Sterner & Co. KG, Stahlrohrkonstruktionen, Stahlrohrmöbelfabrik, Campingbedarf, 1110 Wien, Erdbergstraße 264, Sachbearbeiter Florian Frank

### Arbeitsunterlagen

a) Von Ihrem Spediteur Klaus Wildhoff GmbH haben Sie folgende E-Mail (Ausdruck) erhalten:

Seite 1 von 1

**Klaus Wildhoff GmbH, Internationale Spedition**

**Von:** Martin Donhauser [martin.donhauser@wildhoff.spedition.com]
**Gesendet:** Mittwoch, 13. April 20.. 13:29 Uhr
**An:** office@sterner-stahl.at
**Betreff:** Firma Erich Prauner – Annahmeverweigerung

Wir wollten heute Ihre Sendung 35/9 (Spielgeräte) der Firma Erich Prauner, Burgenlandstraße 56, 2460 Bruck/Leitha, zustellen.

Diese hat jedoch die Annahme wegen verspäteter Lieferung verweigert.

Wir haben die Ware inzwischen bei uns eingelagert. Bitte teilen Sie uns mit, was mit der Ware geschehen soll.

Mit freundlichen Grüßen

Klaus Wildhoff GmbH
Internationale Spedition
Pottendorfer Straße 67
2540 Bad Vöslau
Martin Donhauser
Tel. +43 2252 769 23
Fax +43 2252 769 30
E-Mail: martin.donhauser@wildhoff.spedition.com
URL http://www.wildhoff.spedition.com

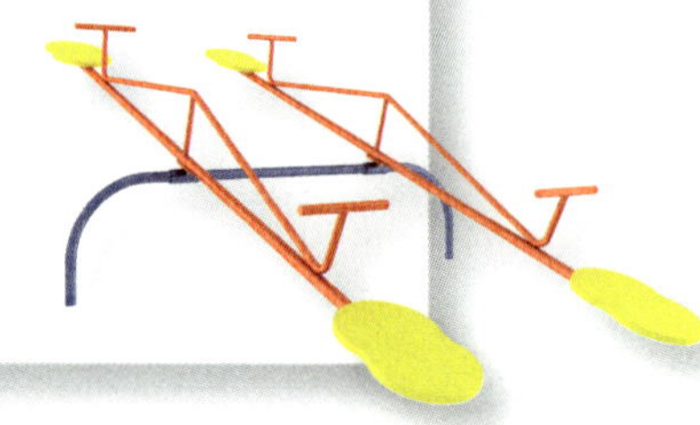

b) Ausdruck der E-Mail unserer Auftragsbestätigung an die Firma Erich Prauner

Seite 1 von 1

**Karl Sterner & Co. KG**

**Von:** Florian Frank [f.frank@sterner-stahl.at]
**Gesendet:** Dienstag, 2. März 20.. 11:47 Uhr
**An:** office@prauner.at
**Betreff:** Auftragsbestätigung

Danke für Ihren Auftrag vom 28. Februar 20... Wir haben diesen zu folgenden Bedingungen vorgemerkt:

5 St. Schaukelgestelle mit Tellerwippe und 2 Sitzschaukeln, Größe 250 × 190 × 200 cm, Best. Nr. 13-355, € 77,03 je Stück

4 St. Universalrutschen, Rutschbahn aus verzinktem Stahlblech, Größe 280 × 42 × 165 cm, Best. Nr. 13-238, € 44,33 je Stück

5 St. Trimm-Stationen mit Kletterseil, Sitzschaukel, Schwungbügel, Ringen und Leitern, Größe 230 × 200 × 235 cm, Best. Nr. 13-3568, € 98,11 je Stück

Wegen angespannter Auftragslage können wir Ihre Bestellung jedoch erst in frühestens 6 Wochen ausführen. Wir ersuchen um Ihr Verständnis.

Die Preise gelten einschließlich Verpackung und Zustellung, ohne Umsatzsteuer.

Zahlungsbedingungen: 30 Tage Ziel oder 3 % Skonto bei Zahlung innerhalb von 10 Tagen ab Rechnungsdatum

Der Versand erfolgt durch unsere Spedition Wildhoff, Bad Vöslau.

Mit freundlichen Grüßen

Karl Sterner & Co. KG
Stahlrohrkonstruktionen, Stahlmöbelfabrik, Campingbedarf
Erdbergstraße 264
1110 Wien
Florian Frank
Tel. +43 1 883 29 42
Fax +43 1 883 29 58
E-Mail: f.frank@sterner-stahl.at
URL http://www.sterner-stahl.at

Aufgabe C

Betriebswirtschaftslehre – Schriftverkehr

- Entwerfen Sie das Schreiben an den Käufer als E-Mail in einem Mailprogramm (einschließlich E-Mail-Adresse und Betreff).
- Fügen Sie eine Signatur an den Text an. Verwenden Sie dazu alle zur Verfügung stehenden Firmendaten.
- Drucken Sie die versandbereite E-Mail oder einen Screenshot davon aus.

### Ü 9.46: Fallbeispiel Karl Sterner & Co. KG (Fortsetzung): Annahmeverweigerung (Schreiben des säumigen Käufers)

Ihr Unternehmen

Erich Prauner, 2460 Bruck/Leitha, Burgenlandstraße 56, Tel. +43 2162 93 70, Fax +43 2162 93 78

Sachverhalt

Bei Erhalt der Auftragsbestätigung hat unser Einkaufsleiter, Herr Friedrich Huber, sofort telefonisch mitgeteilt, dass die Waren bis spätestens 20. März 20.. benötigt werden. Frau Lisa Gramminger, Leiterin der Versandabteilung der Firma Sterner, hätte diese Mitteilung zur Kenntnis genommen und die Lieferung zugesagt.

Die Geräte waren für die Ausstattung eines städtischen Spielplatzes bestimmt. Die Stadtverwaltung hat in der Zwischenzeit den Auftrag storniert, da der Spielplatz am 10. April 20.. im Rahmen des Wahlkampfs für die Gemeinderatswahlen eröffnet wurde.

Aufgabe

1. Betriebswirtschaftliche Analyse D
   - Wie beurteilen Sie die rechtliche Situation?
   - Wie beurteilen Sie die Beweislage?
2. Betriebswirtschaftslehre – Schriftverkehr C
   Entwerfen Sie unter Berücksichtigung Ihrer Überlegungen ein entsprechendes Schreiben an den Verkäufer (Datum 14. April 20..).
3. Textverarbeitung C
   Gestalten Sie den Brief formal einwandfrei.

### Ü 9.47: 1. Mahnung mit EDV-gestütztem Mahnsystem

Sachverhalt und Arbeitsunterlagen

Die Bildschirmmaske zeigt eine EDV-Unterstützung zur Erstellung von Mahnungen:

- Am 12. August lässt der Sachbearbeiter für die Kontonummern 23001 bis 230999 alle ersten Mahnungen ausdrucken.
- Die Mahnspesen von € 2,20 und 7 % Verzugszinsen werden vom Computer automatisch berechnet.
- Bagatellgrenze € 7,50 heißt, dass Forderungen unter € 7,50 nicht gemahnt werden.
- Durch die Auswahl der Option **Drucker** im Auswahlfeld **Ausgabe über** werden die Mahnungen computergestützt ausgedruckt, im Beispiel für Herrn Mag. Harald Staudigl (siehe 1. Mahnung – ausgedrucktes Mahnschreiben auf der nächsten Seite).

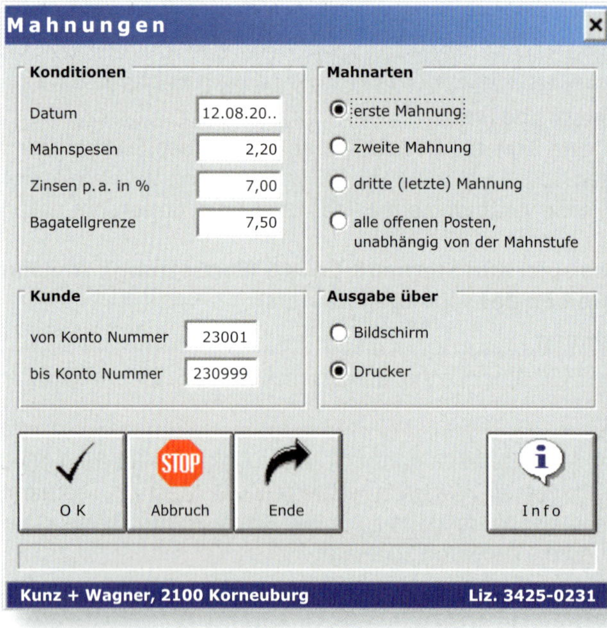


1. Mahnung – ausgedrucktes Mahnschreiben

**KUNZ & WAGNER GMBH**

**Elektroinstallationen und Handel mit Elektrogeräten**

2100 Korneuburg, Stockerauer Straße 211

☎ +43 2262 48 59-0 Fax +43 2262 48 522 ✉ kunz-wagner@elektro.at

Herrn
Mag. Harald Staudigl
Robert-Stolz-Straße 34
2000 Stockerau

Kunde Nr.: 230120

Datum: 20..-08-12

**1. Mahnung**

Sehr geehrter Kunde!

Bei der Durchsicht unserer Konten mussten wir feststellen, dass die folgende(n) Rechnung(en) noch offen ist (sind):

| Rechn.-Nr. | Rechn.-Dat. | fällig am | Betrag in € | Zinsen in € | |
|---|---|---|---|---|---|
| 14803 | 20..-05-08 | 20..-06-08 | 1.076,40 | 13,42 | 1. Mahnung |
| 14912 | 20..-06-15 | 20..-06-30 | 1.495,60 | 12,33 | 1. Mahnung |
| | | | 2.572,00 | | |
| Zinsen | | | 25,75 | | |
| Mahnspesen | | | 2,20 | | |
| Gesamtbetrag | | | 2.599,95 | | |

Wir bitten um Kontrolle und ersuchen um Überweisung des (der) offenen Betrags (Beträge) innerhalb von 14 Tagen auf unser Konto der PSK, BLZ 60000, Kto.-Nr. 82415880, lautend auf Kunz & Wagner GmbH, mittels beiliegenden Erlagscheins.

Für etwaige Rückfragen stehen wir Ihnen natürlich gerne zur Verfügung.

Sollten Sie fällige Beträge in der Zwischenzeit bezahlt haben, betrachten Sie diese Mahnung bitte als gegenstandslos.

Mit freundlichen Grüßen

KUNZ & WAGNER GMBH

Erlagschein

FN 11845h, HG Wien, DVR 0084758, ARA 22498
Bank Austria Creditanstalt AG, Kto.-Nr. 47110820, BLZ 12000
IBAN AT881200000047110820, BIC BKAUATWW

## Aufgabe D

Betriebswirtschaftliche Analyse

- Wurde im gezeigten Fall „rechtzeitig" gemahnt?
- Welcher Hinweis bezüglich Mahnspesen und Verzugszinsen stand wahrscheinlich auf den Rechnungen?

## Ü 9.48: Letzte Mahnung – Briefskelett, Ausdruck mit eingebundenen EXCEL-Berechnungen

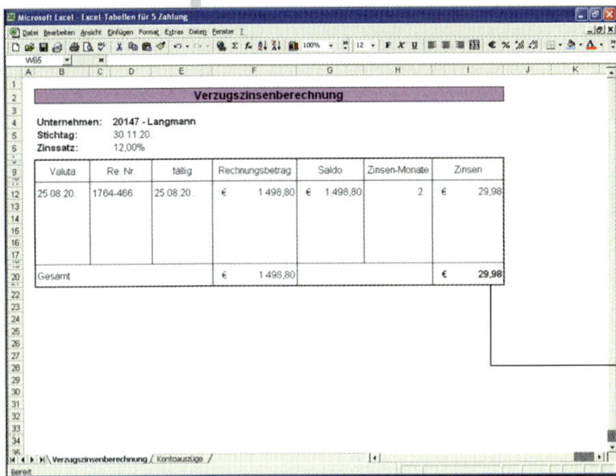


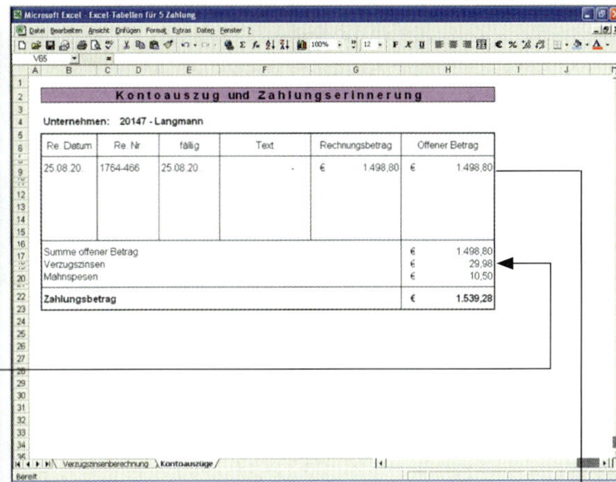


### Letzte Mahnung

Trotz mehrmaliger Zahlungserinnerungen ist der folgende Rechnungsbetrag noch immer offen:

| Re. Datum | Re. Nr. | fällig | Text | Rechnungs-betrag | Offener Betrag |
|---|---|---|---|---|---|
| 20..-08-25 | 1764-466 | 20..-08-25 | – | € 1.498,80 | € 1.498,80 |
| Summe offener Betrag<br>Verzugszinsen<br>Mahnspesen | | | | | € 1.498,80<br>€ 29,98<br>€ 10,50 |
| **Zahlungsbetrag** | | | | | **€ 1.539,28** |

Wir haben Sie am 5. September 20.. erinnert und Ihnen am 20. September 20.. eine Frist bis zum 10. Oktober 20.. gesetzt. Leider haben Sie auch diese Zahlungsfrist verstreichen lassen und den bereits **seit 25. August 20.. fälligen Betrag** noch immer nicht bezahlt.

Wir ersuchen Sie daher zum letzten Mal, Ihrer Zahlungsverpflichtung bis spätestens 30. November 20.. nachzukommen. Bedienen Sie sich zur Zahlung bitte des beiliegenden Zahlscheins, lautend auf unser Konto bei der Bank Austria, IBAN: AT97 1200 0006 3064 4800, BIC: BKAUATWWXXX.

Sollten Sie auch diese Frist nicht einhalten, müssen wir leider gerichtliche Schritte einleiten. Bitte ersparen Sie sich und uns Unannehmlichkeiten und Kosten. Ein weiteres Schreiben erfolgt nicht mehr, erforderlichenfalls wird sofort die Klage eingereicht.

Mit freundlichen Grüßen

Zahlschein

9 Vertragswidrige Erfüllung

### Aufgabe C

1. Im vorliegenden Fall wurde erst bei der 2. Mahnung eine Frist gesetzt und werden bei der 3. Mahnung Folgen angedroht. Sind diese 3 Schritte alle notwendig?
2. Was könnte der Gläubiger, bevor er gerichtliche Schritte einleitet, noch versuchen?
3. Unter welchen Umständen ist der Verkäufer berechtigt, die angegebenen Mahnspesen vom Käufer zu verlangen?
4. Für 3 Monate Fristüberschreitung fallen € 29,98 an Verzugszinsen an. Wie viel Prozent Verzugszinsen p. a. werden dabei dem Käufer verrechnet?

## Ü 9.49: **Fallbeispiel Karl Steinkirchner GmbH: 2. und 3. (letzte) Mahnung**

### Ihr Unternehmen

Karl Steinkirchner GmbH, Generalvertretung der Morrissey Ltd., 1230 Wien, Perfektastraße 298

### Arbeitsunterlage und Sachverhalt

Rechnung an das Kaufhaus Christoph Klein:

**Karl Steinkirchner GmbH**
**Generalvertretung der Morrissey Ltd.**
**1230 Wien, Perfektastraße 298**
☎ +43 1 779 23 16, Fax +43 1 779 23 10, ✉ office@steinkirchner.com
URL http://www.steinkirchner.morrissey.com

Christoph Klein
Kaufhaus
Hauptplatz 5
2130 Mistelbach

| **Rechnungsnummer** | **Rechnungsdatum** | **UID** |
|---|---|---|
| 23917 | 20..-03-16 | ATU23195451 |
| **Ihre Bestellung vom** 20..-03-10 | **Lieferdatum** 20..-03-14 | |

| Menge Stück | Best.-Nr. | Artikelbezeichnung | | Einzelpreis € | Betrag € |
|---|---|---|---|---|---|
| 30 | 22-346 | Topf mit Deckel, | Ø 16 | 4,51 | 135,30 |
| 30 | 23-348 | " | Ø 18 | 6,10 | 183,00 |
| 30 | 23-350 | " | Ø 20 | 7,34 | 220,20 |
| 30 | 23-352 | " | Ø 22 | 8,94 | 268,20 |
| 30 | 23-546 | Kasserolle m. Deckel, | Ø 16 | 4,29 | 128,70 |
| 30 | 23-548 | " | Ø 18 | 6,03 | 180,90 |
| 30 | 23-550 | " | Ø 20 | 7,20 | 216,00 |
| 30 | 23-552 | " | Ø 22 | 8,65 | 259,50 |
| 40 | 23-746 | Teekanne, | Ø 16 | 10,97 | 438,80 |
| 30 | 23-952 | Bratpfanne o. Deckel, | Ø 22 | 8,14 | 244,20 |
| 20 | 23-954 | " | Ø 24 | 9,01 | 180,20 |
| | | Summe | | | 2.455,00 |
| | | + 20 % Umsatzsteuer | | | 491,00 |
| | | Gesamtbetrag | | | 2.946,00 |

Zahlbar innerhalb von 30 Tagen ab Rechnungsdatum netto Kassa.
Bei Zahlung unbedingt die Rechnungsnummer angeben.
Bei Zielüberschreitung werden 12 % p. a. Verzugszinsen ab Fälligkeit der Rechnung berechnet.
Die Waren bleiben bis zur vollständigen Bezahlung unser Eigentum.
Zahlbar und klagbar in Wien.

FN 11845h, HG Wien, DVR 0084758, ARA 22498
Bank Austria, Kto.-Nr. 64420900, BLZ 12000
IBAN AT881200000064420900, BIC BKAUATWW

Auf Ihr Erinnerungsschreiben vom 20. April 20.. hat der Kunde nicht reagiert.

### Aufgabe C

1. Betriebswirtschaftslehre – Schriftverkehr
   - Entwerfen Sie eine zweite Mahnung (heute ist der 5. Mai 20..), setzen Sie eine 8-tägige Nachfrist und drohen Sie Verzugszinsen an. Bedenken Sie jedoch, es handelt sich um einen guten Kunden, den Sie halten wollen.
   - Am 15. Juni 20.. ist der Betrag noch immer nicht eingegangen. Entwerfen Sie für diesen Termin eine letzte Mahnung, in der Sie eine nochmalige Frist bis zum 20. Juni 20.. setzen und bei Nichteinhaltung dieser gerichtliche Schritte androhen.
2. Textverarbeitung
   Gestalten Sie die Briefe formal einwandfrei.

# Bildnachweis

Seite 2 (oben, Smartphones): Hutchinson 3 Austria

Seite 8, 24, 35, 36, 37, 43, 44, 46 (oben), 51 (Randspalte Mitte), 53, 55 (oben), 69 (Bild 3 und Bild 4), 70, 71, 75, 76 (oben), 91, 95, 98, 99, 101 (rechts), 102 (Randspalte), 103 (2 Bilder), 104 (2 Bilder), 105, 106 (2 Bilder), 110, 112, 116, 122 (Randspalte unten), 131, 136 (2 Bilder), 143 (8 Symboldbilder), 146, 149, 150, 156 (Randspalte), 170, 172, 173, 174, 175, 177, 178, 179, 180, 185 (2 Bilder), 190, 193, 194, 195, 196 (Randspalte), 208, 214, 215 (2 Bilder), 216, 217, 223, 224, 225, 230, 236, 239, 241, 254, 255 (Randspalte), 256 (4 Bilder, 4 Mappen), 257 (2 Bilder), 258, 259, 260, 261, 266, 267, 269, 272, 278, 279, 280 (2 Bilder), 282 (2 Bilder), 283, 284, 285, 286, 288, 289, 291, 296, 298, 299, 300, 303, 307, 308, 309, 310, 311 (2 Bilder), 312, 326, 328, 330 (2 Bilder), 334: Fotolia LLC

Seite 39 (2 Bilder), 82 (Randspalte oben und unten), 101 (Randspalte), 115, 136 (Garnspulen unteres Bild), 156 (oben), 157, 181, 196 (rechts), 209: iStock international Inc.

Seite 107 (Almdudler): Klein Handels KG, www.bierundso.at

Seite 122 (oben): ÖBB Pressefoto

Seite 159 (oben): Wikipedia

Seite 233 (Bankomatkarte): UniCredit Bank Austria AG

Seite 234 (Bankomatkassa): Paylife Bank GmbH

Seite 234 (VISA-Karte): Visa Europe

Seite 271 (Randspalte): Mammut Sports-Group GmbH

**Grafiken und fiktive Logos**

Seite 4 (Beispiel Wirtschaftskompetenz), 5 (Handlungsebenen), 21 (Logo Moda Nova, auch 28, 64, 75, 76, 162, 166), 124, 131 (Logo Merkur), 132, 133, 136 (2 Logos), 181 (Logos Chocoletto, auch 202, 203, 204, 205, 206, 248, 249, 250 251, 319, 320, 321, 325), 256 (Logo Zobek, auch 257, 260, 262, 263): Noa Croitoru-Weissman

**Info- und Übersichtsgrafiken**

Seite 3, 4 (oben), 9, 10, 11, 12, 14, 22, 23, 24, 25, 26, 27, 29, 35, 36, 46 (Mitte und Randspalte), 47 (Randspalte), 50 (Mitte und Randspalte), 51 (Randspalte oben), 52, 55 (Randspalte), 56, 64, 65, 66, 67, 78, 98, 99, 110, 111, 113, 114, 117, 140, 157, 158, 162, 163, 167 (Mitte), 168, 186 (Mitte), 208, 212, 223, 227, 231, 233, 266, 267, 274, 301, 302:
Noa Croitoru-Weissman

Seite 13, 58, 83, 93, 94, 165, 167 (Randspalte), 186 (Randspalte), 187: MANZ Verlag Schulbuch/Ries

Wir haben uns bemüht, alle Inhaber/innen von Bildrechten ausfindig zu machen. Sollten dennoch Urheberrechte verletzt worden sein, bitten wir um Kontaktaufnahme mit uns.